鎮魂帰神

建国精義入神奥伝

柄澤照覚

大教正 柄澤照覺著

鎮魂歸神 建國精義入神奧傳

發行所 神誠館

神秘

昭和七年初午

神靈窟ニ於ケル歸神之書

稻荷山神誠教會全景・開基大教正柄澤照覺肖像

當山奥の院神靈窟修行場

當山には古來神靈窟あり、吾人は之を天與の修行場と爲し、近來修行參籠者多數の爲めに參拜籠居し得べく設備を加へ入口修道門より右廻左廻して、奥行き迄十六間、最奥には十六疊敷の神座を設け何人も玆に入れば深山幽谷の仙域に入るの感を生じ近來病氣平療、商賣繁昌の祈願又は神通力修行の祈願者等最も多し。

奥ノ院神靈窟修行場

一、宇宙ノ統制圖

內外兩在ノ天之御中主神

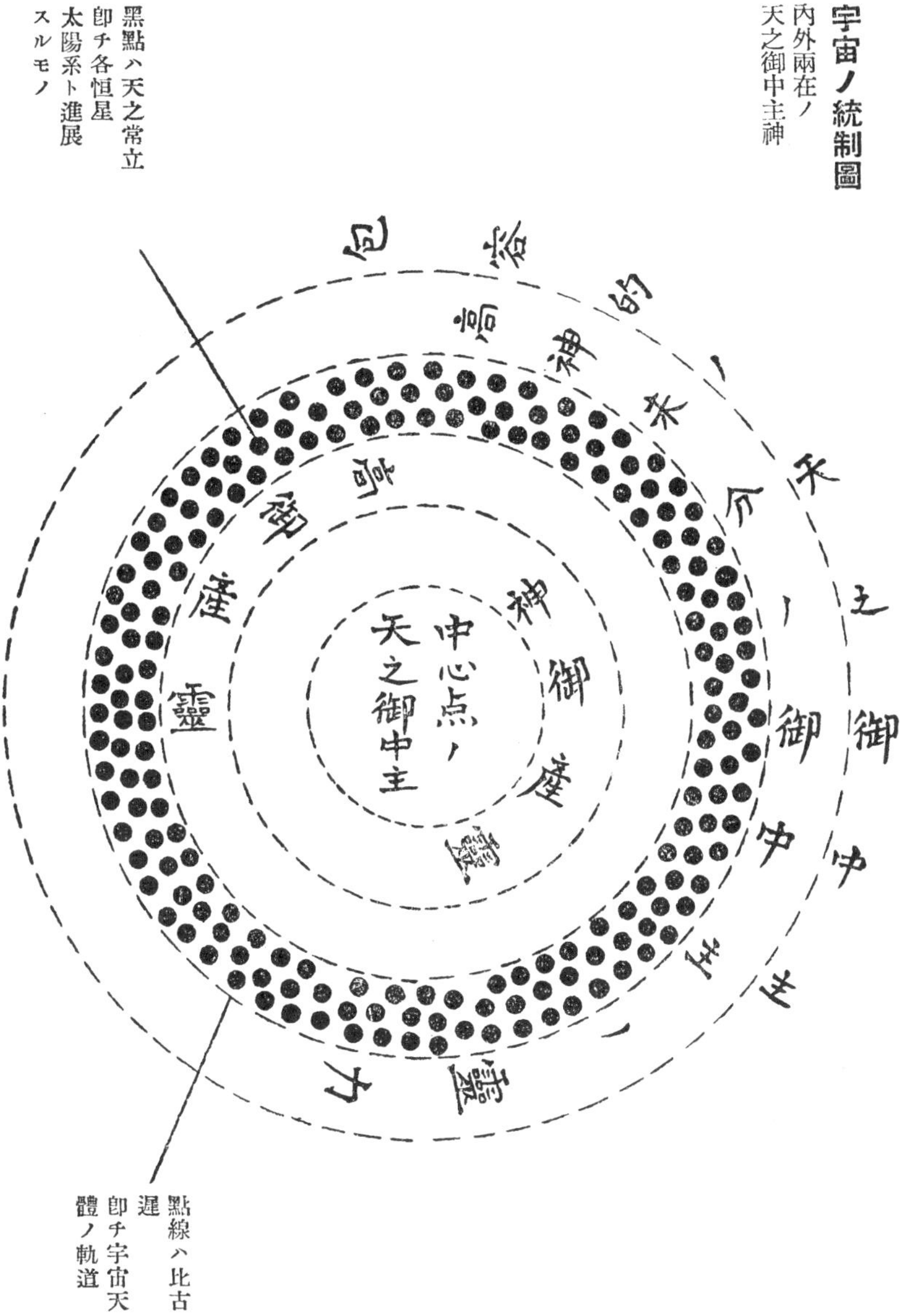

二、天體ノ構成圖

天之常立
第一圖ノ一小黒ノ點ヲ擴大セシモノ

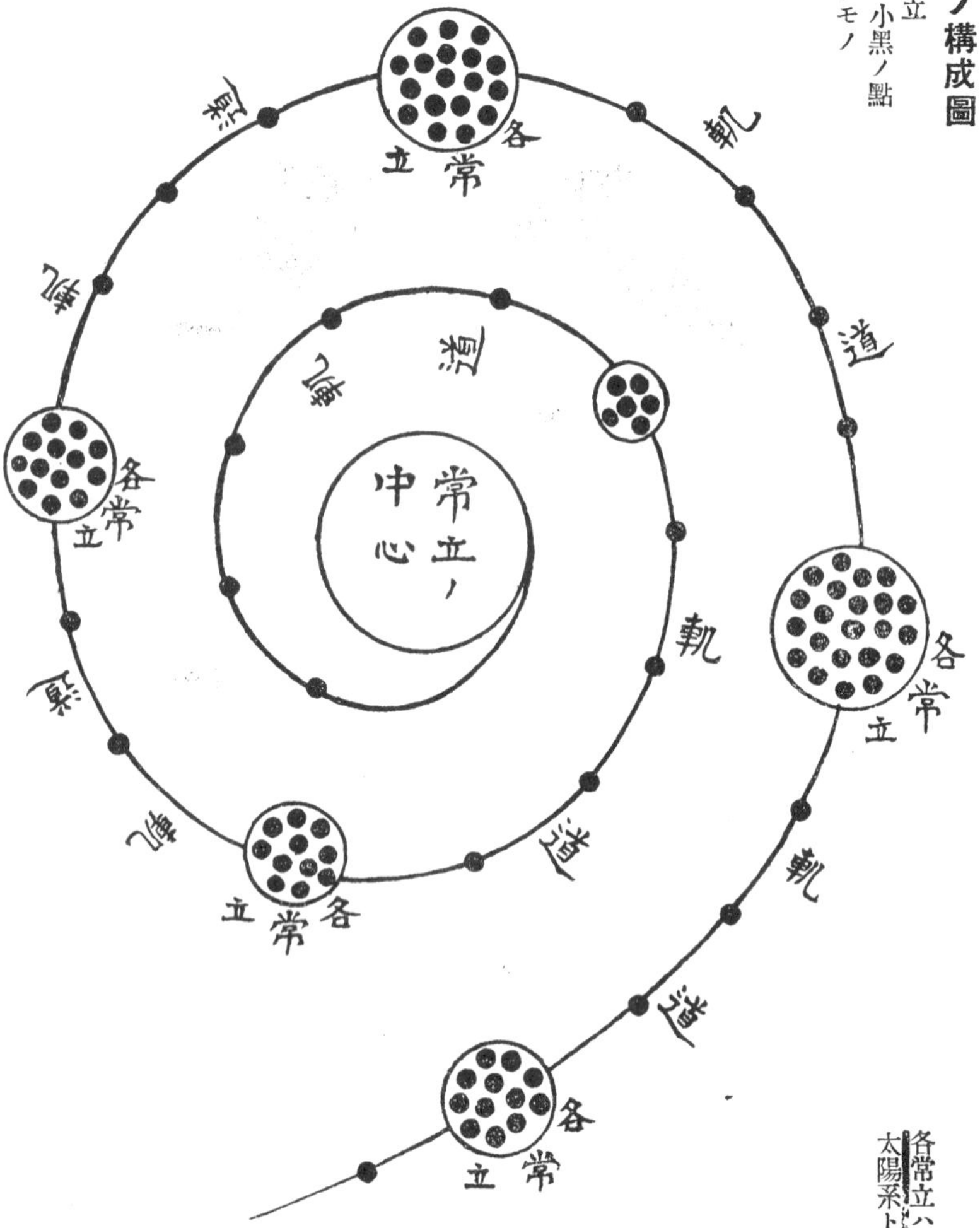

各常立ハ各恒星太陽系トナルモノ

三、國常立ノ圖

前各常立ノ一點ヲ擴大セシモノ

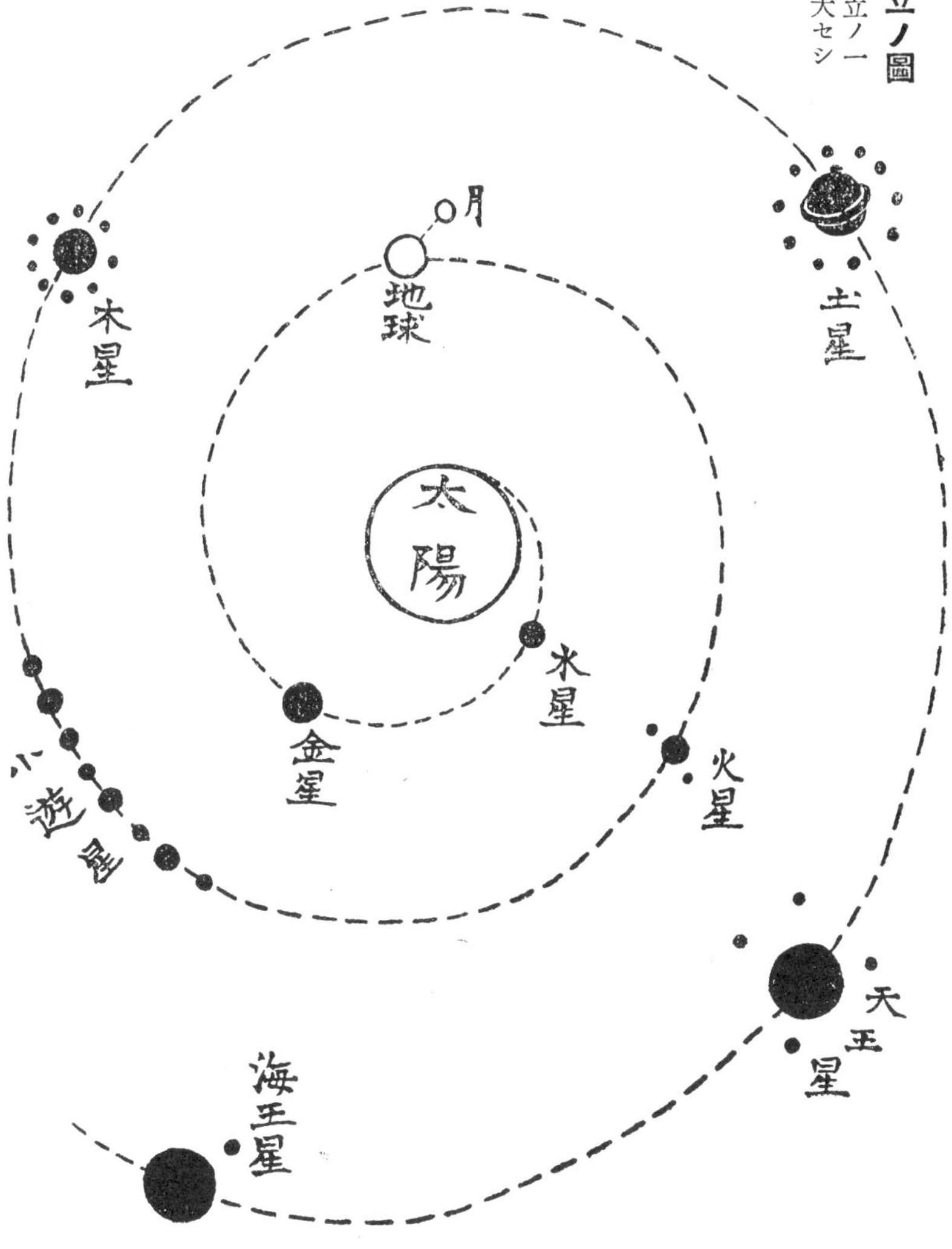

四、地球生成圖

地球ノ創始期ニテ未ダ全ク修理固成セラレヌ場合

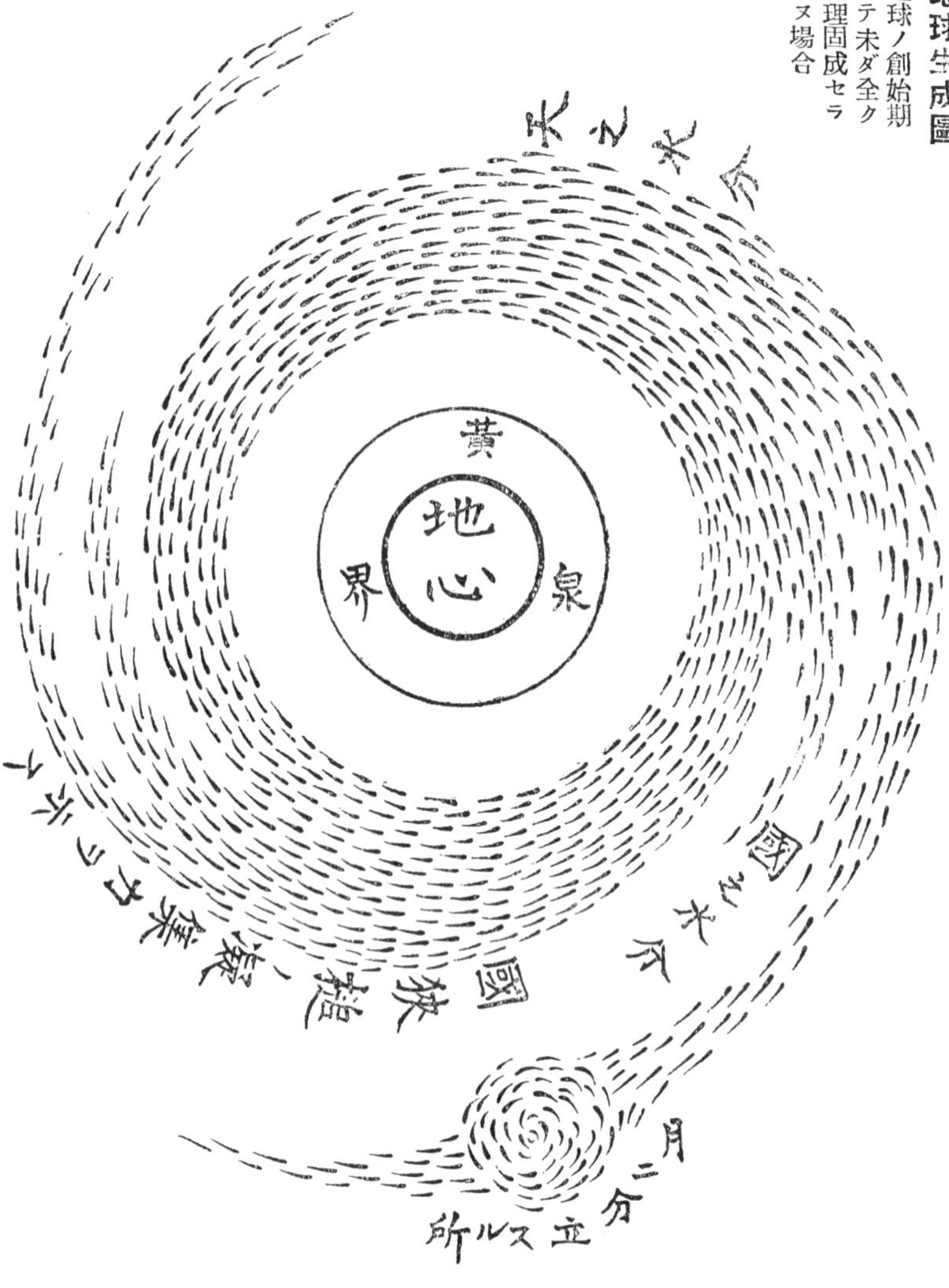

五、地球現相圖

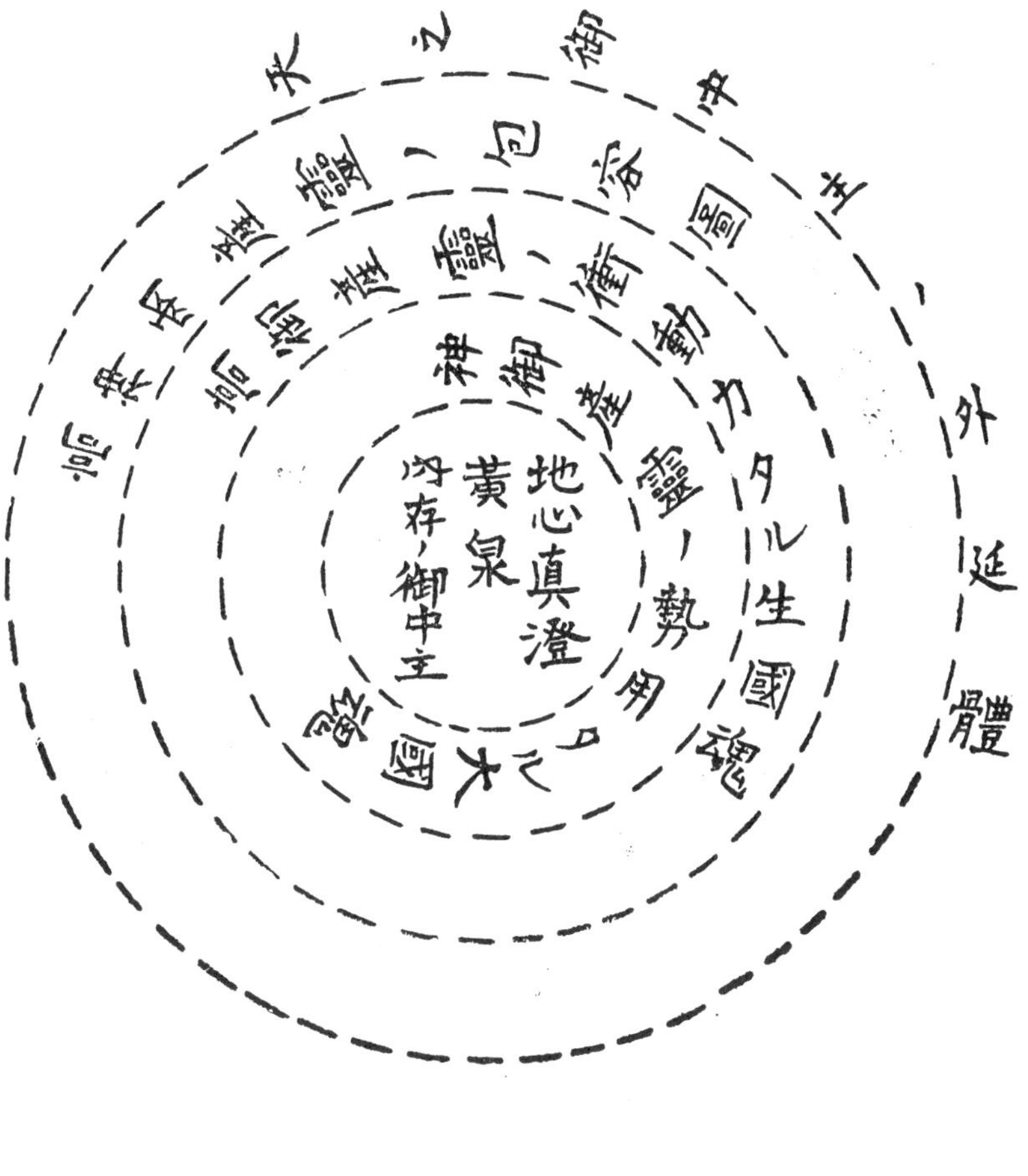

天之御中主ノ外延體
高皇産靈ノ包容圍
高御産靈ノ衛動力タル生國魂
神御産靈ノ勢用タル大國靈
地心眞澄
黄泉
内存ノ御中主

六、宇宙階別圖

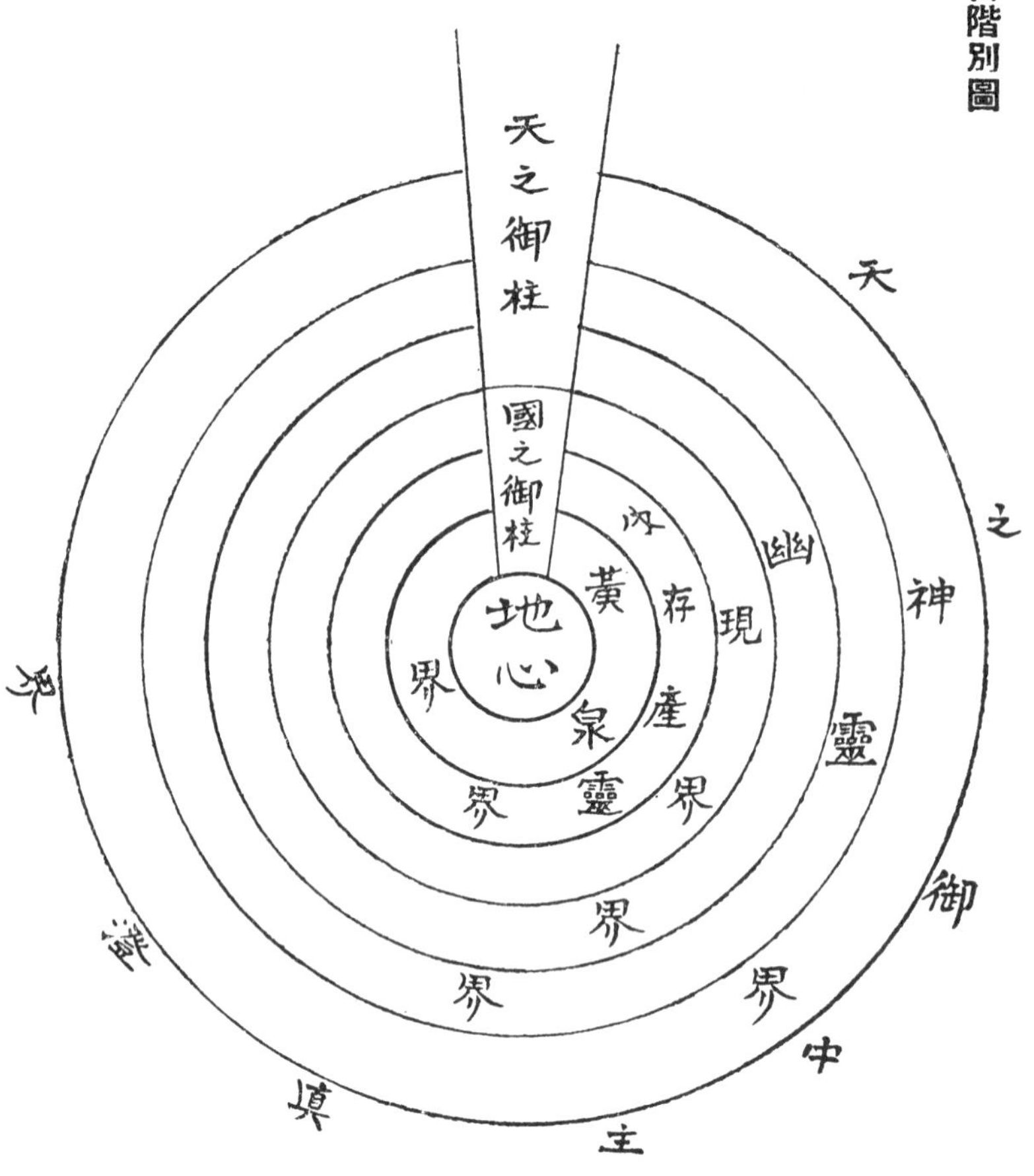

七、生物化育圖

人間在胎ノ十ヶ月七期ヲ天神七代出産後一生ヲ地神五代ニ配釋スル深理アリ口訣ニ依ル

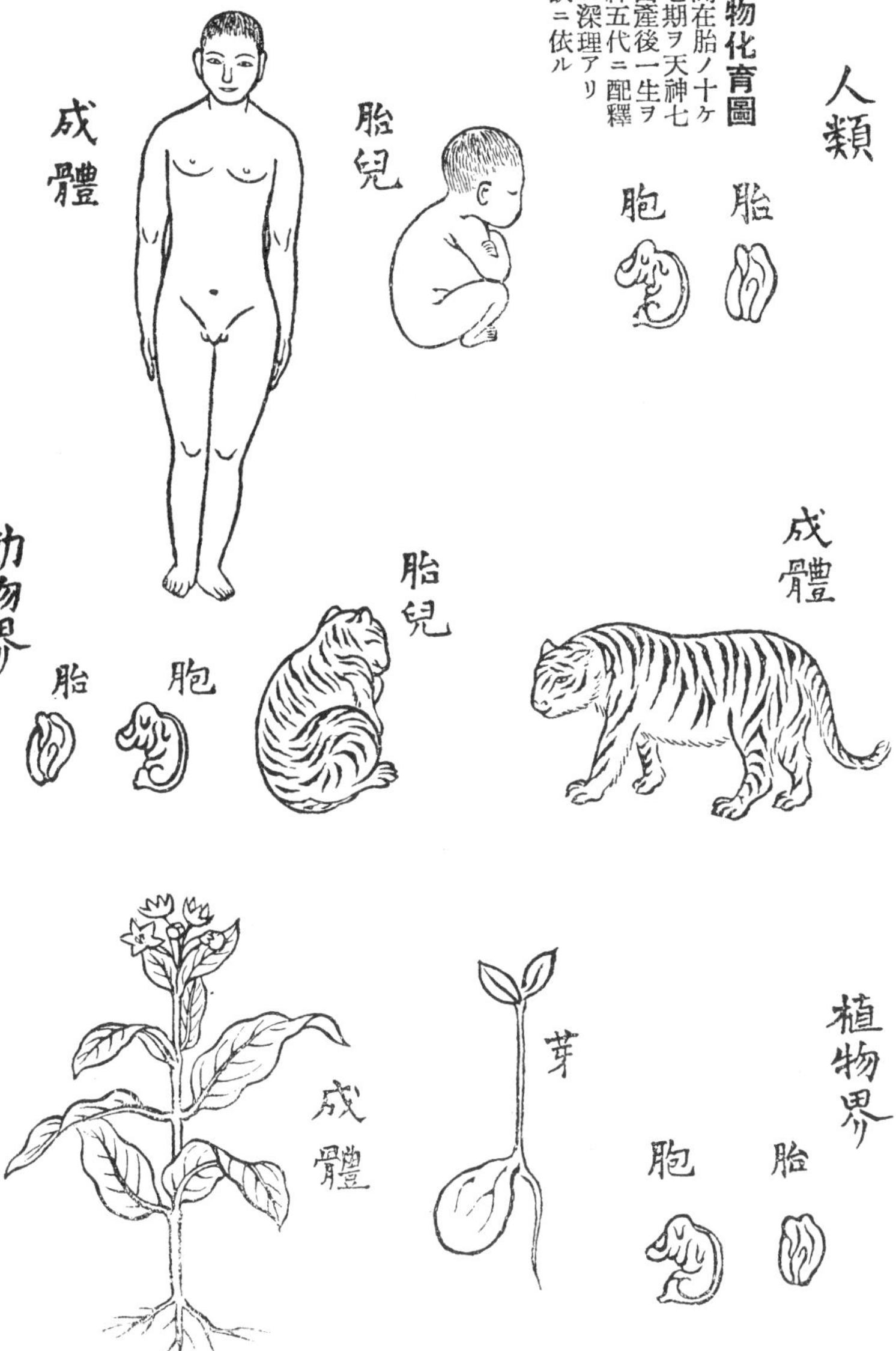

鎮魂歸神　建國精義入神奥傳　全

一名神懸り手引

目次

緒言

別録

補説鈔

——(目次終)——

用語正解

◎神

カミ、又《また》はカビ、カム、カブともいふ、芽の字《じ》はカビ、靈の字《じ》はビと讀《よ》み、頭はカブと讀《よ》む、いづれも同義《どうぎ》なり、カミのカには物《もの》の相對《あひむか》へる意《い》と、淸《きよ》き意《い》と、隱《かく》れて見認《みと》めがたき意《い》の三義《ぎ》がある、隱《かく》れたる義《ぎ》は、香《か》、風《かぜ》、幽霞《かすみ》等《とう》の力《ちから》に例《れい》して知《し》るべく、又古事記《またこじき》に造化《ぞうくわ》の神《かみ》を隱《かく》り身《み》といふにても明《あき》らかである、ミは靈ミ又《また》はビである、ミもビもチも共《とも》に靈《れい》のことで、野椎ノヅチ、久久能智、クグヌチ産靈ムスビ等《とう》のチとビを見《み》るべし、芽カビといふ時《とき》は、萬有《ばんいう》の根源《こんげん》と生々化育《せいくくわいく》の元始《げんし》を指《さ》し、カミといへば廣大淸淨《くわうだいせいじやう》なる眞靈《しんれい》といふことである。

◎惟神

カムナガラ、又神隨《またしんずゐ》と書《かき》てカミノマニマニともいふ、純眞道《じゆんしんだう》、眞正道《しんせいだう》、純正眞道等《じゆんせいしんだうとう》と書《か》き、マコトノミチともいふ、神《かみ》の敎《をしへ》のまゝに行《おこな》ひゆくこと、神《かみ》の行《おこな》はれしまゝに守《まも》りゆくことである。

◎能靈

ヌヒ、又《また》零靈とも書《か》く、ヌは無限《むげん》の意《い》、ヒは普遍《ふへん》の力《ちから》といふ意《い》にて、精神《せいしん》の根元《こんげん》を指《さ》したものである。

◎能智

ヌチ、又《また》零雷とも書《か》く、ヌは前《まへ》と同《おな》じく無限《むげん》で、チはヒの強《つよ》く凝集《ぎようしふ》したる有様《ありさま》をいふ、即《すなは》ち宇宙《うちう》の中心點《ちうしんてん》を形成《けいせい》する無限廣大《むげんくわうだい》の力《ちから》を指《さ》すもので、所謂《いはゆる》宇宙《ちう》の大精神《だいせいしん》のことである。

◎靈芽

ヒメ、又《また》は比賣、媛、姫等《とう》と書《か》くことがある、ヒメは前《まへ》のヌヒの内《うち》に含《ふく》まれたる力《ちから》が動《うご》き初《はじ》むる有様《ありさま》をいふので、エネルギーと同《おな》じものといふべく、それが段々《だん〴〵》具《ぐ》體化《たいくわ》すれば、芽と爲《な》り、胎となり、遂《つひ》に女體《によたい》となるまで發展《はつてん》するのである。

◎靈凝

ヒコ、又《また》は比古、彦とも書《か》く、ヒメの二つ以上結合《いじやうけつがふ》して有力《いうりよく》なるものをいふ。

◎產靈

ムスビ、之《これ》はヒメやヒコが結合《けつがふ》して、數多《あまた》のヒメやヒコを分立《ぶんりつ》せしむる進化發展《しんくわはつてん》の次第《しだい》と、其《そ》の蒸生力《じようせいりよく》を指《さ》したものである、此《こ》のムスビに二種《しゆ》ある、一はカムミムスビ即《すなは》ち神皇產靈又《また》は神身產靈と書《か》く、又單《またたん》にカムビともいふ、之《こ》れは外部《ぐわいぶ》より中心《ちうしん》に向《むか》ふ力《ちから》で、所謂求心力《いはゆるきうしんりよく》の如《ごと》きものである、他《た》の一は高皇產靈、又《また》は高身產靈、又高產靈と書《か》き、タカミムスビ、或《あるひ》は單《たん》にタカヒと云《い》ひ、內《うち》より外《そと》に向《むか》つて反撥《はんぱつ》する力《ちから》、即《すなは》ち遠心力《ゑんしんりよく》の如《ごと》きものである、又《また》カムミムスビは幽中《いうちう》の幽《いう》、タカミムスビは幽中《いうちう》の顯《けん》ともいふべきである。

◎葦芽

アシカビ、又《また》は葦芽靈、阿斯阿備とも書《か》く、ヒメがムスヒに由《よ》りて生長《せいちやう》したるもの、即《すなは》ち陰《いん》電子《でんし》と見《み》るべきである。

◎彥舅

ヒコヂ、又《また》靈凝雷、或《あるひ》は比古遲とも書《か》く、前《まへ》に出《いで》たるヒコの生長《せいちやう》せるもので、アシカビの中《ちう》心力《しんりよく》となるもの、即《すなは》ち電核《でんがい》又《また》は陽電子《やうでんし》に似《に》たるものにて、原子《げんし》粒《りふ》の中樞力《ちうすうりよく》である、此《こ》のヒコヂが集合《しふがふ》したるものを、靈凝道ヒコヂといふ、之《こ》れは宇宙《うちう》の軌道《きだう》に相當《さうたう》するものである。

◎生產靈

イクムスビと讀《よ》む、前《まへ》のアシカヒとヒコヂの結合《けつがふ》して運動力《うんどうりよく》を生《しやう》じたるもの、即《すなは》ち生物《せいぶつ》の單《たん》細胞《さいはう》ともいふべきものである。

◎足産靈

タルムスビ、之《こ》れはイクムスビの集合《しふがふ》したるものにて、増殖力《ぞうしよくりよく》をいふ、此《こ》のタルムスビが多《おほ》く集合《しふがふ》したるものを、牙多雷カタチといふ、形體《けいたい》とも書《か》く、一個《こ》の物體《ぶつたい》を形成《けいせい》する力《ちから》にて、大足産靈といふべきである。

◎常立

トコタチ、或《あるひ》は底立、又《また》は所多雷とも書《か》く、前《まへ》のカタチが多《おほ》く集凝《しふぎよう》して、一定《てい》の場所《ばしよ》を占領《せんりやう》するもの、トコタチの大《だい》なるものを天之常立アメノトコタチといふ、之《こ》れは星雲天《せいうんてん》の如《こと》きものである、又此《まこ》の天之常立の内《うち》に分立《ぶんりつ》する小常立を國之常立クニノトコタチといふ、各種《かくしゆ》の辰星《しんせい》の如《こと》きものである。

◎狹槌

サヅチ、又《また》狹津雷、狹土とも書《か》く、凝集力《ぎようしふりよく》とか收縮力《しうしゆくりよく》とかいふべきものにて、狹土といふときは地氣《ちき》の發動《はつどう》を指《さ》す、之《こ》れに天之狹槌アメノサヅチ、國之狹槌クニノサヅチの別《べつ》がある、國之狹槌は天之狹槌より一層強《そうつよ》く働《はたら》く力《ちから》をいふ。

◎狹立

サダチ、之《こ》れは常立《とこたち》の分裂作用《ぶんれつさよう》をいふ、一より二に分《わ》かれ、二が四に分《わ》かるゝをいふ。

◎日靈女

ヒルメ、又《また》は靈流芽とも書《か》く、之《こ》れは主《しゆ》として光《ひかり》のことをいふ。

◎蛭兒

ヒルコ、靈流凝、又《また》は比流古等《とう》とも書《か》く、之《こ》れは生物《せいぶつ》の精神《せいしん》といふ義《ぎ》に當《あた》る、又《また》靈流子ヒルコとて靈流凝《ひるこ》より音調《おんてう》の高《たか》きものは、生物《せいぶつ》の細胞《さいはう》を意味《いみ》することあり。

◎大靈

オホヒ、力《ちから》の大《だい》なる精神《せいしん》にて、始《はじ》めに示《しめ》した零靈《ぬひ》は原子的《げんしてき》無限大《むげんだい》であるが、之《これ》は個性的《こせいてき》有限《いうげん》大《だい》である。

◎分靈　ヽヽヽワケヒ、大靈《たいれい》の分立分派《ぶんりつぶんぱ》である。

◎微靈　ヽヽサヒ、分靈《ぶんれい》の最小限度《さいせうげんど》をいふ。

◎微雷　ヽヽサチ、微靈《びれい》の他《ほか》にはたらきかける動力《どうりよく》をいふ。

◎火穂　ヽヽヒホ、大靈《たいれい》の穂先《ほさき》で、炎《ほのほ》ヽヽヽホノホともいふ。

◎火穂凝　ヽヽヽヒホコ、火穂の凝《こ》りて一物體《ぶつたい》と生成《せいせい》するもの、即《すなは》ち火山等《くわざんとう》をいふ。

◎地穂　ヽヽヽチホ、陸地《りくち》の波《なみ》、高千穂《たかちほ》は此《こ》の地穂《ちほ》の高《たか》きもの、千穂《ちほ》の千《ち》は地《ち》の方《はう》が妥當《だたう》である。

◎日別　ヽヽヽヒワケ、山脈《さんみやく》の如《ごと》きもの、南北《なんぼく》に亙《わた》る山脈《さんみやく》が太陽《たいやう》の光《ひかり》を分《わか》ち影《かげ》を生《しやう》ずるよりいうたのである。

◎本靈　ヽヽヽモトヒ、大靈《たいれい》より出《い》でたる直系《ちよけい》の分靈《ぶんれい》をいふ。

◎直靈　ヽヽヽナホビ、又《また》はスリヒともいふ、本靈《ほんれい》の別名《べつめい》である。

◎禍靈　ヽヽヽマガヒ、眞理《しんり》を覺《さと》らぬ精神《せいしん》である、統《とう》一なき精神《せいしん》と見《み》るべし。

◎醜靈　ヽヽヽシコヒ、頑迷《ぐわんめい》にして進歩發達《しんぽはつたつ》せぬ精神《せいしん》をいふ。

◎依靈　ヽヽヽヨリヒ、他《た》より入《い》り來《き》たりて本靈《ほんれい》に附着《ふちやく》するもの、神憑《かみがか》りの現象《げんしやう》は、此《こ》の依靈の爲《た》めである。

◎身外氣　ヽヽヽミソゲ、依靈と同《おな》じく、他《た》より入《い》り來《きた》りて、多《おほ》くは災禍《わざはひ》を爲《な》すもの。

◎眞人　ヽヽヽヽマヒト、本靈《ほんれい》の強《つよ》くはたらく人《ひと》。

◎禍人　ヽヽヽヽマガヒト、白痴《はくち》、狂愚《きやうぐう》、又《また》は禍靈《まがひ》の依《よ》りたるもの。

◎靈止　ヽヽヽヒト、神靈《しんれい》をいふ。

◎風止　フト、靈止の次《つぎ》に位《ゐ》する神靈《しんれい》。

◎水止　ミト、風止の次《つぎ》に在《あ》るもの。

◎現止　ヨト、人靈《じんれい》の代名詞《だいめいし》。

◎奇靈　クシヒ、又《また》は奇靈クシミタマといふ、計慮《けいりよ》する作用《さよう》にて、見方《みかた》に由《よ》りては下等《かとう》の精神作用《せいしんさよう》となる。

◎幸靈　サチヒ、又《また》は幸靈サチミタマといふ、向上《かうじやう》の強《つよ》き幸福《かうふく》なる精神《せいしん》。

◎和靈　ニギヒ、又《また》は和靈ニギミタマといふ、平和《へいわ》共同《きようどう》の精神《せいしん》、或《あるひ》は愛着力《あいちやくりよく》の強《つよ》き精神《せいしん》とも見《み》らることがある。

◎荒靈　アラヒ、又《また》荒靈アラミタマといふ、勇斷《ゆうだん》の力《ちから》あれども、畢竟《ひつきやう》すれば統《とう》一ある禍靈《まがひ》なり。

◎現靈　アラミタマ、神靈《しんれい》の人《ひと》に憑《か》り附《つ》きて、其《そ》の思《おも》ふ所《ところ》を示《しめ》す力《ちから》をいふ。

◎沼矛　ヌホコ、又《また》は零穗凝と書《か》く、天《あめ》の精神力《せいしんりよく》を受《う》けて吾力《わがちから》とすること。

◎穗出　ホイデ、心中《しんちう》に思《おも》ふことを言葉《ことば》に出《いだ》すこと、又顔色《またかほいろ》に現《あら》はすことに用《もち》ふる時《とき》もある。

◎穗咲　ホサキ、前《まへ》の穗出よりも強《つよ》く、時《とき》には行《おこなひ》に現《あら》はるゝことをもいふ。

◎眞澄　マスミ、絶對的清明《ぜつたいてきせいめい》ともいふべき、光線《くわうせん》をも超越《てうゑつ》したる透明力《とうめいりよく》にて、清淨透徹《せいじやうとうてつ》の極地《きよくち》をいふ。

◎幽界　カクリヨ、神靈《しんれい》の住所《ぢうしよ》をいふ、或《あるひ》は黄泉國ヨミノクニと混同《こどう》して、一般《ぱん》の死者《ししや》の往《ゆ》く所《ところ》となすことあり。

◎**現界**　ウツシヨ、萬物生存《ばんぶつせいぞん》の現象世界《げんしやうせかい》。

◎**上津界**　ウハツヨ。現界《うつしよ》より上空《じやうくう》にある幽界《かくりよ》をいふ。

◎**下津界**　シタツヨ、現界《うつしよ》の下層《かそう》にある幽界《かくりよ》。

◎**身滌祓**　ミソギハラヒ、心身《しんしん》を淨化《じやうくわ》する修行法《しゆぎやうはふ》にて、魂鎭《たましづめ》の初歩《しよほ》。

◎**水滌祓**　ミソギハラヒ、之《これ》は主《しゆ》として水行《すゐぎやう》すること、此《こ》の他《ほか》身外氣祓、又《また》は身滌氣祓ミソゲハライといふことがある、之《こ》れは人體《じんたい》に憑依《ひようい》する雜靈《ざつれい》を除去《ぢよきよ》することにて、魂鎭ミタマシヅメに同《おな》じ。

◎**氣吹**　イブキ、又《また》は息氣吹、息吹等《とう》とも書《か》く、呼吸《こきふ》することであるが、之《こ》れに眞澄氣吹マスミイブキといふがある、即《すなは》ち神氣《しんき》を呼吸《こきふ》することにて、心身《しんしん》を淨化安定《じやうくわあんてい》せしむる呼吸法《こきふはふ》である。

◎**修理固成**　ツクリカタメ、古事記《こじき》に、是《こゝ》に天津《あまつ》神諸々《かみもろ〳〵》の命以《みことも》ちて、伊邪那岐命《いざなぎのみこと》、伊邪那美命《いざなみのみこと》二柱《はしら》の神《かみ》に、是《こ》の漂《たゞよ》へる國《くに》を修理固成《つくりかためよ》と詔《のりこ》ちて、天沼矛《あめのぬほこ》を賜《たま》ひて言依《ことよざ》し賜《たま》ひきとある如《ごと》く、造化《ぞうくわ》の大神靈《だいしんれい》より發《はつ》せられたる、大法則《だいはふそく》、大勅命《だいちよくめい》であつて、國土《こくど》の經營開發《けいえいかいはつ》に關《くわん》する一切《さい》の作業《さげふ》をいふのである。

◎**黄泉御祖**　ヨモツミオヤ、黄泉《よみ》の大神《おほがみ》にて、伊邪那美神《いざなみのかみ》の事《こと》である、御母《おんはゝ》の大神《おほがみ》といふに同《おな》じ。

◎**底のよも**　ソコノヨモ、地球《ちきう》の中心《ちうしん》のことで、ヨモは御母《おんはゝ》といふに同《おな》じ。

◎**大御祖**　オホミオヤ、伊邪那岐命《いざなぎのみこと》をいふ、普通《ふつう》には天祖《てんそ》ともいひ、或《あるひ》は高産靈神《たかみむすびのかみ》や、天照皇大神《あまてらすおほみかみ》を指《さ》すこともある。

神名要解

○**天之御中主神**　アメノミナカヌシノカミ、アメはアマともいふ、メとマとは同音同義《どうおんどうぎ》である、アは一切《さい》の言音《げんおん》の母《はゝ》である、廣大《くわうだい》を意味《いみ》し、マ又《また》はメは周遍《しうへん》の意《い》である、天《てん》をマメ又《また》はアマといひ、海邊《かいへん》をアマといふ、御中は眞中マナカ、モナマともいひ、中心中樞《ちうしんちうすう》を指《さ》し、主《ぬし》は零雷ヌヒ、零靈ヌチと相通《あひつう》じ、大《だい》宇宙《うちう》の中心《ちうしん》たる大精神《だいせいしん》、大靈力《だいれいりき》、萬有始源《ばんいうしげん》の神《かみ》、宇宙第《うちうだい》一義《ぎ》の實在《じつざい》を指《さ》したのである。

○**高御產靈神**　又《また》は高身產靈神、タカミムスビノカミ、之《こ》れは宇宙《うちう》の大精神《だいせいしん》たる天之御中主神より發動《はつどう》せる陽性《やうせい》の原動力《げんどうりよく》で、日《ひ》、光《ひ》、火《ひ》といふやうに化成發育《くわせいはついく》せらるゝ神《かみ》である。

○**神御產靈神**　又《また》は神身產靈神、カムミムスビノカミ、之《これ》は前《まへ》と反對《はんたい》に、冷《ひ》、水《ひ》、氷《ひ》と陰精化育《いんせいくわいく》の神《かみ》である。

以上《いじやう》の三神《しん》を造化《ざうくわ》の三神《しん》といふ、天之御中主神《あめのみなかぬしのかみ》は總本體《そうほんたい》、高皇產靈神《たかみむすびのかみ》は形相的陽力《けいさうてきやうりよく》、神皇產靈神《かむみむすびのかみ》は勢《せい》用的陰力《ようてきいんりよく》、此《こ》の三神《しん》があつて世界萬物《せかいばんぶつ》が次第《しだい》に生々化育《せいくくわいく》し進步開展《しんぽはつたつ》するゆゑ、造化《ざうくわ》の三神《しん》といふのである。併《しか》し此《こ》の三は各別《かくべつ》に分立《ぶんりつ》するのではなく、一物《ぶつ》の上《うへ》にも皆此《みなこ》の三性能《せいのう》が備《そな》はつて居《を》るから、三卽一、一體《たい》不可分《ふかぶん》といふことも出來《でき》るのである。

古事記《こじき》に曰《いは》く、天地《てんち》の初發《しよはつ》の時《とき》、高天原《たかまがはら》に成《なり》ませる神《かみ》の名《な》は、天之御中主神《あめのみなかぬしのかみ》、次《つぎ》に高御《たかみ》產靈神《むすびのかみ》、次《つぎ》に神御產靈神《かむみむすびのかみ》、此《こ》の三柱《ろしら》の神《かみ》は並《ならび》に獨神成座《ひとりかみなりま》して、隱《かく》り身《み》にませり。

高天原《たかまがはら》には種々《しゆく》あるが、此《こ》の高天原《たかまがはら》は大虚空《だいこくう》の宇宙《うちう》の中心《ちうしん》のことである。獨神成座《ひとりかみなりま》せりとは、造《つく》られたものでなく、親《おや》も作者《さくしや》もなく、自然獨化《しぜんどくくわ》の能動力《のうどうりよく》を有《いう》するといふ義《ぎ》である。隱《かく》り身《み》とは物質的《ぶつしつてき》でなく、現象界《うつしよ》を超越《てうゑつ》せる幽界《かくりよ》の靈神《れいじん》であるといふ意《い》である。

○宇麻志阿斯訶備比古遲神

又《また》は可美葦芽彥舅神、ウマシアシカビヒコヂノカミ、之《これ》は前《まへ》の高神兩產靈《たかかむりやうむすび》の分靈《ぶんれい》が發展《はつてん》して、大宇宙《だいうちう》の中心《ちうしん》たる天之御中主神《あめのみなかぬしのかみ》の外周《ぐわいしう》に、物質的天體《ぶつしつてきてんたい》を形《かた》ちづくる旋廻軌道《せんくわいきだう》ともいふべく、今日《こんにち》の地文學《ちぶんがく》や天文學上《てんもんがくじやう》にある、星雲《せいうん》とか霞雲《かうん》とかいふものに似《に》て居《を》る。古事記《こじき》に、次《つぎ》に國稚《くにわか》く浮脂《あぶら》のごとくして、久羅下那州多陀用幣流時《くらげなすただよへるとき》に、葦芽《あしかび》のごとく萠騰《もえのぼ》る物《もの》によりて成《なり》ませる神《かみ》の御名《おんな》は、宇麻志阿斯訶備比古遲神《うましあしかびひこぢのかみ》とあるが如《ごと》し。

○天之常立神

アメノトコタチノカミ、之《こ》れは天體《てんたい》の構成《こうせい》せられたる原動力《げんどうりよく》を指《さ》すのである。此《こ》の方《はう》が今《いま》の星雲說《せいうんせつ》に當《あた》る。

○國之常立神

クニノトコタケノカミ、之《こ》れは各恒星《かくこうせい》、太陽系乃至我《たいやうけいないしわ》が地球《ちきう》の生成《せいせい》を指《さ》したものである。

古事記《こじき》には天之御中主神《あめのみなかぬしのかみ》より天之常立神《あめのとこたちのかみ》までの五神《しん》を、別天神《ことわけあまつかみ》としてある。之《こ》れは此《こ》の地球《ちきう》の生成《せいせい》に直《ちよく》接關係《せつくわんけい》せぬといふ義《ぎ》である。尤《もつと》も本體元靈《ほんたいげんれい》として關係《くわんけい》あることはいふまでもない。國之常立神以下《くにのとこたちのかみいか》は主《しゆ》として此《こ》の地球幷《ちきうならび》に地球上《ちきうじやう》に存在《そんざい》する萬物《ばんぶつ》の生成《せいせい》と其《そ》の主宰《しゆさい》とを示《しめ》されたものである。

日本書紀《にほんしよき》には、此《こ》の他《ほか》に國狹槌神クニサツチノカミ、國狹立神クニサダチノカミ、國底立神クニソコタチノカミ、天之鏡神アメノカガミノカミ、沫蕩神カワナミノカミ等《とう》が見《み》えて居《ゐ》るが、之《こ》れはいづれも天之常《あめのとこ》立神《たちのかみ》と國之常立神《くにのとこたちのかみ》の作用《さよう》を細別《さいべつ》したものである。即《すなは》ち天體《てんたい》や國土《こくど》の生成《せいせい》する時期程度《じきていど》に應《おう》じて、それぞその作用力《さようりよく》を示《しめ》したもので、恰《あた》かも一植物《しよくぶつ》の發芽期《はつがき》、苗期《なへき》、生育期《せいいくき》、發達期《はつたつき》、枯衰期《こすゐき》、又動物《またどうぶつ》の在胎期《ざいたいき》、出産期《しゆつさんき》、哺乳期《ほにうき》、少年期《せうねんき》、青年期《せいねんき》、壯年期《さうねんき》、老衰期《らうすゐき》といふ劃期的《くわくきてき》の寫象《しやしやう》であると見《み》るがよい。

○豐雲野神　トヨクモヌノカミ、之《これ》は地球《ちきう》が一火體《くわたい》より漸次冷却收縮《ぜんじれいきやくしうしゆく》して、地體《ちたい》に變化《へんくわ》する時期《じき》の作用《さよう》形狀《けいじやう》を指《さ》したるものである。

○宇比地邇神　又《また》は泥土煮神とも書《か》く、ウヒヂニノカミ、之《こ》れは地球《ちきう》の表面《へうめん》に地殼《ちこく》の皺波《しうは》が出來《でき》て、山岳《さんがく》等《とう》の現《あら》はれたる作用《さよう》をいふ。

○須比智邇神　又《また》は沙土煮神とも書《か》く、スヒヂニノカミ、之《こ》れは海洋中《かいやうちう》に自凝嶋《をのころじま》を生《しやう》じたるもの、所謂砂《いはゆるさ》洲《す》の陸成《りくせい》する次第《しだい》をいふ。

此《こ》の兩神《りやうがみ》を兄妹《けいまい》としてあるが、生成《せいせい》の前後《ぜんご》に就《つい》て分別命名《ぶんべつめいめい》したものである。尤《もつと》も國土《こくど》と雖《いへど》も生物《せいぶつ》であり、大靈《だいれい》の分化《ぶんくわ》であつて、固有精神《こいうせいしん》を具備《ぐび》して居《を》るから、人間的《にんげんてき》に取扱《とりあつか》うても差支《さしつかへ》はない。それを可笑《をかし》いといふのは、却《かへ》つて自己《じこ》の未熟不明《みじゆくふめい》を表白《へうはく》するに過《す》ぎぬ。佛教等《ぶつけうとう》でも土石《どせき》にも亦心《またこゝろ》あり、山川國土《さんせんこくど》草木《さうもく》一切成佛《さいじやうぶつ》すといつて居《を》る。

○意富斗能地神　又《また》は大戸之道神とも書《か》く、オホトノヂノカミ、之《こ》れは陸地《りくち》が漸次固成《ぜんじこせい》してゆく有様《ありさま》を指《さ》したのである。

○大斗乃辨神　又《また》は大戸之邊神とも書《か》く、オホトノベノカミ、之《こ》れは嶋嶼河海濱邊《たうしよかはうみはまべ》の固成作用《こせいさよう》を指《さ》したのである。

○角材神　ツヌグヒノカミ、之《こ》れはツノグムで、角《つの》は芽《め》である、芽《め》が萠《も》え出《い》づること、即《すなは》ち植物生成《しよくぶつせいせい》の作《さ》用神《ようしん》である。

○活材神　イクグヒノカミ、之《こ》れは昆蟲等動物《こんちうとうどうぶつ》の細胞發生《さいはうはつせい》を指《さ》すのである。

○游母陀琉神　又《また》は面足神と書《か》く、オモダルノカミ、之《こ》れは地球《ちきう》の表面《へうめん》に水陸山河《すゐりくさんか》の分布形態《ぶんぷけいたい》の整頓《せいとん》したる次第《しだい》と見《み》ることもあるが、面貌《めんばう》の備《そな》はつた高等動物《かうとうどうぶつ》の出現《しゆつげん》せし作用《さよう》といふのが本筋《ほんすぢ》である。

○阿夜訶志古泥神　又《また》は單《たん》に惶根神ともいふ、アヤカシコネノカミ、之《こ》れは種々《しゆじゆ》なる形態《けいたい》を有《いう》する生物《せいぶつ》の發生《はつせい》とも見《み》るが、カシコネは生殖器《せいしよくき》を指《さ》すことがあるから、生殖作用《せいしよくさよう》の元神《げんしん》と見《み》るべきである。

○伊邪那岐神　又《また》は伊弉諾神とも書《か》く、イザナギノカミ、之《こ》れは地球《ちきう》の大靈《だいれい》といふもよし、又萬物《またばんぶつ》の本源《ほんげん》といふもよし、或《あるひ》は人類《じんるゐ》の元祖《ぐわんそ》といふもよし。凡《すべ》て物質化《ぶつしつくわ》を司《つかさ》どる陽神《やうしん》である。

○伊邪那美神　又《また》は伊弉冉神とも書《か》く、イザナミノカミ、之《こ》れは諸神《ぎのかみ》に對《たい》して、精神化《せいしんくわ》を司《つかさ》どる陰神《いんしん》である。諸神又《ぎのかみまた》は諸尊《ぎのみこと》とも書《か》く、之《これ》は天《てん》の父《ちゝ》、冉神又《みのかみまた》は冉尊《みのみこと》は地《ち》の母《はゝ》として共《とも》に産靈《むすび》の神業《かむわざ》を完成《くわんせい》せられた大靈作動《だいれいさくどう》である。イザナは誘《さそ》ふで、岐《ぎ》は男稱《をしよう》、美《み》は女稱《めしよう》であるから、誘《いざな》ふ男神《をがみ》、誘《いざな》ふ女神《めがみ》といふもよし、又《また》イザナギは誘《いざな》ひ進《すゝ》むといふ意《い》、イザナミは誘《いざな》ひ固《かた》むといふ義《ぎ》にも當《あた》るのである。

○大日靈尊　オホヒルメノミコト、又《また》は天照皇大神《あまてらすおほみかみ》、アマテラスオホカミとも書《か》く、大神《おほがみ》は我《わ》が皇室《くわうしつ》の御先《ごせん》祖《ぞ》であつて、伊勢神宮《いせじんぐう》に奉齋《ほうさい》し、天祖又《てんそまた》は皇祖《くわうそ》と稱《しよう》し奉《たてまつ》ることは、何人《なんぴと》も知《し》れる所《ところ》であるが、それは史的考察《してきかうさつ》であつて、實《じつ》は大宇宙《だいうちう》の大精神《だいせいしん》の發動《はつどう》そのものであつて、又《また》一方《ぱう》より見《み》れば太陽《たいやう》の精神《せいしん》であり、一切光明《さいくわうみやう》の元體《げんたい》と見《み》るべきである、又天《またてん》の大靈《だいれい》ともいふ。

○素盞嗚尊

又《また》は建速須佐之男命、或《あるひ》は素幸靈人、速素幸靈神等《とう》とも書《か》く、スサノオノミコト、タケハヤスサノオノミコト、スサノオ、ハヤスサノオノカミ、建速《すさ》は神性《しんせい》の建《たけ》く急性《きふせい》なること、須佐《すさ》は進《すゝ》むことにて、兎《と》に角《かく》に勇猛驀進《ゆうまうばくしん》する性《せい》をいふ。又《また》素幸靈人といふときは、素人《しろうと》にて、赤子《あかご》の如《ごと》く無邪氣《むじやき》な虛飾《きよしよく》のない、天眞爛熳《てんしんらんまん》たるをいふのである。此《こ》の神《かみ》は書紀《しよき》には天《あめ》の下《した》を知《しろし》めすといひ、古事記《こじき》には海原《うなばら》を知《しろし》めすとあり、海原《うなばら》は大《おほ》きく見《み》たので、國《くに》も亦其《またそ》の中《なか》に在《あ》り、故《ゆゑ》に天《あま》の下《した》を知《しろし》めすといふに異《かよ》りなしともいふ、又海原《またうなばら》は產腹《うなばら》にて國土《こくど》の事《こと》なりともいふ。天下《てんか》の統治《とうぢ》者《しや》をキミといふは、岐《き》と美《み》を合《あは》せたものであ伊邪那岐《いざなぎ》、伊邪那美《いざなみ》兩神《りやうがみ》の後繼《こうけい》といふ意《い》なりとす。又國民《またくにたみ》の父母《ふぼ》といふ義《ぎ》にもなる。

○天之御柱神

アメノミハシラノカミ、之《こ》れは國之御柱神《くにのみはしらのかみ》と共《とも》に風《かぜ》の神《かみ》として、官幣大社大和《くわんぺいたいしややまと》の龍田《たつた》神社《じんじや》に祀《まつ》られて居《を》るが、實《じつ》は太陽《たいやう》と地球《ちきう》、其《そ》の他《た》との星辰《せいしん》間《かん》の交通《かうつう》を司《つかさ》どるエーテルといふべき動力《どうりよく》の神《かみ》である。太陽《たいやう》の光熱《くわうねつ》が地球《ちきう》に傳《つた》はつて、萬物《ばんぶつ》が生々化育《せいくくわいく》するのは、此《こ》の交通主神《かうつうしゆしん》の靈力《れいりき》に依《よ》るのである。

○國之御柱神

クニノミハシラノカミ、之《これ》は雰圍氣《ふんゐき》内《ない》の空氣流通作用《くうきりうつうさよう》を司《つかさ》どる神《かみ》で、生物生命《せいぶつせいめい》の元素《ぐわんそ》と爲《な》り、鑛物《くわうぶつ》の酸化風生上《さんくわふうせいじやう》に靈力《れいりき》を現《あら》はすのである。

○天之水分神

アメノミクマリノカミ、之《こ》れは國之水分神と共《とも》に水神《すゐじん》、兩神《りやうがみ》とも至《いた》る所《ところ》に祀《まつ》られて居《を》るが、天之水分神は太陽《たいやう》と地球《ちきう》、地球《ちきう》と月《つき》と互《たがひ》に牽引《けんいん》する力《ちから》であつて、磁力《じりよく》の如《ごと》き作用《さよう》を指《さ》し、潮《うしほ》の干滿《かんまん》等《とう》も此《こ》の靈力《れいりき》の作用《さよう》である。

○國之水分神　クニノミクマリノカミ、之《こ》れは地中《ちちう》の越氣《をつき》より雲霧《うんむ》、其《そ》の他《た》一切《さい》の水氣《すゐき》を支配《しはい》し、萬物《ばんぶつ》の發育《はついく》を増長《ぞうちやう》せしむる靈力《れいりき》である。

○祓戸之大神　ハラヒトノオホカミ、之《こ》れは汚穢罪障《をくわいざいしやう》を祓《はら》ふ神《かみ》であるが、一柱《はしら》ではなく六柱《はしら》ある。一は大直日神、オホナホビノカミ。直日《なほび》は禍《わざはひ》を直《なほ》したまふ靈力《れいりき》にて、大直日《おほなほび》は居所身體國土《ゐどころしんたいこくど》等《とう》の災禍汚穢《さいくわをくわい》を祓《はら》ふ神《かみ》である。二に神直日神、カムナホビノカミ、之《こ》れは精神《せいしん》を淨化《じやうくわ》することである。三に伊豆能賣神、イツノメノカミ、此《こ》の伊豆《いづ》は汚垢《をく》を祓《はら》ひて清《きよ》まりたるをいふ言《ことば》で、齋戒《いつき》に同《おな》じ、四に伊吹戸主神、イブキドヌシノカミ、之《こ》れは豐受大神《とようけたいじん》の荒魂《あらみたま》といふが、清潔新鮮《せいけつしんせん》の空氣《くうき》を以《もつ》て、窒濁《ちつだく》せる毒氣《どくき》を祓《はら》ふ靈力《れいりき》をいふのである。五に速佐須良比賣神、ハヤサスラヒメノカミ、速《はや》は進《すゝ》むの義《ぎ》、佐須良《さすら》は流離《りうり》の義《ぎ》で、サスリ失《うしな》ふ、罪穢《ざいくわい》を引受《ひきうけ》て消失《せうしつ》せしむる神《かみ》である。六に瀨織津比賣神、セオリツヒメノカミ、此《こ》の神《かみ》は天照皇大神《あまてらすおほみかみ》の荒魂《あらみたま》ともいひ、八十《やそ》枉津日神《まがつびのかみ》の變化《へんくわ》ともいふ。兎《と》に角《かく》一切《さい》の罪汚《けがれ》を洗《あら》ひ流《なが》す靈力《れいりき》である。

○大國魂神　オホクニタマノカミ、之《こ》れは大巳貴命《おほなむちのみこと》即《すなは》ち出雲大社《いづもたいしや》に祀《まつ》れる大國主命《おほくにぬしのみこと》の國土經營《こくどけいえい》の功《こう》を稱《しやう》したものとか、又《また》は各地《かくち》の經營者《けいえいしや》を祀《まつ》つた神名《しんめい》であるともいふが、今茲《いまこゝ》にいふのはそんな人間的歴史《にんげんてきれきし》的《てき》のものではない。此《こ》の地球《ちきう》の精神《せいしん》を指《さ》したのである。地球《ちきう》は生《い》きて居《ゐ》る、靈魂《こゝろ》がある、地球《ちきう》の心《こゝろ》が大國魂神《おほくにみたまのかみ》である。又《また》地《ち》の大靈《たいれい》ともいふ。

○生國魂神　イリクニタマノカミ、之《こ》れは山神河伯地靈《さんじんかはくちれい》といふやうに、各局地々々《かくきよくち〳〵》の土地神《とちがみ》、又日本《またにほん》ならば日本《にほん》だけの國魂《くにみたま》である。各地《かくち》の產土神《うぶすなのかみ》は皆此《みなこ》の神《かみ》である。

○宇賀之御魂神　カガノミタマノカミ、宇賀《うが》は宇迦《うけ》である。宇迦《うけ》は食《うけ》のことにて、食物《しよくもつ》に關《くわん》する一切《さい》の靈力《れいりき》をいふ。五穀《こく》は固《もと》より野菜《やさい》に至《いた》るまで總《すべ》ての生活主神《せいくわつしゆしん》である。倉稻魂《うかみたま》とも書《か》く、又保食神《またうけもちのかみ》といふも、つまり同神《どうしん》なり。

○豐受大神　トヨウケオホカミ、豐《とよ》は饒《ゆたか》に大《だい》なる美稱《びしよう》である。受《うけ》は前《まへ》と同《おな》じく食《うけ》である。之《これ》は宇迦之御魂《うかのみたま》神《かみ》が、更《さら》に一段《だん》と進展《しんてん》して、純實用的《じゆんじつようてき》となつたので、火食法《ひくひはふ》、料理法《れうりはふ》まで發明《はつめい》し、又衣服《またいふく》をも作《つく》り御饌《みけ》の神《かみ》として天照大皇神《あまてらすおほみかみ》と同祀《どうし》せらるゝに至《いた》つたのである。

鎭魂
歸神

建國精義入神奥傳

大教正　柄澤照覺述

緒言

科學《くわがく》は我等《われら》が五官《くわん》の感覺《かんかく》に觸《ふ》れて現實《げんじつ》に捉《とら》へ得《う》る事物《じぶつ》に就《つい》て解釋《かいしやく》を試《こゝろ》みるものであるから、實地《じつち》に立證《りつしよう》することが出來《でき》る、而《しか》して其《そ》の解說《かいせつ》は大體《だいたい》に於《おい》て間違《まちがひ》はない。併《しか》し日新月步《にっしんげつぽ》の世《よ》の中《なか》であるから、昨日《きのふ》まで正當《せいたう》なり眞說《しんせつ》なりと信《しん》ぜられた事柄《ことがら》も、今日《けふ》は未熟不徹《みじゆくふてい》底《てい》であるとか、全然《ぜんぜん》誤謬《ごべう》であるといふやうなこともないではないが、兎《と》に角科學《かくくわがく》の價値《かち》は充分《じうぶん》に之《こ》れを認《みと》めねばならぬ。左《さ》れど科學《くわがく》の領域《りやうゐき》は、感覺的現實《かんかくてきげんじつ》に限《かぎ》らるるものであるから、宇宙《うちう》の全體《ぜんたい》より見《み》れば、其《そ》の千分《ぶん》一にも足《た》らぬ。極《きは》めて狹少《けふせう》の範圍《はんゐ》に過《す》ぎぬ故《ゆゑ》、科學《くわがく》を以《もつ》て宇宙《うちう》の總《すべ》てを解釋《かいしやく》することは、全然不可能《ぜんぜんふかのう》であるばかりでなく、科學《くわがく》の進步《しんぽ》發達《はつたつ》するに従《したが》ひ、宇宙《うちう》の神祕《しんぴ》は却《かへ》つて益々《ます〳〵》増大《ぞうだい》するのが常例《じやうれい》であつて科學《くわがく》の奥《おく》に神祕《しんぴ》ありといふことは、科學者自身《くわがくしやじしん》も之《こ》れを承認《しようにん》せねばならぬ。否《いな》、科學者自《くわがくしやみづ》から之《こ》れを發言《はつげん》し主張《しゆちやう》するに至《いた》つて居《ゐ》るのである。

哲學者《てつがくしや》は古來《こらい》入り代《かは》り立《た》ち代《かは》り、宇宙《うちう》の神祕《しんぴ》を解《と》かんとして居《ゐ》るが、其《そ》の究竟《きうきやう》する所《ところ》は結局大同小異《けつきよくだいどうせうい》であつて、理窟《りくつ》に理窟《りくつ》を積《つ》み重《かさ》ね、斯《か》く〳〵の理由《りいう》に依《よ》り斯《か》くあらねばならぬといふのが結論《けつろん》であり、行《ゆ》き止《ど》まりであつて、斯《か》くの如《ごと》しと判決斷定《はんけつだんてい》することは出來《でき》ぬのである。從《したが》つて哲學《てつがく》は科學《くわがく》に一歩《ぽ》を進《すゝ》め、宇宙《うちう》の神祕界《しんぴかい》に闖入《ちんにふ》して居《ゐ》ると、倶《とも》に一切《さい》の學問《がくもん》の總府《そうふ》であり、高尚《かうしやう》のものであるけれども、繪《ゑ》がける美人《びじん》と同《おな》じく美《び》は則《すなは》ち美《び》なりと雖《いへ》ども、少《すこ》しも實用《じつよう》に適《てき》せぬのである。切言《せつげん》すれば哲學《てつがく》は高尚《かうしやう》な學問《がくもん》であつて神祕《しんぴ》を解《と》かんとするのではあるが、其《そ》の結果《けつくわ》は一種《しゆ》の想像臆斷《さうざうおくだん》に止《とゞ》まり、實際《じつさい》の生活《せいくわつ》に及《およ》ぼす效能《かうのう》は科學《くわがく》に及《およ》ばず、精神的安定《せいしんてきあんてい》の力《ちから》は宗教《しうけう》に及《およ》ばぬのである。

宗教《しうけう》は神祕《しんぴ》を具體的《ぐたいてき》に解決《かいけつ》して、安心立命《あんしんりつめい》の土臺《どだい》を固《かた》めやうとするものであるが、それに大體《だいたい》二樣《やう》ある。一は神話傳說《しんわでんせつ》に由《よ》つて神祕《しんぴ》を說《と》かんとするもので、基督教《キリストけう》の創世記《さうせいき》即《すなは》ち神《かみ》が七日《か》間《かん》に天地萬物《てんちばんぶつ》を創作《さうさく》し、土《つち》を以《も》つて人間《にんげん》を造《つく》つたとか、印度《いんど》の梵天能造說《ぼんてんのうざうせつ》や、四姓階《せいかい》級等《きふとう》を始《はじ》め、之《こ》れに類《るゐ》するものが澤山《たくさん》ある。之等《これら》は今日《こんにち》では科學的《くわがくてき》にも、哲學的《てつがくてき》にも、將又《はたまた》常識的《じやうしきてき》にも、最早《もはや》存在《そんざい》の餘地《よち》がないものであつて、只《た》だ荒唐《くわうたう》なる一種《しゆ》の御伽噺《おとぎばな》しに過《す》ぎぬのである。次《つぎ》に他《た》の一つは自己《じこ》の心理《しんり》を基礎《きそ》として、總《すべ》ての神祕《しんぴ》を解《とか》んとするのである。佛教《ぶつけう》や儒教等《じゆけうとう》は大體《だいたい》此《こ》の自身中心主義《じしんちうしんしゆぎ》から一切《さい》を解説《かいせつ》して居《ゐ》る。之《これ》は反省安立上《はんせいあんりつじやう》には至極《しごく》有效《いうかう》であるが、自己《じこ》以外《いぐわい》に於《お》ける無限《むげん》の存在《そんざい》を等閑視《とうかんし》する弊《へい》があつて、畢竟《ひつきやう》斷常《だんじやう》二邊《へん》の孰《いづ》れにか墮《だ》する恐《おそれ》がある。例《たと》へば佛教《ぶつけう》の淨土門《じやうどもん》が他力尊佛主義《たりきそんぶつしゆぎ》に趍《はし》り、聖道門《せいだうもん》が唯心《ゆゐしん》自力《じりき》の極端《きよくたん》に進《すゝ》み、自他雙用併立《じたさうようへいりつ》、佛凡《ぶつぼん》卽《すなは》ち神人《しんじん》の關係《くわんけい》が充分《じうぶん》に調節《てうせつ》せられて居《ゐ》らぬのである。

自力《じりき》卽《すなは》ち自己《じこ》に偉大《ゐだい》なる靈力《れいりよく》あることを自覺《じかく》するのは、尤《もつと》も肝要《かんえう》であるが、それと同時《どうじ》に外界《ぐわいかい》に於《お》ける神明《しんめい》の大威力大自在力《だいゐりよくだいじざいりよく》を極《きは》めて明確《めいかく》に認識《にんしき》し信念《しんねん》せねばならぬ。安心立命《あんしんりつめい》の契機《けいき》は、此《こ》の自他《じた》二力《りき》の併立互融《へいりつごゆう》を確認《かくにん》する他《ほか》にないのである。又《また》自己《じこ》は宇宙《うちう》の縮圖《しゆくづ》であつて、渺《べう》たる此《こ》の心身《しんしん》に無限《むげん》の神祕《しんぴ》を蘊藏《うんざう》して居《ゐ》るとは、極《きは》めて明白《めいはく》に省察《しやうさつ》し直觀《ちよくくわん》し得《う》る所《ところ》であると、倶《とも》に無際邊《むさいへん》の大宇宙《だいうちう》に於《お》ける無量無邊《むりやうむへん》の神祕《しんぴ》をも體認《たいにん》せねばならぬ。自《じ》他雙用《たさうよう》、一多《た》相容《さうよう》、主伴具足《しゆはんぐそく》、重々《ちう〱》無盡《むじん》なるが、宇宙神祕《うちうしんぴ》の現相《げんさう》であり、吾人《ごじん》が認識直觀《にんしきちよくくわん》の限定《げんてい》である。

斯《か》くの如《ごと》き無《む》限《げん》大《だい》の宇《う》宙《ちう》に於《お》ける、無《む》量《りやう》邊《へん》の神《しん》祕《ぴ》は、如何《いか》にして之《こ》れを體《たい》認《にん》し得《う》るか、之《こ》れは固《もと》より科《くわ》學《がく》の及《およ》ぶ所《ところ》ではない。哲《てつ》學《がく》では有《あ》り得《う》る、有《あ》るべしとは思《おも》ふも、未《いま》だ其《そ》の實《じつ》物《ぶつ》を捉《とら》へ得《え》ぬのである。孔《こう》子《し》や釋《しや》迦《か》、基督《キリスト》、マホメツト、傳《でん》教《けう》、弘《こう》法《ぼふ》、親《しん》鸞《らん》、日《にち》蓮《れん》等《とう》は、辛《しん》苦《く》慘《さん》澹《たん》漸《やうや》く其《そ》の一部《ぶ》を開《ひら》き一部《ぶ》分《ぶん》を取《と》り出《だ》して實《じつ》用《よう》に供《きよう》したものである。併《しか》し時《じ》代《だい》が時《じ》代《だい》であり、又《また》傳《でん》統《とう》の形《けい》式《しき》に囚《とら》はれて居《ゐ》る點《てん》があつたので、寶《はう》庫《こ》の全《ぜん》體《たい》を搜《さが》すことが出《で》來《き》なかつた。之《これ》等《ら》の人々《ひとぐ》でさへ既《すで》に然《しか》りである。卽《すなは》ち一部《ぶ》が見《み》出《いだ》さなかつたのであるから、其《そ》の他《た》の多《おほ》くの宗《しう》教《けう》家《か》は、此《こ》の錠《ぢやう》前《まへ》の堅《けん》固《ご》な寶《はう》庫《こ》祕《ひ》藏《ざう》を開《ひら》くに適《てき》當《たう》な鍵《かぎ》も手《て》に入《はひ》らねば、亂《らん》暴《ばう》に打《う》ち壞《こは》さうとしたものもあつたが、いづれも成《せい》功《こう》しなかつた。

寶《はう》庫《こ》を開《ひら》く鍵《かぎ》とは何《なん》であるか、それは唯《た》だ一つ、卽《すなは》ち神《じん》通《つう》力《りき》の修《しゆ》行《ぎやう》である。一定《てい》の行《かう》規《き》の下《もと》に修《しゆ》法《はふ》すれば、それに相《さう》應《おう》の神《じん》通《つう》力《りき》を體《たい》得《とく》することが出《で》來《き》る。而《しか》して神人道交感應《しんじんだうきやうかんおう》の結《けつ》果《くわ》、神《しん》靈《れい》界《かい》との交《かう》渉《せふ》が自《じ》由《いう》である。從《したが》つて現《げん》在《ざい》の幸《かう》禍《くわ》は固《もと》より、過《くわ》去《こ》に通《つう》じ、未《み》來《らい》を豫《よ》知《ち》することが出《で》來《き》る。卽《すなは》ち一切《さい》の疑《ぎ》問《もん》は解《と》かれ、一切《さい》の神《しん》祕《ぴ》は開《ひら》かるるのである。

一、宇宙の中心

冲莫無朕《ちうばくむちん》、天《てん》もなく、地《ち》もなく、日月星辰《じつげつせいしん》もなし、唯《た》だ蒼々《さうく》たる大虛《たいきよ》、方《はう》なく、限《げん》なく、際《さい》なし、されど無《む》にあらず、空《くう》にあらず、靈素中《れいそなか》に存《そん》して其《そ》の勢用衝動《せいようしようどう》す、而《し》かも形《かたち》なく聲《こゑ》なく色《いろ》なく名《な》もなし、强《しひ》て形容《けいよう》すれば、靈《れい》にして妙《めう》、眞《しん》にして淨《じやう》、淸《せい》にして澄《すむ》といふの他《ほか》なし、之《こ》れを宇宙周遍《うちうしうへん》の眞澄界《ますみかい》と傳《つた》ふ、實《げ》に靈素《れいそ》の充實《じうじつ》せる眞元界《しんげんかい》なり。

之《こ》れは天地《てんち》の未《いま》だ剖《わか》れざる以前《いぜん》の虛空界《こくうかい》を示《しめ》したものである。虛空《こくう》といふことは、單《たん》に天空《そら》といふ意《い》味《み》でもなければ、皆無《かいむ》といふ義《ぎ》でもない。物質的《ぶつしつてき》の現相《げんさう》がない、肉眼《にくがん》に映《えい》ずるものがないといふので、純眞無雜《じゆんしんむざつ》の元靈界《げんれいかい》を指《さ》したのである。

此《こ》の純眞《じゆんしん》の元靈界《げんれいかい》には、神明乃至人間動植物國土天體《しんめいないしにんげんどうしよくぶつこくどてんたい》を顯現《けんげん》すべき靈素《れいそ》が充滿《じうまん》して居《ゐ》る。併《しか》し其《そ》の靈《れい》素《そ》といふものは、固《もと》よりも色《いろ》も形《かたち》も聲《こゑ》も香《か》も名《な》もないが、只《た》だ勢用《せいよう》の動力《どうりよく》は儼存《げんそん》して居《ゐ》る。而《し》かも其《そ》の勢動《せいどう》なるものは、一點《てん》の妄汚染雜《まうをせんざつ》もなく、純眞無垢《じゆんしんむく》、自然《しぜん》の云爲《うんゐ》であるから、之《こ》れを靈妙《れいめう》と云《い》ひ、又眞澄界《またまずみかい》といふのである。以下《いか》口訣《こうけつ》

漢傳《かんでん》の渾沌以前《こんとんいぜん》、佛說《ぶつせつ》の眞如法界《しんによはふかい》、西說《さいせつ》の神力未發《しんりよくみはつ》の時代《じだい》と、其《そ》の趣《おもむき》は相似《あひに》たるも、理義《りぎ》は更《さら》に深《ふか》く、且《か》つ正《たゞ》し。

靜寂湛然《せいじやくたんぜん》の大虚空《だいこくう》たる眞澄界《ますみかい》に於《お》ける、靈素《れいそ》の勢用衝動《せいようしようどう》して、天地《てんち》將《まさ》に發《わか》れんとす。此《こ》の時《とき》自然至爾《しぜんしじ》の妙契《めうけい》に依《よつ》て現《あら》はれ給《たま》ふ靈體《れいたい》を、天之御中主神《あめのみなかぬしのかみ》と稱《との》ふ、宇宙《うちう》は方《はう》なく、限《げん》なく、際《さい》なけれども、此《こ》の大神《おほがみ》の靈體《れいたい》を指《さ》して中心《ちうしん》と定《さだ》む。

斯《か》く中心《ちうしん》といふと雖《いへど》も、局限《きよくげん》せられたる一定《てい》の據地《きよち》を指《さ》すには非《あら》ず、只《た》だ天地日月星辰《てんちじつげつせいしん》國土《こくど》山川動植鑛等《さんせんどうしよくくわうとう》の一切《さい》の現象世界《げんしやうせかい》と、黄泉界幽界靈界神界《くわうせんかいいうかいれいかいしんかい》の發祥體《はつしやうたい》としての元靈本質《げんれいほんしつ》といふ意《い》を主《しゆ》とす。

中心本質《ちうしんほんしつ》にも、大總《だいそう》の上《うへ》に於《お》ける中心本質《ちうしんほんしつ》と、個別上《こべつじやう》の中心《ちうしん》や本質《ほんしつ》あり、此《こ》の大神《おほがみ》は總《そう》別共《べつとも》に行亙《ゆきわた》れり。

眞澄界《ますみかい》は宇宙《うちう》の代名詞《だいめいし》であり、又大高天原《またたいたかまがはら》の元體眞相《げんたいしんさう》ともいふべきものであつて、其《そ》の中《なか》に滿《み》てる靈《れい》素《そ》が動《うご》いて、作用《さよう》を開始《かいし》したのが天之御中主神《あめのみなかぬしのかみ》である。靈素《れいそ》が凝集《ぎようしふ》したから、それが中心《ちうしん》となるのは自然至當《しぜんしたう》の理法《りはふ》である。中心卽《ちうしんすなは》ち眞中《まなか》であり、御中主《みなかぬし》である、此《こ》の中心《ちうしん》の靈體《れいたい》が全宇宙《ぜんうちう》を總統《そうとう》すべき大偉力《たいゐりよく》であると、同時《どうじ》に又萬有發生《またばんいうはつせい》の元靈本質《げんれいほんしつ》となつたのである。空漠《くうばく》なる無限界《むげんかい》に、何所《どこ》でも一物《もつ》が現《あら》はるれば、そこが中心《ちうしん》となるのは云《い》ふまでもない物理學上《ぶつりがくじやう》の原則《げんそく》である。

又天之御中主神《またあめのみなかぬしのかみ》より萬有《ばんいう》が開現《かいげん》する點《てん》から見《み》れば、萬有《ばんいう》の本質《ほんしつ》であり、中心《ちうしん》であるといはねばならぬ、いづれにしても大神《おほがみ》は一切《さい》の中心元靈《ちうしんげんれい》である。

宇宙《うちう》には宇宙《うちう》の中心《ちうしん》があり、本質《ほんしつ》がある。太陽系《たいやうけい》には太陽《たいやう》といふ中心本體《ちうしんほんたい》がある。地球《ちきう》には地球《ちきう》の中《ちう》心本質《しんほんしつ》がある。日本《にほん》といふ國《くに》にも、各國《かくこく》にもそれ〴〵中心本質《ちうしんほんしつ》がある。日本《にほん》の中心《ちうしん》は東京首都《とうきやうしゆと》、新潟《にひがた》縣《けん》の中心《ちうしん》は新潟市《にひがたし》といふやうなものである。此《こ》の中心本質《ちうしんほんしつ》は人《ひと》にも動植物《どうしよくぶつ》にも土石《どせき》にもある。天之御《あめのみ》中主神《なかぬしのかみ》は大總《だいそう》たる宇宙《うちう》の中心本質《ちうしんほんしつ》であると、共《とも》に一個人《こじん》の中心本質《ちうしんほんしつ》にも籠《こも》つて居《ゐ》るから、總體《そうたい》の上《うへ》にも、個體《こたい》の上《うへ》にも行《ゆ》き亙《わた》つて、宇宙萬有《うちうばんいう》いづれも此《こ》の大神《おほがみ》の靈德《れいとく》を稟《う》けぬものはないのである。以下口《いかこう》訣《けつ》

漢學《かんがく》にて天帝《てんてい》とか上帝《じやうてい》とか上天《じやうてん》とかいふのは、此《こ》の大神《おほがみ》の威德《ゐとく》の方《はう》の一部《ぶ》を認《みと》めたものに過《す》ぎぬ。佛教《ぶつけう》にて法身如來《ほふしんによらい》とか、眞如法身等《しんによほふしんとう》といふのは、此《こ》の大神《おほがみ》の勢用《せいよう》のみを採《と》つたもので、靈德《れいとく》の認識《にんしき》が不充分《ふじうぶん》である。耶猶教等《やゆけうとう》の唯一眞神說《ゆゐいつしんしんせつ》は、此《こ》の大神《おほがみ》の作業《さげふ》の一部《ぶ》、卽《すなは》ち葦芽比古遲《あしかびひこち》以下《いか》の一現相《げんさう》をいつたものにて、不完全《ふくわんぜん》であり不徹底《ふてつてい》である。又哲學上《またてつがくじやう》の絕對《ぜつたい》とか大實在《だいじつざい》といふのは、此《こ》の大神《おほがみ》の理性《りせい》だけを論《ろん》じたもので、威德《ゐとく》の點《てん》をば寸毫《すんがう》も覺知《かくち》せぬのである。

二、造化の統制

天之御中主神《あめのみなかぬしのかみ》の元靈《げんれい》、自爾《じに》の刺戟《しげき》に衝着《しようちやく》して、動《どう》と反動《はんどう》とを起《おこ》す。動《どう》は自體《じたい》より外界《ぐわいかい》に向《むか》つて進《すゝ》まんとする遠心《ゑんしん》にして、陽發《やうはつ》の熱《ねつ》と爲《な》り、光《ひかり》と爲《な》る。萬物化育《ばんぶつくわいく》の原質《げんしつ》なり、之《こ》

れを高御産靈神《たかみむすびのかみ》と云《い》ふ。反動《はんどう》は外《そと》より内《うち》に向《むか》つて凝集《ぎようしふ》せんとする求心力《きうしんりよく》にして、陰精《いんせい》の冷《れい》と爲《な》り、水《すゐ》と爲《な》る、萬有化成《ばんいうくわせい》の胎原《たいげん》なり。之《こ》れを神御産靈神《かむみむすびのかみ》と稱《しよう》するなり。此《こ》の二神《しん》は其《そ》の性格相反《せいかくあひはん》し、其《そ》の作用《さよう》も亦異《またこと》なると雖《いへど》も、齊《ひと》しく天之御中主神《あめのみなかぬしのかみ》の靈動《れいどう》にして、其《そ》の本體《ほんたい》二別《べつ》あるに非《あ》らず、一體兩用《たいりやうよう》の妙理《めうり》に基《もと》づき、互《たがひ》に相頼《あひよつ》て萬有《ばんいう》を化育《くわいく》す。陽《やう》と云《い》ひ、光《くわう》と云《い》ひ、陰《いん》と云《い》ひ、冷《れい》と云《い》ふも、善惡《ぜんあく》の謂《いひ》にはあらず、大靈《だいれい》の發動《はつどう》は善惡《ぜんあく》を超越《てうゑつ》す。善惡《ぜんあく》は神法《しんぱふ》に順《したが》ふと否《いな》とに由《よ》つて起《おこ》る。又道義上《まただうぎじやう》の善惡是非《ぜんあくぜひ》は一層低下《そうていか》の便宜《べんぎ》法《はふ》なり。陰陽《いんやう》、寒熱《かんねつ》、外發内集《ぐわいはつないしふ》は、萬有生々化育《ばんいうせい〳〵くわいく》の自然律《しぜんりつ》と知《し》るべし。

高御産靈神《たかみむすびのかみ》と神御産靈神《かむみむすびのかみ》は、宇宙《うちう》の大元《だいげん》たる天之御中主神《あめのみなかぬしのかみ》の靈力《れいりよく》の兩作用《りやうさよう》である。一は動的外發《どうてきぐわいはつ》の膨脹力《ばうちやうりよく》となり、他《た》は反動的内向《はんどうてきないかう》の凝集力《ぎようしふりよく》と爲《な》り、遂《つひ》に陽發陰精《やうはついんせい》、光冷寒熱《くわうれいかんねつ》の如《ごと》き、正反對《せいはんたい》の働《はたら》きを爲《な》すに至《いた》るのである。

高神《たかかむ》の兩産靈神《りやうむすびのかみ》は、正反對《せいはんたい》の作用《さよう》を爲《な》すものではあるが、動《どう》があれば反動《はんどう》があり、一物《もつ》一身中《しんちう》には必《かなら》ず水火《すゐくわ》の兩性《りやうせい》が具存《ぐそん》して居《ゐ》るのを見《み》れば、兩者《りやうしや》の根本《こんぽん》は一元《げん》であることが明《あき》らかであると、同時《どうじ》に又《また》何物《なにもの》にも此《こ》の相反的《さうはんてき》の兩性《りやうせい》がなくしてはならぬ。一つだけなれば死《し》である、無《む》であつて、存在《そんざい》の意義《いぎ》が自《おのづ》から滅却《めつきやく》することになるのである。

高御産靈《たかみむすび》が開展《かいてん》の結果《けつくわ》は、陽熱《やうねつ》と化《くわ》し、物質的包容力《ぶつしつてきはうようりよく》と爲《な》り、男性《だんせい》に至《いた》り、神御産靈《かむみなすび》は陰冷《いんれい》より、精《せい》神的内存力《しんてきないそんりよく》と爲《な》り、女性《ぢよせい》に進《す》むのである。
陽光《やうくわう》はよいとか、陰冷《いんれい》はわるいとか、物質《ぶつしつ》は惡《あく》、精神《せいしん》は可《か》とかいふことは、少《すこ》しも意味《いみ》を爲《な》さぬ、兩《りやう》者《しや》は共《とも》に同等《どうとう》一義《ぎ》であつて、所謂善惡《いはゆるぜんあく》を超越《てうゑつ》して居《ゐ》る。陰陽物心互《いんやうぶつしんたがひ》に抱合《はうがふ》して物《もの》を爲《な》すのである。萬《ばん》有卽《いうすなは》ち大《だい》は天體日月星辰《てんたいじつげつせいしん》より、小《せう》は一草《さう》一蟲《ちう》に至《いた》るまで、此《こ》の兩神《りやうしん》の協力《けふりよく》に依《よつ》て生成《せいせい》せぬものはない。兩神《りやうがみ》、正反對《せいはんたい》の兩性《りやうせい》は實《じつ》は一體《たい》となつて、萬物《ばんぶつ》を生々化育《せい〳〵くわいく》する原動力《げんどうりよく》となるものである。

世《よ》に所謂道德上《いはゆるだうとくじやう》の善惡《ぜんあく》といふものは、其《そ》の時代《じだい》や國々《くに〴〵》に依《よつ》て、標準《へうじゆん》が異《こと》なるものであるから、それは至《いた》つて低《ひく》い人爲的《じんゐてき》の方便上《はうべんじやう》の善惡《ぜんあく》に過《す》ぎぬ。眞《しん》の善惡《ぜんあく》といふのは神《かみ》の自然法《しぜんはふ》に順《したが》ふか、之《こ》れに背《そむ》くかといふ點《てん》にある。以下《いか》口訣《こうけつ》

無窮無極無限《むきうむきよくむげん》の靈素《ひだね》、卽《すなは》ち精神的力素《せいしんてきりきそ》たる零靈《ぬひ》が凝集《ぎようしふ》して、零雷《ぬち》（能智《ぬち》、又《また》は奴遲《ぬち》）と爲《な》り、更《さら》に比賣卽《ひめすなは》ち靈芽《ひめ》と化《くわ》し、比古卽《ひこすなは》ち靈凝《ひこ》と進《す》み、此《こ》の靈芽《ひめ》と靈凝《ひこ》が結合《けつがふ》して、幾多《いくた》の靈芽《ひめ》と靈凝《ひこ》を分立《ぶんりつ》せしむる作用《さよう》を産靈《むすび》といふ。然《さ》れば産靈《むすび》は結合《むすび》と分化《ぶんくわ》の兩能《りやうのう》を有《いう》するものにして、父母《ふぼ》結合《けつがふ》して子孫《しそん》を增殖《ぞうしよく》するに似《に》たり。

高神兩産靈《たかかむりやうむすび》の神《かみ》は、世界萬有生成《せかいばんいうせいせい》の元質《げんしつ》と爲《な》り、其《そ》の活動《くわつどう》は伊邪那岐神《いざなぎのかみ》、伊邪那美神《いざなみのかみ》に至《いた》つて、修理固成《しうりこせい》の德業《とくげふ》を終了《をは》り、其《そ》の靈力《れいりよく》は黄泉界《くわうせんかい》にも幽界《いうかい》にも神界《しんかい》にも、將又現界《はたまたげんかい》の萬物《ばんぶつ》にも彌滿《みち》居《を》れり。

天之御中主神《あめのみなかぬしのかみ》、主《ぬち》は零雷《ぬち》とも書《か》き、靈《ひ》の強《つよ》く凝《こり》たるをいふ。高御産靈《たかみむすび》は此《こ》の零雷《ぬち》の現凝靈《あらこりひ》にして陽火《やうくわ》である。神御産靈《かむみむすび》は零雷《ぬち》の奇凝雷《くしこりち》にて陰冷《いんれい》である。此《こ》の現靈《あらひ》と奇雷《くしち》が相結《あひむす》ぶゆゑに、産靈《むすび》といひ、結《けつ》合《がふ》の結果《けつくわ》は、同《どう》一性《せい》のものが増殖分化《ぞうしよくぶんくわ》して、天地《てんち》國土《こくど》乃至《ないし》人類諸物《じんるゐしよぶつ》を生成《せいせい》するに至《いた》るのである。高御産靈《たかみむすび》、神御産靈《かむみむすび》の兩神《りやうがみ》は、天地《てんち》萬有生成《ばんいうせいせい》の元質《げんしつ》であり、元動力《げんどうりよく》ではあるが、兩神《りやうがみ》が直《たゞ》ちに萬有《ばんいう》と化《くわ》したとか、又兩神《またりやうがみ》が萬物《ばんぶつ》を造作《ざうさく》したといふのではない。萬有《ばんいう》の開發生成《かいはつせいせい》には、それ〴〵一定《てい》の規律《きりつ》と順序《じゆんじよ》があつて、以下《いか》伊邪那岐《いざなぎ》、伊邪那美《いざなみ》兩神《りやうがみ》の時《とき》に至《いた》つて、始《はじ》めて一切《さい》の業績《げふせき》が完成《くわんせい》したのである。而《しか》して兩産靈《りやうむすび》の靈力《れいりよく》は、無終無限《むしうむげん》に宇宙《うちう》の各界各物《かくかいかくぶつ》に行渡《ゆきわた》つて、沒却《はつきやく》することもなければ、總體《そうたい》の上《うへ》から見《み》れば、少《すこ》しの消長《せうちやう》もないのである。以下《いか》口訣《こうけつ》

三、生成の軌道

大虛《たいきよ》の眞《ま》澄衝動《ずみしようどう》して天之御中主神《あめのみなかぬしのかみ》と爲《な》り、大神《おほがみ》の靈動《れいどう》は更《さら》に兩産靈《りやうむすび》を現《あら》はし、以《もつ》て萬有《ばんいう》生化《せいくわ》の元質《げんしつ》を備《そな》へたり。而《しか》して萬有生成《ばんいうせいせい》の順程《じゆんてい》は、先《ま》づ天體《てんたい》の成立《せいりつ》に在《あ》り、天體《てんたい》の成立支《せいりつし》持《ぢ》は、軌道《きだう》の循環《じゆんくわん》に據《よら》ざる可《べか》らず。循環《じゆんくわん》は活動《くわつどう》なり。活動《くわつどう》なければ枯死《こし》なり。空無《くうむ》と異《こと》なることなきなり。

茲《こゝ》に於《おい》てか、宇麻志阿斯訶備比古遲神《うましあしかびひこぢのかみ》顯現《けんげん》せり。宇麻志《うまし》は可美《うまし》にて、美《び》なり妙《めう》なり、稱《たゝ》詞《ことば》とす。阿斯訶備《あしかび》は葦芽《あしかび》にて、產靈《むすび》より出《いで》たる靈芽《ひめ》の增長《ぞうちやう》せしものなり。比古遲《ひこぢ》は彥舅《ひこぢ》、即《すなは》ち靈凝雷《ひこち》にて、產靈《むすび》の中《なか》に在《あ》りし靈凝《ひこ》の發達《はつたつ》せしものなり。

此《こ》の葦芽靈《あしかび》と靈凝雷《ひこち》が數多《かずおほ》く結合《けつがふ》せるを靈凝道《ひこち》といふなり。靈凝道《ひこぢ》とは宇宙《うちう》の中心點《ちうしんてん》たる天之御中主神《あめのみなかぬしのかみ》の外周《ぐわいしう》に形成《けいせい》せられた軌道《きだう》にして、天體諸星《てんたいしよせい》は之《こ》れに據《よ》つて活動《くわつどう》し支持《しぢ》せらるゝものなり。

產靈《むすび》の元質《げんしつ》が備《そな》はつて、折角《せつかく》が天地《てんち》星辰萬物《せいしんばんぶつ》が生成《せいせい》しても、宇宙《うちう》は無限《むげん》であるから、之《こ》れを放任《はうにん》して自由行動《じいうかうどう》を執《と》らせたならば、何所《どこ》まで飛《と》び歩《ある》くか分《わか》らぬ。それでは各物相互《かくぶつさうご》の間《あひだ》に、連絡《れんらく》もとれねば、何等《なんら》の統制《とうせい》もないことになつて、生成《せいせい》の意義《いぎ》も効果《かうくわ》も沒却《ぼつきやく》してしまうから、先《ま》づ第《だい》一に各々《おの〳〵》の生成物《せいせいぶつ》の本住據《ほんぢうきよ》と、其《そ》の活動即《くわつどうすなは》ち運行《うんかう》の範圍《はんゐ》を確定《かくてい》せねばならぬことになつたのである。軌道《きだう》といふのは此《こ》の運行《うんかう》の順路《じゆんろ》であり、又其《またそ》の活動《くわつどう》の範圍《はんゐ》を劃定《くわくてい》したものである。

自由行動《じいうかうどう》を取《と》つて惡《わる》いならば、始《はじ》めから靜止的《せいしてき》に生成《せいせい》せしめたらばよからう。さうしたらば軌道等面《きだうとうめん》倒臭《だうくさ》いものは必要《ひつえう》はないと云《い》ふかも知《し》れぬが、總《すべ》て物《もの》の活動《くわつどう》といふことは生命《せいめい》であり作用《さよう》である。從《したが》つて活動《くわつどう》がなければ、生命《せいめい》がない枯死物《こしぶつ》である。而《しか》して作用《さよう》がない、作用《さよう》のないものは無用《むよう》の長物《ちやうぶつ》であつて、存在《そんざい》の意義《いぎ》もなければ、必要《ひつえう》もないのである。活動即《くわつどうすなは》ち運行《うんかう》、運行即《うんかうすなは》ち生命《せいめい》、生命即《せいめいすなは》ち作《さ》用《よう》、作用《さよう》即《すなは》ち存在《そんざい》である。

天之御中主神《あめのみなかぬしのかみ》を中心《ちうしん》として、其《そ》の周圍《しうゐ》に環狀《くわんじやう》を爲《な》せるものが、天體諸星《てんたいしよせい》の軌道《きだう》であつて、日月《じつげつ》も地《ち》球《きう》も皆《みな》此《こ》の軌道《きだう》を循環《じゆんくわん》し運行《うんかう》するものである。尤《もつと》も軌道《きだう》は一つではない。地球《ちきう》の軌道《ちきう》もあれば、木《もく》星《せい》の軌道《きだう》もあり、其《そ》の他《た》各恒星《かくこうせい》の各別《かくべつ》の軌道《きだう》があるが、天之御中主神《あめのみなかぬしのかみ》を中心《ちうしん》として、其《そ》の外周《ぐわいしう》を運行《うんかう》するといふことに異《かは》りはない。

又《また》天之御中主神《あめのみなかぬしのかみ》は中心《ちうしん》に在《あ》つて、軌道《きだう》は其《そ》の外周《ぐわいしう》に在《あ》り、天體諸星《てんたいしよせい》が之《こ》れを運行《うんかう》するといつても、大《おほ》神《がみ》の靈系靈力《れいけいれいりよく》は、軌道《きだう》にも諸星《しよせい》にも、それ以外《いぐわい》即《すなは》ち宇宙全體《うちうぜんたい》に遍滿《へんまん》して居《ゐ》ることを忘《わす》れてはならぬ。

恰《あた》かも　陛下《へいか》の玉體《ぎよくたい》は普通《ふつう》五六尺《しやく》であり、其《そ》の宮城《きうじやう》は東京《とうきやう》であつても、其《そ》の威令德澤《ゐれいとくたく》は、六大都市《だいとし》、九十市《し》、全國《ぜんこく》の津々浦々《つゝうらく》まで普及《ふきふ》して居《ゐ》るが如《ごと》きものである。王居《わうきよ》は一所《ひとところ》と假定《かてい》してあつても、普天《ふてん》の下《した》、率土《そつど》の濱《ひん》、皆王土《みなわうど》にあらざるはなしである。以下口訣《いかこうけつ》

天文學上《てんもんがくじやう》の星雲說《せいうんせつ》や、地球發育史《ちきうはついくし》等《とう》の示《しめ》す所《ところ》は、此《こ》の阿斯訶備比古遲《あしかびひこぢ》の神《かみ》の生出狀勢《せいしゆつじやうせい》と酷似《こくじ》して居《ゐ》るが、本典《ほんてん》では星雲說《せいうんせつ》を常立神《とこたちのかみ》の次第《しだい》とするのが妥當《だたう》と見《み》て居《ゐ》る。

四、天之常立

天體運行《てんたいうんかう》の軌道《きだう》が成立《せいりつ》して、次《つぎ》に其《そ》の軌道內《きだうない》に發生《はつせい》せるものを、天之常立神《あめのとこたちのかみ》とす。之《こ》れ

は物質素《ぶつしつそ》たる原子《げんし》電子《でんし》を濃厚《のうこう》に凝集《ぎようしふ》せしめて、星雲《せいうん》の如《ごと》き形態《けいたい》を組成《そせい》し、更《さら》に之《こ》れを多數《たすう》に分立《ぶんりつ》せしむる作用《さよう》を司《つかさ》どる神《かみ》なり。

常立《とこたち》は所多雷《とこたち》にして、葦芽《あしかび》の芽《め》が多《おほ》く結集《けつしふ》して、芽多雷《かたち》と爲《な》り、芽多雷《かたち》が更《さら》に集合《しふがふ》して漸次《ぜんじ》固形體《こけいたい》と化《くわ》し、永久《えいきう》に一定《てい》の場所《ばしよ》を占領《せんりやう》すると、倶《とも》に法式《はふしき》の軌道《きだう》を循環《じゆんくわん》するものなり。

常立《とこたち》の生成狀態《せいせいじやうたい》は、風素《ふうそ》先《ま》づ動《うご》いて、次《つぎ》に火炎《くわさい》起《おこ》り、火炎《くわさい》を包《つゝ》むに水雲《すゐうん》を以《もつ》てし、水火《すゐくわ》相結《あひむす》んで固形《こけい》の地體《ちたい》となる。此《こ》の地體《ちたい》の運行旋動《うんかうせんどう》に由《よ》つて、幾多無數《いくたむすう》の小地體《せうちたい》が分立《ぶんりつ》し、其《そ》の大小《だいせう》に應《おう》じて一定《てい》の固成作用《こせいさよう》を經《へ》、遂《つひ》に現在《げんざい》の天體諸星《てんたいしよせい》の系統《けいとう》を構成《こうせい》するに至《いた》れり。

此《こ》の常立《とこたち》は天體《てんたい》の諸星《しよせい》、太陽系生成《たいやうけいせいせい》の次第《しだい》を示《しめ》したものである。尤《もつと》も地球《ちきう》のことは、次《つぎ》の國常立《くにとこたち》の所《ところ》にて説《と》いてある。葦芽《あしかび》が雲《くも》の如《ごと》く萠《も》え騰《のぼ》りて、漸次《ぜんじ》火團《くわだん》と爲《な》り、火團《くわだん》の上邊《じやうへん》に水分《すゐぶん》を發生《はつせい》し、此《こ》の水火《すゐくわ》が結合《けつがふ》して固形《こけい》となり地體《ちたい》となつたといふのである。

始《はじ》めは一大火團《だいくわだん》であつたが、その火團《くわだん》が自《みづか》ら旋動《せんどう》するに從《したが》ひて、火《ひ》の子《こ》が飛《と》び散《ち》つて、大火團《だいくわだん》の周邊《しうへん》に幾多《いくた》の小火球《せうくわきう》が生《しやう》じた。此《こ》の大火團《だいくわだん》と小火球《せうくわきう》とは、一系統《けいとう》に屬《ぞく》して互《たがひ》に牽連運行《けんれんうんかう》するものである。而《しか》して形體《けいたい》の大小《だいせう》に依《よつ》て、收縮力冷却力等《しうしゆくりよくれいきやくりよくとう》に相異《さうい》があり、從《したが》つて其《そ》の地體面《ちたいめん》に諸物《しよぶつ》の發生《はつせい》や、消《せう》滅《めつ》にもそれ〴〵一定《てい》の自然法《しぜんはふ》が行《おこな》はれて居《ゐ》るといふのである。之等《これら》は今日《こんにち》の天文學地文學《てんもんがくちもんがく》の説《と》く所《ところ》と

其《そ》の義《ぎ》に於《おい》て異《こと》なる所《ところ》はない。以下《いか》口訣《こうけつ》

印度《いんど》哲學《てつがく》にては、世界《せかい》の成立《せいりつ》に就《つい》て、最下《さいか》に風輪《ふうりん》あり、次《つぎ》に火輪《くわりん》あり、次《つぎ》に水輪《すゐりん》あり、次《つぎ》に地輪《ちりん》あり、次《つぎ》に金輪《こんりん》あり、世界《せかい》は風輪《ふうりん》に由《よ》つて支持《しぢ》せらるとして、軌道《きだう》は說《とい》てない。又《ま》金輪《こんりん》は地輪《ちりん》を二つに分《わ》けていつたのである。

五、國之常立

各太陽系《かくたいやうけい》、各世界《かくせかい》に、それ〴〵國之常立《くにのとこたち》あるも、今《いま》は我《わ》が地球《ちきう》に就《つい》て說《と》かん、地球《ちきう》は太《たい》陽系內《やうけいない》の一小星《せうせい》にして、太陽《たいやう》を親《おや》として、其《そ》の手中《しゆちう》に存在《そんざい》し、其《そ》の力《ちから》卽《すなは》ち引力《いんりよく》によりて運行《うんかう》せらる、風素《ふうそ》水素《すゐそ》相結《あひむす》んで雲霧《うんむ》の如《ごと》き瓦斯體《がすたい》を生《しやう》じ、其《そ》の自體《じたい》の旋動《せんどう》に由《よつ》て壓搾《あつさく》せられて雷火《らいくわ》を發《はつ》し、火團《くわだん》の外面《ぐわいめん》に再《ふた》たび水氣《すゐき》を現《あら》はし、冷縮凝結《れいしゆくぎようけつ》して漸《やうや》く地質《ちしつ》の固形《こけい》となり、收縮皺曲《しうしゆくしうきよく》は山岳《さんがく》を成《な》し、海陸《かいりくわ》分かれて、萬物次第《ばんぶつしだい》に現《あら》はる。

宇宙萬物《うちうばんぶつ》悉《こと〴〵》く產靈《むすび》の神《かみ》の靈德《れいとく》を稟《うけ》ざるはなきも、それは單《たん》に元質《げんしつ》のものであつて、我《わ》が太陽系乃至地球《たいやうけいないしちきう》の修成《しうせい》、地球上《ちきうじやう》の萬物生育《ばんぶつせいいく》に就《つい》ては、特《とく》に伊邪那岐《いざなぎ》、伊邪那美《いざなみ》兩大神《りやうおほがみ》の神業《かむわざ》を主幹《しゆかん》とす。

地球《ちきう》そのもの丶生成《せいせい》は、天之常立《あめのとこたち》と異《こと》なることはない。太陽系《たいやうけい》は天之常立《あめのとこたち》の幾億萬中《いくおくまんちう》の一星《せい》であるがそれでも廣大《くわうだい》なる位置《ゐち》を占有《せんいう》し、太陽系内《たいやうけいない》には八惑星《わくせい》と數多《あまた》の小惑星《せうわくせい》があるが、其《そ》の中《なか》の一惑星《わくせい》たる海王星《かいわうせい》と太陽《たいやう》との距離《きより》は二十八億《おく》七千餘哩《よマイル》ある。地球《ちきう》の直徑《ちよくけい》は七千九百哩《マイル》、それに外部《ぐわいぶ》の雰圍氣《ふんゐき》即《すなは》ち水分圏《みくまりくわん》を加《くは》へ、且《か》つ地球《ちきう》の屬星《ぞくせい》たる月球《げつきう》を入《い》れて計算《けいさん》すれば、六十萬哩《まんマイル》あるが、太陽系《たいやうけい》の中心《ちうしん》たる日《にち》球《きう》は、其《そ》の自體《じたい》の直徑《ちよくけい》だけが八十六萬餘哩《まんよマイル》ある。地球《ちきう》が太陽《たいやう》たる日球《にちきう》の分立《ぶんりつ》であり、其《そ》の引力《いんりよく》に由《よつ》て運行《うんかう》し、其《そ》の光熱《くわうねつ》を受《う》けて萬物《ばんぶつ》の生々化育《せいせいくわいく》を全《まつた》ふして居《ゐ》ることは疑《うたが》ふ餘地《よち》がない。太陽即《たいやうすなは》ち地球《ちきう》と地《ち》球上《きうじやう》の萬物《ばんぶつ》の親《おや》である。

天之御中主神《あめのみなかぬしのかみ》の靈德《れいとく》と、其《そ》の延長《えんちやう》たる産靈兩神《むすびりやうかみ》の靈力《れいりよく》が太陽《たいやう》にも地球《ちきう》にも、地球上《ちきうじやう》の諸物《しよぶつ》にも遍滿《へんまん》して居《ゐ》るのは、固《もと》よりいふまでもない所《ところ》である。此《こ》の靈力《れいりよく》を活用善處《くわつようぜんしよ》して、現《げん》に萬物《ばんぶつ》を生々化育《せいせいくわいく》せしめたのは、伊邪那岐《いざなぎ》、伊邪那美兩親神《いざなみふたおやかみ》の修理固成《しうりこせい》の大神業《だいかむわざ》に基《もと》くものである。以下《いか》口訣《こうけつ》

六、世界の構造

玆《こゝ》に世界《せかい》と云《い》ふは、地球《ちきう》を指《さ》す。國之常立神《くにのとこたちのかみ》の神業《かみわざ》に由《よ》つて、地球《ちきう》が太陽《たいやう》より分立《ぶんりつ》し、星雲火炎《せいうんくわえん》が漸《やうや》く球體《きうたい》と化《くわ》したる時《とき》に現《あら》はれたるを、豐雲野神《とよくもぬのかみ》と稱《しよう》す。次《つぎ》に國狹槌神《くにさづちのかみ》竝《ならび》に國狹立神《くにさたちのかみ》の凝縮力《ぎようしゆくりよく》に依《よ》つて、地殼《ちこく》を構成《こうせい》したる皺曲作用《しうきよくさよう》を國底立神《くにそこたちのかみ》といふ。地殼《ちこく》の上《うへ》に

水氣《すゐき》充《み》ち凝《こ》りて海潮《かいてう》を發《はつ》した作動《さくどう》を天之鏡《あめのかゞみの》神《かみ》といふ。海潮《かいてう》に干滿《かんまん》あるも、陸地《りくち》皺曲《しうきよく》未《いま》だ甚《はなは》だしからず。海洋《かいやう》蕩々《たう〳〵》たる狀態《じやうたい》を沫蕩神《あはなぎのかみ》と云《い》ふ。收縮《しうしゆく》皺曲《しうきよく》益々《ます〳〵》進《すゝ》むに從《したが》ひ、海底《かいてい》に斷《だん》層火山《そうくわざん》を發《はつ》す。其《そ》の作用《さよう》を泥土煮神《うひぢにのかみ》と云《い》ふ。次《つぎ》に島岐《たうぎ》自然《しぜん》に湧生《ゆうせい》す。所謂《いはゆる》自凝嶋《おのころじま》なり。之《こ》れを沙土煮神《すひぢにのかみ》と云《い》ふ。次《つぎ》に山野的《さんやてき》の陸地《りくち》發現《はつげん》す、之《こ》れを大戸之道神《おほとのぢのかみ》と云《い》ふ。次《つぎ》に海濱《かいひん》の陸《りく》地固成《ちこせい》す、之《こ》れを大戸之邊神《おほとのべのかみ》と云《い》ふ。

世界《せかい》の生成《せいせい》は、自然的《しぜんてき》の如《ごと》くなるも、其《そ》の內《うち》に自《おのづ》から神《かみ》の靈力《れいりよく》が籠《こも》り、神業《かみわざ》の現《あらは》れなることを知《し》らざるべからず。

上來《じやうらい》述《の》ぶる所《ところ》の地球《ちきう》の生成《せいせい》の順序狀態《じゆんじよじやうたい》と、其《そ》の時代《じだい》々々《〳〵》の神名《しんめい》とを對照《たいせう》して自然的生成《しぜんてきせいせい》の次第《しだい》に、單《たん》に神名《しんめい》を附《ふ》したるものと考《かんが》ふるは、極《きよ》めて淺見《せんけん》である。如何《いか》なるものにも靈力《れいりよく》の籠《こも》り居《ゐ》ることを悟《さと》らねばならぬ。地球《ちきう》にも土石《どせき》にも亦靈《またれい》がある、心《こゝろ》がある、單《たん》なる自然的《しぜんてき》の作動《さくどう》ばかりではない。

此《こ》の世界構成《せかいこうせい》の順序次第《じゆんじよしだい》は、獨《ひと》り我《わ》が地球《ちきう》のみではない。無量無數《むりやうむすう》の各太陽系《かくたいやうけい》の各惑星《かくわくせい》は、皆之《みなこ》れと同《どう》一の徑路《けいろ》をたどるものであつて、只《た》だ其《そ》の大小《だいせう》に依《よ》つて多少《たせう》趣《おもむき》を異《こと》にする點《てん》があるに過《す》ぎぬのである。小《せう》なるものは大《だい》なるものに比《ひ》して、生成期《せいせいき》が早《はや》いと同時《どうじ》に終滅期《しうめつき》も早《はや》いのである。即《すなは》ち惑星《わくせい》としての壽命《じゆみやう》が短《みじ》かいのである。

宇宙《うちう》は無限《むげん》であつて、數《かぞ》へきれぬ程《ほど》の太陽系《たいやうけい》があり、惑星《わくせい》のあることは、晴夜《せいよ》に天空《てんくう》を仰《あふ》いで見《み》える丈《だけ》でも明《あき》らかである。従《したが》つて又宇宙《またうちう》には毎日《まいにち》々々幾多《いくた》の地球《ちきう》が發生《はつせい》し、それと同時《どうじ》に又日《またひ》々幾多《いくた》の地《ち》球即《きうすなは》ち惑星《わくせい》が死滅《しめつ》してゆく、それは恰《あた》かも人間《にんげん》の日々《ひゞ》生《うま》れるものもあれば、死《し》するものもあるのと同《どう》一である。所謂流星等《いはゆるりうせいとう》は、惑星《わくせい》が死《し》んで軌道圏《きだうけん》から沒《ぼつ》し去《さ》る時《とき》の光景《くわうけい》である。以下《いか》口訣《こうけつ》

七、萬物の化育

地球《ちきう》の表面《へうめん》に水氣《すゐき》を生《しやう》じ、海陸《かいりく》の分布《ぶんぷ》を見《み》るに至《いた》つて、所謂生物《いはゆるせいぶつ》なるもの發現《はつげん》せり。其《そ》の作用《さよう》を角杙神《つぬくひのかみ》といふ。之《こ》れは植物《しよくぶつ》の單細胞《たんさいはう》の如《ごと》きものなり。次《つぎ》に昆蟲類《こんちうるゐ》の細胞體《さいはうたい》を發生《はつせい》す。之《こ》れを活杙神《いくくひのかみ》といふ。次《つぎ》に面足神《おもたるのかみ》現《あら》はる、面足《おもたる》とは地球上《ちきうじやう》の水陸《すゐりく》整《とゝの》ひたるを指《さ》すもの、即《すなは》ち地球《ちきう》の表面《へうめん》が足《た》り備《そな》はるといふ意《い》もあれど、又《また》一方《ぱう》には面貌《めんばう》の足《た》り揃《そろ》へる高等動物《かうとうどうぶつ》の發生《はつせい》を謂《い》ふとも考《かんが》ふべし。次《つぎ》に惶根神《かしこねのかみ》出現《しゆつげん》す、惶根《かしこね》とは種々《しゆぐ》の形體《けいたい》を有《いう》する生物《せいぶつ》をいふも、惶根《かしこね》の本義《ほんぎ》は生殖器《せいしよくき》を指《さ》すものにして、動物《どうぶつ》の進化作用《しんくわさよう》に名《な》けたるものなり。

以上《いじやう》は其《そ》の文字《もじ》の示《しめ》す如《ごと》く、造化《ざうくわ》の大靈《だいれい》が無限《むげん》に發動《はつどう》して、地球表面《ちきうへうめん》の固成《こせい》より、植物《しよくぶつ》の發生《はつせい》、動物《どうぶつ》の出現《しゆつげん》より、其《そ》の次第《しだい》に進化發展《しんくわはつてん》する神祕《しんぴ》の作用《さよう》を、具體的《ぐたいてき》に説述《せつじゆつ》したものである。

日本《にほん》の古典《こてん》たる古事記《こじき》や日本書紀《にほんしよき》に在《あ》るのも、同《どう》一の釋説《しやくせつ》で、其《そ》の音義言靈《おんぎげんれい》を考究《かうきう》すれば、如何《いか》に

我《わ》が國《くに》の創世記《さうせいき》が優越《いうゑつ》であるか、又更《またさら》に現代《げんだい》の科學《くわがく》と矛盾《むじゆん》せずして、確《たし》かに一歩《ぽ》を進《す》めて居《ゐ》るといふことが明《あき》らかである。

惶根神《かしこねのかみ》の次《つぎ》に現《あら》はれたるを、伊邪那岐神《いざなぎのかみ》、伊邪那美神《いざなみのかみ》と云《い》ふ。岐神《ぎのかみ》は高御産靈神《たかみむすびのかみ》の發動《はつどう》にして陽神《やうしん》なり。地球《ちきう》の大靈《だいれい》なり、美神《みのかみ》は神御産靈神《かむみむすびのかみ》の化現《けげん》にして陰神《いんしん》なり。兩神共《りやうがみとも》に誘《いざな》ひ合《あ》ひて産靈《むすび》の神業《かむわざ》を完成《くわんせい》せられし大靈《だいれい》にして、岐神《ぎのかみ》を天《あめ》の父《ちゝ》とし、美神《みのかみ》を地《ち》の母《はゝ》とす。岐《ぎ》は男《をとこ》、美《み》は女《をんな》の言靈《げんれい》を擴大《くわくだい》せしものなり。

此《こ》の兩神《りやうがみ》は天津大神《あまつおほがみ》の詔《のり》を以《もつ》て、漂《たゞよ》へる國《くに》を、天沼矛《あまのぬぼこ》に依《よ》りて修理固成《つくりかた》め、造化《ざうくわ》の大法《だいはふ》に則《のつと》りて、地球《ちきう》の中心《ちうしん》たる日本《にほん》の大八洲《おほやしま》を創開《さうかい》し、人生《じんせい》に必須《ひつす》の諸物《しよぶつ》を化育《くわいく》し、更《さら》に進《す》んで世界統治《せかいとうち》の天日嗣《あまつひつぎ》たる大岐美《おほぎみ》を生産《うみ》給《たま》ひ、大御寶卽《おほみたからすなは》ち田人《たみ》、日本民族《やまとびと》を生《う》み出《いだ》し給《たま》へり。

斯《か》く美神《みのかみ》は根《ね》の國《くに》たる黄泉界《よみかい》に隱《かく》れましても黄泉御祖卽《よもつみおやすなは》ち御母《みはゝ》の大神《だいじん》として幽界《かくりよ》を知食《しろし》めし、岐神《ぎのかみ》は神界《しんかい》に入《い》りて高御産靈《たかみむすび》の元靈《げんれい》に還《かへ》り、根《ね》の國《くに》の黄泉母神《よもつはゝがみ》と相感應《あひかんおう》して、人魂《ひとだま》を降《くだ》し、彌增《いやまし》に修理固成《しうりこせい》の補修進展《ほしうしんてん》を圖《はか》り給《たま》ひつゝあるなり。

地球全體《ちきうぜんたい》の立場《たちば》から見《み》れば、岐美兩神《ぎみりやうかみ》は地球《ちきう》の大靈《だいれい》であり、又其《またそ》の修理完成者《しうりくわんせいしや》であり、萬物一切《ばんぶついさい》の元《ぐわん》祖《そ》である。又我《またわ》が日本帝國《にほんていこく》より云《い》へば、日本《にほん》を渾圓球上無方《こんゑんきうじやうむはう》の中《なか》に於《おい》て、中心《ちうしん》の位置《ゐち》を占《し》むべく用意《ようい》工夫《くふう》せられて、其《そ》の創開《さうかい》を成就《じやうじゆ》し給《たま》ひ、やがては世界統《せかいとう》一の首都《しゆと》たらしむべく、新舊兩大陸《しんきうりやうたいりく》の中間《ちうかん》に介《かい》して、雙方《さうはう》の均衡《きんかう》を得《え》せしめ、又靈嗣《またひつぎ》、即《すなは》ち日嗣《ひつぎ》の皇神《きみ》を設《まう》けて、天壤無窮《てんじやうむきう》の皇基《くわうき》を定《さだ》められ、漸《ぜん》次《じ》世界統治《せかいとうち》の岐美《きみ》即《すなは》ち靈祖《れいそ》の神業《かむわざ》を進《すゝ》めて、有終《いうしう》の美《び》を濟《なさ》し給《たま》ふ大君《おほぎみ》とせられたのである。

以上《いじやう》の如《ごと》き大神業《おほかむわざ》を成就《じやうじゆ》し給《たま》ひたる兩神《りやうかみ》は、天《てん》と地《ち》、即《すなは》ち父《ふ》界《かい》と母《ば》界《かい》、根國《ねのくに》と天國《あめのくに》、黄泉《よもつ》界《かい》と上津幽《じやうりついう》界《かい》たる神界《しんかい》とに分《わ》かれて、現界《げんかい》より去《さ》り給《たま》ひ、而《し》かも天地《てんち》上下《じやうげ》互《たがひ》に相感應《あひかんおう》して、日々《ひゞ》夜々《よゝ》修理《しうり》固成《こせい》、生々化育《せい〳〵くわいく》の自然的神業《しぜんてきかむわざ》を進《すゝ》め行《おこな》はせられて居《ゐ》るのである。以下《いか》口訣《こうけつ》

八、人の世に出でし原理

人《ひと》の此《こ》の世《よ》に出《い》で來《き》しは、天津御祖《あまつみおや》の修理固成《つくりかため》の大法事《おほのりごと》に依《よ》りて、其《そ》の分靈《わけひ》を根《そこ》の黄泉《よも》に降《くだ》して、幽界御祖《よもつみおや》によりて、此《こ》の現世《うつしよ》に現《あら》はし、現世《うつしよ》にて凡《すべ》ての事業《ことわざ》を習《なら》ひ悟《さと》らしめ、後《のち》には次々《つぎ〳〵》に幽世《かくりよ》を經《へ》上《のぼ》りつゝ、大靈《だいれい》に化《な》して、次《つぎ》に出《い》づる新世《あらよ》を作《つく》らす神業《かむわざ》を任《まか》せんとの大御祖《おほみおや》等《たち》の大御心《おほみごころ》なり。

人間《にんげん》が此《こ》の世《よ》に生《うま》れ出《で》たのは、決《けつ》して偶然《ぐうぜん》ではない、又《また》單《たん》に因果《いんぐわ》の理法《りはふ》に依《よ》る成行《なりゆき》でもない、殊《こと》に自《し》然的《ぜんてき》の進化法《しんくわはふ》から來《き》たものでもない。尤《もつと》も既《すで》に生《うま》れ出《で》たる上《うへ》には、因果《いんぐわ》の律法《りつぱふ》も行《おこな》はれ、進化《しんくわ》の理法《りはふ》も應用《おうよう》さるゝが、それ等《ら》以上《いじやう》に一段深《だんふか》い根本的《こんぽんてき》な原理《げんり》がある。

元來《ぐわんらい》人間《にんげん》の此《こ》の世《よ》に生《うま》れ出《い》づる第《だい》一の根本義《こんぽんぎ》は、天津《あまつ》神々《かみ〴〵》の修理《しうり》固成《こせい》の大法事《だいのりごと》に在《あ》るのである。即《すなは》ち宇宙《うちう》を順々《じゆん〳〵》に修理《しうり》固成《こせい》する爲《た》めに、大神《おほがみ》の分靈《わけひ》を、既《すで》に修成《しうせい》せられて居《ゐ》る此《こ》の世《よ》に降《くだ》し、現世《うつしよ》にて種《しゆ》種《じゆ》の事業《じげふ》を習《なら》ひ悟《さと》らしめて、一定《てい》の期間《きかん》即《すなは》ち壽命《じゆみやう》が終《をは》れば、幽世《かくりよ》に入《い》らしめ、そこでも亦々《また〳〵》修行《しゆぎやう》し、現世《うつしよ》から幽世《かくりよ》と往復《わうふく》し、幽世《かくりよ》にも多《おほ》くの階級《かいきふ》があるから、それを追々《おひ〳〵》と進《すゝ》み上《のぼ》り、遂《つひ》に天津《あまつ》大神《おほがみ》と同《どう》一の大靈《だいれい》に化成《なり》て、それから今度《こんど》は自分《じぶん》が岐美《ぎみ》兩神《りやうがみ》の如《ごと》く、宇宙《うちう》の一部《ぶ》に新《あら》たなる世界《せかい》を創造《さうざう》し、それを修理《しうり》固成《こせい》する任務《にんむ》に當《あた》らせやうといふのである。

此《こゝ》に天津《あまつ》御祖《みおや》といふのは、天之御中主神《あめのみなかぬしのかみ》を始《はじ》め、伊邪那岐神《いざなぎのかみ》に至《いた》る神々《かみ〴〵》を指《さ》したもので、畢竟《ひつきやう》すれば宇宙《うちう》の大精神《だいせいしん》のことであるが、別《べつ》しては直接《ちよくせつ》の伊邪那岐神《いざなぎのかみ》をいふのである。幽界《かくりよ》御祖《おや》又《また》は黄泉《よみの》母神《はゝがみ》といふのは、伊邪那美神《いざなみのかみ》に當《あた》るので、簡單《かんたん》に一方面《はうめん》だけからいへば、天《あめ》の父《ちゝ》たる岐神《ぎのかみ》の分靈《ぶんれい》が地《ち》の母《はゝ》たる美神《みのかみ》の下《もと》に降《くだ》り、美神《みのかみ》の化育《くわいく》の神業《かむわざ》に依《よ》つて人間《にんげん》も生《う》まれ出《い》づるといふのである。

又岐神《またぎのかみ》の本靈《ほんれい》は天照皇大神《あまてらすおほみかみ》として、太陽《たいやう》の大精神《だいせいしん》となつて居《ゐ》るから、分靈《わけひ》は太陽《たいやう》の光素《くわうそ》微靈《びれい》と見《み》てもよいのである。

現世《うつしよ》と幽世《かくりよ》即《すなは》ち死後《しご》世界《せかい》との間《あひだ》に、生《う》まれ代《かは》り、死《し》に代《かは》りして往復《わうふく》するのは、佛教等《ぶつけうと》でいふ所《ところ》の自業《じごふ》自得《じとく》に由《よ》る因果《いんぐわ》の循環《じゆんくわん》、三世《せい》牽連《けんれん》の生死《せいし》輪廻《りんね》とは、其《そ》の根本《こんぽん》趣意《しゆい》を異《こと》にして居《ゐ》る。生死《せいし》往返《わうへん》は修行《しゆぎやう》の爲《た》めである。幽世《かくりよ》の神《かみ》の階級《かいきふ》を一段宛《だんづゝ》進《すゝ》み上《のぼ》るための勉强《べんきやう》である。而《しか》して最後《さいご》には岐美《ぎみ》兩神《りやうがみ》の如《ごと》く、修理《しうり》固成《こせい》の主任《しゆにん》と爲《な》り、其《そ》の功業《こうげふ》神事《かむわざ》を完成《くわんせい》して、然《しか》る後《のち》宇宙《うちう》中心《ちうしん》の大精神界《だいせいしんかい》に安住《あんぢう》することを究竟《きうきやう》とするのである。哲學上《てつがくじやう》の究竟地《きうきやうち》、所謂《いはゆる》終局目的論《しうきよくもくてきろん》と同《どう》一義《ぎ》に歸《き》するのである。

現世《うつしよ》より幽世《かくりよ》、死《し》より又生《またせい》といふことは、佛敎《ぶつけう》の三世因果說《ぜいんぐわせつ》に似《に》て、荒唐《くわうたう》のやうに思《おも》ふものもあらんが、佛敎《ぶつけう》の輪廻《りんね》は自分《じぶん》の善惡業《ぜんあくげふ》の應報《おうはう》を主因《しゆいん》とするのであるが、之《こ》れは大神《おほがみ》の履《ふ》み行《おこな》はれたる自然《しぜん》の大法則《だいはふそく》に由《よ》つて、自爾《しじ》に生死《せいし》を繰返《くりかへ》し、其《そ》の裡《うち》に自《おのづ》から進歩發達《しんぽはつたつ》して、終局《しうきよく》の目的地《もくてきち》に達《たつ》するのである。例《たと》へば蠶《かひこ》が繭《まゆ》を作《つく》つて其《そ》の中《なか》で、自分《じぶん》は死《し》ぬるが、蛹《さなぎ》と化《くわ》し、蛹《さなぎ》は死《し》んで蛾《が》と化《くわ》して繭《まゆ》より出《い》づるといふやうに、形體《けいたい》は死《し》しては生《う》まれ、生《う》まれては死《し》ぬるが、生命《せいめい》は連續《れんぞく》して居《ゐ》る。又地中《またちちう》のシリジ蟲《むし》は數年地中《すうねんちちう》に住《す》み、地上《ちじやう》に出《で》て形體《けいたい》は死《し》ぬるが、其《そ》の生命《せいめい》は存《なが》らへて蟬《せみ》となる。水中《すゐちう》のタイコ蟲《なし》は陸上《りくじやう》に這《は》ひあがつて死《し》し、蜻蛉《とんぼ》と更生《かうせい》する。而《し》かも蠶《かひこ》は蛹《さなぎ》を知《し》らず、蛾《が》は蛹《さなぎ》を知《し》らず、シクジ蟲《むし》は蟬《せみ》を知《し》らぬが、生命《せいめい》の連續《れんぞく》と化育《くわいく》の大法《だいはふ》は其《そ》の間《あひだ》に行《おこな》はれて居《ゐ》る。左《さ》れば生死《せいし》は一種《しゆ》の變形作用《へんけいさよう》であつて、向上《かうじやう》の階級《かいきふ》を示《しめ》すものと云《い》はねばならぬ。以下《いか》口訣《こうけつ》

人間出世《にんげんしゆつせ》の原理《げんり》、生死往返《せいしわうへん》は昇進《しようしん》の修道《しうだう》たる眞義《しんぎ》は、昔《むかし》は神《かみ》の行業《わざ》と敎勅《をしへ》に依《よ》り、其《そ》の隨々《まに〳〵》に信《しん》じ來《き》たりしが、今《いま》は外敎《ぐわいけう》の禍言《まがこと》多《おほ》く雜《まじ》りて、心《こゝろ》は徒《いたづ》らに邪《よこし》まに賢《さか》しくなりて、吾《わ》が直前《まへ》に居《ゐ》給《たも》ふ幽身《かみ》の影《かげ》をも正見《まさみ》すること能《あた》はず、修行《しゆぎやう》の道《みち》も亂《みだ》れ絕《た》えなんとす。左《さ》れど偶《たま》には靈穩凝《ぬほこ》卽《すなは》ち正靈《せいれい》の力强《ちからつよ》きものありて、幽身《かくりみ》の神《かみ》を現神《うつしかみ》と眞見《まみ》て、其《そ》の詔勅《のり》を傳《つた》へ、其《そ》の道理《ことわり》を悟《さと》ることあり。又惟神《またかむながら》の法則《のり》に遵《したが》ひ、心身淨化《きよめ》の眞澄《ますみ》を修《をさ》むれば、平凡人《ただひと》にて

も神《かみ》に眞見《まみ》えて、其《そ》の教勅《のり》を受《う》け奉《まつ》るべし。

昔《むかし》の人《ひと》は大《たい》した學問《がくもん》もなく、餘《あま》り怜悧《りかう》でもなかつたが、只《た》だ素直《すなほ》で。心《こゝろ》が一筋《ひとつ》に統率《さだま》つて居《を》つたから、幽身《かくりみ》の神《かみ》をも見《み》ることが出來《でき》、又神《まにかみ》の行《おこな》はれし大法《みのり》の通《とほ》りに遵《したが》ひ行《おこな》うて、出世《しゆつせ》の理由《ことわり》も生死《せいし》の意味《いみ》も、自然《しぜん》と了解《れうかい》して、能《よ》く各自《めいめい》の本分《ほんぶん》に努《つと》めて居《を》つたが、世《よ》が降《くだ》るに從《したが》ひ、種々《しゆじゆ》の教《をしへ》が這入《はひ》つて來《き》て、學《がく》問《もん》は進《すゝ》み、知識《ちしき》は開《ひら》けたが、それは惟神《かむながら》の大道《だいだう》に反《はん》するものが多《おほ》く、折角《せつかく》の學問《がくもん》も智慧《ちゑ》も、却《かへ》つて奸《よこ》曲《しま》の道《みち》に入《はひ》る援助《たすけ》となり、人間《にんげん》が狡猾《かうくわつ》になつて自利私慾《じりしよく》に耽《ふけ》り、幽神《かみ》を見《み》ることは愚《おろ》か、一々神《いちいちかみ》の則《のり》に違《ちが》ふやうになつて來《き》た。そこで人間《にんげん》の壽命《じゆみやう》は短縮《ちぢ》まり、世《よ》の中《なか》に災難騷動《さいなんさうどう》が頻發《ひんぱつ》するやうになつたのである。即《すなは》ち出世《しゆつせ》の本義《ほんぎ》が進行昇神《しんかうしようしん》に在《あ》ることを知《し》らずして、金錢《きんせん》の財慾《ざいよく》、位置名譽《ゐちめいよ》の虚榮《きよえい》に迷《まよ》ひ、惟神《かむながら》の心身淨化《しんしんじやうくわ》を怠《おこた》るから、禽獸世界《きんじうせかい》と退化《たいくわ》しつゝあるのである。

併《しか》し何人《なんぴと》でも正直《しやうちき》で、一本調子《ほんてうし》で、眞澄《まずみ》の法《はふ》を修《をさ》め、心身淨化《しんしんじやうくわ》の行《おこなひ》を努《つと》むれば、神《かみ》に眞見《まみえ》て其《そ》の教《をし》勅《へ》を受《う》け、宇宙《うちう》の終局目的《しうきよくもくてき》即《すなは》ち大御神等《おほみかみとう》の神意神業《しんいかむはざ》を悟《さと》り、その神思召《おほしめし》に遵《したが》ひて、神界《しんかい》に進《すゝ》み入《い》ることが出來《でき》るのである。以下口訣《いかこうけつ》

九、宇宙の精神

個人《こじん》には個人《こじん》の精神《せいしん》あり、精神《せいしん》あるを以《あつ》ての故《ゆゑ》に人生《じんせい》としての目的《もくてき》あり、國家社會《こくかしやくわい》にも

それ〴〵それに相應《さうおう》せる精神《せいしん》あり目的《もくてき》あり、國家精神《こくかせいしん》、國民精神《こくみんせいしん》、社會意識等《しやくわいいしきとう》といふもの之《こ》れなり。地球《ちきう》にも精神《せいしん》あり、宇宙《うちう》には宇宙《うちう》としての精神《せいしん》あり目的《もくてき》あり、精神《せいしん》なきものは死物《しぶつ》なり、目的《もくてき》なきものは醉生夢《すゐせいむ》死《し》の長物《ちやうぶつ》なり。

宇宙《うちう》の精神《せいしん》は、天津大神《あまつおほがみ》の靈能《れいのう》をいふ。而《しか》して此《こ》の靈能《れいのう》より喚發《くわんばつ》せられたる宇宙《うちう》の大目的《だいもくてき》は、無限《むげん》の宇宙《うちう》に、順次新陳代謝《じゆんじしんちんたいしや》の大法《だいはふ》に遵《したが》ひ、無限《むげん》の世界《せかい》を發創《はつさう》し、一定《てい》の徑程《けいてい》を經《へ》て修理固成《しうりこせい》の神業《かむわざ》を確達《かくたつ》し、其《そ》の中《なか》に於《お》ける萬有特《ばんいうとく》に人類《じんるゐ》をして、修養昇進以《しうやうしようしんもつ》て神業《かむわざ》を繼《けい》續《ぞく》して、宇宙的有終《うちうてきいうしう》の美《び》を濟《なさ》しめんとするに在《あ》り。

宇宙《うちう》の精神《せいしん》といふのは、宇宙《うちう》に中心《ちうしん》にましますす天之御中主神《あめのみなかぬしのかみ》を主《しゆ》として、それより發動《はつどう》せる兩產靈神《りやうむすびのかみ》より伊邪那岐《いざなぎ》伊邪那美《いざなみ》兩神《りやうがみ》に至《いた》る大靈《だいれい》の能力《のうりよく》をいふのである。

之等《これら》天津《あまつ》大神等《おほがみとう》の神意《しんい》、即《すなは》ち目的《もくてき》とする所《ところ》は、此《こ》の太陽系《たいやうけい》此《こ》の地球《ちきう》の如《ごと》きものを、舊《ふる》きは壞滅《くわいめつ》せしめ、更《さら》に新《あら》たなるものを造《つく》り出《だ》し、其《そ》の中《なか》に住《す》む人間《にんげん》を向上進化《かうじやうしんくわ》せしめて。遂《つひ》には大神等《おほがみとう》と同《どう》一の靈能《れいのう》を有《いう》するに至《いた》るまで修行《しゆぎやう》を積《つ》みて、大神等《おほがみとう》に代《かは》りて次《つぎ》に來《きた》るべき新世界新太陽系新地球《しんせかいしんたいやうけいしんちきう》を修理固成《しうりこせい》し得《う》るやうにして、無限《むげん》の宇宙《うちう》をも結局《けつきよく》は全然淨化《ぜんぜんじやうくわ》し神化《しんくわ》して仕舞《しま》ふといふのである。

人《ひと》としての目的《もくてき》を立派《りつぱ》に達《たつ》しやうとするのは道德《だうとく》である。國家《こくか》としての目的《もくてき》を遂《と》げるには、政治《せいち》の力《ちから》が肝要《かんえう》である。宇宙《うちう》として目的《もくてき》に副《そ》ふには、神《かみ》の教《をしへ》に遵《したが》はねばならぬ。然《しか》り而《しか》して神《かみ》の道《みち》に遵《したが》ふことになれば、神《かみ》の精神宇宙《せいしんうちう》の目的《もくてき》に適《かな》ふのは固《もと》よりであると、倶《とも》にそれが又直《またたゞ》ちに個人《こじん》の目的《もくてき》にも國家《こくか》の目的《もくてき》に順應《じゆんおう》し、道徳《だうとく》も政治《せいぢ》も完全《くわんぜん》に行《おこな》はるゝことになるのである。若《も》し反對《はんたい》に神《かみ》の道《みち》に從《したが》はずして單《たん》に政治《せいぢ》を善《よ》くし、道徳《だうとく》を行《おこな》はんとしても、それは空中《くうちう》の樓閣《ろうかく》で、根柢《こんてい》なき虚構假作《きよこうかさく》に過《す》ぎぬから、外面《ぐわいめん》は如何《いか》に巧妙《かうめう》であつても、一朝事《てうこと》あれば直《たゞ》ちに崩壞《ほうくわい》し、無慘《むざん》の醜態《しうたい》を現《あら》はすものである。若《も》しそれ宇宙《うちう》に目的《もくてき》がなかつたならば、此《こ》の世界《せかい》は何《なん》の爲《た》めに出來《でき》たか、人類《じんるゐ》は何《なん》の用《よう》あつて生《う》まれ出《で》たかといふことになつて、結局《けつきよく》は物質主義《ぶつしつしゆぎ》に陷《おちい》り、弱肉强食《じやくにくきやうしよく》、禽獸以下《きんじうゐか》の生活狀態《せいくわつじやうたい》に墮《だ》することになるのは、自明《じめい》の理《り》である。以下《いか》口訣《こうけつ》

一〇、地球の精神

宇宙《うちう》に存在《そんざい》する萬有《ばんいう》は、悉《ことごと》く造化《ざうくわ》の大神《おほがみ》の靈能《れいのう》に依《よつ》て生成《せいせい》せられたるものなれば、一物《もつ》として靈力《れいりよく》卽《すなは》ち精神素《せいしんそ》を有《いう》せざるものなし。大《だい》は太陽恒星《たいやうこうせい》より地球《ちきう》、小《せう》は介蟲苔草《かいちうこけくさ》に至《いた》るまで、皆《みな》悉《ことごと》くそれに相應《さうおう》せる精神《せいしん》あり、從《したが》つて萬有《ばんいう》は各自《かくじ》に目的《もくてき》を有《いう》する意識的存《いしきてきぞん》在《ざい》なり。

人體《じんたい》は幾億《いくおく》の細胞組織《さいはうそしき》に依《よ》りて生立《せいりつ》す。而《しか》して此《こ》の多數《たすう》の各細胞《かくさいはう》は、各自《かくじ》に生命《せいめい》を有《いう》し

希望目的《きばうもくてき》を存《そん》す。而《し》かも又此《またこ》の細胞《さいはう》に依《よ》つて組織《そしき》せられたる人體《じんたい》には、人間《にんげん》としての精神《せいしん》あり目的《もくてき》を有《いう》す。

地球《ちきう》の構造《こうざう》も亦人體《またじんたい》と異《こと》なることなく、一大活物《だいくわつぶつ》にして生命《せいめい》あり、精神《せいしん》あり、目的《もくてき》を有《いう》す。其《そ》の地心熱《ちしんねつ》は動脈《どうみやく》なり、山脈《さんみやく》は骨骼《こつかく》なり、海洋《かいやう》は臟腑《ざうふ》なり靜血《じやうけつ》なり、水氣火熱相倚《すゐきくわねつあひよ》つて活動《くわつどう》す。海生陸生《かいせいりくせい》の諸物《しよぶつ》は、人體《じんたい》を組織《そしき》する各細胞《かくさいはう》と同《おな》じく、人類《じんるゐ》も亦地球《またちきう》の體内《たいない》に於《お》ける優良《いうりやう》の細胞《さいはう》たるものなり、即《すなは》ち腦細胞神經細胞《なうさいはうしんけいさいはう》の如《ごと》きものと見《み》るべし。

地球《ちきう》の日夜《にちや》一定《てい》を運行《うんかう》を爲《な》すは、生命《せいめい》あり活力《くわつりよく》あるに依《よ》る。其《そ》の生物《せいぶつ》を保持《ほぢ》し、化育《くわいく》し、増殖《ぞうしよく》せしむる等《とう》、孰《いづ》れも大活物《だいくわつぶつ》たるを證《しよう》すべし。斯《か》く宇宙《うちう》の目的《もくてき》、天津大神《あまつおほがみ》の神業《かむわざ》に遵《したが》ひ、修理固成《しうりこせい》の大法《だいはふ》を循々《じゆん〳〵》として進《すゝ》みつゝあるを見《み》れば、地球《ちきう》の心《こゝろ》、地球《ちきう》の目的《もくてき》を察知《さつち》し得《う》べし。

地球上《ちきうじやう》の萬物《ばんぶつ》、特《とく》に人類《じんるゐ》にして、此《こ》の地球《ちきう》の精神《せいしん》に反《はん》し、地球《ちきう》の目的《もくてき》を妨《さまた》ぐるものあれば、地異《ちい》起《おこ》つて化育《くわいく》の大道曠廢《だいだうくわうはい》す、之《こ》れ地球《ちきう》の怒《いかり》にして、地靈《ちれい》の人《ひと》に對《たい》する冥罰《めいばつ》なり。

科學《くわがく》では太陽《たいやう》を單《たん》に一箇《こ》の火球《くわきう》といふ。併《しか》し大洋《たいやう》の彼方《かなた》にさし昇《のぼ》る雄偉《ゆうゐ》の光景《くわうけい》といひ、其《そ》の光熱《くわうねつ》の作《さ》用《よう》といひ、吾人《ごじん》は只《た》だ之《こ》れを科學的《くわがくてき》にのみ解《かい》することは出來《でき》ぬ。科學《くわがく》の解釋以上《かいしやくいじやう》に何等《なんら》かの神祕《しんぴ》を直《ちよく》観《くわん》するのである。又動物學者《またどうぶつがくしや》は鶯《うぐひす》の啼《な》くのを雌《めす》を呼《よ》ぶためといふが、それは實際《じつさい》であるとしても、吾人《ごじん》の感想《かんさう》はそれ以外《いぐわい》にあるものを感《かん》じて止《や》まぬのである。勿論科學《もちろんくわがく》のいふ所《ところ》は嘘《うそ》でも間違《まちがひ》でもないが、其《そ》の範圍《はんゐ》が一局部《きよくぶ》一方面《はうめん》に限《かぎ》られて居《ゐ》る。即《すなは》ち箱《はこ》の外面《ぐわいめん》だけ見《み》て、之《こ》れは木《き》の箱《はこ》なりといふだけである。木《き》の箱《はこ》には相違《さうゐ》ないが其《そ》の中《なか》に何《なに》が入《はひ》つて居《ゐ》るかゞ分《わか》らぬのである。即《すなは》ち外形以上《ぐわいけいいじやう》の内容神秘《ないようしんぴ》が分《わか》らぬ。分《わか》らぬのは仕方《しかた》がないが、分《わか》らぬから無《な》いといふのは亂暴《らんばう》である。不當《ふたう》である。神秘《しんぴ》は容易《ようい》に分《わか》らぬ。それで神秘等《しんぴとう》は無稽《むけい》であるといふのは、恰《あた》かも蜉蝣《かげろふ》が朝《あさ》に生《う》まれて夕《ゆふ》に死《し》し、永《なが》い月《つき》や年《とし》の存在《そんざい》を知《し》らぬと同《どう》一である。即《すなは》ち短見《たんけん》であり、淺薄《せんぱく》である。

地球《ちきう》が一定《てい》の運行《うんかう》を全《まつた》ふし、四時《じ》晝夜《ちうや》の循環《じゆんくわん》を示《しめ》し、生成化育《せいせいくわいく》の道《みち》を立《た》つる點《てん》から見《み》て、それが活物《くわつぶつ》であり、生命《せいめい》があり、目的《もくてき》があると云《い》はねばならぬ。地球《ちきう》は大《だい》である、吾人《ごじん》は小《せう》である、地球《ちきう》に心《こゝろ》もなく目的《もくてき》もないといふのは、蜉蝣《かげろふ》が人間《にんげん》の心《こゝろ》も希望《きばう》も知《し》らぬやうなものである。若《も》し一朝眞靈《てうしんれい》の神眼《しんがん》が開《ひら》くれば、地靈《ちれい》の能力《のうりよく》を明白《めいはく》に悟得《ごとく》することが出來《でき》るのである。

地球《ちきう》は自家《じか》の體内《たいない》に包容《はうよう》して居《ゐ》る諸物《しよぶつ》、特《とく》に人間《にんげん》が人間《にんげん》として道《みち》に順從《じゆんじう》でなく、從《したが》つて地球《ちきう》の目的《もくてき》に背《そむ》くやうなことがあれば、儼乎《げんこ》として責罰《せきばつ》を下《くだ》すのである。その怒《いか》り、その罰《ばつ》といふのは、地震《ぢしん》や火山《くわざん》、旱魃水害等《かんばつすゐがいとう》が、皆《みな》それである。旱魃等《かんばつとう》は天災《てんさい》の方《はう》であるともいへるが、矢張《やは》り地球《ちきう》雰圍《ふんゐ》氣《き》内《ない》の出來事《できごと》であるから、地靈《ちれい》の怒《いか》りとしても差支《さしつかへ》はない。或《あるひ》は天《てん》の父《ちゝ》、地《ち》の母《はゝ》が倶《とも》に怒《いか》るとしてもよい。一婦《ぷ》寃《むじつ》に死《し》して東海《とうかい》三年旱《ねんひでり》すといふ如《ごと》きは、單《たん》に科學的《くわがくてき》の天災《てんさい》とのみ見《み》ては飽《あ》き足《た》らぬ、神秘《しんぴ》であり神罰《しんばつ》と感《かん》ずるのが妥當《だたう》である。
維新以來《ゐしんいらい》尾濃《びのう》の大震災《だいしんさい》、磐梯山《ばんだいさん》の破裂《はれつ》、殊《こと》に關東《くわんとう》の大震火《だいしんくわ》、之等《これら》は地球《ちきう》の地心熱《ちしんねつ》の作用《さよう》であるのは固《もと》よりであるがそれ以上《いじやう》に更《さら》に日本民族《にほんみんぞく》に對《たい》する地神《ちしん》の警覺《けいかく》、譴責《けんせき》であるとして、古聖《こせい》の迅雷風烈《じんらいふうれつ》必《かなら》ず變《へん》ずといふ。敬虔《けいけん》の態度《たいど》を學《まな》び、謹愼反省《きんしんはんせい》に努《つと》めねばならぬのである。以下《いか》口訣《こうけつ》
戰爭《せんさう》其《そ》の他《た》の爭議《さうぎ》、赤化運動《せきくわうんどう》等《とう》も、亦《また》地靈《ちれい》の怒《いかり》にて、我一人《われひとり》善《ぜん》なりとて、他《た》の惡《あく》を矯《た》さねば罰《ばつ》あり。

一一、萬物の精神

人類《じんるゐ》に精神《せいしん》あり、希望目的《きばうもくてき》あるが如《ごと》く、獸類《じうるゐ》には獸類《じうるゐ》の精神《せいしん》あり、又《また》それに相應《さうおう》せる目的《もくてき》あり、鳥類《てうるゐ》も蟲類《ちうるゐ》も魚類《ぎよるゐ》も亦又斯《またまたか》くの如《ごと》し。植物《しよくぶつ》と雖《いへど》も宇宙大靈《うちうだいれい》の發動《はつどう》に成《な》れるもの故《ゆゑ》、又各々《またおの〱》靈能精神《れいのうせいしん》を有《いう》し、以《もつ》て生成化育《せいせいくわいく》の目的《もくてき》を達《たつ》し、以《もつ》て造化《ざうくわ》の神《かみ》の目的《もくてき》たる修理固成《しうりこせい》の神業《かむわざ》を扶翼《ふよく》しつゝあるなり。水火無心《すゐくわむしん》の如《ごと》しと雖《いへど》も、其《そ》の功徳大《こうとくだい》なり、瓦石又各々《ぐわせきまたおの〱》其《そ》の用《よう》あり、用《よう》ある所《ところ》之《これ》生命《せいめい》なり精神《せいしん》なり、以《もつ》て孰《いづ》れも應分《おうぶん》の活物《くわつぶつ》といふべし。

動物《どうぶつ》の或《あ》る能力《のうりよく》の如《ごと》きは、遙《はる》かに人類《じんるゐ》に超越《てうゑつ》するものあり、全體《ぜんたい》としては人間《にんげん》は萬物《ばんぶつ》の靈長《れいちやう》なるも、各物各自《かくぶつかくじ》に特長《とくちやう》を有《いう》し、其《そ》の根本靈素《こんぽんれいそ》に於《おい》て異《こと》なることなし、左《さ》れば何物《なにもの》に

ても之《こ》れを尊重《そんちよう》し、善用利生《ぜんようりせい》の大義《たいぎ》を忘《わす》るべからず。

科學上《くわがくじやう》にても石《いし》の分子《ぶんし》は常《つね》に旋動《せんどう》する汚物《をぶつ》であるといつて居《ゐ》る。殊《こと》に同《どう》一の大靈《だいれい》より分化《ぶんくわ》したものであれば、其《そ》の間《かん》に高下《かうげ》大小深淺精疎《だいせうしんせんせいそ》の別《べつ》はあるとして、靈力《れいりよく》そのものの存在《そんざい》をば認《みと》めねばならぬ。靈《れい》力即《りよくすなは》ち精神《せいしん》であり、心《こゝろ》である。精神的能力《せいしんてきのうりよく》あるが故《ゆゑ》に、石《いし》は石《いし》、瓦《かはら》は瓦《かはら》、水《みづ》は水《みづ》、火《ひ》は火《ひ》として、各々《おの〳〵》それ相應《さうおう》の功用《こうよう》を全《まつた》ふして居《ゐ》るのである。之《こ》れ皆造化《みなざうくわ》の神《かみ》の大御心《おほみこころ》より成《な》れる修理固成《しうりこせい》の必要《ひつえう》に應《おう》じたる神業《かむわざ》より發露《はつろ》したものである。

犬《いぬ》の嗅覺力《しうかくりよく》の如《ごと》き、猫《ねこ》の視力《しりよく》の如《ごと》き、到底人間《たうていにんげん》の鼻《はな》や眼《め》の及《およ》ぶ所《ところ》ではない。全體《ぜんたい》としては人間《にんげん》が有力《いうりよく》であるが、一技《ぎ》一能《のう》では他物《たぶつ》に劣《おと》る點《てん》がある。之《こ》れは造化《ざうくわ》の神《かみ》の計《はから》ひとして、萬物《ばんぶつ》にそれ〴〵一つづつの特長《とくちやう》を與《あた》へ、互《たがひ》に其《そ》の特長《とくちやう》を發揮《はつき》し、各々特長《おの〳〵とくちやう》を以《もつ》て相扶《あひたす》け、相利用《あひりよう》して、造化《ざうくわ》の效果《かうくわ》を全《まつた》からしめやうといふのである。

左《さ》れば我《わ》れ獨《ひと》り靈長《れいちやう》なりとして、自慢《じまん》することなく、各々《おの〳〵》の特長《とくちやう》を認《みと》め、相共《あひとも》に善處利用《ぜんしよりよう》して、齊《ひと》しく其《そ》の美《び》を全《まつた》からしめねばならぬ。神《かみ》を信《しん》じ、神《かみ》の靈能《れいのう》を尊重《そんちよう》するものは、一塵《ちん》一毛《まう》と雖《いへど》も、之《こ》れを輕視《けいし》してはならぬ。一切萬物《さいばんぶつ》は皆神《みなかみ》の攝理《せつり》に基《もと》づいて此《こ》の世《よ》に現《あら》はれたるものであれば、一つとして棄《す》つべきものはない。夏時《なつどき》に於《お》ける蚊《か》や惡蟲《あくちう》の如《ごと》きも、人類《じんるゐ》の害敵《がいてき》と見《み》ればそれまでゝあるが、之《こ》れは吾人《ごじん》を警戒《けいかい》するものである。夜警《やけい》の掉聲《たうせい》であると感《かん》ずれば、仇敵《きうてき》も亦有力《またいうりよく》と化《くわ》するに至《いた》るのである。

一二、修理固成の大法

伊邪那岐神《いざなぎのかみ》が、初《はじ》めて此《こ》の地球《ちきう》を作《つく》り始《はじ》められし時《とき》は、眞澄《まずみ》の眞球身《またまみ》なりしが、天《あめ》の沼矛《ぬほこ》を天津大神《あまつおほかみ》より授《さづ》け賜《たま》はりて後《のち》は、人形《ひとがた》と化《くわ》し、自凝島《おのころじま》の現《あら》はれたる時《とき》よりは、面足身《おもたるみ》と惶根身《かしこねみ》とを備《そな》へますに至《いた》れり。

其《そ》の惶根身《かしこねみ》を二つに分《わ》けて、男女《をめ》となりましては、男身《をみ》には高魂《たかたま》、女身《めみ》に神魂《かむたま》の分靈《わけひ》を附《つ》けて、右左《さいう》の神業《かむわざ》を以《もつ》て、萬《よろづ》の御祖《みおや》を生《う》みませり。大陸《たいりく》を生《う》み殖《ふや》すことより、海《うみ》、陸《りく》、風《かぜ》の祖《そ》、及《およ》び草木蟲魚禽獸《さうもくちうぎよきんじう》の祖《そ》を、次々《つぎ〳〵》に生《う》み殖《ふや》し、最後《さいご》に大神業《おほかむわざ》の繼承者《あとつき》として、素幸《すさ》靈人《のを》を生《う》み現《あら》はれ、次《つぎ》に多《おほ》くの嚴靈男《いづひを》、嚴電女《いづちめ》を生《う》み出《いだ》し、然《しか》る後《の》ち伊邪那美神《いざなみのかみ》は、底津《そこつ》眞澄《まずみ》に入《い》りて、神産靈《かむむすび》の懐《ふところ》に隱《かく》れ入《い》りまし、伊邪那岐神《いざなぎのかみ》は天下《あめがした》の岐美《きみ》を定《さだ》め、又其《またそ》の下《しも》に於《お》ける種々《しゆぐ》の法事《のりごと》を定《さだ》めて、修理固成《つくりかため》の統治《とうち》を譲《ゆづ》りて後《のち》、天津眞中靈《あまつまかひ》の大神《おほがみ》に復命《かへりこと》して高産靈《たかむすび》に隱《かく》れ入《い》り給《たま》へり。

岐美二神《きみふたかみ》の修理固成《つくりかため》の神業《かむわざ》は、上《かみ》に示《しめ》せる如《ごと》くにて一段落《をはり》を告《つ》げたるが、其《そ》の神業《かむわざ》を受《う》け繼《つ》ぎたる大君《おほぎみ》は、其《そ》の大業《たいげふ》を彌增《いやまし》に進《すゝ》めて、國《くに》をば浦安國《うらやすくに》と治《をさ》め、田人《たみ》をば悉《ことぐ〳〵》く眞人《まびと》たらしめむと努《つと》め、現世《うつしよ》の人種《じんしゆ》は、其《そ》の生命《いのち》の繼《つ》ぎあらむ限《かぎ》り、神法《かみのり》に從《したが》ひて、國《くに》も人《ひと》も己《おの》れも、修理固成《しうりこせい》の完美《くわんび》に至《いた》らしめむことを期《き》すべきなり。

之《こ》れは伊邪那岐神《いざなぎのかみ》が、眞澄《まずみ》即《すなは》ち清透《せいとう》なる靈氣《れいき》より順次固成《じゆんじこせい》して面足《おもたる》の身《み》と爲《な》り、更《さら》に惶根《かしこね》の生殖器《せいしよくき》を有《いう》する身《み》と爲《な》り、それより男女《だんぢよ》と分《わ》かれて、萬物《ばんぶつ》を生《う》み、最後《さいご》に統治《とうぢ》の君《きみ》たるべきものを生《う》み、又多《またおほ》くの嚴靈男《いづひを》、嚴電女《いづちめ》即《すなは》ち一般民衆《ばんみんしう》の男女《だんぢよ》を生《う》みたる次第《しだい》を示《しめ》したると、同時《どうじ》に又地球《またちきう》も漸次固成《ぜんじこせい》して、其《そ》の表面《へうめん》に萬有《ばんいう》を發生《はつせい》せし次第《しだい》とを打混《うちこん》じて、之《こ》れを神業《かむわざ》に歸結《きけつ》したものである。

修理固成《しうりこせい》に三方面《はうめん》ありて、第《だい》一は地球《ちきう》の修理固成《しうりこせい》、之《こ》れは地球上《ちきうじやう》に萬物《ばんぶつ》を發生《はつせい》せしめ、それを次第《しだい》次第《だい》に進化《しんくわ》せしむることである。之《こ》れは岐美兩神《きみりやうがみ》が既《すで》に大體其《だいたいそ》の事業《じげふ》を畢《をは》りて、後《のち》は自然《しぜん》の發展《はつてん》に任《まか》すべきである。第《だい》二段《だん》は國家政治《こくかせいぢ》の進化發達《しんくわはつたつ》で、此《こ》の地球《ちきう》を大樂土《だいらくど》と化《くわ》し、民衆《みんしう》をして生活其《せいくわつそ》の他《た》一切《さい》の安定《あんてい》を得《え》せしめねばならぬ。之《こ》れは兩神《りやうがみ》の後繼者《こうけいしや》たる大君《おほぎみ》の責任《せきにん》であり義務《ぎむ》である。之《こ》れが國家《こくか》の修理固成《しうりこせい》である。第《だい》三は個人《こじん》の修理固成《しうりこせい》である。各人各自《かくじんかくじ》に反省《はんせい》し修行《しゆぎやう》して、眞靈《まひ》の眞人《まひと》となり、現世《うつしよ》にては現世《うつしよ》の大法《だいはふ》に從《したが》ひ、死《し》しては幽世《かくりよ》の神法《しんぱふ》に遵《したが》ひて、次第轉進向上《しだいてんしんかうじやう》して、大靈《だいれい》に化《くわ》すべきである。

嚴靈男嚴電女《いづひをいづちめ》は、素幸靈人《すさのを》即《すなは》ち天眞爛漫無邪氣《てんしんらんまんむじやき》なる赤子《あかご》の如《ごと》きものが發達《はつたつ》して、意識《いしき》を完全《くわんぜん》に享有《きやういう》するに至《いた》つた人間《にんげん》をいふのである。又神業《またかむわざ》の後繼者《こうけいしや》、天下《てんか》の統治者《とうぢしや》とは速素幸靈神《すさのをのかみ》のことにて、之《こ》れは素幸靈人《すさのを》の眞直《ますぐ》に進化《しんくわ》したるものにて、正神《せいしん》の眞系《しんけい》で眞靈《しんれい》を其《そ》のまゝ禀《う》け入《い》れて、少《すこ》しも他《ほか》の邪《よこしま》や、禍靈《まがひ》に累《わづら》はされぬのである。

天照大神《あまてらすおほみかみ》は、初《はじ》め大日靈尊《おほひたまのみこと》と現《あら》はれ、之《こ》れは天津大神《あまつおほかみ》の陽發高御產靈《やうはつたかみむすび》の靈化《れいくわ》であつて、太陽《たいやう》の神靈《しんれい》と爲《な》り給《たま》ひ、次《つぎ》に天照皇大神《あまてらすおほみかみ》と現《あら》はれては、國家修成《こくかしうせい》の元首《げんしゆ》として我《わ》が大日本皇國《だいにほんくわうこく》の皇祖《くわうそ》と仰《あふ》がれ給《たま》ひ、第《だい》三には天照座大神《あまてらしますおほかみ》と化《くわ》して、現《げん》に上津幽界《うはつかくりよ》即《すなは》ち神界《しんかい》の最高級《さいかうきふ》に御鎭座《ごちんざ》ありて、宇宙《うちう》一切《さい》を照鑑《せうかん》あらせられつゝあるのである。尤《もつと》も天照座大神《あまてらしますおほかみ》の神界以上《しんかいいじやう》にも神界《しんかい》がありて、中主神《なかぬしのかみ》や產靈神《むすびのかみ》が御座《ござ》あるが、それは靈精《れいせい》の眞澄界《まずみかい》で、今《いま》の人種《じんしゆ》も直接《ちよくせつ》の交渉《かうせふ》はないものと見《み》てよい。若《も》し何等《なんら》交渉《かうせふ》の必要《ひつえう》があれば、天照座大神《あまてらしますおほかみ》を通《とほ》して爲《す》ることになつて居《ゐ》る。

地球《ちきう》の修成《しうせい》には幾億歳《いくおくさい》を要《えう》し、人種《じんしゆ》の現《あら》はれてよりも幾《いく》百萬年《まんねん》を經過《けいくわ》して居《ゐ》る。其《そ》の間《あひだ》に一進《しん》一退《たい》しつゝ、而《し》かも全體《ぜんたい》の上《うへ》には一定《てい》の進化《しんくわ》あり發展《はつてん》がある。從《したが》つて人壽《じんじゆ》も幾萬歳《いくまんさい》といふ時代《じだい》もあれば、極《きは》めて短縮《たんしゆく》された時《とき》もあつた。要《えう》するに之等《これら》の事柄《ことがら》は現代式《げんだいしき》の理窟《りくつ》を以《もつ》て、短見《たんけん》に考《かんが》へても分《わか》らぬ。靜《しづ》かに宇宙《うちう》の無限悠久《むげんいうきう》なるに、心《こゝろ》を潛《ひそ》め、鎭魂歸神《ちんこんきしん》、神人感應《しんじんかんおう》の契機《けいき》を得《え》て、始《はじ》めて能《よ》く諒解《りやうかい》すべきものである。以下《いか》口訣《こうけつ》。

一三、眞人と眞靈

眞人《まびと》は眞靈止《まひと》なり、眞靈《まひ》とは天津高祖《あまつたかみおや》より眞系《ますぢ》に、靈緒《たまのを》を稟《う》けたる父神《ちゝかみ》の日嗣《ひつぎ》たる、日《ひ》の神《かみ》の下《くだ》り靈《たま》をいふ。眞人《まびと》は此《こ》の眞靈《まひ》を禀《う》け止《と》めて、此《こ》の現世《うつしよ》の事《こと》を眞條理《ますぢ》に學《まな》び、天津《あまつ》大神《おほかみ》の修理固成《つくりかため》の大法《おほのり》に從《したが》ひて、現事《うつしごと》を勵《はげ》み、天津《あまつ》日嗣《ひつぎ》を尊《たふと》び守《まも》りて、後《のち》に此《こ》の現世《うつしよ》を避《さ》りては、又幽世《またかくりよ》の上津《うはつ》和魂界《にぎたまよ》に入《い》りて、其《そ》の大法《おほのり》に從《したが》ひ務《つと》め、次々《つぎ〳〵》に幸魂界《さちたまよ》、奇魂界《くしたまよ》と務《つと》め進《すゝ》みて、終《つひ》に天津《あまつ》高御《たかみ》祖《おや》の御《み》許《もと》に至《いた》りて、別《べつ》に新《あら》たに造《つく》り出《だ》さるべき新地球《あらちたま》の神靈《いむたま》と成《な》るものをいふ。

幽世《かくりよ》といふのは上下幾階《じやうげいくかい》もあるが、人間《にんげん》の肉眼《にくがん》にて見《み》えぬ世界《せかい》を、總《すべ》て幽界《かくりよ》と云《い》ひ、又死後《またしご》の世界《せかい》をも幽世《かくりよ》といふ。此《こ》の死後《しご》の幽世《かくりよ》は、虛無的《こむてき》の靜寂《せいじやく》なるものでもなく、又佛教等《またぶつけうとう》でいふ地獄《ちごく》の如《ごと》き極苦《ごくく》のものでもない。尤《もつと》も惡人《あくにん》は死人多《しにんた》少《せう》の苦患《くくわん》はあるが、猶悔悟反省修行《なほくわいごはんせいしゆぎやう》の道場《だうちやう》を與《あた》へられて居《ゐ》る。善人《ぜんにん》と雖《いへど》も幽世《かくりよ》に於《おい》て怠《おこた》りなく修行《しゆぎやう》せねばならぬ。而《しか》して一段《だん》一段《だん》と向上《かうじやう》し、神《かみ》に近《ちか》づき、神《かみ》に化《くわ》し、遂《つひ》には高御《たかみ》祖《おや》の神《かみ》に至《いた》り、新世界《しんせかい》を修成《しうせい》する神靈《しんれい》となるのが、眞靈《まひ》を禀《う》け止《と》めたる眞人《まびと》である。

現魂界《うつたまよ》は現在《げんざい》の世界《せかい》、和魂界《にぎたまよ》は幽世《かくりよ》の初階《しよかい》、幸魂界《さちたまよ》は幽世《かくりよ》の第《だい》二級《きふ》、奇魂界《くしたまよ》は幽世《かくりよ》の第《だい》三層《そう》で、それぞれ靈道眞法《れいだうしんぱふ》を勵《はげ》み、只管向上《ひたすらかうじやう》する順程《じゆんてい》が示《しめ》されてある。眞人《まびと》は現世《うつしよ》にても、神《かみ》と交渉《かうせふ》して其《そ》の敎勅《けうちよく》を受《う》くることが出來《でき》る。之《こ》れが所謂神憑《いはゆるかみがか》りとか、神託《しんたく》とかいふのである。

猶《な》ほ幽世《かくりよ》には、奇魂界《くしたまよ》の上《うへ》に高津界《たかつよ》がある。之《こ》れは神界《しんかい》といふべきもので、其《そ》の上《うへ》には天津《あまつ》眞《ま》澄界《すみかい》がある。更《さら》に又現界《またげんかい》にも雜靈的《ざつれいてき》の幽界《いうかい》がある。山人界《さんじんかい》とか、山靈界《さんれいかい》とか、狗賓界等《くひんかいとう》といふのは、現界《げんかい》と併立《へいりつ》して居《を》つて、之等《これら》の心靈《しんれい》は、常《つね》に人間《にんげん》に憑靈作用《ひようれいさよう》を起《おこ》すのであるから、正神《せいしん》の神憑《しんぴよう》も、雑靈《ざつれい》の憑《ひよう》依《い》とを混同《こんどう》せぬやうに、能《よ》く判別《はんべつ》せねばならぬ。

又憑依作用《またひよういさよう》には、常憑依《じやうひようい》、臨時《りんじ》憑依《ひようい》、直接憑依《ちよくせつひようい》、間接憑依等《かんせつひよういとう》の區別《くべつ》がある。眞人《まびと》には眞神《しんしん》の憑依《ひようい》があり、眞靈《しんれい》の能動《のうどう》が惡靈禍神《あくれいくわしん》に覆《おほ》はるれば、雑靈《ざつれい》の憑依《ひようい》がある。以下《いか》口訣《こうけつ》

一四、本靈と依靈

人靈《ひとだま》に本靈《もとひ》と依靈《よりひ》の別《べつ》あり、其《そ》の本靈《もとひ》とは、初《はじ》めて素人《たねひと》に生《うま》れ出《い》づる時《とき》、地球《ちきう》の底根《そこね》の産母神《よもつおや》によりて、人種《ひとたね》として下津《したつ》幽界《かくりよ》の底根《そこね》の荒境《あらひ》より、和魂根《にぎたまね》に上《のぼ》らしめ、其所《そこ》にて生《いく》魂《たま》を附《つ》け。又其《またそ》の上《うへ》の幸《さ》魂根《ちね》にて足魂《たるたま》を附《つ》け、次《つぎ》に奇魂根《くしたまね》にて靈留魂《たまつめだま》となして、此《こ》の現世《うつしよ》の領守神產土神《うしはきかみうぶすなかみ》に與《あた》へますなり。斯《か》くて產土神《うぶすなかみ》は此《こ》の素人種《たねひとたね》を、現人《うつしひと》の產腹《うみはら》に吹《ふ》き入《い》れて、此《こ》の現世《うつしよ》の生魂《いくたま》と足魂《たるたま》とを新《あら》たに加《くは》へ、終《をは》りに靈留《たまつめ》を作《な》して、母腹《うみはら》より外世《そとよ》に出《いだ》し產《う》ますものにして、既《すで》に生《うま》れ出《い》でたる赤兒《あかご》は、蒼魂《うがたま》、辭代主《ことしろぬし》、嚴之賣《いづのめ》の神々《かみぐ》が、共《とも》に守《まも》り育《そだ》てゝ人《ひと》と爲《な》すなり。是《こ》れ人世《じんせい》の初《はじ》めにして、之《こ》れより幾度《いくたび》も現世《うつしよ》に生死《せいし》を繰返《くりかへ》して、此《こ》の現世《うつしよ》の現事《あらごと》を悉《ことぐ》く習《なら》ひ修《をさ》めしめて後《のち》、現世《うつしよ》の眞《ま》知日《しりひ》知卽《しりすなは》ち聖人《ひじり》となして後《のち》、次々《つぎぐ》に上津《うはつ》幽界《かくりよ》

に進《すゝ》み送《おく》り上《あ》ぐるなり。かくして次々《つぎ〳〵》に現界《うつしよ》、幽界《かくりよ》の眞道《まみち》をたどりて、眞直《ますぐ》に上《のぼ》り得《う》る靈《た》魂《ま》を本靈《もとひ》の眞魂《またま》と云《い》ふ。

又其《またそ》の上《のぼ》り道《みち》の中途《なかば》にて、穢《けが》れを受《う》け、途中《とちう》に止《とゞ》まり、停滯萎縮《とゞこりすく》むを本靈《もとひ》の禍魂《まがたま》と云《い》ふ。

依靈《よりひ》とは、既《すで》に幽界《かくりよ》に入《はひ》りて後《のち》に、尚《な》ほ此《こ》の現世《うつしよ》に憂《うれ》ひあこがるゝ靈《たま》が、下《くだ》りて來《きた》りて現身《うつしみ》持《も》てる人《ひと》に憑《つ》くことをいふ。依靈《よりひ》即《すなは》ち本靈《もとひ》に附着《ふちやく》する附靈《つきたま》なり。此《こ》の依靈《よりひ》の力《ちから》が本靈《もとひ》に勝《まさ》る時《とき》は、其《そ》の人《ひと》を傷《そこな》ふことあり。

人間《にんげん》が此《こ》の世《よ》に生《うま》れ出《い》づる原因《げんいん》と順序《じゆんじよ》に就《つい》て、第《だい》一根源《こんげん》が産母神《よもつかみ》即《すなは》ち伊邪那美神《いざなみのかみ》の靈力《れいりよく》にあること、次《つぎ》に産土神《うぶすなかみ》の加護《かご》あること、次《つぎ》に人《ひと》たる母親《はゝおや》の力《ちから》であることを示《しめ》し、又既《またすで》に出生《しゆつしやう》したる上《うへ》は、蒼魂《うがのみたま》即《すなは》ち稲荷大神《いなりたいじん》や辭代主神《ことしろぬしのかみ》、嚴之賣神《うづのめのかみ》の守護化育《しゆごくわいく》を蒙《かうむ》ることを明《あき》らかにし、斯《か》くて人類《じんるゐ》は幾度《いくたび》もなく生《せい》死《し》を繰返《くりかへ》し、其《そ》の中《うち》に段々《だん〳〵》修行《しゆぎやう》が積《つ》んで、人間界《にんげんかい》の聖人《せいじん》と爲《な》り、それから幽世《かくりよ》の神界《しんかい》に入《はひ》るのである。

聖人《せいじん》といふのは、智者《ちしや》とか學者《がくしや》とかいふのではない。高位《かうゐ》の人《ひと》とか財産家《ざいさんか》といふのでもない。修成《しうせい》の大法《たいはふ》に遵《したが》うて眞面《まとも》に進《すゝ》む。慾《よく》も得《とく》もない正直《しやうぢき》な人《ひと》をいふのである。又眞道《またまみち》とは、現界幽界共《うつしよかくりよとも》に人《ひと》の精《せい》神《しん》を統《とう》一して、人類《じんるゐ》として行《おこな》ふべき道義《だうぎ》をいふのである。又神業《またかむわざ》を守《まも》り行《おこな》ふことも眞道《まみち》である。

本靈《もとひ》の眞魂《またま》とは、正當純眞《せいたうじゆんしん》なる本靈《もとひ》のまゝにて、穢《けが》れなき人靈魂《ひとにま》をいふ。

本靈《もとひ》の禍魂《まがたま》とは、正當《せいたう》なる本靈《もとひ》を、禽獸《きんじう》の靈《れい》や、其《そ》の他《た》のものに穢《けが》された人魂《ひとたま》をいふのである。

依靈《よりひ》には高下《かうげ》正邪種々《せいじやしゆ〴〵》ありて、正神《せいしん》の依靈《よりひ》であれば、眞《まこと》に結構《けつこう》であり、又其《またそ》の敎《をし》へ授《さづ》くる所《ところ》が、世《よ》の爲《た》め人《ひと》の爲《た》めになる事柄《ことがら》であるが、若《も》し邪惡低劣《じやあくていれつ》なる依靈《よりひ》であるときは、療病等多少有益《れうびやうとうたせういうえき》なることをも敎《をし》ゆるが、結局《けつきよく》は出鱈目《でたらめ》であつて、世《よ》を害《がい》し人《ひと》を傷《そこな》ふことはあつても、一向益《かうえき》する所《ところ》はないのみか、遂《つひ》には其《そ》の本人《ほんにん》まで傷《やぶ》り害《そこ》なふに至《いた》るのである。之《こ》れは其《そ》の本人《ほんにん》が始《はじ》めから正神《せいしん》を知《し》らず、正神《せいしん》を信《しん》ぜずして、邪神《じやしん》を尊信《そんしん》するに依《よ》るものである。

一五、禍靈と惡靈

禍靈《まがひ》、禍根《まがね》といふは、未《いま》だ修理固成《しうりこせい》の眞法《まのり》を知《し》らず、此《こ》の現世卽《うつしよすなは》ち社會《しやくわい》の實相《じつさう》、人生《じんせい》の本義《ほんぎ》を悟《さと》らざるものにして、禍靈《まがひ》は愚人《ぐじん》に均《ひと》しく、禍根《まがね》は白痴《はくち》ともいふべし。又惶根《またかしこね》の慾《よく》に迷《まよ》ひて、幸魂《さちみたま》の穢《けが》れたるものをいふ。左《さ》れど禍根禍靈《まがねまがひ》も幸魂《さちたま》の素《もと》に異《かは》りなき故《ゆゑ》、一度《ど》は天津大法《あまつおほのり》に反《そむ》くことありとも、何時《いつ》かは眞道《まみち》に入《はひ》りて、現世《うつしよ》の進化《すゝみ》を援《たす》くるものなり。大《おほ》國主命《くにぬしのみこと》の末《すゑ》つ子《こ》たる健御名方命《たけみなかたのみこと》の如《ごと》きも、一度《ど》は大法《おほのり》に背《そむ》き、健御迦槌命《たけみかつちのみこと》に追《お》はれて、諏訪《すは》に至《いた》り、玆《こゝ》に乍《たちま》ち悟《さと》りて、諸神《しよしん》に勝《まさ》りて日嗣《ひつぎ》の大君《おほきみ》を守《まも》る眞心《まごころ》強《つよ》くなり、常《つね》に幽《かくり》軍《いくさ》を以《もつ》て、諸々《もろ〳〵》の禍醜魂《まがしこたま》を防《ふせ》ぎ、五千餘社《よしや》にも祀《まつ》り給《たま》へり。

此《こ》の禍靈《まがひ》は他《た》に憑《よ》り附《つき》て、其《そ》のものに禍心《まがこゝろ》を起《おこ》させ、遂《つひ》に禍人《まがひと》となることあり、之《こ》れは身滌法《みそぎはふ》、氣吹法《きふきはふ》にて早《はや》く祓《はら》ひ除《のぞ》くべし。若《も》し禍靈《まがひ》強《つよ》くして去《さ》らざる時《とき》は、魂鎭法《たましづのり》にて祓《はら》ふべし。

悪靈《あくひ》とは禍靈《まかひ》の一際《ひときは》強《つよ》くなりて、他《た》のものを苦《くる》しむることを好《この》みて爲《な》す癖《くせ》の附《つ》きたるをいふ。之《こ》れは邪靈《よこひ》ともいひ、禍神《まがかみ》や、禽獸等《きんじうとう》の靈《たま》が荒《あら》びたるものもありて、其《そ》の強《つよ》きものは人靈《ひとたま》を體外《たいぐわい》に追《お》ひ出《だ》して、之《こ》れを奪《うば》ひ、食慾情慾等《しよくよくじやうよくとう》を己《おの》が好《この》むまゝに振舞《ふるま》ひ行《おこな》ふことあり、之等《これら》は鎭魂法《しづたまのり》に依《よ》らざれば治《をさ》めがたし、多《おほ》くの病氣災難《びやうきさいなん》は此《こ》の禍神《まがかみ》や邪靈《よこひ》の祟《たゝ》りに依《よ》るものとす。

總《すべ》て人間《にんげん》の災禍罪悪《さいくわざいあく》といふものは、第《だい》一に惟神《かむながら》の大道《だいだう》、即《すなは》ち正《たゞ》しき神《かみ》と、眞理眞道《しんりしんだう》を悟《さと》らぬから起《おこ》るものである。次《つぎ》は食慾《しよくよく》も情慾《じようよく》である、支那《しな》では色食《しきしよく》は性《せい》なりといひ、今日《こんにち》の學問《がくもん》では、食《しよく》と情慾《じやうよく》とは本能《ほんのう》であるから仕方《しかた》がないといふ、本能《ほんのう》であるから一定《てい》の限度《げんど》は仕方《しかた》がない。差支《さしつかへ》がないのであるが、それが一歩《ぽ》でも度《ど》を超《こ》せば、眞理《しんり》の眼《め》もくらみ、心身共《しんしんとも》に穢《けが》れて、自分《じぶん》から禍靈禍身《まがひまがみ》となるか、左《さ》もなくても他《た》の禍靈邪靈《まがひよこひ》に憑《よ》り附《つ》かれるのである。

禍靈《まがひ》や邪靈《よこひ》に憑《つか》れるといふことは、自分《じぶん》の本靈《もとひ》に迷《まよひ》がかゝり、物慾《ぶつよく》に穢《けが》されて居《ゐ》るからである。即《すなは》ち心《こゝろ》の隙《すき》があるからである。それで禍靈《まがひ》の爲《た》めに災厄《さいやく》が起《おこ》つたからとて、外部《ぐわいぶ》からの醫藥《いやく》や加持祈禱《かぢきたう》では充分《じうぶん》の效果《かうくわ》は見《み》られぬ。醫藥《いやく》は肉體上《にくたいじやう》の治療《ちれう》には有效《いうかう》であるが、心靈的《しんれいてき》には無力《むりよく》である。殊《こと》に藥物《やくぶつ》は其《そ》の病《やまひ》には治癒《ちゆ》の效能《かうのう》があるが、健康體《けんかうたい》から見《み》れば、寧《むし》ろ毒《どく》であるから、大《おほい》に注意《ちうい》せねばならぬ。又加持祈禱《またかぢきたう》は肉體的《にくたいてき》には頗《すこぶ》る無力《むりよく》であるから、肉體《にくたい》を主《しゆ》とした病災《びやうさい》に加持祈禱《かぢきたう》のみを行《おこな》ふのは淺見《せんけん》である。精神的《せいしんてき》には加持祈禱《かぢきたう》もあるが、それよりは自分《じぶん》で身滌法《みそぎはふ》や氣吹法《きふきはふ》をやるのが、心身共《しんしんとも》に有效《いうかう》である。猶進《なほすゝ》んで鎭魂法《ちんこんはふ》をやれば、それに越《こ》したことはない。併《しか》し自分《じぶん》でそれ等《ら》の修行《しゆぎやう》の出來《でき》ないものもあるから、さういふ人《ひと》は正式《せいしき》の修行《しゆぎやう》を積《つ》んだ有德者《いうとくしや》の祈禱《きたう》を乞《こ》ふべきである。以下口訣《いかこうけつ》

常途《じやうと》の朧朦行者《もうろうぎやうじや》や、日蓮僧等《にちれんそうとう》が、所謂狐憑落《いはゆるきつねつきおと》し等《とう》いつて、患者《くわんじや》を苦《くる》しむる妙《めう》な祈禱《きたう》の如《ごと》きは、全《まつ》たく欺瞞《ぎまん》の迷法邪行《めいはふじやかう》であつて、あゝいふことをやれば、正靈《せいれい》の人《ひと》が却《かへ》つて狂亂《きやうらん》し、それが爲《た》めに邪靈《じやれい》の憑《よ》り附《つ》く機會《きくわい》を與《あた》へ、遂《つひ》に不治《ふぢ》に陷《おちい》らしむるのである。

一六、善人と惡人

善人《ぜんにん》とは前《まへ》に示《しめ》したる眞人《まびと》と同《おな》じく、本靈《もとひ》の人《ひと》が現世《うつしよ》にある內《うち》に、天津大法《あまつだいはふ》の修理固成《しうりこせい》の眞道《まみち》を極《きは》めて、眞靈《しんれい》に進《すゝ》む者《もの》にして、幽界《かくりよ》に入《はひ》りても正神《せいしん》に進《すゝ》むことを得《う》るものなり。

現世《うつしよ》の現身《うつしみ》に穢《けが》れを受《う》くる時《とき》は、禍神禍靈《まがかみまがひ》來《き》たり憑《よ》りて、其《そ》の人《ひと》の本靈《もとひ》を押縮《おしちゞ》めて、其《そ》の人《ひと》を禍人《まがびと》と爲《な》し、又其《またそ》の禍靈《まがひ》の依靈《よりひ》の力強《ちからつよ》くして、本靈《もとひ》に勝《まさ》るに至《いた》れば、遂《つひ》に本靈《もとひ》を其《そ》

の身體《しんたい》より追《お》ひ出《だ》して、全《まつ》たく禍身《まがみ》となす。之《こ》れ卽《すなは》ち惡人《あくにん》にして、幽界《かくりよ》の隈道《くまぢ》より根《ね》に入《はひ》り、人面獸心《にんめんじうしん》といへる如《ごと》き邪靈界《じやれいかい》のものとなる。

天津幽界《あまつかくりよ》と下津底根《したつそこね》には、善惡《ぜんあく》なし、善惡《ぜんあく》あるは現界《うつしよ》と、それに接近《せつきん》せる上下《うはしも》の幽界《かくりよ》のみなり。天津幽界《あまつかくりよ》は高產靈《たかむすび》を下《くだ》す所《ところ》にして、善惡《ぜんあく》といふことなく、眞澄《ますみ》なり、又下津底根《またしたつそこね》は下《しも》の幽界《かくりよ》よりも、猶下《なほしも》の底《そこ》の國《くに》の眞澄界《まずみかい》にして、神產靈《かみむすび》を上《のぼ》す處《ところ》なれば、之《こ》れ亦善惡《またぜんあく》あることなし。但《たゞ》し此《こ》の眞澄界《まずみかい》には善惡《ぜんあく》の兆《きざし》は含《ふく》み居《ゐ》る故《ゆゑ》、底《そこ》より上《のぼ》る靈《みたま》は現界《うつしよ》に來《きた》りて惡《あく》に感染《かんせん》することあるなり。

善惡《ぜんあく》は人間界《にんげんかい》と、其《そ》の下《した》に在《あ》る禽獸界《きんじうかい》、蟲魚界《ちうぎよかい》、草木界《さうもくかい》、岩石等《がんせきとう》の根魂《ねたま》と、又人間界《またにんげんかい》の上《うへ》に在《あ》る雜靈《ざつれい》界《かい》とか、天狗界《てんぐかい》とかにあるばかりであつて、地心《ちしん》と天上界《てんじやうかい》には善惡《ぜんあく》の區別《くべつ》はないのである。然《しか》し地心《ちしん》の底《そこ》の眞澄界《まずみかい》に其《そ》の兆《きざし》ありといふのは、元來此《ぐわんらいこ》の地球《ちきう》は天體中《てんたいちう》の最下位《さいかゐ》にありて、宇宙《うちう》の中心點《ちうしんてん》より非常《ひじやう》に隔《へだ》たり、且《か》つ其《そ》の精神《せいしん》も亦非常《またひじやう》に壓迫《あつぱく》せられて、旣《すで》に眞純《しんじゆん》を失《うしな》うて居《ゐ》るから、善惡《ぜんあく》となるべき兆候《てうこう》が微《かすか》に含《ふく》まれて居《ゐ》るのである。それゆゑに岩石《がんせき》にも硬軟《かうなん》が現《あら》はれ、草木《さうもく》や禽獸《きんじう》にも剛柔《がうじう》があり、それが漸次高級生物《ぜんじかうきふせいぶつ》に至《いた》る程《ほど》、其《そ》の度《ど》が益々擴大《ますますくわくだい》され增進《ぞうしん》するのである。人間《にんげん》が同族相爭《どうぞくあひあらそ》ひ殺伐《さつばつ》を爲《な》すといふに至《いた》つては、極惡《ごくあく》の限《かぎ》りと云《い》はねばならぬ。

食慾情慾《しよくよくじやうよく》の尤《もつと》も旺盛《わうせい》なるものは、禽獸《きんじう》も異《こと》なることはない。之《こ》れは動物《どうぶつ》の邪靈《じやれい》が憑《つい》て居《ゐ》るものが多《おほ》い、人面獸心《にんめんじうしん》である。次《つぎ》に住居慾《ぢうきよよく》や名譽慾《めいよよく》は、幾分《いくぶん》が惡業《あくごふ》を減《げん》じて居《ゐ》るが、只《た》だ危險《きけん》なのは自己《じこ》の名《めい》譽《よ》の爲《た》めに、他《た》を傷《きず》つけ陷《おとし》いれんとすることがある。今日《こんにち》はさういふのが尤《もつと》も多《おほ》い、之《こ》れは殺伐以上《さつばついじやう》、食色以上《しよくしきいじやう》の大惡業《だいあくごふ》である。かういふものは永久正神界《えいきうせいしんかい》に入《はひ》る機《をり》はない。次《つぎ》に知識慾《ちしきよく》や信仰慾《しんかうよく》は、殆《ほと》んど惡業《あくごふ》から放《はな》れて來《く》るが、併《しか》し惡知識《あくちしき》に驅《か》られ、邪見我執《じやけんがしふ》、奸智《かんち》を恣《ほしい》まゝにすれば、それは禍神《まがつかみ》であり邪靈《じれい》である。現在《げんざい》の宗教家《しうけうか》と稱《しよう》する思想界《しさうかい》の指導者《しだうしや》に、かういふ邪靈者《じやれいしや》の多《おほ》いのは、慨歎《がいたん》に堪《た》へぬ。

一七、下り魂と上り魂

人《ひと》の魂《たましひ》には、下《くだ》り魂《たましひ》と上《のぼ》り魂《たましひ》との別《べつ》あり。下《くだ》り魂《たましひ》は天津《あまつ》大神《おほかみ》の眞靈《まひ》の降《くだ》りたるものにして、之《こ》れを眞靈止《まひと》即《すなは》ち眞人《まひと》とす、又一度《またひとたび》人間《にんげん》の現身《うつしみ》と生《う》まれ、死《し》して上津《うはつ》幽界《かくりよ》に入《はひ》り、再《ふた》び三度《みたび》人界《じんかい》に出《い》づるものを、降《くだ》り靈《たま》魂の人《ひと》ともいふ。上《のぼ》り魂《たましひ》は底根《そこね》より上《のぼ》り出《い》でて、始《はじ》めて現世《うつしよ》の現身《うつしみ》を受《う》くるものにて、未《いま》だ人事《じんじ》も天津大法《あまつだいはふ》を辨《わきま》へざる人《ひと》なれば、之《こ》れを禍靈《まがひ》人《と》といふ、惡人《あくにん》にはあらざるも未熟《みじゆく》の人《ひと》なり。

又事《またこと》の行合《ゆきがか》りよりして、上《のぼ》り魂《たましひ》の人《ひと》に下《くだ》り魂《たましひ》が憑《つ》き、下《くだ》り魂《たましひ》の人《ひと》に上《のぼ》り魂《たましひ》の依憑《つ》くことあり。

人《ひと》には聖人《ひじり》、常人《つねひと》、愚人《おろかひと》、白痴人《ふぬけひと》の四階級《かいきふ》ありて、聖人《ひしり》と常人《つねひと》とは、降《くだ》り魂《たましひ》の眞靈人《まひと》なり、愚人《おろかひと》と白痴人《ふぬけひと》とは上《のぼ》り魂《たましひ》の禍靈人《まがひと》なり、左《さ》れど上《のぼ》り魂《たましひ》と下《くだ》り魂《たましひ》と互《たがひ》に相憑《あひよ》ることある故《ゆゑ》、聖人《ひじり》にも種々《しゆぐ》あり、常人《つねひと》にも貴賤賢愚《きせんけんぐ》を生《しやう》じ、愚人《おろかひと》にも用《もち》ふべきものあり。君《きみ》や大臣《おみ》等《とう》は降《くだ》り魂《たましひ》の人《ひと》にして、殊《こと》に君《きみ》の靈《みたま》は統靈《すべひ》とて、民衆《みんしう》の靈《みたま》の總積《そうせき》と齊《ひと》しき力《ちから》あるものなり。故《ゆゑ》に靈《みたま》にも神靈《かみ》、君靈《きみ》、臣靈《おみ》、民靈《たみ》の四種《しゆ》あり、從《したが》つて現身《うつしみ》にも四階《かい》を見《み》るに至《いた》る。

何時《いつ》の世《よ》にも、眞靈人《まひと》と禍靈人《まがひと》とは、半數《はんすう》づつ生《う》まるゝものなれども、邪《よこし》まなる教《をしへ》いづれば禍靈人《まがひと》多《おほ》く生《う》まるゝに至《いた》る。我《わ》が日本《にほん》は古《いにしへ》より眞人《まひと》の眞國《まくに》なりしが、外所世《そとよ》の禍人《まがひと》の教《をし》へ入《い》りしより、天津大法事《あまつおほのりこと》を忘《わす》るゝもの多《おほ》く、禍靈人《まがひと》次第《しだい》に增加《ぞうか》せり。故《ゆゑ》に之《こ》れを尊《たふと》き教《をし》へ、直日《なほび》に改《あらた》めしめて、眞人《まひと》の世《よ》に爲《な》さんため、此《こ》の眞敎《まみち》を開《ひら》き示《しめ》せるなり。

人《ひと》の本性《ほんせい》に惡《あく》はない。只《た》だ知《し》らざる爲《た》めに自然《しぜん》と汚《けが》され禍《あやまち》をなすのである。而《し》かも一度《ひとたび》禍《あやまち》をなして之《こ》れを敎《をし》へ諭《さと》すものがなく、悔《く》い改《あらた》むることがなければ、遂《つひ》に第二《だいに》の習慣性《しふくわんせい》として惡人《あくにん》となるに至《いた》り、其《そ》の禍靈《まがひ》は他人《たにん》に憑《つき》て、他《た》のものをも我《われ》と同《おな》じく惡道《あくだう》に陷《おとしい》るゝに至《いた》るのである。

如何《いか》に眞靈《まひ》眞人《まひと》であつても、之等《これら》の禍靈《まがひ》に憑《つ》かまれば、自然《しぜん》と眞靈《まひ》の光《ひかり》が薄《うす》らくのである。それゆゑ全然惡《ぜんぜんあく》に墮《おち》ぬでも、善《ぜん》の程度《ていど》が下落《げらく》することになるから、聖人《ひじり》の中《なか》にも大賢小賢《だいけんせうけん》の別《べつ》を生《しやう》ずるに至《いた》るのである。

又愚人白痴人即ち《またおろかひとふぬけひとすなは》禍靈《まがひ》未熟《みじゆく》の人《ひと》であつても、其《そ》の本靈《もとひ》は神産靈《かむむすび》であるから、一直線《ちよくせん》に進《すゝ》めば眞靈人《まひと》の境地《きやうち》に達《たつ》することが出來《でき》る。更《さら》に愚人白痴人《おろかひとふぬけひと》は經驗《けいけん》が乏《とぼ》しく、單純《たんじゆん》であるだけに、神《かみ》の靈《みたま》に接《せつ》し、神《かみ》を見《み》ることが、却《かへ》つて容易《ようい》なる點《てん》もある。又禍靈《またまがひ》の人《ひと》にも眞靈人《まひと》の魂《たま》が憑依《ひようい》することがあるから、愚《ぐ》者《しや》の一得《とく》といふこともあるのである。

然《しか》り而《しか》して大體《だいたい》が下《くだ》り魂《たま》と上《のぼ》り魂《たま》の自然《しぜん》の計數《けいすう》として、眞靈人《まひと》と禍靈人《まがひと》とは半々《はんはん》であるべきであるが、邪教迷法《じやけうめいはふ》が出《い》づれば、類《るゐ》を以《もつ》て集《あつ》まる禍人《まがひと》が多《おほ》くなるのである。正法眞道《せいはふまみち》が盛《さかん》になれば、眞人多《まひとおほ》くして自然《しぜん》と眞國《まくに》となり、眞國即《まくにすなは》ち神國《かみくに》と化《くわ》し、現界直《うつしよたゞ》ちに神界《かみよ》と進《すゝ》み開《ひか》るゝに至《いた》るのである。よし又《また》全體《ぜんたい》がそれまでに進《すゝ》み化《くわ》せぬでも、眞道《まみち》を行《おこな》ふ眞人《まひと》だけには現世《うつしよ》が神界《かみよ》となつて、神《かみ》との感應交渉《かんおうかうせふ》が自由《じいう》になるのである。

一八、四重の人身

神靈《しんれい》の發動《はつどう》より人間《にんげん》の現身《うつしみ》に至《いた》るまで、四重《よちう》の階級《かいきふ》あり。而《しか》して現在《げんざい》の人身《じんしん》は四重四靈《よへよたま》より成立《せいりつ》す。其《そ》の第一重《だいひとへ》を眞澄身《まずみみ》といひ、其《そ》の靈《れい》を奇靈魂《くしみたま》といふ。眞澄身《まずみみ》は物質界《ぶつしつかい》にて所《いは》謂氣《ゆるき》體《たい》の如《ごと》きものなり。又奇靈魂《またくしみたま》は眞純《しんじゆん》にして神靈《しんれい》と異《こと》なるなし。

第二重《だいふたへ》を霞身《かすみ》と云《い》ひ、其《そ》の靈《れい》を幸靈魂《さちみたま》と云《い》ふ、霞身《かすみ》は水蒸氣《すゐじようき》の如《ごと》きものにして、眞澄《ますみ》に比《ひ》すれば少《すこ》しく混濁《こんだく》せり。又幸靈魂《またさちみたま》は進《すゝ》み榮《さか》えんとする意識《いしき》を萠芽《ほうが》し、物質慾《ぶつしつよく》の端兆《たんてう》を有《いう》す。

第三重《だいみへ》を水身《みづみ》と云《い》ふ、其《そ》の靈《れい》は和靈魂《にぎみたま》なり、水身《みづみ》は水母《くらおや》の如《ごと》き透明體《とうめいたい》なるも、既《すで》に固形《こけい》せり、和魂《にぎたま》は一方《ばう》には鈍重化《どんぢうくわ》せるも、一方物質的《ばうぶつしつてき》には尖鋭的《せんえいてき》となりて、執着心《しふちやくしん》著《いちじ》るしく發達《はつたつ》せり。

第四重《だいよへ》を現身《よみ》といふ、之《こ》れに伴《ともな》ふ精神《せいしん》を、明靈魂《あらみたま》又《また》は現靈魂《あらみたま》、或《あるひ》は荒魂《あらみたま》といふ、現身《よみ》は水土《すゐど》を含《ふく》む純物質的《じゆんぶつしつてき》の固體《こたい》にして、之《こ》れに添《そ》へる精神《せいしん》も亦大《またおほい》に濁《にご》り、煩惱執着强《ぼんなうしふちやくつよ》く、忿瞋《ねんしん》鬪爭《さうとう》を起《おこ》すに至《いた》る。

神靈《しんれい》より人身《じんしん》に降《くだ》るときは、順次第一重《じゆんじだいひとへ》より第二重《だいふたへ》を合《あは》せて、遂《つひ》に現身《うつしみ》に至《いた》る。故《ゆゑ》に現《うつし》身《み》には他《た》の三身《しん》を具有《ぐいう》す、人間《にんげん》より神靈《しんれい》に還元《くわんげん》するには、漸次《ぜんじ》一身《しん》一魂《こん》を削減《さくげん》して、遂《つひ》に眞澄身《ますみみ》の奇靈《くしたま》に還《かへ》る、人《ひと》は天津大神《あまつおほかみ》の示《しめ》せる修成《しうせい》の大法《だいはふ》に遵《したが》ひ、四《よ》人《しん》四《よ》魂《こん》より修養向上《しうやうかうじやう》して、一身《しん》一魂《こん》の大靈《だいれい》に還元《くわんげん》すべきものとす。

氣體《きたい》より液體《えきたい》、液體《えきたい》より固體《こたい》に進《すゝ》み、電子《でんし》元素《げんそ》原子《げんし》の化合《くわがふ》多《おほ》く、結集《けつしふ》强《つよ》ければ、軟《なん》より硬《かう》に進《すゝ》む。之《こ》れは炭素《たんそ》、窒素《ちつそ》、酸素《さんそ》、水素《すゐそ》等《とう》の氣體《きたい》、水《みづ》、油《あぶら》、酒《さけ》等《とう》の液體《えきたい》、氷《こほり》、硫黄《いわう》、鐵《てつ》、銅《どう》、金《きん》、水銀《すゐぎん》、ラヂウム等《とう》の固體《こたい》の生成《せいせい》や、原子《げんし》數《すう》、强度《きやうど》に就《つい》て見《み》ると、極《きは》めて明白《めいはく》のことである。而《しか》して其《そ》の物質《ぶつしつ》上《じやう》の性《せい》能《のう》も次第《しだい》に鈍重《どうぢう》となり、執著性《しふちやくせい》を帶《お》ぶると同時《どうじ》に、又反面《またはんめん》には放射能《はうしやのう》を强《つよ》くするものにして、再《ふた》たび元《もと》の氣體《きたい》に還元《くわんげん》せんとする途《みち》を辿《たど》る自然《しぜん》の作用《さよう》あるは疑《うたが》ひなき所《ところ》である。

物質《ぶつしつ》が氣體《きたい》より漸次《ぜんじ》固體《こたい》に進《すゝ》む順序《じゆんじよ》と同《おな》じく、且《か》つ又其《またそ》の性能《せいのう》の變化《へんくわ》とあるが如《ごと》く、人間《にんげん》の四重身《ぢうしん》四種魂《しゆこん》も亦之《またこ》れに異《こと》なることはない。此《こ》の四身《しん》四魂《こん》は天體《てんたい》より地球《ちきう》乃至《ないし》一切《さい》の萬物《ばんもつ》。皆其《みなそ》の理義《りぎ》を有《いう》せざるはなく、宇宙《うちう》一切《さい》に貫通《くわんつう》せる、聯鎖的《れんさてき》の眞理《しんり》である。

此《こ》の四身《しん》四魂《こん》の生化《せいくわ》の順序意義《じゆんじよいぎ》が判明《はんめい》すれば、人間《にんげん》が神《かみ》より出《い》でて、又神《またかみ》に還《かへ》り得《う》る理由《りいう》も諒解《りやうかい》し得《う》ると、同時《どうじ》に又善惡《またぜんあく》の發生《はつせい》する所以《ゆゑん》も、其《そ》の理趣《りしゆ》を尋《たづ》ね得《う》べく、從《したが》つて生成《せいせい》にも將又還元《はたまたくわんげん》にも、共《とも》に修理固成《しうりこせい》の努力《どりよく》が必要《ひつえう》であるといふことも、自《おのづ》から明瞭《めいれう》になるのである。

如何《いか》なる智者賢者《ちしやけんしや》も、今人《いまひと》は此《こ》の四身《しん》を見《み》ることは出來《でき》ないが、鎭魂法《ちんこんはふ》を修《しう》すれば自《おのづ》から之《こ》れを見《み》ることが出來《でき》る。卽《すなは》ち三身《しん》は順次《じゆんじ》に厚薄《こうはく》の程度《ていど》を異《こと》にして、現身《うつしみ》を繞《めぐ》り居《を》るものにして、例《たと》へば膚《はだ》の上《うへ》にシヤツ、シヤツの上《うへ》に單衣《ひとへ》、單衣《ひとへ》の上《うへ》に絽《ろ》の羽織《はおり》といふやうな工合《ぐあひ》にあるのが常《つね》である。併《しか》し時《とき》と場合《ばあひ》に依《よ》つては、此《こ》の四身《しん》が別々《べつべつ》に分離《ぶんり》して、各自《かくじ》に自由行動《じいうかうどう》を執《と》ることもある。

夢《ゆめ》の現象《げんしやう》や、透視術《とうしじゆつ》等《とう》は、現身《うつしみ》以外《いぐわい》の三身中《しんちう》いづれかゞ關係《くわんけい》して其《そ》の作動《さくどう》を起《おこ》すものである。尤《もつと》も之《これ》等《ら》は一々《いち〳〵》實地《じつち》に就《つい》て考驗《かうけん》すべきことであつて、今茲《いまこゝ》に一概《がい》に論定《ろんてい》する譯《わけ》には往《ゆ》かぬ。但《たゞ》し鎭魂《ちんこん》すれば一切《さい》が明確《めいかく》になる。

人間《にんげん》が死期《しご》が近《ちか》づくと、影《かげ》が薄《うす》くなつたといふのは、現身《うつしみ》から他《た》の三身《しん》が次第《しだい》に離脱《りだつ》して遠《とほざ》かつてゆくからである。即《すなほ》ち水母《くらげ》の如《ごと》き透艶《とうゑん》の水身《みづみ》や生氣《せいき》潑剌《はつらつ》たる蒸氣《じようき》の如《ごと》き霞身《かすみ》や、靈氣《れいき》充實《じうじつ》の眞澄身《ますみみ》が、漸次《ぜんじ》消《き》へ失《う》せ、形容《けいよう》枯槁《ここう》、意氣《いき》沮喪《そさう》、粗雜《そざつ》なる現身《うつしみ》になるからである。

一九、正神と禍神

正神《まさかみ》とは、天津高祖《あまつたかおや》より直系《ますぢ》に靈緒《たまのを》を、天《てん》より下《くだ》したる眞靈《まひ》の電素《ちたね》を受《う》けたる祖《おや》にして、現人《うつしひと》に早《はや》く天津大法《あまつだいはふ》を悟《さと》り知《し》ることを敎《をし》ゆるものなり。

天之御中主神《あめのみなかぬしのかみ》より兩産靈《りやうむすび》の神《かみ》、葦芽靈《あしかびひ》の神《かみ》、天之常立神《あめのとこたちのかみ》、國之常立神《くにのとこたちのかみ》、伊邪那岐伊邪那美兩神《いざなぎいざなみりやうかみ》の如《ごと》き、元靈《もとひ》の大神《おほかみ》より、現人《うつしひと》の生命《いのち》の基《もと》たる御饌《みけ》の神《かみ》即《すなは》ち稻倉《うがの》魂神《みたまのかみ》、豐受大神《とようけおほかみ》、産土神《うぶすなのかみ》、嚴之賣神《いづのめのかみ》、又道義《またみち》の基《もと》、政治《まつり》の元《もと》たる天照大神《あまてらすおほみかみ》を正神《まさかみ》とは云《い》ふなり。

此《こ》の他《ほか》賢良《けんりやう》なる祖先《そせん》の御靈《みたま》、現人《うつしひと》を善《よ》き導《みちび》き給《たま》はんとする、先覺聖人《せんかくひじり》の御靈等《みたまとう》をも正神《まさかみ》とするなり。

禍神《まがかみ》とは、上《のぼ》り魂《たましひ》にて、底根《そこね》より生《うま》れ上《あが》る途中《とちう》の祖《おや》にて、未《いま》だ天津大法《あまつだいはふ》を保《たも》てる日知《ひしり》の幽界《かくりよ》に至《いた》らず、天《あま》の御柱《みはしら》の眞條《ますぢ》の眞道《まみち》に達《たつ》せざるものにして、之等《これら》の禍神《まがかみ》は類《るゐ》を集《あつ》め、友《とも》を呼《よ》ばんとする習慣《しふくわん》ありて、能《よ》く現人《うつしひと》に憑添《よりそひ》くるものなり。斯《か》くの如《ごと》き禍神《まがかみ》に附《つ》き守《まも》らるものは、久《ひさ》しく眞人《まひと》になり難《がた》し。

眞理《しんり》を悟《さと》らざる淺薄《せんぱく》の靈《れい》や、愚痴《ぐち》、我慢《がまん》、貪瞋《どんしん》、奸曲《かんきよく》のものは、次《つぎ》の世《よ》の幽界《かくりよ》に入《い》りて未熟俗臭《みじゆくぞくしう》の穢《けが》れに由《よ》りて禍神《まがかみ》と爲《な》る、禽獸《きんじう》の靈《れい》も亦斯《またかく》の如《ごと》く、其《そ》の多《おほ》くは禍神《まがかみ》と爲《な》り、現《うつし》人《ひと》に憑《よ》りて之《こ》れを難《なや》まし苦《くる》しむるもの少《すく》なからず。

眞人《まひと》には正神《まさかみ》の守護《しゆご》あり、禍人《まがひと》には禍神《まがかみ》の守護《しゆご》あり、左《さ》れど眞人《まひと》も時《とき》には禍神《まがひと》に累《たゝ》らることあり、禍人《まがひと》も日和《ひしり》の眞人《まひと》に交《まじ》り、天津大法《あまつだいはふ》を修《をさ》め、身滌嚴法《みそぎいづのり》を習《まな》ぶときは、正神《まさかみ》の守《まも》りの內《うち》に入《い》りて、眞靈《まひ》を受《う》け、眞人《まひと》に爲《な》ることを得《う》べし。

人間《にんげん》のみならず萬物《ばんぶつ》には、それ〲祖神《おやかみ》の守護《まもり》があるものにて、前述《ぜんじゆつ》の如《ごと》く人間《にんげん》は産土神《うぶすなのかみ》が天之《あまの》精神《せいしん》たる高御産靈《たかみむすび》の微靈《さひ》と、地《ち》の精神《せいしん》たる神御産靈《かむみむすび》の微靈《さひ》とを結合《けつがふ》して、生魂《いくたま》として母胎《ぼたい》に宿《やど》らせ、之《こ》れに足魂《たるたま》を加《くは》へて發達《はつたつ》せしめ、出生《しゆつせい》の際《さい》に魂留魂《こんりうこん》を加《くは》へて人子《じんし》と成《な》したるものであるから、生命《いのち》の根元《こんげん》は天津神《あまつのかみ》、地津神《くにつのかみ》、産土神《うぶすなのかみ》で、之《こ》れが正《たゞ》しき祖神《そしん》である。又生後《またせいご》は御食津《みけつ》即《すなは》ち稲荷《いなり》豊受大神《とようけおほかみ》と、嚴之《いづの》賣神《めのかみ》、即《すなは》ち大宮姫神《おほみやひめのかみ》の御力《みちから》に由《よ》りて生育《せいいく》し成長《せいちやう》するものであるから、之《こ》れは正《たゞ》しく現世《うつしよ》の守護神《まもりがみ》である。以上《いじやう》の二つを公式守護靈《こうしきしゆごひ》といひ、此《こ》の外《ほか》に祖先《そせん》の靈《れい》や先輩《せんぱい》の靈《れい》もあり、又關係《またくわんけい》ある動物《どうぶつ》の靈等《れいとう》もありて、人間《にんげん》の周圍《しうゐ》を取《と》り卷《ま》き守護《しゆご》するものである。併《しか》し前《まへ》の二つの公式正神《こうしきまさかみ》の他《ほか》には禍靈《まがひ》禍神《まがかみ》もあることを考《かんが》へねばならぬ。殊《こと》に親《おや》や祖先《そせん》が種々《しゆ〴〵》の雜信仰《ざつしんかう》に囚《とら》はれ、或《あるひ》は子孫《しそん》を愛惜憶念《あいせきおくねん》する爲《た》めに、守護《しゆご》する祖靈《そひ》は、却《かへつ》て有《あ》りがた迷惑《めいわく》なるものが多《おほ》く、所謂《いはゆる》贔屓《ひいき》の引倒《ひきたふ》したる禍靈《まがひ》守護《しゆご》に墮《だ》するものが多《おほ》いから、之等《これら》は能《よ》く注意《ちうい》せねばならぬ。

鎭魂入神《ちんこんにふしん》の上《うへ》にて、迎神法《けいしんはふ》を行《おこな》ふ時《とき》は、之等《これら》の種々《しゆ〴〵》なる守護神《まもりがみ》を呼《よ》び出《だ》して、一々《いち〳〵》其《そ》の本性《ほんせい》を現《あら》はし、正神《まさかみ》か禍神《まがかみ》かを知《し》ることが出來《でき》る。而《しか》して此《こ》の迎神法《けいしんはふ》を行《おこな》ふ時《とき》は、劣等《れつとう》の神《かみ》が先《ま》づ現《あら》はるゝものにして、劣等《れつとう》なる程《ほど》一見人《けんひと》を驚《おどろ》かすが如《ごと》き事《こと》あるも、結局《けつきよく》は深《ふか》き事《こと》を知《し》らぬものである。高尚《かうしやう》なる正神《まさかみ》は妄《みだ》りに現《あら》はれず、又現《またあら》はれても多《おほ》くを言《いは》ぬものである。併《しか》し若《も》し云《い》ふ時《とき》は神嚴《しんげん》犯《をか》し難《がた》く、一句《く》に千理《り》を含《ふく》むものである。

二〇、人壽と禍福

人身《じんしん》に四身《しん》四魂《こん》あるが如《ごと》く、人壽《じんじゆ》にも禍福《くわふく》にも亦四重《またよへ》の階別《かいべつ》あり、眞澄身《まずみみ》の時代《じだい》、奇魂《くしたま》の活動《はたら》く世《よ》は、壽命無際限《じゆみやうむさいげん》にして、災禍《わざはひ》なし、之《こ》れ即《すなは》ち天津大神《あまつおほかみ》の時代《じだい》なり、次《つぎ》に霞身《かすみ》の幸魂《さちみたま》の世《よ》は、壽命《じゆみやう》に限《かぎ》りありと雖《いへど》も、幾萬歳《いくまんさい》の長壽《ちやうじゆ》にして、時《とき》に禍福《まがひ》の災《わざは》ひあるも、祓戸《はらひど》の法事《のりごと》にて拂《はら》ひ除《の》けり、之《こ》れ所謂天神《いはゆるあまつ》時代《じだい》なり、降《くだ》りて水身《みづみ》の和魂《にぎみたま》の世《よ》に至《いた》りては、長壽《ちやうじゆ》は數萬年《すうまんねん》、短《みじか》きは千歳《さい》にして、天津《あまつ》罪國津《つみくにつ》罪起《つみおこ》れり。之《こ》れ卽《すなは》ち國津神《くにつのかみ》の世《よ》なり。更《さら》に降《くだ》りて現身《うつしみ》の荒魂《あらみたま》の世《よ》となりては、人壽《じんじゆ》三百六十歳《さい》を長期《ちやうき》として、短《みじか》きは四十五十に至《いた》れり。天變地異《てんぺんちい》、病災禍亂相繼《びやうさいくわらんあひつい》で起《おこ》る。

地球《ちきう》の上《うへ》にも此《こ》の四重《よへ》の四期《き》あり、國家《こくか》にも社會《しやくわい》にも皆《みな》四期《き》の循環《じゆんくわん》を見《み》る。一家《か》にも四重《よへ》四魂《こん》の輪廻《りんね》あり。人《ひと》の一生涯《しやうがい》にも亦此《またこ》の四魂《こん》の主宰期《しゆさいき》を分《わか》てり。

地球《ちきう》の四期《き》、國家《こくか》の四期《き》、家庭《かてい》の四期《き》、自己《じこ》の四期《き》と相重《あひかさな》りて、人間《にんげん》の禍福《かふく》に十六重《へ》の差別《さべつ》を生《しやう》ず。地球《ちきう》は今《いま》や和魂期《にぎみたまき》に入《はひ》れり。國家《こくか》は幸魂期《さちみたまき》の末《すゑ》に當《あた》れり、家庭《かてい》には和魂期《にぎみたまき》のもの、幸魂期《さちみたまき》のもの、荒魂期《あらみたまき》のもの、それぐ〳〵異《こと》なり、故《ゆゑ》に地球《ちきう》と國家《こくか》とより受《う》くる禍福《かふく》は、國民皆相同《こくみんみなあひおな》じきも、家庭祖先《かていそせん》より受《う》くる壽命《じゆみやう》と禍福《かふく》は、人々《ひと〴〵》に依《よ》りて異《こと》なれり。

各人各自《かくじんかくじ》の四重《よへ》とは、或《あるひ》は荒魂《あらみたま》の多《おほ》く働《はたら》く人《ひと》あり、或《あるひ》は和魂《にぎみたま》の多《おは》く働《はたら》く人《ひと》あり、或《あるひ》は幸《さち》魂《みたま》の多《おほ》く働《はたら》く人《ひと》あり、或《あるひ》は又幸魂《またさちみたま》が先《さ》きに主《しゆ》として働《はたら》き、後《の》ちに至《いた》りて荒魂《あらみたま》の盛《さか》んに働《はたら》く人《ひと》あり、或《あるひ》は初《はじ》め荒魂《あらみたま》の強《つよ》かりしものも、後《の》ちには和魂《にぎみたま》の主《しゆ》に働《はたら》く人《ひと》となることありて、千差萬別《せんばんべつ》なり、之《こ》れは初《はじ》め底根《そこね》の神産靈《かむむすび》より受《う》くる靈《れい》の程度《ていど》にも依《よ》り、更《さら》に又正神禍神《またまさかみまがかみ》の守護《しゆご》の如何《いかん》にも依《よ》り、且《か》つ家庭《かてい》より禀《う》くる惰力《だりよく》も加算《かさん》せらるゝものなり。

斯《か》くの如《ごと》く四重《よへ》四乗即《よじようすなは》ち十六重《へ》の加減《かげん》あるを以《もつ》て、長壽《ちやうじゆ》にして幸福《かうふく》なるものあり、長壽《ちやうじゆ》にして賢《けん》なるものあり、長壽《ちやうじゆ》にして貧《ひん》なるものあり、長壽《ちやうじゆ》にして愚《ぐ》なるものあり、短命《たんめい》なるも幸福《かうふく》なるもの、賢明《けんめい》なるものあり、又短命《またたんめい》にして貧困《ひんこん》、且《か》つ愚昧《ぐまい》なるもの等《とう》、種々《しゆぐ》の階級《かいきふ》を生《しやう》ずるに至《いた》る。

若《も》し身滌法《みそぎのり》、氣吹法《いぶきのり》を修《をさ》め、鎭魂《しづたま》の行《ぎやう》を努《つと》め、入神《にふしん》の道《みち》に達《たつ》し、天津大法《あまつだいはふ》に遵《したが》ふときは短命《たんめい》も長壽《ちやうじゆ》に改《あらた》まり、災禍《わざはひ》も變《へん》じて幸福《かうふく》となる、之《こ》れ夭折災禍《えうせつさいくわ》は眞靈《まひ》の上《うへ》の穢《けが》れに過《す》ぎざる故《ゆゑ》、此《こ》の汚穢《けがれ》を祓《はら》ひて、眞靈《まひ》に歸《き》すれば、自《おのづ》から本然《ほんぜん》の壽福《じゆふく》を全《まつた》ふすることを得《う》るものなりとす。

人壽《じんじゆ》の長短《ちやうたん》や、禍福《かふく》に就《つい》ては、上《うへ》に述《の》べたるが如《ごと》く、十六重《へ》の原因《げんいん》が綜錯《そうさく》して居《ゐ》るから、一人《ひとり》々々に就《つい》て委《くは》しく考察《かうさつ》せねば、到底明瞭《たうていめいれう》なことは分《わか》らぬが、大體《だいたい》に於《おい》て四魂《こん》の中《なか》にて、どれが主《おも》に働《はたら》くかと見定《みさだ》むれば。其《そ》の人《ひと》の運命《うんめい》が凡《およ》そ判定《はんてい》せらるゝものである。今其《いまそ》の大要《たいえう》を略述《りやくじゆつ》すれば左《さ》の如《ごと》し。

荒魂《あらみたま》の運《めぐ》り強《つよ》く、且《か》つ主《しゆ》として働《はたら》く人《ひと》は、朝《あさ》は星《ほし》を戴《いたゞ》いて起《お》き、夕《ゆふ》は月影《つきかげ》を見《み》るまで、終日《しうじつ》働《はたら》いても、其《そ》の得《え》たる所《ところ》は、多《おほ》くは子女《しぢよ》を養《やしな》ふに足《た》らず、子女《しぢよ》も亦多《またおほ》く生《う》まれ、汲々《きふ〳〵》として一生物質《しやうぶつしつ》に惠《めぐ》まれぬものにして、一生不幸《しやうふかう》に了《をは》り、壽命《じゆみやう》も中年《ちうねん》なるを常《つね》とし、五十歳前後《さいぜんご》にて終《をは》ること多《おほ》し。但《たゞ》し其《そ》の子《し》女《ぢよ》を正道《せいだう》に向《むか》はしめ置《お》けば、次代《じだい》よりは有福《いうふく》の家庭《かてい》となることを得《う》るのである。

又能《またよ》く働《はたら》き收入《しうにふ》も多額《たがく》なるも、自分《じぶん》のみ勝手《かつて》に飲《の》み食《く》ひし、妻子《さいし》との折合宜《をりあひよろ》しからず、一家不幸《かふかう》に沈《しづ》むこともあり、或《あるひ》は他人《たにん》と紛爭《ふんさう》を繰返《くりかへ》すこともあり、之《こ》れ荒魂《あらみたま》の上《うへ》に禍靈《まがひ》の憑《よ》りたるものである。

和魂《にぎみたま》の主《しゆ》として働《はたら》くもの、又《また》は和魂《にぎみたま》の運《めぐ》りの強《つよ》きものは、貧富《ひんぷ》を問《と》はず、家庭《かてい》は圓滿《ゑんまん》にして、大《だい》なり小《せう》なり事業《じげふ》を勵《はげ》みて、他《た》との交際《かうさい》も睦《むつま》じく、大體評判《たいたいひやうばん》も宜《よろ》しきものである。併《しか》し信仰《しんかう》が強《つよ》きも迷信《めいしん》に陷《おちい》ることが多《おほ》く、容易《ようい》に惟神《かむながら》の眞道《まみち》には入《い》り難《がた》きものである。子孫《しそん》には愚直《ぐちよく》のもの多《おほ》く、餘《あま》り發達《はつたつ》せぬ家庭《かてい》と知《し》るべし。但《たゞ》し壽命《じゆみやう》は長《なが》き方《はう》である。

幸魂《さちみたま》の運《めぐ》り強《つよ》く、幸魂《さちみたま》の主《おも》に働《はたら》く人《ひと》は、非常《ひじやう》の奮闘家《ふんとうか》であつて、一代《だい》に巨富《きよふ》となることあり、又學者《またがくしや》として一世《せい》を驚《おどろ》かす説《せつ》を吐《は》きて、大《おほい》に世《よ》の爲《た》めになることもある。但《たゞ》し富《と》みたる者《もの》は守錢奴《しゆせんど》に陷《おちい》り、世《よ》の爲《た》め人《ひと》の爲《た》めに善用《ぜんよう》せぬゆゑ、自身又《じしんまた》は子女《しぢよ》の代《だい》に至《いた》りて、不名譽《ふめいよ》の沒落《ぼつらく》を爲《な》すものである。或《あるひ》は又後繼《またこうけい》の子女《しぢよ》なく、夫婦養子《ふうふやうし》をするとか、遺産爭《ゐさんあらそ》ひの起《おこ》ることが多《おほ》い。又學者《またがくしや》は慢心《まんしん》して遂《つひ》には世《よ》の物笑《ものわら》ひとなり、其《そ》の所説《しよせつ》も花火線香的《はなびせんかうてき》にて、其《そ》の死《し》も共《とも》に葬《はうむ》り去《さ》るゝを常《つね》とす、壽命《じゆみやう》は短《みじか》きもの多《おほ》し。

奇魂《くしみたま》の運《めぐ》り強《つよ》く、夫《それ》が主《しゆ》として働《はたら》く人《ひと》は、貧家《ひんか》に生《う》まれて宗教家《しうけうか》に爲《な》るとか、苦學力行《くがくりきかう》するものが多《おほ》く、或《あるひ》は又反對《またはんたい》に富有《ふいう》に生《う》まれて、信仰《しんかう》に好《この》むか、世《よ》の爲《た》めに祖先《そせん》の遺財《ゐざい》を善用《ぜんよう》することあり、之等《これら》はいづれも成績《せいせき》よく、人《ひと》に尊重《そんちよう》せらる。然《しか》るに富《とみ》を善用《ぜんよう》せざるものは、其《そ》の富《とみ》が何時《いつ》となく、知《し》らず識《し》らず無《な》くなるものである。又智《またち》者發明者多《しやはつめいしやおほ》し、壽命《じゆみやう》は長短相交《ちやうたんあひまじ》りて、一定《てい》し難《がた》し。完全《くわんぜん》なる福運《ふくうん》は、此《こ》の四魂《こん》の能《よ》く調節《てうせつ》せられたる人《ひと》に在《あ》るので、一魂《こん》の壽命《じゆみやう》は現在《げんざい》九十年《ねん》を限度《げんど》とするゆゑ、四魂《こん》の調節《てうせつ》と、其《そ》の發現《はつげん》の順序《じゆんじよ》が都合《つがふ》よく往《ゆ》けば、各魂各自《かくこんかくじ》の壽命《じゆみやう》を全《まつ》たくして、合計《がふけい》三百六十歳《さい》に至《いた》り得《う》るものである。而《しか》して此《こ》の壽命《じゆみやう》を全《まつ》たうするには、人生《じんせい》の根本義《こんぽんぎ》を悟《さと》り、身添氣法《みそげはふ》、身滌法《みそぎはふ》、眞澄氣吹法《まずみいぶきはふ》を勵行《れいかう》し、眞靈《まひ》を喚起《くわんき》し、惡靈禍根《あくれいくわこん》を祓《はら》ひ、鎭魂《ちんこん》の大法《だいはふ》に依《よ》りて、入神《にふしん》の道《みち》を修《をさ》むべきである。

二、生死と魂魄

人世《じんせい》は底根《そこね》より上津幽界《うはつかくりよ》に至《いた》る、途中《とちう》の試練所《しれんじよ》にして、出生《しゆつせい》は恰《あた》かも入學《にふがく》の如《ごと》く、人《ひと》の一生《しやう》は在學勉强《ざいがくべんきやう》に似《に》たり。而《しか》して死《し》は卒業試驗《そつげふしけん》なり、一生《しやう》の成績優良《せいせきいうりやう》なるものは、上津幽《うはつかくり》界《よ》に入《い》りて更《さら》に其《そ》の世界相應《せかいさうおう》の修行《しゆぎやう》を爲《な》す、人生《じんせい》を小學《せうがく》とすれば、上津幽界《うはつかくりよ》は中學《ちうがく》なり、猶其《なほそ》の上《うへ》に大學《だいがく》あり大學院《だいがくゐん》あり、順次向進《じゆんじかうしん》するを要《えう》す。成績不良《せいせきふりやう》なるものは、再《ふた》たび人世《じんせい》に復生《ふくせい》して更《さら》に試練《しれん》を要《えう》することあり、或《あるひ》は人生以下《じんせいいか》の下津幽界《したつかくりよ》に墮在《だざい》することあり。尤《あつと》も人生《じんせい》の成績優秀《せいせきいうしう》なるも、更《さら》に人界《じんかい》に再生《さいせい》することあり、之等《これら》は本磨《ほんみがき》の上《うへ》に更《さら》に眞磨《まみがき》を加《くは》へんとするものと、眞人《まひと》として他《た》の禍靈《まがひ》に累《たゝ》らるるものを指導《しだう》せんが爲《た》めなり、孰《いづ》れにしても現界《うつしよ》は訓練修成《くんれんしうせい》の試驗《しけん》たるを失《うしな》はざるものなり。

生《せい》は神御産靈《かむみむすび》の御計《みはから》ひに由《よ》りて、其《そ》の分靈《わけひ》を昇《のぼ》せ、生魂足魂魂留魂等加《いくたまたるたまたまとめたまとうくは》はりて人界《じんかい》に出《い》で、死《し》は卒業《そつげふ》の試驗期《しけんき》に至《いた》れば、成績《せいせき》の良否《りやうひ》に關《かゝ》はらず、即《すなは》ち一定《てい》の課程《くわてい》と期間《きかん》とを經過《けいくわ》すれば、其《そ》の學校《がくかう》其《そ》の試驗場《しけんぢやう》より退散《たいさん》せざるを得《え》ざるが如《ごと》く、向上《かうじやう》の道程《だうてい》に於《お》ける自然的《しぜんてき》合理《がふり》の大法《だいはふ》なりとす。而《しか》して其《そ》の死《し》するや、魂留魂《たまとめたま》先《ま》づ分離《ぶんり》し、それより次第《しだい》に足魂生魂《たるたまいくたま》の分解作用《ぶんかいさよう》を起《おこ》し、心身全《しんしんまつ》たく解體《かいたい》し、各其《かくそ》の元質《げんしつ》に還元《くわんげん》し、人生《じんせい》に於《お》いて訓練《くんれん》せられたる靈魂《れいこん》は、それ〴〵其《そ》の成績《せいせき》に應《おう》じて、上津幽界《うはつかくりよ》或《あるひ》は下津幽界《したつかくりよ》に入《い》るものなり。

現身《うつしみ》より解放《かいはう》されたる靈魂《れいこん》は、或《あるひ》は和靈魂《にぎみたま》の主動《しゆどう》する水身《みづみ》を有《いう》して上津幽界《うはつかくりよ》の下層《かそう》に作《さく》動《どう》するものあり、或《あるひ》は幸靈魂《さちみたま》を伴《ともな》ふ霞身《かすみ》として、上津幽界《うはつかくりよ》の上層《じやうそう》に住《ぢう》するあり、或《あるひ》は奇靈《くしみ》魂《たま》の眞澄身《まずみみ》と化《くわ》して、高上津《たかうはつ》の幽界《かくりよ》に入《い》るもあり、更《さら》に禽獸岩石《きんじうがんせき》の如《ごと》きに憑《かゝ》りて、下津幽界《したつかくりよ》に落《お》つるもあり、孰《いづ》れにしても靈魂《れいこん》は不死不滅《ふしふめつ》にして、最後《さいご》には神界《かみよ》に歸入《きにふ》するものとす。

靈《れい》は無限永久《むげんえいきう》の存在《そんざい》であるから、生《せい》もなければ死《し》もない。只《た》だ試練《しれん》に試練《しれん》を重《かさ》ね、修養《しうやう》に修養《しうやう》を積《つ》みて、宇宙《うちう》の大法《だいはふ》たる修理固成《しうりこせい》の大業《だいげふ》を翼賛《よくさん》して、終局目的地《しうきよくもくてきち》に到達《たうたつ》しやうとするのである。然《しか》るに其《そ》の修練《しゆれん》の途上《とじやう》には、下津幽界《したつかくりよ》あり、現界《うつしよ》あり、上津幽界《うはつかくりよ》あり、或《あるひ》は平地《へいち》、或《あるひ》は峻坂《しゆんはん》、或《あるひ》は川《かは》、或《あるひ》は海《うみ》といふ如《ごと》く、變化難易《へんくわなんい》窮《きはま》りなきものであるから、或《あるひ》は馬《うま》に乘《の》り、或《あるひ》は徒歩《とほ》、或《あるひ》は車《くるま》、或《あるひ》は船《ふね》といふやうに、歩《あゆ》み方《かた》、乘《の》りものが、それ〲場合《ばあひ》に應《おう》じたものでなくてはならぬ。それと同《おな》じく身體《しんたい》も、下津幽界《したつかくりよ》にはそれに適合《てきがふ》のものを要《えう》し、現界《うつしよ》には現在《げんざい》の現身《うつみ》が必要《ひつえう》であり、上津幽界《うはつかくりよ》にはそれに相應《さうおう》の心身《しんしん》を要《えう》するのである。而《しか》して生《せい》といふのはその途中《とちう》に必要《ひつえう》の乘物《のりもの》を求《もと》め得《え》たことであつて、川海《かはうみ》に出逢《であ》つて船《ふね》といふ乘物《のりもの》、現界《うつしよ》に出《い》づるには現身《うつしみ》を求《もと》むる必要《ひつえう》があり、而《しか》してそれを求《もと》め得《え》た現實《げんじつ》をいふのである。又死《またし》といふのは、坂《さか》を越《こ》え終《をは》つたから、最早馬《もはやうま》の必要《ひつえう》はない。川《かは》を渡《わた》つたから船《ふね》の必要《ひつえう》はないとして、馬《うま》や船《ふね》を棄《す》つるが如《ごと》く、現界《うつしよ》の試練《しれん》は終《をは》つたから、最早現在《もはやげんざい》の肉身人體《にくしんじんたい》は必要《ひつえう》がないから、之《こ》れを棄《す》てるといふのが、死《し》の現象《げんしやう》である。

乘物《のりもの》は棄《す》てゝも旅人《たびびと》は、尙《な》ほ歩《ある》き續《つゞ》けて目的地《もくてきち》に向《むか》ひ進《すゝ》みつゝあるが如《ごと》く、死《し》んでも靈《れい》は存在《そんざい》して矢《や》張《は》り向上《かうじやう》の一路《ろ》を辿《たど》りつゝあるのである。尤《もつと》も前《まへ》の身《み》は棄《す》てゝも、次《つぎ》に必要《ひつえう》なる身《み》は亦求《またもと》めねばならぬ。坂《さか》を越《こ》えて馬《うま》は棄《す》てたが、川《かは》に出逢《であ》へば船《ふね》を求《もと》めねばならぬ。又疲《またつか》れたとか其《そ》の他《た》の事情《じじやう》に由《よ》つては車《くるま》にも乘《の》らねばならぬといふ如《ごと》きものである。

二三、現界と幽界

現界《うつしよ》とは人《ひと》の肉眼《にくがん》を以《もつ》て觀察《くわんさつ》し得《う》る處《ところ》をいふ、人間界禽獸界蟲魚界草木界《にんげんかいきんじうかいちうぎよかいさうもくかい》之《こ》れなり。岩石《がんせき》の如《ごと》きは人眼《じんがん》に映《えい》ずるも、其《そ》の細胞生命《さいはうせいめい》は之《こ》れを觀見《くわんけん》し得《え》ざるを以《もつ》て、幽界《かくりよ》に屬《ぞく》するものとす。但《たゞ》し神明《しんめい》より之《こ》れを見《み》れば現界《うつしよ》の所攝《しよせつ》といふべし。

幽界《かくりよ》には現界《うつしよ》を中心《ちうしん》として上下《じやうげ》の別《べつ》あり。下津幽界《したつかくりよ》は細胞界《さいはうかい》ともいふべく、又底根《またそこね》より現界《うつしよ》に出《い》づる途中《とちう》の一階段《かいだん》にして、人間《にんげん》なれば入胎以前《にふたいいぜん》の存在《そんざい》とも見《み》るべく、或《あるひ》は胎内生活《たいないせいくわつ》ともいふべき點《てん》あり、更《さら》に又現界《またうつしよ》より下生《かせい》することもあるなり。

上津幽界《うはつかくりよ》とは、死後《しご》の靈界《れいかい》にして、雜靈界《ざつれいかい》、天狗界《てんぐかい》、天仙界《てんせんかい》、神仙界等《しんせんかいとう》の如《ごと》き種別《しゆべつ》あり、元來善《ぐわんらいぜん》も惡《あく》も凡《すべ》て現世《うつしよ》に於《おい》て起《おこ》すものにして、人《ひと》が天津務《あまつとめ》を果《はた》す爲《た》めに、此《こ》の世《よ》に出《い》でて修理固成《しうりこせい》を爲《な》す内《うち》に、禍神禍靈《まがかみまがひ》の祟《たゝり》をも、自《おのづ》から受《う》くるものなれば、之《こ》れが爲《た》めに己《おの》れ善事《ぜんじ》と思《おも》ひて行《おこな》へることも、正神《まさかみ》の嚴目《いづめ》より見《み》れば善事《ぜんじ》ならざるあり、故《ゆゑ》に人避《ひとまか》りて上津幽界《うはつかくりよ》に至《いた》ると雖《いへど》も、永《なが》く現世《うつしよ》の善惡心《ぜんあくしん》卽《すなは》ち執着性《しふちやくせい》消へず、此《こ》の二心《しん》が全《まつ》たく消《き》へ盡《つく》さゞれば、天津幽界《あまつかくりよ》に至《いた》るを得《え》ず、故《ゆゑ》に上津幽界《うはつかくりよ》を身滌《みそぎ》の眞所《まとこ》、卽《すなは》ち執着《しふちやく》の人心掃除所《じんしんさうぢじよ》と爲《な》し、現世《うつしよ》との間《あひだ》を幾回《いくくわい》も、生死《せいし》を以《もつ》て通《かよ》はせ、一度《ど》毎《ごと》に上津《うはつ》幽界《かくりよ》の一段《だん》づつを上《のぼ》らせ行《ゆ》かしめ、遂《つひ》に全《まつ》たく現世《うつしよ》の影《かげ》の消《き》へ盡《つく》したる後《のち》に、始《はじ》めて天津《あまつ》幽界《かくりよ》の眞澄《ますみ》即《すなは》ち純眞《じゆんしん》の神靈界《しんれいかい》に上《のぼ》らしむるものなり。

現界《うつしよ》に近《ちか》き上津《うはつ》幽界《かくりよ》の初《はじ》めの階段《かいだん》には、善惡種々《ぜんあくしゆぐ》綜錯《そうさく》し、蟲魚禽獸金銀等《ちうぎよきんじうきんぎんとう》の物魂《ぶつこん》悉《ことごと》く集《あつ》まりて、此《こ》の現世《うつしよ》と異《こと》なることなし、但《たゞ》し禽獸《きんじう》の靈《れい》と雖《いへど》も、現世《うつしよ》の常人《つねひと》に勝《まさ》るものあり、左《さ》れど之等《これら》は天津大法《あまつだいはふ》を悟《さと》り得《え》たるものに非《あら》ざる故《ゆゑ》、多《おほ》く禍根靈魂《わざねたま》と爲《な》りて、現世《うつしよ》の禍根《わざね》人《ひと》に憑依《つく》ことあり、人《ひと》の幸魂《さちみたま》のあらぶる時《とき》、即《すなは》ち幸福圓滿《からふくゑんまん》の場合《ばあひ》に禍魂《わざたま》は近《ちか》づき來《き》たるものにして、初《はじ》め此《こ》の禍魂《わざたま》に累《たゝ》らるれば、其《そ》の穢血子孫《くわいけつしそん》に通《かよ》ひて、遂《つひ》に其《そ》の血系家統《けつけいかとう》を絶《た》つに至《いた》る。

上津幽界《うはつかくりよ》は、人間《にんげん》の現世《うつしよ》を去《さ》つて次《つぎ》に行《ゆ》く處《ところ》の世界《せかい》である。其《そ》の内《うち》の下段《げだん》は、執着心《しふちやくしん》の尤《もつと》も強《つよ》き人靈《じんれい》と、禽獸以下《きんじういか》の淨化《じやうくわ》したる雜靈《ざつれい》の住所《ぢうしよ》である。天狗界《てんぐかい》は禽獸等《きんじうとう》の尤《もつと》も淨化《じやうくわ》したる靈《れい》と、人間《にんげん》の稍淨化《やゝじやうくわ》したる特殊《とくしゆ》の山人《さんじん》の如《ごと》き住所《ぢうしよ》である。天仙界《てんせんかい》は人靈《じんれい》の大《おほ》いに淨化《じやうくわ》したる者《もの》のみの國《くに》である。神仙界《しんせんかい》は人靈《じんれい》として尤《もつと》も淨化《じやうくわ》したる處《ところ》で、天津大法《あまつだいはふ》を悟《さと》り、且《か》つそれを修成《しうせい》したる絶對《ぜつたい》の聖靈界《せいれいかい》である、之《こ》れを和魂界《にぎたまよ》ともいふ。

釋迦《しやか》、基督《キリスト》、孔子《こうし》、聖徳太子《しやうとくたいし》、傳敎《でんけう》、弘法《こうほふ》、親鸞《しんらん》、日蓮等《にちれんとう》は、天狗界《てんぐかい》と天仙界《てんせんかい》の中間《ちうかん》に住《ぢう》し居《を》れり。哲學者《てつがくしや》の大部分《だいぶぶん》は天仙界《てんせんかい》の上位《じやうゐ》に住《ぢう》じ、所謂大政治大軍將等《いはゆるだいせいぢだいぐんしやうとう》は雜靈界《ざつれいかい》の最下段《さいげだん》に住《ぢう》し、富豪者《ふがうしや》の多《おほ》くは下津幽界《したつかくりよ》に下生《かせい》し居《を》れり。

上津幽界《うはつかくりよ》を身滌《みそぎ》の眞所《まとこ》とするといふのは、人間《にんげん》は現世《うつしよ》に生存中《せいぞんちう》、善事《ぜんじ》も行《おこな》ふが、悪業《あくげふ》も多《おほ》い故《ゆゑ》、一回《くわい》のみの出生《しゆつせい》では、宇宙《うちう》の眞相《しんさう》を誤認《ごにん》し、修理固成《しうりこせい》の大法《だいはふ》を全《まつた》ふすることが出來《でき》ぬから、落第再試驗《らくだいさいしけん》再再試驗《さいしけん》といふやうに、幾回《いくくわい》となく現世《うつしよ》に生死往返《せいしわうへん》せしめ、一死毎《しごと》に一つの誤《あやま》り、一段《だん》の執着《しふちやく》を祓《はら》ひ淸《きよ》むる故《ゆゑ》、身滌《みそぎ》の眞所《まとこ》、即《すなは》ち眞正《しんせい》の穢《けが》れを祓《はら》ふ所《ところ》といふのである。

二三、人界と神界

人界《じんかい》は即《すなは》ち現界《うつしよ》にして再言《さいげん》を要《えう》せざるも、人界《じんかい》の聖人《ひじり》は神界《しんかい》の同交感應《どうかうかんおう》ありて、天之御《あめのみ》柱《はしら》に據《よ》りて神人《しんじん》の交通《かうつう》を爲《な》し得《う》るものなり、又底根《またそこね》の黃泉界《よみのよ》には國之御柱《くにのみはしら》を通《つう》じて交渉《かうせふ》し得《う》べし。

神界《しんかい》とは、上津幽界《うはつかくりよ》の上《うへ》に位《ゐ》する天津幽界《あまつかくりよ》を初級《しよきふ》とす。此《こ》の天津幽界《あまつかくりよ》は幸魂界《さちたまよ》、又《また》は單《たん》に靈界《れいかい》とも稱《しよう》し、父神伊邪那岐神《ちゝかみいざなぎのかみ》の作動《さくどう》する所《ところ》にして、人魂降下《じんこんかうか》の本源地《ほんげんち》と爲《な》す。

天津幽界《あまつかくりよ》の上《うへ》に、高天津幽界《たかあまつかくりよ》あり、父神岐神《ちゝかみぎのかみ》の本營《ほんえい》にして、地心《ちしん》の母神《はゝがみ》と感應《かんおう》して、地《ち》球《きう》の修理固成《しうりこせい》を主宰《しゆさい》する所《ところ》にして、單《たん》に神界《しんかい》とも稱《しよう》す。

高天澄《たかあまつ》幽界《かくりよ》の上《うへ》に別《ことわけ》天津《あまつ》幽界《かくりよ》あり、天照坐皇大神《あまてらしますすめおほかみ》の御座所《ござしよ》にして、光熱《くわうねつ》の發原所《はつげんしよ》たり、太陽系中《たいやうけいちう》に於《お》ける最高《さいかう》の眞澄所《まずみしよ》なり、此《こ》の他《ほか》宇宙的神界《うちうてきしんかい》の存在《そんざい》するは固《もと》よりなりとす。

神界《しんかい》とは再《ふた》たび人界《じんかい》に生《う》まれ出《い》でて修行《しゆぎやう》する必要《ひつえう》なき人靈《じんれい》の淨化《じやうくわ》したるものゝ往《ゆ》く處《ところ》であつて、其《そ》の神界《しんかい》にも上下種々《じやうげしゆ〴〵》の階級《かいきふ》があつて、それ〴〵其《そ》の職責本務《しよくせきほんむ》を有《いう》することも、人界《じんかい》に相似《あひに》て居《ゐ》る、併《しか》し此《こ》の神界《しんかい》に至《いた》れば、惡《あく》とか穢《けが》れといふものは全然祓《ぜんぜんはら》ひ去《さ》られて、純正《じゆんせい》、純善《じゆんぜん》、純眞《じゆんしん》、純美《じゆんび》であつて、只《た》だ宇宙《うちう》の天津大法《あまつだいはふ》に順《じゆん》じて、自然《しぜん》に其《そ》の神業《かむわざ》を作動《さくどう》するのである。

人間《にんげん》が至誠《しせい》を以《もつ》て祈念《きねん》すれば、其《そ》の願力《ぐわんりき》は此《こ》の神界《しんかい》のいづれの所《ところ》にか達《たつ》して、それに相應《さうおう》する神明《しんめい》より御沙汰《ごさた》がある。若《も》し至誠《しせい》でなくして祈念《きねん》の動機《どうき》に不純《ふじゆん》があれば、神界《しんかい》には達《たつ》せずして、上津幽界《うはつかくりよ》に止《とゞ》まり、動物等《どうぶつとう》の禍靈《わざたま》に誤《あやま》らるゝのである。

鎭魂《ちんこん》の修行《しゆぎやう》が成就《じやうじゆ》すれば、人《ひと》として生《いき》ながら此《こ》の神界《しんかい》と交渉《かうせふ》することが可能《かのう》である。以下《いか》口訣《こうけつ》

二四、高天原と黄泉國

高天原《たかまがはら》といふに、多數《たすう》の義趣《ぎしゆ》あり、宇宙《うちう》そのものを指《さ》して高天原《たかまがはら》といふときは、黄泉界《よみのよ》

も、下津幽界《したつかくりよ》も、現界《うつしよ》も、上津幽界《うはつかくりよ》も、天津幽界《あまつかくりよ》も、高天津幽界《たかあまつかくりよ》、別天神界《ことわけあまのかみよ》も、其《そ》の他《た》無限《むげん》の星辰《せいしん》、虚空《こくう》皆其《みなそ》の中《なか》に包含《はうがん》せらるるものなり。

又上津幽界《またうはつかくりよ》即《すなは》ち生物《せいぶつ》の死後世界《しごせかい》と、神界《しんかい》とを合《あは》せて高天原《たかまがはら》といふことあり。或《あるひ》は單《たん》に神《しん》界《かい》のみを以《もつ》て高天原《たかまがはら》と稱《しよう》することあり、常途《じやうと》には善人《ぜんにん》の靈《れい》が、死後《しご》に往《ゆ》くべき世界《せかい》にして、神明《しんめい》も亦之《またこ》れに在《あ》りとなす。然《しか》れども靈界《れいかい》と神界《しんかい》とは分《わ》かれ居《を》れば、人《ひと》の死後世界《しごせかい》は即《すなは》ち靈界《れいかい》にして、神界《しんかい》は全然別立《ぜんぜんべつりつ》せるものなり。而《しか》して此《こ》の純眞《じゆんしん》なる神界《しんかい》を以《もつ》て高天原《たかまがはら》とするを正條《せいでう》とす。

又日本《またにほん》の皇統《くわうとう》、世界即《せかいすなは》ち此《こ》の地球《ちきう》の統治者《とうぢしや》の所住地《しよぢうち》を指《さ》して高天原《たかまがはら》といふことあり。之《こ》れは現界《うつしよ》の高天原《たかまがはら》なり、所謂神代《いはゆるかみよ》の日向《ひふが》、人皇建國《じんくわうけんこく》より大和《やまと》及《およ》び其《そ》の附近《ふきん》、現在《げんざい》の東都《とうと》は、之《こ》れ皆現界史上《みなうつしよしじやう》の高天原《たかまがはら》なり。

黄泉國《よみのくに》には種別《しゆべつ》あり、下津幽界《したつかくりよ》の細胞界《さいはうかい》を始《はじ》め、其《そ》の下《した》に在《あ》る魂留產靈《たまとめむすび》、足產靈《たるむすび》、生產靈《いくむすび》の根國《ねのくに》、神御產靈《かむみむすび》の底國《そこくに》、底津眞澄《そこつますみ》の母界《ぼかい》たる黄泉《よみ》、之等《これら》を四階《かい》を總稱《そうしよう》して黄泉國《よみのくに》と云《い》ふことあり、或《あるひ》は別《べつ》して底根眞澄《そこねますみ》の母界《ぼかい》のみを黄泉《よみ》とするあり、常途《じやうと》には惡人《あくにん》の死後世界《しごせかい》を黄泉《よみ》と稱《しよう》す。然《しか》れども萬物發生《ばんぶつはつせい》の根元《こんげん》たる母界《ぼかい》を以《もつ》て、黄泉即《よみすなは》ち母界《ぼかい》と爲《な》し、國之御柱《くにのみはしら》、天之御柱《あまのみはしら》を通《つう》じて、天之《あまの》父界《ふかい》と感應《かんおう》する地《ち》心《しん》眞澄《まずみ》と爲《な》すを至當《したう》とす。惡人《あくにん》の靈《れい》が往《ゆ》くべき幽界《かくりよ》は、上津《うはつ》幽界《かくりよ》の下級《かきふ》たる雜靈界《ざつれいかい》、又《また》は下津《したつ》幽界《かくりよ》の一部《ぶ》たる、現界《うつしよ》に接爾《せつじ》する場所《ばしよ》と見《み》るべきなり。

伊邪那美神《いざなみのかみ》が、岐神《ぎのかみ》と分《わ》かれて黄泉國《よみのくに》に赴《おもむ》きたりといふは、惡《あ》しき地獄《ちごく》のやうな所《ところ》に墮《お》ちたりとか、又《また》は惡事《あくじ》ありといふにはあらず、岐美兩神《ぎみりやうかみ》は天津大神《あまつおほかみ》の神勅《しんちよく》に依《よ》りて、此《こ》の地球萬物《ちきうばんぶつ》の修理固成《しうりこせい》の大《だい》業《げふ》を成《な》り了《をは》りたる故《ゆゑ》、母胎《ぼたい》たる美神《みのかみ》は、地球《ちきう》の地心《ちしん》、卽《すなは》ち我《わ》が子《こ》の中心地《ちうしんち》に入《い》り住《とゞ》まり、岐神《ぎのかみ》たる男《を》親《おや》は命《めい》を受《う》けたる天神《あめのかみ》の許《もと》に復命《ふくめい》し、而《しか》して今《いま》も尙《な》ほ天上卽《てんじやうすなは》ち外面《ぐわいめん》よりと、內面卽《ないめんすなは》ち地心《ちしん》よりの內《ない》外《ぐわい》より、此《こ》の地球竝《ちきうならび》に其《そ》の表面《へうめん》に於《お》ける人類乃至萬物《じんるゐないしばんぶつ》の修理《しうり》を完成《くわんせい》すべく努力《どりよく》せられ居《ゐ》るのである。

二五、眞系の祖神

天津御眞靈大神《あまつみすまひのおほかみ》

全宇宙《ぜんうちう》、大高天原《おほたかまがはら》の本體《はんたい》にして、一切《さい》の根元《こんげん》たる靈體《れいたい》をいふ。

天之御中主大神《あめのみなかぬしのおほかみ》

宇宙《うちう》の靈體發動《れいたいはつどう》して、無限《むげん》なる宇宙《うちう》の中心《ちうしん》を確立《かくりつ》せれらたる大神靈《たいしんれい》をいふ。

高御《たかみ》産靈《むすびの》大神《おほかみ》

天之《あめの》御《み》中主大神《なかぬしのおほかみ》の靈力凝《れいりきこ》りて光《ひかり》となり、物化《ものくわ》して進《す》ゝむ原動力《げんどうりよく》、即《すなは》ち現靈《あらみたま》力。

神御《かむみ》産靈《むすびの》大神《おほかみ》

天之《あめの》御《み》中主大神《なかぬしのおほかみ》の大靈《だいれい》の陰化《いんくわ》せるもの、即《すなは》ち奇凝靁《くしこりち》にして、生命《せいめい》の原動力《げんどうりよく》。

常《とこ》立《たちの》大《おほ》神《かみ》

天之《あめの》常立《とこたち》、國之《くにの》常立《とこたち》との二神《しん》あれども、要《えう》するに太陽系《たいやうけい》と地球《ちきう》の生成《せいせい》する原動力《げんどうりよく》をいふ。

伊《い》邪《ざ》那《な》岐《ぎの》神《かみ》

伊《い》邪《ざ》那《な》美《みの》神《かみ》

地球《ちきう》の修理《しうり》固《こ》成竝《せいならび》に地球上《ちきうじやう》の萬物《ばんぶつ》を發生《はつせい》せしめ、更《さら》に人類生成《じんるゐせいせい》の原動力《げんどうりよく》にして、今《いま》も尚人間《なほにんげん》の生死《せいし》を主宰《しゆさい》し、地球萬物《ちきうばんぶつ》の進化完全《しんくわくわんぜん》に努力《どりよく》しつゝあり。

天照皇大神《あまてらすすめおほみかみ》

神界《しんかい》たる高天原《たかまがはら》の主宰者《しゆさいしや》にして、且《か》つ太陽《たいやう》の中心力《ちうしんりよく》にして萬有化育《ばんいうくわいく》の根源《こんげん》たり、又日《またに》本《ほん》としては全國《ぜんこく》家《か》全民族《ぜんみんぞく》の最高祖《さいかうそ》神《しん》なり。

豐《とよ》受《うけの》大《おほ》神《かみ》

倉稻《うかの》魂神《みたまかみ》ともいふ、五穀《こくそ》其の他野《たや》菜《さい》や材木《ざいもく》の原動力《げんどうりよく》にして、衣食住《いしよくぢう》の源泉《げんせん》、生活《せいくわつ》の元神《げんしん》なり。

産《うぶ》土《すなの》大《おほ》神《かみ》

人間《にんげん》の生《う》まるゝ土地《とち》の神《かみ》にして、人《ひと》が無事《ぶじ》に此《こ》の世《よ》に現《あら》はれ出《い》づるは、産土大神《うぶすなのおほかみ》の力《ちから》に由《よ》るものなり、卽《すなは》ち生命《せいめい》の主護神《しゆごじん》なり。

素《す》盞《さの》嗚《をの》尊《みこと》

大《おほ》國《くに》主《ぬしの》命《みこと》

國土經營《こくどけいえい》、統治《とうち》の創造《さうざう》、道義《だうぎ》の統率《とうそつ》、幽界指導《かくりよしだう》の實神《じつしん》なり。

祖《そ》靈《れい》神《じん》

自己《じこ》の祖先《そせん》の神靈《しんれい》や精靈《せいれい》を神祀《しんし》するものなり。

以上《いじやう》の他《ほか》は各自《かくじ》の信仰《しんかう》に依《よ》り、又《また》はそれぐ\所願《しよぐわん》の用向《ようむき》に應《おう》じて崇敬奉祀《すうけいほうし》すべきものとす。

二六、國家の責務

國家《こくか》の責務《せきむ》は爲政者《ゐせいしや》の負《お》ふ所《ところ》なり。生產《せいさん》を饒《ゆたか》にして國土《こくど》の運功《うんこう》を全《まつた》ふし、民利《みんり》を盛《さかん》にして、萬物各々《ばんぶつおの\/》其《そ》の所《ところ》を得《え》せしむべし。隣交《りんかう》を修《をさ》め、侮《あなど》るべからず、誇《ほこ》るべからず、文《ぶん》に溺《おぼ》るゝ勿《なか》れ、武《ぶ》を瀆《けが》す莫《なか》れ、富《とみ》に驕《おご》る勿《なか》れ、下《しく》きを虐《しいた》ぐるべからず、事苟《ことい》くも其《そ》の義《ぎ》を得《え》ざれば、人心忽《じんしんたちま》ち荒《すさ》み、天父母神倶《てんぷぼしんとも》に怒《いか》り、紛糾窮《ふんきうきは》まる所《ところ》なく、不祥頻《ふしやうしき》りに起《おこ》り、天變地異《てんぺんちい》亦現《またあら》はれ、國家《こくか》の生命亡《せいめいほろ》ぶ。

人身《じんしん》の病《やまひ》は、其《そ》の身内《みうち》に住《す》む禍根《まがね》の荒《すさび》にて發《おこ》る、其《そ》の禍根微《まがねび》にして荒《すさ》び弱《よわ》きと時《とき》は、生《いく》魂足魂《たまたるたま》の力《ちから》にて之《こ》れを鎭《しづ》め治《をさ》め、又《また》は藥師《やくし》の力《ちから》を援《か》りて治《ぢ》することあるも、其《そ》の度強《どつよ》ければ、人心遂《じんしんつひ》に傷《やぶ》る、國《くに》にも禍根人《まがねひと》あれば、其《そ》の國遂《くにつひ》に傷《やぶ》る、常途《じやうと》に善人《ぜんにん》なりと思《おも》ふものに、安國亂《あんこくみだ》す禍根《まがね》人多《ひとおほ》し。又此《またこ》の禍根《まがね》人《ひと》を知《し》りつゝ、矯正《ため》ざるものは、眞人《まひと》なりとも、矯正《ため》ざるの罪《つみ》に依《よ》りて、又禍根《またまがね》人《ひと》の族《むれ》に陷《お》ち、其《そ》の責《せき》は常人《つねひと》に勝《まさ》るものなり。

爲政者《ゐせいしや》の罪責《ざいせき》は三族《ぞく》に及《およ》び、後世累代禍人出《こうせいるゐだいまがひといで》づ、濁富瀆武弱文《ぢよくふとくぶじやくぶん》の徒《と》は、其《そ》の血系絶《けつけいた》え、自己《じこ》は永久雜靈《えいきうざつれい》に苦《くる》しめらる。

現在《げんざい》の日本《にほん》で云《い》へば、國家《こくか》の責務《せきむ》は內閣卽《ないかくすなは》ち國務大臣《こくむだいじん》の負《お》ふべきものである。爲政者《ゐせいしや》は土地《とち》の生産《せいさん》を盛《さかん》にし、人民《じんみん》の生活《せいくわつ》を安定《あんてい》せしむることが第《だい》一である。政治家《せいぢか》が責任《せきにん》を重《おも》んじ、貧富《ひんぷ》の懸隔《けんかく》、逸勞《いつらう》の差《さ》が甚《はなは》だしからずして、上下貧富《じやうげひんぷ》が和睦《わぼく》すれば、思想《しさう》も淳化《じゆんくわ》し、風教《ふうけう》も興隆《こうりう》するものである。次《つぎ》に外交《ぐわいかう》は弱《よわ》きは宜《よろ》しからざるも、強《つよ》きは一層《そう》の害《がい》あり、正義《せいぎ》に寸毫《すがう》も外《はづ》れてはならぬ。殊《こと》に武《ぶ》を用《もち》ふるは萬々止《ばん〳〵や》むを得《え》ざる場合《ばあひ》に限《かぎ》る、軍人《ぐんじん》の立場《たちば》や、恩給欲等《おんきふよくとう》の爲《た》めに、軍閥《ぐんばつ》の跋扈《ばつこ》、武《ぶ》を瀆《けが》すが如《ごと》きは、遠《とほ》からずして自潰亡國《じくわいばうこく》の因《いん》となる。自國《じこく》の人民《じんみん》が多過《おほす》ぎて、生活上困難《せいくわつじやうこんなん》なるが故《ゆゑ》に、他《た》に侵入卽《しんにふすなは》ち武力《ぶりよく》を以《もつ》て他《た》を攻略《こうりやく》するは、強盜《がうたう》よりも惡《あ》しく、自己《じこ》の立場《たちば》のみを考《かんが》へて、他《た》の體面《たいめん》を察《さつ》せざるものは、其《そ》の禍報《くわはう》忽《たちま》ち至《いた》るものとす。但《たゞ》し地球上《ちきうじやう》に生存《せいそん》する民衆《みんしう》は、地球全體《ちきうぜんたい》を其《そ》の共同生活《きようどうせいくわつ》場《ちやう》とする權能《けんのう》ある故《ゆゑ》、合法《がふはふ》の手段《しゆだん》を以《もつ》てすれば、全世界《ぜんせかい》に發展《はつてん》するを妨《さまた》げず、刀《かたな》は拔《ぬ》がずして護《まも》るに在《あ》り、但《たゞ》し敵襲《てきおそ》ひ來《きた》りて自衞上止《じゑいじやうや》むを得《え》ざれば、拔《ぬ》きて防《ふせ》ぐを妨《さまた》げず。

文《ぶん》に溺《おぼ》るは、文化《ぶんくわ》に走《はし》り文華《ぶんくわ》に流《なが》れ、今日《こんにち》の軟文學小說《なんぶんがくせうせつ》、雜誌《ざつし》述作《じゆつさく》多《おほ》く風教《ふうけう》を亂《みだ》り、思想《しさう》を惡化《あくくわ》し、人《ひと》を誤《あやま》り、世《よ》を誤《あやま》るものにて、文壇《ぶんだん》の大御所《おほごしよ》とか、雜誌《ざつし》報國等《はうこくとう》いふものは、其《そ》の實大禍根《じつだいまがね》の人々《ひとびと》にて、三族災《ぞくさい》を受《う》け、永久神界《えいきうしんかい》に入《はひ》ることは出來《でき》ぬのである。

財閥濁富者《ざいばつぢよくふしや》の世道人心《せだうじんしん》を惑亂《わくらん》する罪《つみ》は、今更《いまさら》いふまでもない。又自己《またじこ》獨《ひと》り善人《ぜんにん》なりとて、他《た》の罪惡《ざいあく》を矯正《けうせい》せざれば、善人《ぜんにん》たるの價値《かち》もなく、無用《むよう》の長物《ちやうぶつ》たるを免《まぬ》かれぬ。殊《こと》に僞善《ぎぜん》は尤《もつと》も罪深《つみふか》く、又慈善《またじぜん》の爲《た》めに他《た》の財物勞力《ざいぶつらうりよく》を搾取《さくしゆ》するは、僞善《ぎぜん》よりも甚《はなは》だし、自己《じこ》の自力《じりよく》に及《およ》ばざるものは、他《た》を救濟《きうさい》するの責任《せきにん》なし。

爲政者責任《ゐせいしやせきにん》を全《まつた》ふせざれば、岐美《ぎみ》に對《たい》する不祥起《ふしやうおこ》る、武《よ》を瀆《けが》せば外敵《ぐわいてき》四方《はう》に起《おこ》り、國亡《くにほろ》ぶ、文《ぶん》に溺《おぼ》るれば人心萎靡《じんしんゐび》して、生氣亡《せいきほろ》ぶ、財力權力橫暴《ざいりよくけんりよくわうばう》を恣《ほしいまゝ》にすれば、内禍起《ないくわおこ》り、天譴地《てんけんち》災《さい》湧《わ》き、社會濁亂《しやくわいだくらん》して、人民生《じんみんせい》を克《よ》くせず。

二七、人間の本務

天《てん》に天津《あまつ》働《はたら》きあり、地《ち》には地津《くにつ》働《はたら》きありて、萬物《ばんぶつ》悉《ことごと》く働《はたら》きあり、人《ひと》には人《ひと》の働《はたら》きあり、若《も》し人《ひと》として働《はたら》きを惡《にく》む者《もの》あらば、之《こ》れ自然《しぜん》の大法《だいはふ》に反《そむ》くものなり。

然《しか》れども其《そ》の働《はたら》きには、自《おのづ》から法《のり》あり、神大法《かみおほのり》を降《くだ》して岐美《きみ》に授《さづ》けまして、岐美《きみ》は又之《またこ》れを弟身《おみ》に命《の》らして、田人《たみ》を教《をし》へ導《みちび》かしむ、故《ゆゑ》に國《くに》に法《はふ》あり、縣《けん》に法《はふ》あり、法則《のり》とは其《そ》の人《ひと》の働《はたら》きに限《かぎ》り定《さだ》めをなして、本務《ほんむ》を安《やす》からしむる神定《かむさだ》めなり。

此《こ》の神定《かむさだ》の法則《のり》に從《したが》ひて働《はたら》くものは、善人《ぜんにん》にして善《よ》き働《はたら》きなり、善《よ》き働《はたら》きには善《こゝろよ》き疲《つか》れあり、快《こゝろよ》き疲《つか》れには神靈《しんれい》の慰藉《ゐしや》あり、働《はたら》きを惡《にく》み、疲《つか》れを恐《おそ》るゝ者《もの》は、既《すで》に死《し》せる者《もの》なり、神定《かむさだ》の法則《のり》に反《はん》せる働《はたら》きは、惡《あ》しき働《はたら》きなり、國法《こくはふ》之《こ》れを罰《ばつ》し、人《ひと》之《こ》れを擯斥《しりぞ》け、禍《まが》靈《ひ》禍神《まがかみ》來《き》たり憑《つ》くものとす。

憂《う》き哀《かな》しみ、怒《いか》り淫《すさ》みの心《こゝろ》起《おこ》る時《とき》は、早《はや》く日知人《ひじりひと》に從《したが》ひ交《まじ》りて、其《そ》の穢《けが》れを去《さ》るに勉《つと》むべし、又自《またみづ》から身滌法《みそぎのり》、氣吹法《いぶきのり》を行《おこな》ひて、荒《すさ》みの魂《たま》を鎭《しづ》むべし。

地球《ちきう》が太陽《たいやう》を廻《まは》り、月《つき》が地球《ちきう》を廻《まは》り、寸時《すんじ》も間斷《かんだん》なく働《はたら》くのは、其《そ》の働《はたら》きによりて宇宙《うちう》の進化《しんくわ》を促《うなが》し、萬物《ばんぶつ》を發育《はついく》させる力《ちから》となるのである。

人《ひと》の働《はたら》くべき原理《げんり》は、此《こ》の宇宙《うちう》の大自然《だいしぜん》の法則《のり》に遵《したが》ふのである。併《しか》し人《ひと》には長幼男女《ちやうえうだんぢよ》、賢愚貴賤等《けんぐきせんとう》の別《べつ》があるから、何人《なんぴと》も同《どう》一の働《はたら》きをする譯《わけ》にはゆかぬ。男《をとこ》は男《をとこ》、女《をんな》は女《をんな》、賢《けん》は賢《けん》、愚《ぐ》は愚《ぐ》、それ〴〵相應《さうおう》したる働《はたら》きがある。卽《すなは》ち自己《じこ》の本分《ほんぶん》や特性《とくせい》に適當《てきたう》の働《はたら》きを爲《た》せばそれでよい。世《よ》の中《なか》には種々《しゆ〴〵》の人《ひと》があり、種々《しゆ〴〵》の職業《しよくげふ》があるから、各自《かくじ》に適應《てきおう》の職《しよく》を勵《はげ》めば、そゝに發達《はつたつ》あり、進化《しんくわ》がある。斯《か》くの如《ごと》き差別《さべつ》は自然《しぜん》の神法《しんぱふ》であつて、之《こ》れは惡差別《あくさべつ》ではなく、光彩陸離《くわうさいりくり》たる妙巧《めうかう》である。

働《はたら》けば疲《つ》かるゝ、疲《つか》れて休《やす》めば、そこに自然《しぜん》の安慰《あんゐ》がある。神明《しんめい》の讃美《さんび》がある、働《はたら》いて食《く》へば粗食《そしよく》も亦《また》百味《み》の御食《おんじき》たる妙味《めうみ》あり、疲《つか》れて寢《やす》めば、僅《わづ》かに體《からだ》を容《い》れるだけの破《やぶ》れ疊《たゝみ》の上《うへ》でも、前後不覺《ぜんごふかく》に能《よ》く眠《ねむ》り、天國淨土《てんごくじやうど》に入《はひ》るの思《おも》ひがある。斯《か》くて疲《つか》れが癒《なほ》り、翌朝《よくてう》起《お》き出《い》づれば、生氣鬱勃《せいきうつぼつ》として其《そ》の快云《くわいい》ふべからざるものがある。

働《はたら》きを惡《にく》むものは、枯死物《こしぶつ》と異《かは》りはない。如何《いか》なる美味美食《びみびしよく》も働《はたら》かねば砂《すな》を嚙《か》む如《ごと》く、毒《どく》を呑《の》む如《ごと》く、甘《うま》くないばかりでなく、生理上衞生上有害《せいりじやうゑいせいじやういうがい》である。又疲《またつか》れて寢《やす》んだのでなければ、能《よ》く眠《ねむ》れぬで、煩悶懊惱《はんもんあうなう》、金殿玉樓《きんでんぎよくろう》、錦衣《きんい》に包《つゝ》まれて居《を》つても、針《はり》の莚《むしろ》、地獄《ぢごく》の釜《かま》に入《はひ》つて居《ゐ》ると異《かは》りはない。

併《しか》し人間《にんげん》は働《はたら》くことを嫌《きら》ふ癖《くせ》がある。又種々《またしゆ〴〵》と惡念《あくねん》が起《おこ》る、さういふ時《とき》は立派《りつぱ》の人《ひと》に接《せつ》して、其《そ》の感化《かんくわ》を受《う》くるがよい。

若《も》し又邪念《またじやねん》の起《おこ》つた時《とき》に、自分《じぶん》で身滌法《みそぎはふ》や氣吹法《いぶきはふ》を行《おこな》ふことが出來《でき》れば、それ程結構《ほどけつこう》なことはない。

更《さら》に又朝夕《またあさゆふ》二回《くわい》即《すなは》ち各自《かくじ》の職業《しよくげふ》に取《と》り掛《か》る前《まへ》、或《あるひ》は朝起《あさおき》ると直《す》ぐに、朝飯前《あさめしまへ》に一回《くわい》、二十分間《ぶんかん》でも三十分間《ぶんかん》でも、都合《つがふ》にては十分間《ぶんかん》でもよい。次《つぎ》に夕方又《ゆふがたまた》は就眠前《しうみんまへ》にも同様《どうやう》、日課《につくわ》として身滌法《みそぎはふ》、氣吹《いぶき》法《はふ》を行《おこな》へば、次第《しだい》に邪念懊惱《じやねんあうなう》の起《おこ》るのを豫防《よばう》することが出來《でき》る、それでも若《も》し邪念《じやねん》が起《おこ》つたならば、日中《につちう》でも何時《いつ》でも修行《しゆぎやう》するがよい。此《こ》の日課的《にちくわてき》の修行《しゆぎやう》が積《つも》れば、遂《つひ》に鎭魂入神《ちんこんにふしん》の妙境《めうきやう》に入《い》り、神人交《しんじんかう》感《かん》の體現《たいげん》を見《み》るに至《いた》るのである。以下口訣《いかこうけつ》。

二八、神人交感の原理

人間《にんげん》の本靈《もとひ》は天津大神《あまつおほかみ》の分靈《わけひ》にして、神靈《しんれい》と異《こと》なることとなし、左《さ》れど人間《にんげん》は四重《ちう》四魂《こん》の綜錯《そうさく》ありて、神明《しんめい》に遠《とほ》ざかり居《を》れり、人《ひと》の現身《うつしみ》とそれに相應《さうおう》せる荒魂《あらみたま》とは、現世《うつしよ》に於《おい》て現《げん》在《ざい》の人々《ひとびと》と交渉《かうせふ》するに適《てき》するも、それ以上《いじやう》には能力《のうりよく》を有《いう》せず、次《つぎ》に水身《みづみ》とそれに相應《さうおう》せる和魂《にぎみたま》とは、上津《うはつ》幽界《かくりよ》の諸雜靈《しよざつれい》又《また》は天仙界《てんせんかい》と交渉《かうせふ》し得《う》るものとす。次《つぎ》に霞身《かすみ》とそれに添《そ》へる幸魂《さちみたま》とは、神仙界並《しんせんかいならび》に天津《あまつ》幽界《かくりよ》の神々《かみがみ》と交感《かうかん》し得《う》るものとす、次《つぎ》に眞澄身《ますみ》と奇魂《くしみたま》とは、天《あま》津《つ》幽界及《かくりよおよ》びそれ以上《いじやう》の高天津《たかあまつ》幽界《かくりよ》の高位《かうゐ》の神々《かみがみ》に交感靈同《かうかんれいどう》の力《ちから》あるものなり。

現身《うつしみ》の人間《にんげん》にして靈界《れいかい》と交渉《かうせふ》せんには、此《こ》の現身《うつしみ》を捨《す》てざるも可《か》なり、只《た》だ現身《うつしみ》あるが故《ゆゑ》に發起《はつき》する、總《すべ》ての慾念《よくねん》を去《さ》るべきものとす、現身《うつしみ》の有《いう》する慾念《よくねん》とは、美味《びみ》淫色《いんしよく》を主《しゆ》とし、其《そ》の他財慾名利《たざいよくみやうり》の慾等《よくとう》とす、之等《これら》の慾念《よくねん》を絶《た》つには身滌法《みそぎはふ》、氣吹法《いぶきはふ》より、順次鎭魂《じゆんじちんこん》の法《はふ》を修《をさ》むべきものとす。

諸慾《しよよく》の念《ねん》を絶《た》つといふは、絶對永久《ぜつたいえいきう》に之《こ》れを根絶《こんぜつ》すべしと云《い》ふにはあらず、根絶《こんぜつ》は天津《あまつ》幽界《かくりよ》に至《いた》らざれば、遂《と》げ能《あた》はざる所《ところ》なれば、現身《うつしみ》にては一定《てい》の時期《じき》を限《かぎ》りて制慾《せいよく》すべし、而《しか》して又日常心《またにちじやうこゝろ》を用《もち》ひて諸慾《しよよく》の節制《せつせい》に勉《つと》むるを可《か》とす、斯《か》くの如《ごと》くなるときは、神明《しんめい》と同質同元《どうしつどうげん》たる本靈《ほんれい》の活動旺盛《くわつどうわうせい》となり、たとへ禍神禍靈《まがつかみまがつひ》の祟《たゝ》りあるも、自然《しぜん》にそれ等《ら》を壓迫《あつぱく》消失《せうしつ》せしめ、神靈《しんれい》と人靈《じんれい》との本末元分互《ほんまつげんぶんたがひ》に相《あひ》一致《ち》融會《ゆうくわい》し、以《もつ》て神人交感《しんじんかうかん》の體現《たいげん》を確達《かくたつ》し得《う》るものとす。

水蒸氣《すゐじようき》と水《みづ》と氷《こほり》とは、各々別物《おの〱べつもの》であつて、其《そ》の間《かん》に何等《なんら》の關聯《くわんれん》もなく、又容易《またようい》に相《あひ》一致《ち》融合《ゆうがふ》することは不可能《ふかのう》の如《ごと》く見《み》ゆるも、其《そ》の實《じつ》は三者《しや》の根元《こんげん》に差異《さい》あるのではなく、唯《た》だ外界《ぐわいかい》の事情《じじやう》に由《よ》り、自然《しぜん》と其《そ》の形態《けいたい》を變化《へんくわ》せしに過《す》ぎざるものである、故《ゆゑ》に氷《こほり》を溶解《ようかい》すれば水《みづ》と爲《な》り、水《みづ》を熱《ねつ》すれば水蒸氣《すゐじようき》となり、三者《しや》互《たがひ》に同《どう》一體《たい》に歸《き》するものなり。

神《かみ》と人《ひと》との關係《くわんけい》も亦《また》斯《か》くの如《ごと》く、冷却《れいきやく》といふ外界作用《ぐわいかいさよう》に由《よ》つて水《みづ》が氷《こほり》となる如《ごと》く、靈《れい》の凝集作用《ぎようしふさよう》に依《よ》つて神靈《しんれい》が人化《じんくわ》したるものにて、既《すで》に人化《じんくわ》したる以上《いじやう》は、それに相應《さうおう》せる種々《しゆ〲》の作用《さよう》、即《すなは》ち慾念《よくねん》や、禍靈《まがつひ》の憑依等《ひようゐとう》あるも、氷《こほり》に熱《ねつ》を加《くは》ふれば、水《みづ》と爲《な》り、更《さら》に熱《ねつ》を高《たか》むれば蒸氣《じようき》と爲《な》るが如《ごと》く、人化《じんくわ》の心《しん》身《しん》に熱《ねつ》卽《すなは》ち修行《しゆぎやう》を加《くは》ふれば、靈界《れいかい》に通《つう》じ、更《さら》に修行《しゆぎやう》の度《ど》を強《つよ》むれば神界《しんかい》に達《たつ》することを得《う》るのである。又《また》固《こ》形體《けいたい》や液體《えきたい》たる氷《こほり》や水《みづ》に附着混入《ふちやくこんにふ》せる、各種《かくしゆ》の塵埃《ぢんあい》や汚濁物《をだくぶつ》も、氷《こほり》よりは水《みづ》になればそれが減少《げんせう》し、水蒸氣《すゐじようき》になれば、混濁物《こんだくぶつ》の大部分《だいぶぶん》が控除《こうぢよ》さるゝ如《ごと》く、修行《しゆぎやう》の進《すゝ》むに從《したが》ひ、慾念禍靈《よくねんまがつひ》も漸次《ぜんじ》退散《たいさん》するものである。

二九、鎭魂の起源

古事記日本書紀《こじきにほんしよき》の天照大神《あめてらすおほみかみ》が、天之岩屋戸《あまのいはど》隱《かく》れの條《でう》に曰《いは》く、宇受女命《うずめのみこと》が、神懸《かみがか》りして、胸乳《きようにう》を掛出《かけい》で、裳緒《もひも》を番豆《ほと》に忍垂《をしな》れきとあり、之《こ》れは神懸《かみがか》りの狀態《じやうたい》の儘《まゝ》に、勇壯《ゆうさう》なる神樂《しんがく》を奏《そう》せし有樣《ありさま》を記《しる》せるものなり、此《こ》の宇受女命《うずめのみこと》は又天鈿女《またあめのうずめ》命とも書《い》ひ、或《あるひ》は猿女君祖《さるめのきみそ》、或《あるひ》は大宮媛命《おほみやひめのみこと》、或《あるひ》は嚴之《いづの》賣命《めのみこと》と云《い》ひ、五社稻荷《しやいなり》の一柱《はしら》なり、此《こ》の神《かみ》は鎭魂神憑《たましづめかみがかり》の世《よ》に現《あら》はれたる始《はじ》めにして。後世《こうせい》まで鎭魂《たましづみ》の神《かみ》として崇《あが》められ、素盞嗚尊《すさのをのみこと》も此《こ》の神《かみ》の指導《みちびき》に依《よ》りて、御心《みこゝろ》清々《すが〳〵》しく成《な》り給《たま》へり、初《はじ》め素尊《すそん》が天《てん》にて天津罪《あまつつみ》を犯《をか》し、天下《あめのした》に追《お》ひ降《くだ》されし時《とき》、宇受女命《うずめのみこと》の以前《いぜん》の敎《をしへ》を念《おも》ひ、御魂《みたま》を鎭《しづ》めて淸《きよ》き心《こゝろ》になりて、皇統《くわうとう》五男神《なんのかみ》の父神《ちゝかみ》となり給《たま》へり、古語拾遺《こごしふゐ》には、凡鎭魂之儀《およそたましづめのぎ》者《は》、天鈿女命之《あめのうずめのみとこの》遺《ゐ》跡《せき》なりとあり。
大國主命《おほくにぬしのみこと》が、少名彦命《すくなひこのなみこと》と力《ちから》を戮《あは》せ、顯見《うつし》き蒼生《あをひとくさ》、及《およ》び畜産《けもの》の爲《た》めに、病《やまひ》を療《をさ》むる方《はう》を定《さだ》め。鳥獸昆蟲《てうじうこんちう》の災異《さいい》を攘《はら》はん爲《た》めに、禁厭《まじなひ》の法《はふ》を定《さだ》め給《たま》ふとあるは、以前根《いぜんね》の堅洲《かたしま》の國《くに》に至《いた》りし時《とき》の體驗《たいけん》に由《よ》り、御魂《みたま》の鎭《しづ》めを爲《な》して、禽獸蟲魚等《きんじうちうぎよとう》の憑靈《ひようれい》の祟《たゝ》りを救《すく》ふことを云《い》へるものなり、又大國主命《またおほくにぬしのみこと》は御魂鎭《みたましづ》めの爲《た》めに、自己《じこ》の幽體《いうたい》たる幸魂《さちみたま》、奇魂《くしみたま》を顯《あら》はして、それと問答《もんだふ》せしことあり、之《こ》れ皆鎭魂歸神《みなちんこんきしん》の實證《じつしよう》にして、一定《てい》の行法《ぎやうはふ》に遵《したが》うて修養《しうやう》すれば、何人《たんぴと》も鎭魂法《ちんこんはふ》によりて、諸病《しよびやう》を靈治《れいぢ》し、惡靈憑依《あくれいひようい》を退散《たいさん》せしめ。又幽體《またいうたい》の神《かみ》を顯《あら》はして問答《もんだふ》を爲《な》し得《う》るものなりとす。

神武天皇《じんむてんのう》が丹生川上《たんじようかはかみ》にて祭《まつ》りの時《とき》、道臣命《みちのをみのみこと》に勅《ちよく》して、今高皇産靈尊《いまたかみむすびのみこと》を以《もつ》て、朕親《ちんみづ》から顯齋《うつしいはひ》を作《な》さん、汝《なんぢ》を用《もち》ひて齋主《いはひぬし》として、授《さづ》くるに嚴媛《いづひめ》の號《がう》を以《もつ》て云々《うんぬん》とあるは、天皇親《てんのうみづ》から靈座《れいざ》となりて、道臣命《みちのをみのみこと》を審神者《さには》として、天神《てんしん》の御心《みこゝろ》を伺《うかゞ》ひたまへるものにして、之《こ》れ即《すなは》ち公式《こうしき》の迎神法《けいしんはふ》なり。

神功皇后《じんぐくわうごう》が三韓征服《かんせいふく》の時《とき》、群臣及《ぐんしんおよ》び百寮《れう》に命《あふ》せて、以《もつ》て罪《つみ》を解《はら》ひ、過《あやまち》を改《あらた》め、更《さら》に齋宮《いつきみや》を小山田邑《をやまだのむら》に造《つく》りたまひ、三月壬申《ぐわつみづのえさる》の朔《ついたち》、皇后吉時《くわうごうきちじ》を選《えら》びて齋宮《いつきみや》に入《い》り、親《みづ》から神主《かむぬし》と爲《な》り、則《すなは》ち武内宿禰《たけのうちすくね》に命《あふ》せて、琴《こと》を撫《ひ》かしめ、中臣《なかとみ》の烏賊津使臣《いかつおみ》を喚《よ》びて審神者《さには》と爲《な》す、因《よつ》て千繒高繒《ちはたたかはた》を以《もつ》て琴《こと》の頭尾《とうび》に置《お》きて、請曰《ねきまをし》て、仲哀天皇《ちうあいてんのう》が神《かみ》の敎《をし》へに從《したが》はずして崩《ほう》じ給《たま》ひしが、其《そ》の敎《をし》へし神《かみ》は何神《なにかみ》なるかを問《と》へり、斯《か》くて七日《か》七夜《よ》に至《いた》り、神答《かみこたへ》あり、我《われ》は伊勢《せ》の五十鈴宮《いすずのみや》に居《を》る、撞賢木嚴之御魂天疎向津媛命《つくさかきいづのみたまあまさかるむかつひめのみこと》と、亦問《またと》ふ、他《た》に尙《な》ほ神《かみ》ありやと、それより二三の神《かみ》あり、之《こ》れは鎭魂迎神《ちんこんけいしん》の式《しき》を示《しめ》し、修齋《しうさい》の大切《たいせつ》なることを證《しよう》せしものなり。

令義解《れいぎかい》には、

言招離遊之運魂、鎭身體之中府、故曰鎭魂

之《こ》れ我《わ》が國《くに》の古典《こてん》に、鎭魂《ちんこん》の文字《もんじ》が明瞭《めいれう》に現《あら》はれたるものにして、舊事記《きうじき》には、

宇麻志麻治命初奉齋瑞寶、奉爲帝后、鎭祭御魂、祈請壽祚、所謂鎭魂祭自此始矣。凡厥天瑞謂宇麻志麻治命先考饒速日尊、自天受來天璽瑞寶是矣。天神敎導、若有痛處者、令茲十寶、謂一二三四五六七八九十、而布瑠部、由良由良布止瑠部、如是爲之者、死人反生矣、卽是布瑠之言本矣、所謂御鎭魂祭、是其緣矣、其鎭魂祭日者、猿女君等率百歌女擧其言本、而神樂歌舞、尤是其緣者矣

古事記《こじき》に、布斗麻邇卜相《ふとまにうらみて》とあり。書紀《しよき》には、以太占而卜合之とありて、之《こ》れを今日《こんにち》の普《ふ》通《つう》の卜筮法《ぼくぜいはふ》と思《おも》ふものあり、之《こ》れ甚《はなは》だしき誤解《ごかい》なり、布斗麻邇《ふとまに》とは鎭魂《ちんこん》のことにして、神《しん》

靈《れい》が我身《わがみ》に座《とま》るといふ義《ぎ》なり、即《すなは》ち神懸《かみがか》りと同《どう》一にして、此《こ》の神懸《かみがか》りの身《み》となるには、其《そ》の心身《しんしん》を淨化《じやうくわ》するを以《もつ》て第《だい》一の要件《えうけん》と爲《な》し、無念《むねん》の境《さかひ》に入《い》らざるべからず、心身《しんしん》を淨化《じやうくわ》し無念《むねん》の境《さかひ》に在《あ》りて、神勅《しんちよく》を受《う》くるを、布斗麻邇卜相《ふとまにうらみて》といふ。

又假《またか》りに卜筮法《ぼくぜいはふ》としても、如何《いか》に理義術數《りぎじゆつすう》を極《きは》めたりと雖《いへど》も、自己《じこ》の心《こゝろ》を鎭《しづ》め得《え》ざる者《もの》は、卜占《ぼくせん》の的中《てきちう》することなし、故高島呑象翁《こたかしまどんしやうをう》の如《ごと》きは、筮竹《ぜいちく》を執《と》らるゝや、數分間無息無《すうふんかんむそくむ》念《ねん》の境《さかひ》に入《はひ》られ、其《そ》の凝《こ》りたる息《いき》を將《まさ》に呼《は》き出《いだ》さんとする刹那《せつな》に分竹《ぶんちく》して、卦《け》を立《た》つるを常《つね》とせられたり、此《こ》の無念無息《むねんむそく》の間《あひだ》に、天意神明《てんいしんめい》の感應《かんおう》を受《う》くるものにして、之《こ》れ即《すなは》ち一種《しゆ》の神懸《かみがか》り筮法《ぜいはふ》なりとす。

鎭魂《ちんこん》といふことは、遊離《いうり》せる魂《たましひ》を中府《ちうふ》に鎭《しづ》むとあるが如《ごと》く、心緒《こゝろを》が亂雜《らんざつ》になつて居《ゐ》るのを整理鎭靜《せいりちんせい》するのであつて、今日《こんにち》の所謂精神統一《いはゆるせいしんとう》と大體同《だいたいおな》じことである。精神《せいしん》が統《とう》一されて、煩悶雜念《はんもんざつねん》が祓《はら》ひ去《さ》らるれば、其《そ》の精神《せいしん》は掃拭《さうしよく》せられたる明鏡《めいきやう》の如《ごと》く、萬象《ばんしやう》が鏡面《きやうめん》に向《むか》つて自然《しぜん》に現映《げんえい》するのである。それで自己《じこ》は無念無思《なねんむし》であつても、現映《げんえい》した眞相《しんさう》は直《たゞ》ちに外部《ぐわいぶ》に反射《はんしや》する、之《こ》れが即《すなは》ち神託《しんたく》である、自己《じこ》の心身《しんしん》が淨化《じやうくわ》されねば、曇《くも》れる鏡《かゞみ》と同《おな》じく、映象《えいしやう》が明瞭《めいれう》でなく、從《したが》つて犬《いぬ》の映像《えいざう》を猫《ねこ》と誤《あやま》るが如《ごと》き失《しつ》態《たい》を生《しやう》じたり、或《あるひ》は映像《えいざう》と自己《じこ》の考量《かうりやう》と相綜錯《あひそうさく》して、誤《あやま》れる判斷《はんだん》を爲《な》すことがある。

鎭魂《ちんこん》は神懸《かみがか》りの唯一《ゆゐいつ》の條件《でうけん》であるから、鎭魂《ちんこん》しなければ、神懸《かみがか》りはない、若《も》し眞正《しんせい》の鎭魂法《ちんこんはふ》に依《よ》らずして神懸《かみがか》りがあるとすれば、それは眞《しん》の神懸《かみがか》りではなく、雜靈禍靈《ざつれいまがつひ》の憑依《ひようい》である。

又鎭魂《またちんこん》の結果神懸《けつくわかみがか》りがあるが、その神懸《かみがか》りには二樣《やう》ある、卽《すなは》ち前《まへ》にも示《しめ》せる如《ごと》く、人間《にんげん》の方《はう》より神託《しんたく》を願《ねが》ひ、それに應《おう》じて神明《しんめい》が憑依《ひようい》して神勅《しんちよく》を下《くだ》すのと、又《また》一には人間《にんげん》の方《はう》では神懸《かみがか》りも神勅《しんちよく》も受《う》くる希望《きばう》はないのに、鎭魂《ちんこん》の結果《けつくわ》、神《かみ》の方《はう》から進《すゝ》んで憑《つ》き來《き》たつて、神意《しんい》を傳《つた》ふることもある。

三〇、鎭魂の變遷

鎭魂《ちんこん》とは、離遊《りいう》せる運魂《うんこん》を、身體《しんたい》の中府《ちうふ》に鎭《しづ》むとあるが如《ごと》く、人間《にんげん》には數多《あまた》の雜念往來《ざつねんわうらい》して、意志《いし》の統《とう》一を亂《みだ》し、人世《じんせい》を煩悶《はんもん》の汚界《をかい》と化《くわ》せしむ、故《ゆゑ》に佛教《ぶつけう》にては現世《うつしよ》を穢土《くわいど》と稱《しよう》し、又《また》は婆婆《しやば》卽《すなは》ち苦界《くかい》と云《い》ひ、內《うち》には三毒《どく》卽《すなは》ち貪瞋痴《どんしんち》の煩惱《ぼんなう》の苦《く》を嘗《な》め、外《そと》には風雨寒暑《ふううかんしよ》の苦《く》を忍《しの》ばざるべからざる苦趣《くしゆ》なりと稱《しよう》し、基督教《キリストけう》にては、人間《にんげん》は凡《すべ》て罪人《つみびと》にして、神《かみ》の子《こ》イエスのみ獨《ひと》り救世主《きうせいしゆ》なりと稱《しよう》し居《を》れり。

總《すべ》ての既成宗教《きせいしうけう》は、厭世的《えんせいてき》なり、そは雜念煩惱《ざつねんぼんなう》を以《もつ》て人世《じんせい》の常態《じやうたい》なりと認《みと》めたるに由《よ》る、基督教《キリストけう》が此《こ》の現界《うつしよ》の苦《くるし》みは、唯《た》だ救世主《きうせいしゆ》イエスに縋《すが》り、天帝《てんてい》の愛《あい》を受《う》くるの他《ほか》に、救濟《きうさい》の道《みち》なしと爲《な》し、純他力主義《じゆんたりきしゆぎ》を執《と》り、又禪宗《またぜんしう》の如《ごと》く自力《じりよく》にて苦悶《くもん》を取《と》り去《さ》らんとするものもあれど、孰《いづ》れも此《こ》の現世《うつしよ》を苦界《くかい》なり、穢土《くわいど》なりとする根本的誤謬《こんぽんてきごびやう》ある爲《た》め、其《そ》の目的《もくてき》を達《たつ》せんとするには、不自然《ふしぜん》なる難行苦業《なんぎやうくげふ》を積《つ》むの必要《ひつえう》を生《しやう》じ、不合理《ふがふり》の努力《どりよく》に人生《じんせい》の大半《たいはん》を徒消《とせう》するの失《しつ》あり、殊《こと》に佛教《ぶつけう》にて一人《ひとり》出家《しゆつけ》すれば、九族天《ぞくてん》に生《う》まる等《とう》といふ如《ごと》きは、他力《たりき》迷信《めいしん》の甚《はなは》だしきものにして、眞《しん》の鎭魂《ちんこん》に入《はひ》り得《う》るものなし。

我《わ》が國《くに》の固有神道《こいうしんだう》は、修理固成《しうりこせい》を以《もつ》て、現世《うつしよ》を美《うつく》しき國《くに》と爲《な》すを以《もつ》て、人間《にんげん》の道《みち》なりと說《と》き、少《すこ》しの厭世觀《えんせいくわん》を容《い》れざるものなり、然《しか》るに後世《こうせい》の鎭魂法《ちんこんはふ》は、人間《にんげん》が雜念煩惱《ざつねんぼんなう》に苦《くる》しむは、其《そ》の本來《ほんらい》の精神《せいしん》が本體《ほんたい》を離《はな》れて彷徨《はうくわう》するに依《よ》る故《ゆゑ》、其《そ》の運魂《うんこん》を身體《しんたい》の中府《ちうふ》に呼《よ》び返《かへ》して、鎭《しづ》め治《をさ》むれば、雜念煩惱《ざつねんぼんなう》は自《おのづ》から消滅《せうめつ》して、人《ひと》としての本分《ほんぶん》を盡《つく》し得《う》るものと爲《な》すに至《いた》れり、之《こ》れ全《まつ》たく佛教味《ぶつけうみ》を雜《まじ》へ、又布留部《またふるべ》の法等《はふとう》を生《しやう》じ、本來《ほんらい》の鎭魂法《ちんこんはふ》を誤《あやま》りて雜《ざつ》博不純《はくふじゆん》ならしめたり。

我《わ》が國《くに》は元來靈日《ぐわんらいひ》の本卽《もとすなは》ち日《ひ》の本《もと》の國《くに》にして、世界人類《せかいじんるゐ》の發源地《はつげんち》なり。又《また》ヤマトといふは大祓詞《おほばつし》に、國《くに》の中《なか》に成《な》り出《いで》ん天之益人《あめのますひと》とある如《ごと》く、人口《じんこう》の增殖旺盛《ぞうしよくわうせい》なる爲《た》め、益人《ますひと》の國《くに》といひ、其《そ》の人口《じんこう》の增殖益々激《ぞうしよくます〳〵はげ》しきに至《いた》り、彌益人國《いやますひとくに》と呼《よ》び、それを約《つゞ》めてヤマトといふに至《いた》りしなり、その後《ご》漢字《くわんじ》の傳來《でんらい》に由《よ》り、日本《にほん》、大和《おほにぎ》、大倭《やまと》の文字《もんじ》を用《もち》ふるも、凡《すべ》てヤマトと讀《よ》み來《きた》れり、大和《おほにぎ》の文字《もんじ》は支那人《しなじん》が戰亂《せんらん》の苦《くる》しみを嘗《な》め、オホニギの浦安《うらやす》の國《くに》なる我《わ》が國《くに》を慕《した》ひて渡來《とらい》し、其《そ》のオホニギに治《をさ》まれる狀《ありさま》を稱《とな》へて大和《おほにぎ》の文字《もんじ》を當《あ》て嵌《は》めしものなり、又倭《またやまと》の字《じ》は支那官人《しなくわんじん》が自國《じこく》を大國《おほぐに》と誇《ほこ》り、他《た》を夷狄《いてき》視《し》して用《もち》ひたるものなり。

又瑞穗《またみづほ》の國《くに》とて、古來農業立國《こらいのうげふりつこく》、千穗足穗《ちほたりほ》の豐作《ほうさく》の國《くに》なるを現《あら》はし、浦安國《うらやすくに》は平和《へいわ》の國《くに》にして、古來人心和協《こらいじんしんわけふ》し、天皇《てんのう》は天津日嗣《あまつひつぎ》に座《ま》し、現神《うつしかみ》に座《まし》ますとして、身命《しんめい》を捧《さゝ》げて其《そ》の命《めい》に從《したが》ふ事《こと》を樂《たの》しみ、何等《なんら》の煩悶《はんもん》もなく、自己《じこ》の產業《さんげふ》に精勵《せいれい》し來《き》たりしが、神武天皇《じんむてんのう》の頃《ころ》より、外人《ぐわいじん》の歸化《きくわ》するもの多《おほ》く、思想《しさう》も煩雜《はんざつ》に爲《な》り、遂《つひ》には長髓彥《ながすねひこ》の亂等《らんとう》起《おこ》り、孝靈天皇《かうれいてんのう》の頃《ころ》には、支那《しな》の亡命者《ばうめいしや》も多《おほ》く入《い》り來《き》たり、煩惱《ぼんなう》は潛行的《せんかうてき》に浸潤《しんじゆん》せしを以《もつ》て、天皇《てんのう》は大《おほい》に固有《こいう》の神道《しんだう》を喚發《くわんき》し、惟神《かむながら》の身滌法《みそぎのり》、氣吹法等《いぶきのりとう》を獎勵《しやうれい》せられたり。

此《こ》の時《とき》の天皇竝《てんのうならび》に皇族《くわうぞく》には、鎭魂神懸《ちんこんかみかゝ》りの意義《いぎ》を有《いう》する御名義《ごめいぎ》多《おほ》し、卽《すなは》ち孝靈天皇《かうれいてんのう》の御《おん》諱《いみな》は、大日本根子日子賦斗邇命《おほやまとねこひこふとにのみこと》にて、賦斗邇《ふとに》卽《すなは》ち風止身《ふとみ》にて、神懸《かみかゝ》りの淨身《じやうしん》を意味《いみ》し、孝元天皇《かうげんてんのう》の日子國玖琉命《ひこくにくるのみこと》、其《そ》の他入日子《たいりひこ》卽《すなは》ち神懸《かみかゝ》りといふに關係《くわんけい》ある名詞《めいし》甚《はなは》だ多《おほ》し、之《こ》れ思想惡化《しさうあくくわ》を防《ふせ》ぐ爲《た》めに、我《わ》が古道《こだう》の宣揚《せんやう》に努《つと》められしものと見《み》るべきなり。

此《こ》の時代《じだい》には、鎭魂《ちんこん》に入《はひ》る方法《はうはふ》として、先《ま》づ呼吸調節《こきふてうせつ》を以《もつ》て導《みちび》き、布都押法《ふつおしのり》、又《また》は息長《おきなが》法《のり》とも稱《しやう》し居《を》れり、其《そ》の後《ご》佛教《ぶつけう》や道術《だうじゆつ》の傳來《でんらい》に依《よ》り、鎭魂法《しづたまのり》も種々《しゆぐ》に變態《へんたい》し、佛教《ぶつけう》の禪定《ぜんてい》法《はふ》や、道教《だうけう》の仙術等《せんじゆつとう》と區別《くべつ》し難《がた》きに至《いた》りて、固有《こいう》の鎭魂法《しづたまのり》の根本義《こんぽんぎ》を沒却《ぼつきやく》するに至《いた》れり。

我《わ》が國《くに》の古道《こだう》、即《すなは》ち惟神《かむながら》の鎭魂法《しづたまはふ》と、佛教《ぶつけう》の禪定《ぜんてい》や、支那《しな》の仙術《せんじゆつ》と異《こと》なる所《ところ》は、現世《うつしよ》を汚土《をど》と見《み》るか否《いな》か、人心《じんしん》を惡《あ》しく見《み》るか否《いな》か、鎭魂《しづたま》は自己《じこ》の爲《た》めにするか、將又神《はたまたかみ》の大法《たいはふ》に遵《したが》ひて、地球乃至宇宙《ちきうないしうちう》の修理固成《しうりこせい》の爲《た》めにするかといふ點《てん》に在《あ》る、佛教《ぶつけう》の禪《ぜん》や道教《だうけう》の仙術《せんじゆつ》は、自愛獨善《じあいどくぜん》に陷《おちい》る恐《おそ》れがある上《うへ》に、自然《しぜん》に遠《とほざ》かつて居《ゐ》る、我《わ》が鎭魂《しづたま》は自然《しぜん》と妙契《めうけい》して濟世《さいせい》の神業《かむわざ》に則《のつと》るものである。

三一、鎭魂の眞義

鎭魂《しづたま》はミタマシヅメと讀《よ》み、人體《じんたい》の附靈《ふれい》を鎭《しづ》めて、人間本來《にんげんほんらい》の精神《せいしん》を純潔《じゆんけつ》になすを云《い》ふ、令義解《れいぎかい》にある、離遊《りいう》の運魂《うんこん》を招《まね》き、身體《しんたい》の中府《ちうふ》に鎭《しづ》むとある事《こと》は、既《すで》に外教《ぐわいけう》の竄入《ざんにふ》ありて、我《わ》が固有《こいう》の御魂《みたま》しづめの意義《いぎ》を誤解《ごかい》し居《を》れり、元來人間《ぐわんらいにんげん》に雜念煩惱《ざつねんぼんなう》あるを以《もつ》て、靈魂《れいこん》が身《しん》體《たい》を離《はな》れて遊行《いうかう》する爲《た》めなりと思惟《しゐ》し、因《よつ》て運魂《うんこん》を中府《ちうふ》に鎭《しづ》むと云《い》ふ如《ごと》き錯誤《さくご》を來《き》たせしものなり。

全體人間《ぜんたいにんげん》は靈統《れいとう》と血統《けつとう》との産靈《むすひ》によりて融合《ゆうがふ》したるものにして、其《そ》の靈統《れいとう》は天照座皇大《あまてらしますすめおほ》神《かみ》の靈《みたま》の凝《こ》り降《くだ》りて、人體《じんたい》に入りたるものを云《い》ひ、血統《けつとう》とは地中《ちちう》より發《はつ》する地球《ちきう》の凝《こ》り上《のぼ》りて雷卽《すなは》ち血《ち》となりて、人體《じんたい》を形《かたち》づくるものを云《い》ふ、靈《みたま》は光波《くわうは》にして、雷《ち》は電波《でんぱ》なり。

古《こ》神道《しんだう》にて鎭魂《しづたま》の神《かみ》として祭《まつ》るは、

高産靈《たかみむすび》、神産靈《かみむすび》、生産靈《いくむすび》、足産靈《たるむすび》、魂留産靈《たまつめむすび》、大宮能賣《おほみやのめ》、蒼稻魂《うがのみたま》、言代主《ことしろぬし》

の八神《しん》にして、天《てん》より降《くだ》る日《ひ》の光《ひかり》にて發《はつ》する氣《き》を高産靈《たかむすび》と云《い》ひ、地中《ちちう》より上《のぼ》り出《い》づる氣《き》を神産靈《かみむすび》といふ、此《こ》の天地《てんち》の二氣合《きがふ》して人體《じんたい》を形《かたち》づくる細胞《さいはう》の因《もと》を産靈《むすび》するを生産靈《いくむすび》といふ、之《こ》れ白血球《はくけつきう》なり、そが進《すゝ》みて赤血球《せきけつきう》となるを足産靈《たるむすび》といふ、胎内《たいない》にて人體《じんたい》を形成《けいせい》し、體外《たいぐわい》に生《うま》れ出《い》で、外氣《ぐわいき》に觸《ふ》れたる時《とき》の、最初《さいしよ》の呼吸《こきふ》として産聲《うぶごゑ》を發《はつ》す、此《こ》の時初《ときはじ》めて人格《じんかく》的精神《てきせいしん》が宿《やど》るものにして、此《こ》の人格的精神《じんかくてきせいしん》を魂留《たまつめ》さるゝを魂留産靈《たまつめむすび》と云《い》ふ、人體《じんたい》は靈《みたま》を容《い》る宮《みや》にして、此《こ》の宮《みや》を保護《ほご》し發達《はつたつ》せしむるを、産土神《うぶすなかみ》の靈力《れいりき》として、之《こ》れを大宮能賣《おほみやのめ》と云《い》ひ、乳房《にうばう》を含《ふく》ませて食慾《しよくよく》を守《まも》るを蒼稻魂《うがのみたま》といふ、言葉《ことば》を導《みちび》くを言代主《ことしろぬし》と云《い》ふ、産土神《うぶすなかみ》は國《くに》魂《たま》の神《かみ》にして、地球《ちきう》の精神《せいしん》なり、苟《いやし》くも鎭魂《たましづ》に志《こゝろざ》す者《もの》は、天《てん》の精神《せいしん》と共《とも》に此《こ》の地球《ちきう》の精神《せいしん》をも、能《よ》く認識《にんしき》せざれば眞《しん》の鎭魂《しづたま》は不可能《ふかのう》なりとす。

斯《か》く鎭魂《たましづ》は遊離《いうり》せる魂靈《こんれい》を招《まね》き鎭《しづ》むるにも非《あ》らず、又煩惱《またぼんなう》を去《さ》るにも非《あ》らず、本來《ほんらい》の精《せい》

神《しん》に附着《ちちやく》せる禍靈《まがひ》や汚《けが》れを祓《はら》ひ除《のぞ》き、本靈《ほんれい》の純潔《じゆんけつ》を保持《ほぢ》し、それを神聖清淨《しんせいせいじやう》ならしむるものなり。

科學者《くわがくしや》曰《いは》く、月《つき》は既《すで》に枯死《こし》して、生物《せいぶつ》を生《しやう》せずと、然《しか》らば各種《かくしゆ》の生物《せいぶつ》を有《いう》する地球《ちきう》は、大生物《だいせいぶつ》と云《い》はねばならぬ、地球《ちきう》が大生物《だいせいぶつ》にして大精神《だいせいしん》を有《いう》することは、既《すで》に說《と》きたる所《ところ》にして、我《わ》が古神道《こしんだう》にては、此《こ》の地球《ちきう》の精神《せいしん》を、國魂神《くにたまのかみ》と稱《しよう》して居《ゐ》る、而《しか》して此《こ》の國魂神《くにたまのかみ》には、大國魂神《おほくにたまのかみ》と顯國魂神又《うつしくにたまのかみまた》は生國魂《いくくにたまの》神《かみ》との二神《しん》がある。或《あるひ》は此《こ》の二神《しん》を同《どう》一視《し》するものもあるが、それは大《だい》なる誤《あやまり》にて、大國魂神《おほくにたまのかみ》は地球《ちきう》全體《ぜんたい》の大精神《だいせいしん》である。顯國魂神《うつしくにたまのかみ》は地殼表面《ちこくへうめん》の精神《せいしん》である、産土神《うぶすなのかみ》は此《こ》の地殼表面《ちこくへうめん》の全生物界《ぜんせいぶつかい》を主宰《しゆさい》する顯國魂神《うつしくにたまのかみ》の分靈《ぶんれい》である、各國各地《かくこくかくち》の小地方《せうちきう》を分掌《ぶんしやう》せらるゝ神靈《しんれい》であつて、人魂《じんこん》は凡《すべ》て産土神《うぶすなのかみ》の掌《つかさど》らるゝ所《ところ》である、即《すなは》ち生國魂神《いくくにたまのかみ》である。

産土神《うぶすなのかみ》をウブスナといふ、ウブはウムの轉語《てんご》にて、發生《はつせい》の言魂《ことたま》、スは統《すめ》る、爲《す》る、成《な》すのスにて、之《こ》れ亦發生發育《またはつせいはついく》の言魂《ことたま》である、ナは物《もの》である、物《もの》に名《な》を附《つ》くるは、各種多様《かくしゆたやう》の物《もの》が出《い》づる故《ゆゑ》に、之《こ》れを識別《しきべつ》する爲《た》めである、地《ち》をナと云《い》ひ、魚《うを》をナといふは、地《ち》は萬物《ばんぶつ》の始《はじ》め、魚《うを》は生物《せいぶつ》の初《はじ》めであるからである、故《ゆゑ》に産土神《うぶすなのかみ》は萬物發生《ばんぶつはつせい》を掌《つかさ》どり、保護《ほご》する神《かみ》といふのである。

又大宇《まただいう》宙《ちう》の中心力《ちうしんりよく》を天之《あめの》御《み》中主神《なかぬしのかみ》と云《い》ひ、無限《むげん》の靈力《れいりき》である、此《こ》の靈力《れいりき》が發動《はつどう》して、高神《たかかみ》の兩産靈《りやうむすび》即《すなは》ち陽發陰兆《やうはついんてう》の寒熱水火物心《かんねつすゐくわぶつしん》の原子《げんし》と化《くわ》し、更《さら》に逐次《ちくじ》發展《はつてん》して岐美《きみ》二神《しん》より天照坐皇太神《あまてらしますめのおほかみ》、建速《たけはやす》素盞嗚《さのをの》尊《みこと》、蒼稻魂神《うがのみたまのかみ》と進《す》み、天地萬物依《てんちばんぶつよ》つて以《もつ》て生成《せいせい》するに至《いた》つたのである、而《しか》して人間《にんげん》の本靈《ほんれい》も亦此《またこ》の天《あま》神《かみ》の元靈《げんれい》より分《わ》かれ出《い》でたるものであれば、寸時《すんじ》も天《あま》の大精神《だいせいしん》を忘却《ばうきやく》してはならぬ、日夕敬天報本《にちせきけいてんはうほん》の大信念《だいしんねん》を策勵《さくれい》し、一歩《ぽ》〳〵と鞏固《きやうこ》ならしむることが、即《すなは》ち鎭魂成就《ちんこんじやうじゆ》の第《だい》一義諦《ぎてい》である。

三二、眞純の信仰

鎭魂《たましづ》には、純正《じゆんせい》なる眞《しん》の信仰《しんかう》を必要《ひつえう》とす、何《なに》をか純正《じゆんせい》なる眞《しん》の信仰《しんかう》といふか、元來吾人《ぐわんらいごじん》は大宇宙《だいうちう》の最下段《さいげだん》に近《ちか》き、地球上《ちきうじやう》の一微生物《びせいぶつ》にして、其《そ》の身體《しんたい》も靈魂《れいこん》も、凡《すべ》て太陽《たいやう》の光線《くわうせん》に支配《しはい》せられ、從《したが》つて太陽《たいやう》の光線《くわうせん》を超越《てうゑつ》することは、絶對不可能《ぜつたいふかのう》なりとす、又吾人《またごじん》は地球《ちきう》に生存《せいぜん》し、其《そ》の化育《くわいく》を蒙《からむ》り居《を》れり。故《ゆゑ》に何事《なにごと》をも先《ま》づ地球《ちきう》の大靈《だいれい》に祈願《きぐわん》し、且《か》つ太陽《たいやう》の大靈《だいれい》の惠《めぐ》みによりて生存《せいぞん》する事《こと》を憶《した》ひ、此《こ》の天日地維兩靈《てんじつちゐりやうれい》を對象《たいしやう》と爲《な》して、滿足《まんぞく》するを以《もつ》て眞《しん》の信仰《しんかう》、古今不易《ここんふえき》の正信《せいしん》、科學《くわがく》的合理的《てきがふりてき》の妙信《めうしん》なりとす。

宇宙《うちう》の大靈《だいれい》は固《もと》より其《そ》の存在《そんざい》を認《みと》め、之《こ》れを尊信《そんしん》すべきは當然《たうぜん》なるも、其《そ》は餘《あま》りに廣大《くわうだい》にして直接《ちよくせつ》の交渉《かうせふ》に便《べん》ならず、太陽《たいやう》と大地《だいち》とを尊信《そんしん》すれば、兩者《りやうしや》の中《なか》には自《おのづ》から宇宙《うちう》の唯《ゆゐ》一大靈《いつだいれい》たる眞神《しんしん》が籠《こも》り居《を》るを以《もつ》て、太陽《たいやう》の信仰即《しんかうすなは》ち宇宙大靈《うちうだいれい》の信仰《しんかう》たるものなり、之《こ》れ恰《あた》

かも　陛下《へいか》に願《ねが》ふ所《ところ》を、大臣《だいじん》や直接關係《ちよくせつくわんけい》ある官吏《くわんり》に願《ねが》ふ方《はう》が、便宜《べんぎ》であり、且《か》つ早《はや》く用《よう》便《べん》するが如《ごと》きものなりとす。

又《また》地球《ちきう》の大靈《だいれい》には、産土神《うぶすなのかみ》も蒼稻魂神《うがのみたまのかみ》も同化《どうくわ》し居《を》れば、産土神《うぶすなのかみ》を信《しん》じ、豐受稻荷大神《とようけいなりたいじん》を信《しん》ずるものは、地球《ちきう》の大靈《だいれい》を尊信《そんしん》するに同《おな》じきものなり。

基督教《キリストけう》の唯一《ゆゐいつ》の眞神《しんしん》とか、佛教淨土門《ぶつけうじやうどもん》の阿彌陀佛《あみだぶつ》とか、天理教《てんりけう》の天理王命《てんりわうのみこと》や、金光教《こんくわうけう》の天地金《てんちかね》の大《おほ》神等《かみとう》の如《ごと》きは、皆假設模造《みなかせつもぞう》にして、或《あるひ》は神話《しんわ》の信仰化《しんかうくわ》、或《あるひ》は偉人《ゐじん》の神話化《しんわくわ》、或《あるひ》は道術《だうじゆつ》の轉化《てんくわ》、或《あるひ》は全《ぜん》然揑造等《ぜんねつぞうとう》にして、一《ひと》つも宇宙《うちう》の眞相《しんさう》に徹達《てつたつ》して居《を》るものもなく、又愚昧《またぐまい》の舊世紀時代《きうせいきじだい》なれば兎《と》も角《かく》、今日《こんにち》の如《ごと》き人智《じんち》の進歩《しんぽ》せる世《よ》には、一種低級《しゆていきふ》のお伽噺《とぎばなし》と見《み》る他《ほか》、何等《なんら》の倫理價値《りんりかち》も、信仰價値《しんかうかち》もなきものである、迷信《めいしん》であり邪法《じやはふ》である之等《これら》の宗教《しうけう》が、今日猶《こんにちな》ほ餘喘《よぜい》を保《たも》つのは、單《たん》に習慣《しふくわん》の惰力《だりよく》に過《す》ぎずして、眞《しん》の宗教《しうけう》としての生命《せいめい》は全《まつ》たく亡《ほろ》び去《さ》れるのである。

或《あるひ》は人間《にんげん》の精神《せいしん》、即《すなは》ち靈力《れいりき》は、時間《じかん》と空間《くうかん》とを超越《てうゑつ》して居《ゐ》るから、一瞬《しゆん》一剎那《せつな》にして宇宙《うちう》のいづれにも到達《たうたつ》し、所謂《いはゆる》十萬億土《まんおくど》、又《また》は宇宙《うちう》の中心世界《ちうしんせかい》に在《あ》る神佛《しんぶつ》とも交渉《かうせふ》し得《う》るといふ、それは理窟《りくつ》であり、想像《さうぞう》であり、又唯心論《またゆゐしんろん》の痼疾《こしつ》である。よし假《か》りにそれが可能《かのう》としても、近《ちか》き直接關係《ちよくせつくわんけい》の神々《かみがみ》に交渉《かうせふ》する方《はう》が便宜《べんぎ》であり效果《かうくわ》がある點《てん》より見《み》れば、可能不可能《かのうふかのう》を考慮《かうりよ》する必要《ひつえう》もない位《くらゐ》のものである。

吾人《ごじん》が腹痛起《ふくつうおこ》れる時《とき》、唯一《ゆゐいつ》の主《しゆ》たる　陛下《へいか》に、救治《きうち》を願《ねが》ふよりは、藪醫者《やぶいしや》でもよい近《ちか》い其《そ》の道《みち》のものに賴《たの》む方《はう》が捷徑《はやみち》であり、且《か》つ卽效《そくかう》があると同《おな》じである、唯一廣大《ゆゐいつくわうだい》の神《かみ》は宇宙《うちう》の統制《とうせい》としては可《か》なるも、吾人《ごじん》が信仰祈願《しんかうきぐわん》の對象《たいしやう》とすべきにあらず、又靈力《またれいりき》の超越作用《てうゑつさよう》は漠然捕捉《ばくぜんほそく》すべからず、それよりは具體《ぐたい》直接交渉《ちよくせつかうせふ》を鎭魂《しづたま》の秘義《ひぎ》肝心《かんじん》とす。

三三、身滌の嚴法

此《こ》の地球《ちきう》の表面《へうめん》は、初《はじ》めは漫々《まん〳〵》たる水《みづ》を以《もつ》て覆《おほ》はれ、其《そ》の水底《すゐてい》より徐々《じよ〳〵》として陸地《りくち》を隆《りう》起《き》し、遂《つひ》に萬物《ばんぶつ》を生《しやう》じ來《き》たりしなり、故《ゆゑ》に海洋《かいやう》を海原《うなばら》と稱《とな》ふるは、海原卽《うなばらすなは》ち産腹《うなばら》の意《い》にして、地上萬物《ちじやうばんぶつ》の母胎《ぼたい》たるをも言《い》ひ現《あら》はせるものなり。

吾等《われら》の人體《じんたい》も、亦初《またはじ》めは一細胞《さいはう》の一微水球《びすゐきう》なるが、水液《すゐえき》に由《よ》つて漸次生育《ぜんじせいいく》し、又其《またそ》の母の胎内《たいない》は水《みづ》を以《もつ》て滿《み》たされ、出生《しゆつせい》に際《さい》しては其《そ》の水《みづ》の爲《た》めに、體外《たいぐわい》に押《お》し出《だ》さるゝものなり、斯《か》くて其《そ》の後《ご》も水《みづ》に融解《ゆうかい》せる榮養分《えいやうぶん》を、母乳《ぼにう》として攝取《せつしゆ》し、以《もつ》て成長《せいちやう》したるものなり、かく水《みづ》なくしては吾人《ごじん》の生命《せいめい》は保《たも》ち難《がた》きものなれば、先《ま》づ水《みづ》の恩惠《おんけい》を思《おも》ひ、水《みづ》の保護《ほご》を忘《わす》るべからず。

水《みづ》の靈力《れいりき》を認《みと》めし上《うへ》は、每朝起床《まいあさきしやう》すると共《とも》に水《みづ》に親《した》しむべく、冷水《れいすゐ》を以《もつ》て頭髮體膚《とうはつたいふ》を洗《すゝ》き淨《きよ》め、次《つぎ》に冷水《れいすゐ》一杯《ぱい》を飲《の》むことを怠《おこた》るべからず、頭髪體膚《とうはつたいふ》の洗滌《せんでう》即《すなは》ち身滌《みそぎ》は、唯《た》だ單《たん》に表面形式《へうめんけいしき》にとゞめずして、心根《しんこん》の洗滌《せんでう》を心掛《こゝろが》くべし　心身共《しんしんとも》に淨化《じやうくわ》せしむるを以《もつ》て嚴法《いづのり》といふなり、身滌《みそぎ》は生理上《せいりじやう》の强健法《きやうけんはふ》なると、同時《どうじ》に又罪穢《またざいゑ》を祓《はら》ふ重大意義《ぢうだいいぎ》を有《いう》するものとす。鎭魂《しづたま》の第《だい》一階《かい》は身滌修行《みそぎしゆぎやう》に在《あ》り、其《そ》の方式《はうしき》は各自《かくじ》の隨意《ずゐい》なるも、毎朝《まいあさ》の身滌《みそぎ》と冷水《れいすゐ》を飮《の》むことは、終生勵行《しうせいれいかう》すべきものとす。

水《みづ》を以《もつ》て罪穢《ざいくわい》を祓《はら》ふことは、高祖伊邪那岐神《かうそいざなぎのかみ》が、日向《ひふが》の橘《たちばな》の小戸《をど》の阿波岐原《あはきはら》にて、水滌祓《みそぎはらひ》を爲《な》し給《たま》ひしに始《はじ》まる、此《こ》の法《はふ》が西傳《さいでん》して、印度《いんど》等《とう》にては立太子式《りつたいししき》及《およ》び即位式《そくゐしき》に灌頂《くわんちやう》するを典禮《てんれい》とし、又佛教《またぶつけう》にては灌佛會《くわんぶつゑ》と爲《な》り、基督教《キリストけう》其《そ》の他《た》にては洗禮式《せんれいしき》となつて居《ゐ》る。身滌《みそぎ》の道場《だうぢやう》にては、通常早朝《つうじやうさうてう》、日中《につちう》、夕方又《ゆふかたまた》は就眠前《しうみんまへ》の三回行水《くわいぎやうずゐ》するを例《れい》とす、併《しか》し度數《どすう》の如何《いかん》は問《と》ふ所《ところ》でない、其《そ》の人《ひと》の隨意《ずゐい》にて三四五回《くわい》と行《おこな》ふも差支《さしつか》へなく、又起床直後《またきしやうちよくご》一回《くわい》にてもよろし、行水《ぎやうずゐ》に先《さき》ちて禊祓《みそぎはらひ》を唱《とな》ふることも例《れい》なり。それ等《ら》は形式《けいしき》なれども、成《な》るべく例《れい》に依《よ》るを可《か》とす。又身滌《またみそぎ》には冷水《れいすゐ》を手拭《てぬぐひ》にしめして身體《しんたい》を能《よ》く掃拭《さうしよく》するもの、即《すなは》ち冷水摩擦式《れいすゐまさつしき》のものと、池水又《いけみづまた》は水風《みづぶ》呂《ろ》に全身《ぜんしん》を浸《ひた》すものと、水桶《みづをけ》に水《みづ》を汲《く》みて頭《あたま》よりかぶるものとあり、いづれにても差支《さしつかへ》なきも、身滌《みそぎ》の本格《ほんかく》よりすれば、川《かは》の清流《せいりう》に全身《ぜんしん》を投入《とうにふ》し、手《て》を組《く》みて二三分又《ぶんまた》は四五分間靜念《ふんかんせいねん》するを以《もつ》て、最善《さいぜん》の方式《はうしき》となす。

三四、眞澄氣吹法

地球《ちきう》は最初《さいしよ》氣體《きたい》卽《すなは》ち風氣《ふき》より凝成《ぎようせい》せるものにして、今《いま》も猶《なほ》雰圍氣《ふんゐき》を以《もつ》て地殼《ちこく》を覆《おほ》ひ居《を》れり、吾等《われら》も此《いま》の雰圍氣《ふんゐき》中《ちう》に棲息《せいそく》して、空氣《くうき》の恩惠《おんけい》を間斷《かんだん》なく受《う》け居《を》るものなり、水《みづ》なくしても一兩日《りやうじつ》は生存《せいぞん》し得《う》るも、空氣《くうき》なくしては一刻《こく》も生存《せいぞん》すること能《あた》はず、左《さ》ればその恩惠《おんけい》は秒時《べうじ》も之《こ》れを忘《わす》るべからず。

又日光《またにつくわう》は空氣《くうき》をして常《つね》に淨化《じやうくわ》を保《たも》たしむる爲《た》めに、動物《どうぶつ》をして炭酸瓦斯《たんさんがす》を呼《は》かしめ、植《しよく》物《ぶつ》をして酸素《さんそ》を呼《は》かしめ居《を》り、且《か》つ光熱作用《くわうねつさよう》は呼吸上《こきふじやう》にも關聯《くわんれん》して、人間《にんげん》の生存《せいぞん》竝《ならび》に其《そ》の活動《くわつどう》に最《もつと》も必要《ひつえう》なるものなれば、之等《これら》の恩惠《おんけい》に反《そむ》かず、呼吸法《こきふはふ》を以《もつ》て日々《ひゞ》一回乃至《くわいないし》三回《くわい》は、嚴正《げんせい》に報謝敬慕《はうしやけいぼ》の念《ねん》を持《ぢ》すべきものとす。

如何《いか》なる道法《だうはふ》に於《お》ても、嚴正《げんせい》に心魂《しんこん》を錬《ね》る方法《はうはふ》は、呼吸《こきふ》の調節《てうせつ》を以《もつ》て第《だい》一步《ぽ》とす、但《たゞ》し我《わ》が眞澄氣吹《ますみいぶき》は他《た》のそれの如《ごと》く、深呼吸法《しんこきふはふ》等《とう》を以《もつ》て肺《はい》を强制《きやうせい》するが如《ごと》き迷法《めいはふ》に非《あら》ずして、吾等《われら》が平素《へいそ》呼吸《こきふ》しつゝある常態分量《じやうたいぶんりやう》の空氣《くうき》を、靜《しづ》かに緩《ゆるや》かに長《なが》く丸《まる》く、呼吸《こきふ》するものなり、尤《もつと》も此《こ》の普通《ふつう》の呼吸量《こきふりやう》を、靜《しづ》かに長《なが》くするは、極《きは》めて容易《ようい》なるが如《ごと》きも、實地《じつち》には頗《すこぶ》る行《おこな》ひ難《がた》きものにして、大《おほい》に練習《れんしふ》を要《えう》す。

常態《じやうたい》の呼吸回數《こきふくわいすう》は、一分間《ぷんかん》十八九回《くわい》にして、一回《くわい》の呼吸時間《こきふじかん》は約《やく》三秒《べう》なり、此《こ》の時間《じかん》を少《すこ》しづつ漸次《ぜんじ》延長《えんちやう》して、遂《つひ》に一呼吸《こきふ》一分間《ぷんかん》に至《いた》るを理想《りさう》とす。

此《こ》の眞澄氣吹《まずみいぶき》を行《おこな》ふには、先《ま》づ東面《とうめん》に座《ざ》すべし、地球《ちきう》は常《つね》に東《ひがし》に向《むか》つて廻轉進行《くわいてんしんかう》する故《ゆゑ》、氣吹《いぶき》も東《ひがし》に向《むか》つて、最《もつと》も新《あらた》なる日光《につくわう》と空氣《くうき》に親《した》しみ、且《か》つ敬《うやま》ふといふ意《い》を體《たい》すべし、座《ざ》前《ぜん》は東窓《ひがしまど》を可《か》とするも、窓《まど》なければ壁《かべ》や襖《ふすま》に對《たい》し、三尺《しやく》を隔《へだ》てゝ東面靜座《とうめんせいざ》す。

座法《ざはふ》は、兩膝間《りやうひざかん》を四五寸《すん》隔《へだ》てしめ、兩足踵《りやうあしかゝと》の上《うへ》に尻《しり》を置《お》き、左拇指《ひだりぼし》を下《した》にし、右拇指《みぎぼし》を上《うへ》にして四半分《はんぶん》ばかり重《かさ》ね、兩手《りやうて》は兩腿《りやうもゝ》の上《うへ》に輕《かる》く置《お》く、かくて全身《ぜんしん》の意識的《いしきてき》の力《ちから》は一切《さい》拔《ぬ》き、斜《なゝ》めに左方《さはう》に首《くび》を向《む》けて、靜《しづ》かに吸氣《きふき》して急《きふ》に呼出《はきだ》す、此《こ》の事《こと》四回《くわい》、又右《またう》方《はう》に首《くび》を向《む》けて同樣《どうやう》四回《くわい》行《おこな》ひ、然《しか》して後《のち》東正面《ひがししやうめん》に直《なほ》る。

鼻《はな》と臍《ほぞ》とは垂直《すゐちよく》に保《たも》ち、顏《かほ》は仰向《あふむ》かず伏向《うつむか》ず最《もつと》も端正《たんせい》を保《たも》ち、目《め》は輕《かる》く閉《と》ぢ、最《もつと》も靜《しづ》かに鼻腔《びくう》より吸《きふ》氣《き》して、緩《ゆるや》かに長《なが》く吸《す》ひ込《こ》み、深呼吸《しんこきふ》に入《はひ》らざる内《うち》に口《くち》より丸《まる》く靜《しづ》かに呼《は》き出《だ》しつゝ、一呼吸毎《こきふごと》に間《かん》隔《かく》を置《お》かずして、連續《れんぞく》すること十六回《くわい》を以《もつ》て止《とゞ》む。

吸《す》ひ始《はじ》めより極《ご》く靜《しづ》かに緩《ゆるや》かに長《なが》く吸《す》ひ込《こ》みて、未《いま》だ吸《す》ひ込《こ》む餘地《よち》のある内《うち》に呼《は》き出《だ》し、靜《しづ》かに緩《ゆるや》かに長《なが》く呼氣《こき》して、猶《なほ》呼氣《こき》の力《ちから》が幾分殘《いくぶんのこ》り居《を》る内《うち》に、又靜《またしづ》かに鼻《はな》より吸《す》ひ込《こ》みては出《だ》す、故《ゆゑ》に呼《は》き出《だ》す時《とき》と吸《す》ひ込《こ》む時《とき》の境目《さかひめ》は丸《まる》く爲《な》すことを肝要《かんえう》とす、此《こ》の境目《さかひめ》を急《きふ》にしたり、又《また》は呼吸《こきふ》を停滞《ていたい》さするときは深呼吸《しんこきふ》となる故《ゆゑ》、丸《まる》くを最《もつと》も注意《ちうい》すべし。

猶此《なほこ》の呼吸中《こきふちう》に、雑念《ざつねん》の頻出《ひんしゆつ》することあるも、之《こ》れを押《おさ》へたり、無我《むが》に爲《な》らんとするが如《ごと》き心《こゝろ》は、凡《すべ》て又雑念《またざつねん》の一種《しゆ》となるものであるから、如何《いか》に雑念煩悩《ざつねんはんなう》が往來《わうらい》して來《き》ても、一切放置《さいはうち》して、唯《た》だ其《そ》の呼吸《こきふ》をして靜《しづ》かに、緩《ゆる》やかに、長《なが》く、丸《まる》くの四條件《でうけん》に反《そむ》かぬやうに注意《ちうい》すれば、それで良《よ》いのである。

人間《にんげん》は元來神《ぐわんらいかみ》の子《こ》にして、直靈主《すくひぬし》なり、直靈《すくひ》はナホヒにて、天《てん》より降《くだ》れる本靈《もとひ》をいふ、此《こ》の本靈《ほんれい》を發揮《はつき》すれば、自己《じこ》を救《すく》ひ他《た》を救《すく》ひ得《う》る故《ゆゑ》スクヒヌシとなるなり、然《しか》るに自己《じこ》以外《ぐわい》の人靈《じんれい》、又《また》は禽獸靈等《きんじうれいとう》が憑依《ひようい》して、此《こ》の直靈《すくひ》を掩殺掩襲《えんさつえんしふ》する爲《た》めに、煩悩《ぼんなう》を生《しやう》ずるものなり、左《さ》れば人間《にんげん》が直靈《すくひ》を眞澄氣吹《ますみいぶき》の自然《しぜん》の力《ちから》にて呼《よ》び戻《もど》す時《とき》は、彼等依靈《かれらいれい》は驚《おどろ》き恐《おそ》れて逃《に》げ出《だ》すものなり、斯《か》くて之等雑靈《これらざつれい》の去《さ》りたる後《のち》は、眞澄《ますみ》の天心《てんしん》となり、神人合《しんじんがふ》一の境地《きやうち》に立《た》ち得《う》るものなりとす。

身滌《みそぎ》と氣吹《いぶき》の二法《のり》を、毎朝嚴修《まいあさげんしう》する時《とき》は、自然《しぜん》と心氣清澄《しんきせいちよう》して仙境《せんきやう》に遊《あそ》ぶの感《かん》を生《しやう》ずるものなり、若《も》し無秩序《むちつじよ》の自我流《じがりう》にて鎭魂《しづたま》せんとすれば、全然不可能《ぜん〱ふかのう》にあらずとするも、其《そ》の眞澄《ますみ》の直靈《すくひ》に到達《たうたつ》するには、少《すく》なくも數年《すうねん》を要《えう》するも、此《こ》の嚴法《いづのり》に依《よ》れば六ケ月《げつ》、若《も》しくは長《なが》くして一年内《ねんない》に彼岸《ひがん》に達《たつ》するを常《つね》とす、罪穢《ざいゑ》の少《すく》なき青年等《せいねんとう》にして、陽氣《やうき》勇氣《ゆうき》を有《いう》するものは、三ケ月位《げつぐらゐ》にて妙所《めうしよ》を握《つか》み得《う》るものなり。

毎日數分間《まいにちすうふんかん》づつにても眞澄《まずみ》の境地《きやうち》に入《はひ》り、直靈《すくひ》の光《ひかり》を現《あら》はし置《お》けば、頭腦《づなう》自《おのづ》から明晰《めいせき》となり、意識清澄《いしきせいちよう》して記憶力《きおくりよく》を增《ま》し、天心《てんしん》にして勇氣《ゆうき》を發《はつ》し、無病長壽《むびやうちやうじゆ》を保《たも》つこと疑《うたが》ひなし、然《しか》し此《こ》の氣吹法《いぶきのり》を濫修《らんしう》するときは、百害《がい》あつて一利《り》なし、依《よつ》て左《さ》に注意事項《ちういじかう》を示《しめ》す。

一、眞澄氣吹《まずみいぶき》は、一回《くわい》の修行時間《しゆぎやうじかん》三十分《ぶん》を超《こ》えざる事《こと》、一日朝《にちあさ》、晝《ひる》、夕《ゆふ》の三回《くわい》に止《とゞ》め、其《そ》の他《た》は嚴禁《げんきん》す。

二、三十分間靜座中《ぷんかんせいざちう》の眞澄氣吹時間《まずみいぶきじかん》は、其《そ》の人《ひと》の巧拙《かうせつ》によりて差異《さい》あるも、十六呼吸《こきふ》に十六分乃至《ぶんないし》二十分《ぷん》を要《えう》す、之《こ》れを終《をは》りたる後《のち》は、數分間靜座《すうふんかんせいざ》を續《つゞ》け、然《しか》る上《うへ》靜《しづ》かに立《た》つべし。

三、着手後數日《ちやくしゆごすうじつ》にして、閉目中《へいもくちう》の眼底《がんてい》に白雲《はくうん》の下方《かはう》より上方《じやうはう》に交々昇《こもぐのぼ》る如《ごと》きを見《み》る、次《つい》で白雲《はくうん》は次第《しだい》に紫雲《しうん》に變《へん》じ、最後《さいご》に朗《ほが》らなる光線《くわうせん》に全身《ぜんしん》を包《つゝ》まるゝ如《ごと》く思《おも》はるゝに至《いた》ることあり、之《こ》れを上々《じやう〲》となす。

四、閉目中《へいもくちう》に種々《しゆぐ》なる雜形《ざつけい》を幻視《げんし》することあり、假令《たと》へば神佛《しんぶつ》の形《かたち》、又《また》は禽獸《きんじう》の形《かたち》を現《あら》はすものなり、之《こ》れは雜念煩惱《ざつねんぼんなう》の脫出《だつしゆつ》する準備《じゆんび》と思《おも》ふべし、神佛《しんぶつ》の靈體《れいたい》を見《み》たりとて迷信《めいしん》に囚《とら》はる可《べか》らず。

五、靜座中《せいざちう》、身體《しんたい》の動搖《どうえう》することあり、之《こ》れを靈動《れいどう》と考《かんが》ふべからず、之《こ》れも雜念煩惱《ざつねんぼんなう》の脫出準備《だつしゆつじゆんび》と思《おも》ふべし。

六、練習中突如《れんしふちうとつじよ》として大聲《たいせい》を發《はつ》し、且《か》つ又飛《またと》び上《あが》る如《ごと》き事《こと》ある時《とき》は、既《すで》に弱小雜靈去《じやくせうざつれいさ》りて、稍強《やゝつよ》き依靈《いれい》の脫出《だつしゆつ》する名殘《なごり》なれば、尤《もつと》も注意《ちうい》を要《えう》す。

此《こ》の時《とき》は良《よ》き審神《さには》者を求《もと》めて、新《あら》たに身添氣祓《みそげはらひ》を爲《な》すべし。

七、眞澄氣吹《ますみいぶき》は、無病長壽《むびやうちやうじゆ》、記憶旺盛《きおくわうせい》、膽力强剛《たんりよくきやうがう》を保《たも》つ法《のり》なれども、其《そ》の極致《きよくち》は神人《しんじん》合《がふ》一に入《い》るの階梯《かいてい》なれば、毎日其《まいにちそ》の情勢光景《じやうせいくわうけい》を日記《につき》に留《と》め置《お》き、以《もつ》て反省參照《はんせいさんせう》すべし。

八、眞澄氣吹《ますみいぶき》を始《はじ》めんとする時《とき》は、最《もつと》も嚴肅《げんしゆく》なる誓詞《せいし》を産土大神竝《うぶすなおほがみならび》に奉齋主神《ほうさいぬしのかみ》に白《また》し、日誌《につし》は着手《ちやくしゆ》の日《ひ》より始《はじ》むべし。

岡田式靜座法《をかだしきせいざはふ》と云《い》ひ、江馬式氣合術《えましききあひじゆつ》と云《い》ひ、或《あるひ》は大靈道《だいれいだう》と云《い》ひ、或《あるひ》は禪定《ぜんてい》と云《い》ひ、或《あるひ》は數息觀《すうそくくわん》と云《い》ひ、或《あるひ》は深呼吸法《しんこきふはふ》と云《い》ひ、或《あるひ》は腹式呼吸法等《ふくしきこきふはふとう》といふも、孰《いづ》れも呼吸調節《こきふてうせつ》を主《しゆ》とするものに相違《さうゐ》ないが、そのあるものは生理《せいり》を主《しゆ》として立案《りつあん》し、或《あ》るものは心理《しんり》に偏《へん》し、或《あるひ》は無念無想《むねんむさう》を主《しゆ》として、強《しひ》て無我《むが》に導《みちび》かんとして、却《かへつ》て雜念《ざつねん》を涌起《ゆうき》せしむるが如《ごと》きあり、いづれも偏《へん》して全《まつた》からず、又強制的《またきやうせいてき》にて自然《しぜん》に反《はん》す、故《ゆゑ》に悉《ことごと》く眞澄《ますみ》の直靈《すくひ》に入《い》ること能《あた》はずして、種々《しゆじゆ》の弊害《へいがい》を醸《かも》すもの多《おほ》し、人間《にんげん》は無我無念《むがむねん》になり得《う》るものにはあらず、眞我《しんが》眞念《しんねん》の發起《はつき》こそ第一義《だいいぎ》といふべきである。

三五、身滌氣祓

身滌氣祓《みそげはらひ》と前《まへ》の水滌法《みそぎのり》とは、言音相似《げんおんあひに》たるも、其《そ》の意義《いぎ》は自《おのづ》から異《こと》なれり、水滌《みそぎ》は水行《すゐぎやう》を以《もつ》て、吾等《われら》の心身《しんしん》を淨化《じやうくわ》するものなるが、此《こ》の身滌氣祓《みそげはらひ》は依靈《いれい》を祓《はら》ひ除《のぞ》くことなり。

身滌氣《みそげ》とは、心理的《しんりてき》に見《み》れば、雜念煩惱《ざつねんぼんなう》なるも、之《こ》れを具體的《ぐたいてき》に云《い》へば、人體《じんたい》に附着《ふちやく》せる幽穢《けがれ》にして、俗《ぞく》に所謂物《いはゆるもの》の氣《け》なり、物《もの》の氣《け》即《すなは》ち附着靈《ふちやくれい》にして、之等《これら》の依靈中《いれいちう》には、愛着《あいちやく》心《しん》の深《ふか》き祖先《そせん》の靈《れい》もあり、又家畜《またかちく》の靈《れい》もあり、野獸山靈《やじうさんれい》もあるなり。

世或《よあるひ》は堂々《だうどう》たる人間《にんげん》に、如何《いか》はしき雜靈等《ざつれいとう》の附着《ふちやく》すべき理《り》なしといふ、然《しか》れども彼《か》の米《こめ》に穀象蟲《こくぞうちう》の發《はつ》生《せい》するが如《ごと》く、外部《ぐわいぶ》より小蟲菌《せうちうきん》の米體《べいたい》に侵入《しんにふ》するものがある、又白蠶《またしらこ》となつて固死《こし》せる蠶《かひこ》の體内《たいない》にも蛆《うじ》の居《ゐ》るを見《み》るべく、繭《まゆ》の中《なか》の蛹《さなぎ》の體内《たいない》にも蛆《うじ》の居《ゐ》るが如《ごと》きものである。

或《あるひ》は曰《いは》く、生蟲《せいちう》の寄生《きせい》は左《さ》ることながら、祖靈《それい》、禽獸靈《きんじうれい》の如《ごと》き、無形《むけい》の靈《れい》なるもの存《そん》する理《り》なし、況《いは》んや人體《じんたい》に附着《ふちやく》するをやと、之《こ》れ甚《はなは》だしき淺見《せんけん》なり、蠶《かひこ》は死《し》して蛹《さなぎ》と化《くわ》し、蛹《さなぎ》は死《し》して蛾《が》となるが如《ごと》く、蠶《かひこ》より蛹《さなぎ》、蛾《が》、蠶卵《さんらん》、又蠶《またかひこ》と、體《たい》は變化《へんくわ》するも、生命《せいめい》は連續《れんぞく》し居《を》れり、人間《にんげん》は萬物《ばんぶつ》の靈長《れいちやう》といひ、他《た》の生物《せいぶつ》に比《ひ》して優秀《いうしう》なれば、生命《せいめい》の不滅《ふめつ》、永久《えいきう》の存在《そんざい》は疑《うたが》ふ餘地《よち》がないのである。鎭魂法《たましづのり》を修《しう》して、雜念煩惱《ざつねんぼんなう》を離《はな》れ、全《まつ》たく眞人《しんじん》となり、神《かみ》と交感《かうかん》一致《ち》するやうになれば、人間《にんげん》が幽體《かくりたい》に變《へん》じて、生命《せいめい》を永遠《えいゑん》に存續《そんぞく》することをも實見《じつけん》し得《う》るのである。

人間《にんげん》は生前《せいぜん》如何《いか》に信仰《しんかう》の誠《まこと》を盡《つく》すと雖《いへど》も、直《たゞ》ちに宇宙《うちう》の大靈《だいれい》に還元《くわんげん》して、個性《こせい》を消滅《せうめつ》するものにあらず、蠶《かひこ》の數囘《すうくわい》其《そ》の幽身《かくりみ》を變化《へんくわ》して、最後《さいご》に卵《たまご》を遺《のこ》す如《ごと》く、生前《せいぜん》に血系《けつけい》を遺《のこ》し、死後《しご》幽界中《かくりよちう》にて數段上級《すうだんじやうきふ》なる靈界《れいかい》に入《はひ》つて後《のち》に靈系《れいけい》を遺《のこ》し、其《そ》の本靈《ほんれい》は地球圈外《ちきうけんぐわい》に脫出《だつしゆつ》して、初《はじ》めて大靈界《だいれいかい》に進《すゝ》むものなり。

現身《うつしみ》の身添氣《みそけ》を悟《さと》らざるものは、畢竟身添氣《ひつきやうみそけ》即《すなは》ち惡靈《あくれい》に欺《あざむ》かれ、難《なや》まされ居《ゐ》るものである、身添氣《みそけ》なく、其《そ》の人《ひと》の直靈《すくひ》のまゝなれば、以上《いじやう》の如《こと》き幽界靈界《いうかいれいかい》の眞理《しんり》が悟《さと》らるゝのである。前《まへ》の水《み》滌嚴法《そゝぎいづのり》や眞《ま》澄吹《すみい》氣法《ぶきのり》の修行《しゆぎやう》によりて、身體《しんたい》の微動《びどう》が早《はや》く發《はつ》するもの程《ほど》、身添氣《みそけ》の附着《ふちやく》が薄《うす》い人《ひと》である、容易《ようい》に發動《はつどう》しないものは、頑固《ぐわんこ》なる附着靈《ふちやくれい》の存《そん》することが確《たし》かである。

此《こ》の身添氣《みそけ》を去《さ》るのが鎭靈《しづたま》の重要任務《ぢうえうにんむ》であつて、それには先《ま》づ第一《だい》に身添氣《みそけ》祓《はらひ》が肝要《かんえう》である。

鎮魂《たましづめ》はミタマシヅメと讀《よ》み、自己《じこ》の心《こゝろ》を鎮《しづ》むる事《こと》にして、其《そ》の階級順序《かいきふじゆんじよ》としては、先《ま》づ身添氣《みそげ》即《すなは》ち附着物《ふちやくぶつ》を祓《はら》ひ除《のぞ》かざるべからず、而《しか》して其《そ》の身添氣《みそげ》は一二に止《とゞ》まらず數多《あまた》あるものなれば、水滌嚴法《みづそぎいづのり》、眞澄氣吹法《ますみいぶきのり》を熱心《ねつしん》に修行《しゆぎやう》する内《うち》には、其《そ》の身添氣《みそげ》の内《うち》の最《もつと》も低級《ていきふ》なる弱靈《じやくれい》は、身體《しんたい》に微動《びどう》を發《はつ》する時《とき》に逃《に》げ出《だ》し、劇動《げきどう》を發《はつ》するに至《いた》つて強靈《きやうれい》も亦《また》逃《に》げ出《だ》すものなり、然《しか》るに其《そ》の劇動《げきどう》は一旦《たん》發《はつ》して、漸次《ぜんじ》靜《しづ》まり、一二ケ月間《げつかん》何等《なんら》の反響《はんきやう》もなくして再《ふたゝ》び劇動《げきどう》に入《はひ》ること多《おほ》し。

又最初《またさいしよ》の劇動《げきどう》が一ケ月餘《げつよ》も靜《しづ》まらざる時《とき》は、其《そ》の身添氣《みそげ》は頑強《ぐわんきやう》なる惡靈《あくれい》か、左《さ》もなければ高級《かうきふ》なる神懸《かみがか》りの前兆《ぜんてう》なる故《ゆゑ》、斯《か》くの如《ごと》き場合《ばあひ》は、優秀《いうしう》なる審神者《さには》を求《もと》めて、其《そ》の憑《ひよう》靈《れい》の判別《はんべつ》を乞《こ》ふ必要《ひつえう》あり、若《も》し惡靈《あくれい》なれば、直《たゞ》ちに身添氣《みそげ》を修《しう》し、善靈《ぜんれい》なれば助長《じよちやう》せしめて、自己《じこ》の爲《た》め社會《しやくわい》の爲《た》め、其《そ》の靈導《れいだう》を發揮《はつき》せしめざるべからず。

古事記《こじき》に、伊邪那岐神《いざなざのかみ》が黄泉《よみ》の穢《けがれ》を祓《はら》ひせし事《こと》を記《しる》して曰《いは》く、伊邪那岐大神《いざなぎのおほがみの》詔りたまはく、吾《われ》は厭醜《いなしこ》め穢《きたな》き國《くに》に到《いた》りて在《あ》りけり、故吾《かれわれ》は御身之《みみの》禊祓《みそぎはらひ》せむと詔《の》り給《たま》ひて、筑紫《つくし》の日向《ひふが》の橘《たちばな》の小門《こもん》の阿波《はは》岐原《きはら》に到《いた》りまして、禊祓《みそぎはら》ひなしたまひき、故投棄《かれなげすつ》る御杖《みつゑ》に成《な》りませる神《かみ》の御名《おんな》は、衝立船戸神《ついたてふなどのかみ》（以下《いか》中略《ちうりやく》）次《つぎ》に邊津甲斐辨羅神《へつかひべらのかみ》云々《うんぬん》、此《こ》の時《とき》の神《かみ》は十二柱《ちう》あるが、之《こ》れは皆御身《みなおんみ》に着《つ》けたる物《もの》を脱《ぬ》ぎたまひしより生《う》まれたる神《かみ》である、之《こ》れも一種《しゆ》の身《み》添《そ》氣《け》祓《はら》ひである、又《また》水《み》滌《そぎ》嚴《いつ》法《のり》を爲《な》せる時《とき》は、是《こゝ》に上瀬《かみつせ》は瀬《せ》速《はや》し、下瀬《しもつせ》は瀬《せ》弱《よわ》しと、詔《のり》ごちたまひて、初《はじ》めて中滌《なかつせ》に降潜《おりかづ》きて、滌《そ》ぎたまふ時《とき》に、成《な》りませる神《かみ》の御名《みんな》は、八十《やそ》禍《まがつ》神日神《ひのかみ》、次《つぎ》に大禍津日神《おほまがつひのかみ》、此《こ》の二神《しん》は其《そ》の穢《きたな》き繁國《しげくに》に到《いた》りまし丶時《とき》の、汚垢《けがれ》を祓《はら》ふに因《よ》りて成《なり》ませる神《かみ》なり、次《つぎ》に其《そ》の禍《まが》を直《なほ》さんとして、成《な》りませる神《かみ》の名《な》は神直毘神《かむなほびのかみ》、次《つぎ》に大直毘《おほなほびの》神《かみ》、次《つぎ》に伊豆能賣神《いづのめのかみ》、云々《うんぬん》と、此《こ》の水滌《みつそぎ》に由《よ》りて大神《だいしん》が現《あら》はれて居《ゐ》る、勿論《もちろん》此《こ》の中《なか》の初《はじ》めの二神《しん》は、穢《けが》れより來《き》たる惡靈《あくれい》であるが、その次《つぎ》は善靈《ぜんれい》と見《み》るべきである、又之《またこ》れを一種《しゆ》の神懸《かみがか》りと見《み》るも差支《さしつかへ》ない。

又書紀《またしよき》には、伊弉諾尊《いざなぎのみこと》、伊弉冉尊《いざなみのみこと》と共《とも》に大八洲國《おほやしまのくに》を生《う》みたまふ、然《しか》して後《のち》に伊弉諾尊曰《いざなぎのみこといは》く、我《われ》生《う》める國《くに》、唯《た》だ朝霧《あさぎり》ありて、薫《かを》り滿《み》てるかもとのたまひて、乃《すなは》ち吹《ふ》き撥《はら》ふ氣神《いきかみ》となる、號《な》を級長戸邊《しなとべの》命《みこと》と白《まを》す、亦《また》は級長津彦命《しなつひこのみこと》と白《まを》す、之《こ》れ風《かぜ》の神《かみ》なりと。

又天照大御神《またあまてらすおほみかみ》と素盞嗚尊《すさのをのみこと》と、眞名井《まなゐ》の誓約《うけひ》の時《とき》、劒《つるぎ》を嚙《か》みに咀《か》みて、吹《ふ》き棄《すつ》る氣噴《いぶき》の狹霧《さぎり》に生《うま》る丶神《かみ》の號《な》を田心姫《たこりゝめ》と白《まを》す云々《うんぬん》とあり。

氣吹《いぶき》は邪氣《ぢやき》を祓《はら》ひ、生氣《せいき》を發《はつ》する奇異《くしひ》であるから、身添氣祓《みそげはらひ》の前提《ぜんてい》とするのである。

身添氣祓《みそげはらひ》の鎭魂《たましづめ》を始《はじ》めんと志《こゝろざ》したる時《とき》は、先《ま》づ産土大神《うぶすなのおほかみ》、寄留者《きりうしや》なれば本籍《ほんせき》と兩方《りやうはう》の産《うぶ》土大神《すなのおほかみ》に、誓《ちか》ひ言《ことば》を申上《まをしあ》げ、又奉齋主神《またほうさいぬしのかみ》にも同樣《どうやう》の誓詞《うけひ》を奏《そう》すべし、其《そ》の文句《もんく》は今《いま》より鎭《たま》魂《しづめ》の嚴法《いづのり》を修《をさ》めて、眞道《しんだう》に入らん狀《さま》を見《み》そなはし、守《まも》り給《たま》へ幸《さち》へ給《たま》へといふ意味《いみ》とす、次《つぎ》に天照皇大御神《あまてらすおほみかみ》にも、祓戸《はらひど》の大神《おほかみ》にも、祝詞《しゆくし》を奏上《そうじやう》すべし。

祝詞《しゆくし》は各自《かくじ》に自由《じいう》に作成《さくせい》してもよいが、其《そ》の大意《たい》は、

掛卷《かけまき》も畏《かしこ》き、天津《あまつ》大靈《おほみたま》天照座《あまてらすます》皇《すめ》大御大神《おほみのおほかみ》、國津《くにつ》御魂產土大神《みたまうぶすなのおほかみ》、蒼稻御魂大神《うがみみたまおほかみ》、祓戸大神等《はらひどおほかみとう》、諸々《しよ〳〵》の曲事積《つみ》穢《けがれ》を、祓《はら》ひ給《たま》へ淸《きよ》め給《たま》ひて、此《こ》の淸座《あさくら》に降居坐《かうきよまし》まして、御《み》魂鎭《みたしづめ》を守《まも》り幸《さち》へ導《みちび》き給《たま》へと白《まを》す。

祝詞奏上《しゆくしそうじやう》の次《つぎ》に拍手《はくしゆ》二つ、次《つぎ》に眞澄氣吹《まずみいぶき》を行《おこな》ひ、靜《しづ》かに行座《ぎやうざ》すること約《やく》三十分《ぷん》にて了《をは》る、斯《か》くして每日修齋《まいにちしうさい》を怠《おこた》らざる時《とき》は、天靈地《てんれいち》靈祓戸大神《れいはらひどおほかみ》の神德《しんとく》によりて、惡靈《あくれい》の身添氣《みそげ》は祓《はら》ひ淸《きよ》めらるゝものなり。

祓戸《はらひど》の大神《おほがみ》に、根《ね》の祓戸神《はらひどのかみ》、現界《うつしよ》の祓戸神《はらひどのかみ》、天津界《あまつよ》の祓戸神《はらひどのかみ》の三つの區別《くべつ》がある。

根之祓戸神《ねのはらひどのかみ》は、瀨織津比賣神《せおりつひめのかみ》、速秋津比賣神《はやあきつひめのかみ》、氣吹戸主神《いぶきどぬしのかみ》、速佐須良比比賣神《はやさすらひひめのかみ》の四柱《はしら》とす。

現界祓戸神《うつしよはらひどのかみ》は八十《やそ》禍津靈神《まがつひのかみ》、大禍津靈神《おほまがつひのかみ》、神直靈神《かむなほひのかみ》、大直靈神《おほなほひのかみ》の四柱《はしら》なり。

天津界祓戸神《あまつよはらどのかみ》は、天之思兼神《あめのおもひがねのかみ》、天兒屋根神《あめのこやねのかみ》、天太玉神《あめのふとだまのかみ》、天之宇受賣神《あめのうずめのかみ》の四柱《はしら》とす。

禍津日神《まがつひのかみ》の惡靈《あくれい》が祓《はらひ》に由《よ》りて淨化《じやうくわ》し、遂《つひ》に神化《しんくわ》して、却《かへ》つて穢《けが》れを祓《はら》ふ祓戸《はらひど》の大神《おほがみ》と進《すゝ》みたる故《ゆゑ》、靈《れい》の字《じ》を用《もち》ひたのである。

直日神《なほひのかみ》の次《つぎ》に伊豆能賣神《いづのめのかみ》とあるは、嚴之芽《いづのめ》で、直日《なほひ》の祓《はらひ》に由《よ》り、嚴男《いづを》嚴女《いづめ》の健全《けんぜん》なる人間發生《にんげんはつしやう》の基礎《きそ》

となることを表《へう》したのである。

三六、神明の靈憑

神明靈憑《かみがかり》は、又顯神明憑《またかみがかり》、又《また》は神憑《かみがか》り、或《あるひ》は神懸《かみがか》りとも書《か》く、前《まへ》の身添氣《みそげ》は惡靈禍靈《あくひまがひ》が憑依《ひようい》して、人間《にんげん》を惡《あ》しき方《はう》に導《みちび》くものなるが、神靈《しんれい》が人體《じんたい》に憑依《ひようい》して、靈言靈教《れいごんれいけう》即《すなは》ち神託《しんたく》を發《はつ》し、人《ひと》を靈導善化《れいだうぜんくわ》するは、世界《せかい》の進化《しんくわ》を完全《くわんぜん》に爲《な》さんが爲《た》めなり。

世界《せかい》は造化神《ざうくわしん》の意思《いし》に依《よ》りて、自然的《しぜんてき》に完全《くわんぜん》に發達《はつたつ》を爲《な》すは當然《たうぜん》なるも、一旦現界《たんうつしよ》と幽界《かくりよ》と分立《ぶんりつ》したる上《うへ》は、現界《うつしよ》は凡《すべ》て神《がみ》の子《こ》たる人間《にんげん》に委任《ゐにん》し居《を》れり、然《しか》るに人間《にんげん》は肉體《にくたい》を以《もつ》て精神《せいしん》を覆《おほ》ひ居《を》る故《ゆゑ》に、幽界《かくりよ》との交通完全《かうつうくわんぜん》ならず、殊《こと》に身添氣《みそげ》の如《ごと》き祟《たゝ》りの爲《た》めに、曲事《つみ》を生《しやう》じ、其《そ》の曲事《つみ》が累《つも》りて罪《つみ》、即《すなは》ち積《つみ》となり、罪《つみ》が累《つも》りて氣枯《けがれ》即《すなは》ち穢《けが》れとなり、生々《せい〳〵》潑剌《はつらつ》たる活動《くわつどう》を妨《さまた》げ、其《そ》の甚《はなは》だしきに至《いた》つては、人間《にんげん》にてありながら其《そ》の行爲《かうゐ》は禽獸《きんじう》と異《こと》ならざるもの多《おほ》く、濁富《だくふ》、瀆武《とくぶ》、溺文《できぶん》、己《おの》れを穢《けが》し、世《よ》を誤《あやま》る奸邪醜怪《かんじやしうくわい》の小人《せうにん》を以《もつ》て充《み》たさる居《ゐ》ることは、何人《なんぴと》も熟知《じゆくち》する所《ところ》なり。

身滌嚴法《みそぎいづのり》、眞澄氣吹法《まずみいぶきのり》を、日毎《ひごと》に練習《れんしふ》し、天靈地靈《てんれいちれい》及《およ》び生活主神《せいくわつしゆじん》、祓戸大神《はらひどのおほかみ》を祈《いの》り居《を》れば、自然《しぜん》に雜念煩惱《ざつねんぼんなう》の身添氣《みそげ》は雲散《うんさん》して、眞澄狀態《ますみじやうたい》に入《はひ》ると同時《どうじ》に顯神明憑談《かみがかり》を受《う》け、其《そ》の行動《かうどう》は自然《しぜん》に天意《てんい》に叶《かな》ひ、完全《くわんぜん》なる眞人《まひと》の天職《てんしよく》を盡《つく》し得《う》るに至《いた》るものなり、之《こ》れ即《すなは》ち鎭《たま》魂《しづ》の極致《きよくち》にして、鎭魂《たましづ》の結果神憑《けつくわかみがかり》あるは歸神《きしん》なり、故《ゆゑ》に鎭魂《たましづ》即《すなは》ち歸神《きしん》、從《したが》つて又鎭魂歸神《またたましづきしん》即《すなは》ち神懸《かみがか》りなり、左《さ》れば鎭魂修法《たましづしうはふ》は何人《なんぴと》も必須《ひつす》の修養法《しうやうはふ》なりとす。

鎭魂修法《しづたましうはふ》といふも、水滌法《みそぎのり》、氣吹法《いぶきのり》を以《もつ》て、先《ま》づ身添氣《みそげ》の依靈《いれい》を祓《はら》ひ、更《さら》に怠《おこた》らず水滌《みそぎ》法《のり》、氣吹法《いぶきのり》を修《をさ》むるの他《ほか》、別《べつ》に行式《ぎやうしき》あるにあらず、只《た》だ天靈《てんれい》即《すなは》ち天照座皇大神《あまてらしますめのおほかみ》、地靈《ちれい》即《すなは》ち産土大神《うぶすなのおほかみ》、生靈《いくたま》即《すなは》ち生活主神《いきぬしのかみ》豐受大神《とようけのおほかみ》、一切《さい》の罪穢消滅《ざいくわいせうめつ》の祓戸大神《はらひどのおほかみ》を、日夕祈念信仰《にちせききねんしんかう》すべきなり。

鎭魂修行《たましづしゆぎやう》の場所《ばしよ》は何地《いづれ》にても可《か》なり、禪定《ぜんてい》や仙術修行《せんじゆつしゆぎやう》の如《ごと》く、强《しい》て山林幽靜《さんりんいうせい》の地《ち》を撰《えら》ぶに及《およ》ばず、又甚《またはなは》だしき苦行《くぎやう》は、一部《ぶ》の特殊人《とくしゆにん》には差支《さしつかへ》なきも、一般的《ばんてき》には其《そ》の必要《ひつえう》なし、又禪僧《またぜんそう》や眞言行者等《しんごんぎやうじやとう》の如《ごと》く、枯木死灰然《こぼくしくわいぜん》たる陰氣臭《いんきくさ》きは、大《おほい》に愼《つゝし》むべし、尤《もつと》も陽氣《やうき》に且《か》つ勇氣《ゆうき》を以《もつ》て怠《おこた》らず繼續《けいぞく》して勵行《れいかう》するを要《えう》す。

既《すで》に身添氣《みそげ》の附靈《ふれい》祓《はら》ひ除《のぞ》かれたる上《うへ》は、直靈《すくひ》の發動《はつどう》のまゝに自由《じいう》の行動《かうどう》を取《と》るを可《か》とす。

輕躁喧擾《けいさうけんぜう》は固《もと》より不可《ふか》なるも、莊重敬虔《さうぢうけいけん》の態度《たいど》を以《もつ》てすれば、神前《しんぜん》に於《おい》て、琴《こと》、笙《ふえ》、石笛《いしぶえ》等《とう》の如《ごと》き、優美《いうび》の音曲《おんぎよく》を奏《そう》するも宜《よろ》しく、又神聖《またしんせい》なる歌謠《かえう》を諷誦《ふうしよう》するも妨《さまた》げなし、眞心直靈《しんしんすくひ》より發《はつ》する行動《かうどう》は、凡《すべ》て神明《しんめい》に嘉爾欣受《かしようきんじゆ》せらる〻ものなり。

水滌法《みそぎのり》、氣吹法《いぶきのり》を修行《しゆぎやう》すれば、惡靈《あくれい》の憑《つい》て居《ゐ》るのが漸次《ぜんじ》に逃《に》げ去《さ》る、さうすれば跡《あと》は天津神《あまつかみ》の分靈《ぶんれい》たる直靈《なほび》になる、直靈《なほび》即《すなは》ち眞人《まひと》で、之《こ》れで最早充分《もはやじうぶん》である、立派《りつぱ》な人《ひと》として神意《しんい》に從《したが》ひ、神業《かむわざ》の修理固成《しうりこせい》を受繼《うけつい》で行《ゆ》くことが出來《でき》る、併《しか》し現身《うつせみ》かあつて又何時《またいつ》如何《いか》なる曲事《つみ》が起《おこ》らぬとも限《かぎ》らぬ、そこで鎭魂修法《たましづしうはふ》を一層進み勵《はげ》みて、神懸《かみがか》りを受《う》け、神勅神明《しんちよくしんめい》に由《よ》りて、萬事《ばんじ》を處理《しより》してゆけば、萬《まん》に一つも間違《まちが》ひがなく、自分《じぶん》は健康長壽《けんかうちやうじゆ》にして幸福《かうふく》であり、子孫《しそん》は幸榮《かうえい》で家門《かもん》は繁昌《はんじやう》し、人《ひと》の爲《た》め世《よ》の爲《た》めにも大《おほい》に盡《つく》すことが出來《でき》るのである。

又《また》水《み》滌嚴法《そぎいつのり》を行《おこな》うた後《のち》に、豐受體操法《とようけたいさうはふ》といふがある、豐受《とようけ》即《すなは》ち富受《とみうけ》である、嚴寒中等身《げんかんちうとうみ》滌即《そぎすなは》ち冷水浴《れいすゐよく》なり、冷水摩擦《れいすゐまさつ》を行《おこな》ふと、二十分位《ぶんぐらゐ》は甚《はなは》だ爽快《さうくわい》を感《かん》ずるが、それから寒慄《かんりつ》を發《はつ》するやうになる、その時《とき》に十分乃至《ぶんないし》三十分間程體操《ぶんかんほどたいさう》を行《おこな》ふのである、體操《たいさう》そのものは學校《がくかう》でやる普通《ふつう》の體操《たいさう》でも何《なん》でもよい、只《た》だ其《そ》の體操《たいさう》の上《うへ》に精神的《せいしんてき》の祈誓《きせい》を加《くは》ふるのが主眼《しゆがん》である。

先《ま》づ第《だい》一に自分等《じぶんら》國家《こくか》社會《しやくわい》の全幸福《ぜんかうふく》を天照座皇大《あまてらすますめのおほ》御神《みかみ》に祈念《きねん》すること、第《だい》二に勇氣《ゆうき》を武甕槌神《たけみかづちのかみ》、經津主神《ふつぬしのかみ》に祈《いの》ること、第《だい》三に生活《せいくわつ》の安定《あんてい》を豐受大神《とようけのおほかみ》に祈《いの》ること、第《だい》四に商法繁昌上下内外《しやうはふはんじやうじやうげないぐわい》の和樂《わらく》を大宮比賣神《おほみやひめのかみ》に祈《いの》ること〻以上《いじやう》の四願《ぐわん》を祈念《きねん》し、それから體行《たいぎやう》にか〻るのである。

奉齋《ほうさい》の御前《ごぜん》にて、鎭魂修行《たましづしゆぎやう》の時《とき》は、先《ま》づ禊祓《みそぎはら》ひの詞《ことば》、大祓《おほはらひ》を奏上《そうじやう》するよろしとす、又數人《またすうにん》の共同動作《きようどうどうさ》にて修行《しゆぎやう》する時《とき》は、神歌《しんか》の合誦《がつしよう》、微妙《びめう》なる音曲《おんきよく》の奏上等《そうじやうとう》もよろし、修行後《しゆぎやうご》にも神歌《しんか》の合奏等《がつそうとう》は、神慮《しんりよ》に奉答《ほうたふ》し、又神意《またしんい》を慰《なぐさ》め奉《たてまつ》る意味《いみ》に於《おい》て、大《おほい》に宜敷《よろしき》ものとす。

審神者《さには》がありて、神勅《しんちよく》を吟味《ぎんみ》する時《とき》は、筆記者《ひつきしや》を置《お》きて、其《そ》の要點《えうてん》を記録《きろく》するをよろしとす。

三七、鎭魂精義

鎭魂歸神《ちんこんきしん》を解說《かいせつ》するに二說《せつ》あり、第一說《だいいちせつ》は古來久《こらいひさ》しく行《おこな》はれ來《き》たり、現在《げんざい》にても多數《たすう》のものは、之《こ》れを信《しん》じ居《を》る舊說《きうせつ》にして、令義解《れいぎかい》の所述《しよじゆつ》を始《はじ》めとして、人間《にんげん》の遊離《いうり》せる靈魂《れいこん》を中府《ちうふ》に鎭《しづ》むとなすものにして、是《こ》れは今日《こんにち》の所謂精神統《いはゆるせいしんとう》一論《ろん》なるが、唯《た》だ問題《もんだい》は魂魄《こんぱく》が遊《いう》離《り》するといふに對《たい》し、精神統《せいしんとう》一論《ろん》にては單《たん》に亂雜《らんざつ》し居《ゐ》るものとして、靈魂《れいこん》が身體《しんたい》より離脫《りだつ》するものとは認《みと》めざるものなり。併《しか》し孰《いづ》れにしても精神《せいしん》を安定《あんてい》せしむるといふことは、同《どう》一に歸着《きちやく》するものとす。

次《つぎ》に他《た》の一說《せつ》は、卽《すなは》ち吾人《ごじん》の上來唱道《じやうらいしやうだう》し來《きた》れるものにして、人心《じんしん》に煩悶苦痛《はんもんくつう》あるは、自己《じこ》の精神《せいしん》が亂雜《らんざつ》と爲《な》り居《ゐ》る故《ゆゑ》にもあらず、又魂魄《またこんぱく》が遊離《いうり》し居《ゐ》るにもあらず、自己《じこ》の精神《せいしん》は依然《いぜん》として常態《じやうたい》を保《たも》ち、又始《またはじ》めより明瓏透徹《めいろうとうてつ》なるものなるも、此《こ》の本來《ほんらい》の精神《せいしん》に惡靈《あくれい》が憑依《ひようい》するに依《よ》つて、煩悶雜念《はんもんざつねん》が現《あら》はるゝものにして、恰《あた》かも玲朗《れいらう》たる明鏡《めいきやう》に、塵埃《ちんあい》の附着《ふちやく》せるが如《ごと》きものなり、卽《すなは》ち精神《せいしん》の自體《じたい》は明鏡《めいきやう》にして、煩悶雜念苦痛《はんもんざつねんくつう》は塵埃《ちんあい》なり、故《ゆゑ》に此《こ》の塵埃《ちんあい》を拂《はら》へば、鏡《かゞみ》は本來《ほんらい》の光《ひかり》を放《はな》つものなり、此《こ》の塵埃《ちんあい》は鏡《かゞみ》の本體《ほんたい》に附着《ふちやく》せるもの、煩惱《ぼんなう》は我《わ》が精神《せいしん》に憑依《ひようい》せる惡靈《あくれい》なる故《ゆゑ》、之《これ》を身添氣《みそげ》卽《すなは》ち我《わ》が身體《しんたい》に附着《ふちやく》せる怪《あや》しき物《もの》の氣《き》と稱《しよう》するなり、左《さ》れば此《こ》の惡靈《あくれい》たる身添氣《みそげ》を拂《はら》ひ去《さ》れば、鎭魂《たましづめ》して我《わ》が精神《せいしん》の大元《だいげん》たる神靈《しんれい》と同《どう》一になるを以《もつ》て歸神《きしん》と稱《しよう》するなり。

又此《またこ》の惡靈憑依說《あくれいひよういせつ》にても、靈魂《れいこん》の能動力《のうどうりよく》を荒魂奇魂和魂幸魂《あらたまくしたまにぎたまさきたま》の四種《しゆ》若《も》しくは十六種《しゆ》に分《ぶん》別《べつ》して、其《そ》の各靈力《かくれいりよく》が各自《かくじ》に作動《さくどう》し、又獨立遊離《またどくりついうり》することをも認《みと》むるものとす、此《こ》の遊離《いうり》說《せつ》は一見非科學的《けんひくわがくてき》なるが如《ごと》きも、宇宙《うちう》の大元大靈《だいげんだいれい》は一切《さい》に瀰漫《びまん》して至《いた》らざる所《ところ》なく、恰《あた》かも大洋《たいやう》の海水《かいすゐ》の如《ごと》きものなり、然《しか》り而《しか》して吾人各個《ごじんかくこ》の精神《せいしん》は、海水《かいすゐ》の一波動《はどう》ともいふべきものなれば、平素《へいそ》は一定《てい》の範圍內《はんゐない》にて動作《どうさ》しつゝあるも、一朝何等《てうなんら》かの刺戟《しげき》に遇《あ》へば、忽《たちま》ち既定《きてい》の範圍《はんゐ》を超脫《てうだつ》して、大《おほ》きく又長《またなが》く或《あるひ》は旺《さかん》に動《うご》くものなり、人間《にんげん》の靈魂《れいこん》も平素《へいそ》は人體《じんたい》內卽《ないすなは》ち一定《てい》の形式範圍《けいしきはんゐ》に於《おい》て作動《さくどう》し居《ゐ》るも、何等《なんら》かの特別《とくべつ》なる事情《じじやう》あれば、既定範圍《きていはんゐ》卽《すなは》ち身體《しんたい》より脫出遊離《だつしゆついうり》するものなり、故《ゆゑ》に靈魂遊離說《れいこんいうりせつ》は一見奇怪《けんきくわい》なるが如《ごと》きも、能《よ》く吟味《ぎんみ》すれば極《きは》めて至當《したう》のことにして、少《すこ》しも怪《あやし》むに足《た》らざるものなり。

併《しか》し鎭魂《たましづめ》は遊離《いうり》せる魂魄《こんぱく》を鎭《しづ》むる爲《た》めにはあらず、遊離《いうり》せる魂魄《こんぱく》は、反《かへつ》て反動《はんどう》の物理的《ぶつりてき》原則《げんそく》に依《よ》り、時至《ときいた》り、事止《ことや》めば、自《おのづ》から還元《くわんげん》するものにして、之《こ》れ亦海水《またかいすゐ》を刺戟《しげき》する風止《かぜや》めば、波《なみ》は自《おのづ》から收《をさ》まり、長波大波《ちやうはたいは》も元《もと》の小波《せうは》に反《かへ》るが如《ごと》きものなり、故《ゆゑ》に鎭魂《たましづめ》は整理《せいり》にはあらずして、汚物《をぶつ》の掃除《さうぢ》なり、而《し》かも其《そ》の結果《けつくわ》より見《み》れば、掃除《さうぢ》即《すなは》ち整理《せいり》、又整理《またせいり》即《すなは》ち掃除《さうぢ》にして、離魂鎭定《りこんちんてい》即《すなは》ち精神統《せいしんとう》一、憑靈拂除《ひようれいふつぢよ》即《すなは》ち精神安定《せいしんあんてい》にして、精神《せいしん》の安定《あんてい》、精神《せいしん》の統《とう》一といふ點《てん》は同《どう》一に歸《き》するものなりとす。

元來精神上《ぐわんらいせいしんじやう》の煩悶苦痛《はんもんくつう》といふには、內外兩樣《ないぐわいりやうやう》の種別《しゆべつ》がある、內《うち》とは自己《じこ》の精神《せいしん》そのものが自發的《じはつてき》に動搖《どうえう》して、種々《しゆ〴〵》の幻映《げんえい》を發《はつ》し、其《そ》の幻映《げんえい》に刺戟《しげき》されて、更《さら》に迷妄《めいまう》を起《おこ》し、遂《つひ》に種々《しゆ〴〵》の煩悶《はんもん》を見《み》るに至《いた》るのである、之《こ》れは精神《せいしん》そのもの丶自體《じたい》は、清淨無垢《せいじやうむく》なるものであるけれども、本來活動性《ほんらいくわつどうせい》であるから、周圍《しうゐ》の事情《じじやう》に感化《かんくわ》せられ誘導《いうだう》せられて、動《どう》より反動《はんどう》を起《おこ》し、其《そ》の間《あひだ》に自然《しぜん》と幻覺《げんかく》を發生《はつせい》するに至《いた》るのである、之《こ》れを自發性《じはつせい》の煩惱《はんなう》と云《い》ふ。

次《つぎ》に外的煩惱《ぐわいてきはんなう》は、第《だい》一は直接《ちよくせつ》に活躍《くわつやく》する肉體上《にくたいじやう》の本能的情慾食慾《ほんのうてきじやうよくしよくよく》を始《はじ》めとし、外界四圍《ぐわいかいしゐ》の一切《さい》の刺戟《しげき》に由《よ》り、靈性《れいせい》の動搖《どうえう》せるに乘《じよう》じ、幽界《かくりよ》に在《あ》る人間《にんげん》を始《はじ》め禽獸蟲魚各種《きんじうちうぎよかくしゆ》の不良《ふりやう》なる靈魂《れいこん》が憑依《ひようい》するのである、更《さら》に又幽界《またかくりよ》の諸靈《しよれい》のみにあらず、現界《うつしよ》に於《お》ける生靈《いきりやう》も憑依《ひようい》することがある、俗《ぞく》に所謂怨《いはゆるうら》み祟《たゝ》り生靈《いきりやう》といふ類《るゐ》が之《こ》れである。

要《えう》するに自發的《じはつてき》の煩惱《ぼんなう》、惡靈憑依《あくりやうひようい》の苦痛《くつう》、此《こ》の內外兩樣《ないぐわいりやうやう》の障害《しやうがい》の爲《た》めに、或《あるひ》は病患《びやうくわん》を起《おこ》し、或《あるひ》は災厄《さいやく》を招《まね》き、或《あるひ》は天折《えうせつ》し、靈肉心身《れいにくしんしん》の調和統制《てうわとうせい》を亂《みだ》り、心《こゝろ》は身《み》の欲《ほつ》する所《ところ》に從《したが》はず、身《み》は心《こゝろ》の命《めい》ずる所《ところ》に戻《もど》り、心行《しんぎやう》一致《ち》せず、或《あるひ》は憤怒瞋恚《ふんどしんい》となり、或《あるひ》は貪慾《どんよく》と爲《な》り、或《あるひ》は愚痴偏狹《ぐちへんけふ》となり、狂態《きやうたい》百出《しゆつ》幾多《いくた》の罪惡《ざいあく》を釀造《じやうぞう》し、己《おのれ》を誤《あやま》り、他《た》を害《そこな》ひ、世《よ》を亂《みだ》るに至《いた》るのである。

鎭魂《たましづ》は遊離《いうり》せる魂魄《こんぱく》を身體《しんたい》の中府《ちうふ》に鎭《しづ》めるのであるとしても、將又憑依《はたまたひようい》せる惡靈等《あくりやうとう》を拂《はら》ひ除《のぞ》くのであるとしても、其《そ》のいづれから見《み》ても、結果《けつくわ》は同《どう》一に歸《き》するものであつて、自己精神界《じこせいしんかい》の動搖《どうえう》を安定《あんてい》し、汚垢《けがれ》を掃除《さうぢ》するに在《あ》るのであつて、精神《せいしん》の淨化安靜《じやうくわあんせい》、眞心正靈《しんしんせいれい》の發現《はつけん》といふことになるのである。故《ゆゑ》に鎭魂《たましづ》の出來《でき》ない人《ひと》、出來《でき》て居《を》らぬ人《ひと》は、一種《しゆ》の狂人《きやうじん》といふべきである。卽《すなは》ち一切《さい》の所作《しよさ》が眞心《しんしん》の發《はつ》露《ろ》でなく、直靈《すくひ》の作動《さくどう》でないのである、妄動《まうどう》であり迷行《めいぎやう》である、それで一見善良《けんぜんりやう》であつても、或《あるひ》は眞《ま》面目《じめ》のやうであつても、或《あるひ》は又如何《たたいか》にも面白《おもしろ》いやうであつても、結局《けつきよく》は失態醜狀《しつたいしうじやう》を暴露《ばうろ》し、不幸失敗《ふかうしつぱい》に了《をは》るものである。

歸神《きしん》とは、鎭魂《たましづ》すれば、卽《すなは》ち自己靈魂《じこれいこん》が大元本靈《だいげんほんれい》たる神明《しんめい》の靈《みたま》に還同《くわんどう》するが故《ゆゑ》に、歸神《きしん》と云《い》ふ、又小《またせう》なる自己《じこ》が大《だい》なる神靈《しんれい》に合致《がつち》するが故《ゆゑ》に、入神《にふしん》とも云《い》ふ、又既《またすで》に神靈《しんれい》に還同《くわんどう》すれば、小《せう》なる人靈《じんれい》が大靈《だいれい》と化《くわ》し、神人《しんじん》一致《ち》神靈《しんれい》の活動《くわつどう》が開始《かいし》せらるる故《ゆゑ》に之《こ》れを顯神又《けんしんまた》は現神《げんしん》とも云《い》ふ、神人《しんじん》の兩靈《りやうれい》に感應同通《かんおうどうつう》する點《てん》より見《み》れば、神感《しんかん》とも云《い》ひ、或《あるひ》は神通《しんつう》とも云《い》ふ、更《さら》に又大《まただい》なる神靈《しんれい》が人間《にんげん》の靈上《れいじやう》即《すなは》ち人《ひと》の精神上《せいしんじやう》に働《はたら》く點《てん》よりすれば、神憑《かみがか》り、又《また》は神懸《かみがか》りと云《い》ふ、神憑《かみがか》りに依《よ》る人間《にんげん》の言語動作《げんごどうさ》を指《さ》して、神勅《しんちよく》と云《い》ひ、神託《しんたく》と云《い》ひ、神授《しんじゆ》といふ、故《ゆゑ》に鎭魂《たましづ》は即《すなは》ち歸神《きしん》にして、歸神《きしん》即《すなは》ち入神《にふしん》なり、入神《にふしん》は消極的《せうきよくてき》なるも、入神《にふしん》の結果《けつくわ》は必《かなら》ずや積極的《せききよくてき》に活動《くわつどう》を發作《ほつさ》す、之《こ》れ即《すなは》ち現神《げんしん》なり、而《しか》して現神《げんしん》には單《たん》に普通《ふつう》の人間行爲《にんげんかうゐ》として、何等《なんら》特殊《とくしゆ》の神異《しんい》を認《みと》めざるも、其《そ》の威徳《ゐとく》の偉大《ゐだい》なる成果《せいくわ》を齎《もた》らすものあり、或《あるひ》は人間以上《にんげんいじやう》の不思議《ふしぎ》なる行動《かうどう》を現《あら》はすことあり、之《こ》れ即《すなは》ち神憑《かみがか》りなり、左《さ》れば神憑《かみがか》りは鎭魂《たましづ》より自然《しぜん》に發生《はつせい》する一種特別《しゆとくべつ》の神的作動《しんてきさどう》なりとす。

吾人《ごじん》の心靈自體《しんれいじたい》はどこまでも眞正《しんせい》である、然《しか》るに惡靈《あくりやう》が附着《ふちやく》すれば、煩惱《はんなう》を發《はつ》し罪惡《ざいあく》を犯《をか》すに至《いた》り、遂《つひ》に人間以下《にんげんいか》の動物性《どうぶつせい》に墮落《だらく》するのである。然《しか》るにそれと反對《はんたい》に神靈《しんれい》が憑依《ひようい》すれば、人間以上《にんげんいじやう》の不思議《ふしぎ》なる行動《かうどう》を起《おこ》し、超人間的《てうにんげんてき》の境域《きやうゐき》に入《はひ》ることが出來《でき》るのである。

鎭魂《たましづ》すれば如何《いか》なる獰惡《ねいあく》の附靈《つきりやう》も拂《はら》ひ去《さ》ることが出來《でき》て、直靈眞心《すくひしんしん》の本然《ほんぜん》の人《ひと》となるのは、十人《にん》が十人《にん》、百人《にん》が百人《にん》悉《ことごと》く同《どう》一の結果《けつくわ》に到達《たうたつ》するのであるが、又《また》一方《ぱう》には鎭魂《しづたま》すれば歸神《きしん》はするが、鎭魂《たましづ》歸神《きしん》しても、それが積極的《せききよくてき》に活躍《くわつやく》を起《おこ》して神憑《かみがかり》となるとは限《かぎ》らぬ、即《すなは》ち鎭魂《たましづ》しても神懸《かみがか》りのあるものと、神懸《かみがか》りのないものとあるのである、之《こ》れは其《そ》の人《ひと》の性能《せいのう》や信仰《しんかう》の如何《いかん》に由《よ》つて、自然《しぜん》に別《わ》かるゝのであるが、修練《しゆれん》の如何《いかん》によりては、如何《いか》なるものでも神憑《かみがか》りの出來《でき》ないことはない、又《また》鎭魂《たましづ》すれば神憑《かみがか》りの有無《うむ》に關《かゝ》はらず、其《そ》の人《ひと》は眞心眞人《しんしんしんじん》となつて、偉大《ゐだい》の感化力《かんくわりよく》を有《いう》するに至《いた》るのである。

三八、水滌と氣吹の調制

水滌《みそぎ》は水《みづ》を以《もつ》て心身《しんしん》を淨化《じやうくわ》するものなり、氣吹《いぶき》は火《ひ》を以《もつ》て心身《しんしん》を改善《かいぜん》するものなり、氣《い》吹《ぶき》は炭素《たんそ》を吐呼《はきだ》し、酸素《さんそ》を吸納《きふなふ》す、酸《さん》は火《ひ》を催《もよほ》し、炭《たん》は火《ひ》の殘骸《ざんがい》なり、呼吸《こきふ》は火《ひ》にして、肉體《にくたい》は水《みづ》の積集《せきしふ》なり、故《ゆゑ》に人身《じんしん》は本來水火《ほんらいすゐくわ》の二根《こん》より構成《こうせい》せらる、殊《こと》に獨《ひと》り人身《じんしん》のみならず、宇宙萬物《うちうばんぶつ》は悉《ことごと》く水火《すゐくわ》より成《な》れるものにして、水火《すゐくわ》を除《のぞ》きては一物《もつ》の存在《そんざい》をも認《みと》むる能《あた》はざるなり、太陽《たいやう》も星《ほし》も月《つき》も均《ひと》しく水火《すゐくわ》にて造《つく》られ、地球《ちきう》は水火《すゐくわ》より成《な》りて、今《いま》も尚《な》ほ水《すゐ》火《くわ》の作用《さよう》に由《よ》りて活動《くわつどう》し生存《せいぞん》し居《を》れり。

萬物《ばんぶつ》は水火《すゐくわ》の調節《てうせつ》し平均《へいきん》し居《を》れる間《あひだ》を生存《せいぞん》と云《い》ひ、水火《すゐくわ》の調節《てうせつ》を失《うしな》ひ平衡《へいかう》を得《え》ざるものを指《さ》して、死滅《しめつ》と云《い》ひ破壞《はくわい》と云《い》ふ。

人《ひと》の漸《やうや》く死《し》せんとするや。水力漸減《すゐりよくぜんげん》して形體枯槁《けいたいこかう》し、火力漸減《くわりよくぜんげん》して呼吸必逼《こきふひつぱく》す、斯《か》くて水火兩力同《すゐくわりやうりよくどう》一程度《ていど》に漸減《ぜんげん》すれば、苦痛《くつう》なく、平安《へいあん》に大往生《だいわうじやう》を見《み》るも、水火《すゐくわ》の一方早《ばうはや》く減《げん》じて均衡《きんかう》を失《しつ》すれば、或《あるひ》は熱病《ねつびやう》と爲《な》り、或《あるひ》は腫物《しゆぶつ》を發《はつ》し、或《あるひ》は昏倒状態《こんたうじやうたい》に入《い》る、水火《すゐくわ》の作《さ》用旺盛《ようわうせい》にして平衡《へいかう》せるを強壯《きやうさう》と云《い》ひ健康《けんかう》と云《い》ふ、水火《すゐくわ》の力弱《ちからよわ》くして平均《へいきん》せざるを、病人《びやうにん》と云《い》ひ、狂人《きやうじん》と云《い》ひ、脆弱者《ぜいじやくしや》と云《い》ふ、火力消失《くわりよくせうしつ》したる月《つき》は將《まさ》に破壞《はくわい》せんとし、火力強《くわりよくつよ》き太陽《たいやう》ば未《いま》だ生物《せいぶつ》を發生《はつせい》せず、地球《ちきう》は今將《いままさ》に水火兩勢力《すゐくわりやうせいりよく》殆《ほと》んど相平均《あひへいきん》して、其《そ》の活動力旺盛《くわつどうりよくわうせい》なる故《ゆゑ》、其《そ》の表面《へうめん》に生存《せいそん》する生物《せいぶつ》も、亦旺盛期《またわうせいき》に屬《ぞく》す。

水火兩勢力均衡《すゐくわりやうせいりよくきんかう》を得《う》れば、其《そ》の體《からだ》も強《つよ》く力《ちから》も壯《さんか》なり、故《ゆゑ》に強壯《きやうさう》とは水火兩力《すゐくわりやうりよく》の平均《へいきん》に寸毫《すんがう》の差異《さい》なきを云《い》へるものなり、水火《すゐくわ》の力多《ちからおほ》しと雖《いへど》も、平均《へいきん》せざれば強《つよ》からず、從《したが》つて活動《くわつどう》も亦壯旺《またさかん》ならず、之《こ》れ體量大《たいりやうだい》なるも強《つよ》からず、亦活動力《またくわつどうりよく》の鈍《にぶ》きものあり、體格《たいかく》は萎小《ゐせう》なるも強壯《きやうさう》にして活動《くわつどう》の旺盛《わうせい》なるものある所以《ゆゑん》なり。

水滌嚴法《みそぎいづのり》は、腐敗不潔《ふはいふけつ》なる水分《すゐぶん》を洗滌《せんでう》して、新鮮清淨《しんせんせいじやう》なる水力《すゐりよく》の活動《くわつどう》を旺盛《わうせい》ならしむるものとす、眞澄氣吹法《ますみいぶきのり》は窒鬱《ちつうつ》せる火力《くわりよく》を蒸發放散《じようはつはうさん》せしめて、新鮮生氣《しんせんせいき》ある火力《くわりよく》に更生《かうせい》せしむるものなり。

風氣動《ふうきうご》いて火氣《くわき》を出《いだ》し、火氣收縮《くわきしうしゆく》して水氣《すゐき》と化《くわ》し、水氣放逸《すゐきはういつ》して風氣《ふうき》となる、風氣復《ふうきま》た火氣《くわき》に返《かへ》る、斯《か》く火水《くわすゐ》は同《どう》一元《げん》より發出《はつしゆつ》して、互《たがひ》に循環更生《じゆんくわんかうせい》す、而《し》かも其《そ》の作用《さよう》は全然《ぜんぜん》相反的《さうはんてき》にして、相互牽制《さうごけんせい》して物《もの》を生《しやう》じ、倶《とも》に調制《てうせい》して作用《さよう》を現《あら》はす、其《そ》の新陳代謝《しんちんたいしや》を怠《おこた》れば腐蝕枯死《ふしよくこし》を見《み》、新鮮更代盛《しんせんかうたいさか》んなれば、一切《さい》を淨化《じやうくわ》して其《そ》の作用《さよう》を鋭敏《えいびん》ならしむ、二氣相《きあひ》和《わ》して生命《せいめい》あり、二氣相乖《きあひそむ》いて病患《びやうくわん》あり、二氣相衰《きあひおとろ》へて老耄《らうてつ》し、二氣相失《きあひうしな》うて死滅《しめつ》す。

地球創生《ちきうさうせい》の星雲說《せいうんせつ》に曰《いは》く、初《はじ》め虛空《こくう》の中《なか》に於《おい》て、風氣動《ふうきうご》き、次第《しだい》に濃度《のうど》を增《ま》し、雲氣《うんき》と爲《な》り、遂《つひ》に固《かた》まつて一大火球《だいくわきう》と爲《な》る、此《こ》れ即《すなは》ち太陽《たいやう》なり、之《こ》の火球自《くわきうおのづ》から旋轉《せんてん》して止《や》まず、破片飛《はへんと》んで星辰《せいしん》と爲《な》る、其《そ》の星《ほし》の一箇《こ》は即《すなは》ち地球《ちきう》にして、太陽《たいやう》の分派《ぶんぱ》なるが故《ゆゑ》に太陽《たいやう》の引力《いんりよく》に由《よ》つて、其《そ》の周圍《しうゐ》を運轉《うんてん》す、地《ち》球《きう》も亦破片《またはへん》を生《しやう》ず、之《こ》れ即《すなは》ち月《つき》なり、故《ゆゑ》に月《つき》は地球《ちきう》の引力《いんりよく》に由《よ》つて其《そ》の周圍《しうゐ》を公轉《こうてん》す、之《こ》れ朔望干滿《さくばうかんまん》の生《しやう》ずる原因《げんいん》なり、地球《ちきう》は始《はじ》め火球《くわきう》なりしも、次第《しだい》に冷却收縮《れいきやくしうしゆく》し、外面《ぐわいめん》に水氣《すゐき》を生《しやう》じ、皺曲《しうきよく》は山岳《さんがく》となり、窪地《くぼち》は海洋《かいやう》と爲《な》り、生物順生《せいぶつじゆんせい》す、而《し》かも地下《ちか》は今猶熱氣盛《いまなほねつきさか》んにして、噴火地震等《ふんくわぢしんとうこ》之れに由《よ》つて起《おこ》る、月《つき》は地球《ちきう》より小《せう》なるを以《もつ》て、嘗《かつ》ては生物《せいぶつ》も存在《そんざい》せしが、今《いま》は冷却《れいきやく》し了《をは》りて氷《こほり》の山《やま》となり居《を》れり、遂《つひ》には破壞《はくわい》して、再《ふたゝ》び元《もと》の星雲《せいうん》に返《かへ》るべし、地球《ちきう》も亦結局同《またけつきよくどう》一の徑路《けいろ》を辿《たど》るべきも、唯《た》だ時間《じかん》に長短《ちやうたん》あるのみといふ。

阿含經及《あがんきやうおよ》び起世經《きせいきやう》に曰《いは》く、初《はじ》め大虛空《たいこくう》の中《なか》に風輪《ふうりん》あり、次《つぎ》に火輪出《くわりんい》で、更《さら》に地輪《ちりん》を生《しやう》じ、水輪《すゐりん》を起《おこ》し、器世界即《きせかいすなは》ち地球成《ちきうな》れり、而《しか》して此《こ》の器世界《きせかい》は空輪《くうりん》に依《よ》つて支持《しぢ》せられ、漸次萬物《ぜんじばんぶつ》を發生《はつせい》し、最後《さいご》に光《くわう》音天《おんてん》の天人下《てんにんくだ》りて人類《じんるゐ》の發祥《はつしやう》を見《み》るに至《いた》れり、更《さら》に又此《またこ》の器世界《きせかい》は大水《たいすゐ》の爲《た》めに荒《あ》らされて、生物《せいぶつ》を失《うしな》ひ、次《つぎ》に劫火《ごふくわ》の爲《た》めに燒《や》かれて破壞《はくわい》し、風威《ふうゐ》に由《よ》つて放散《はうさん》し、遂《つひ》に空《そら》に歸《き》す、而《し》かも空《そら》より再《ふたゝ》び生《しやう》じ、生《せい》、住《ぢう》、壞《ゑい》、空《くう》、空《そら》にして又成《またな》るとある。

要《えう》するに地球《ちきう》其《そ》の他《た》一切《さい》の萬有《ばんいう》が、水火《すゐくわ》を基礎《きそ》として成立《せいりつ》し、又水火《またすゐくわ》に由《よ》つて破壞《はくわい》することを示《しめ》し、其《そ》の成壞《せいゑい》が循環《じゆんくわん》して際限《さいげん》なきをいつたのである、地水火風《ちすゐくわふう》といふも、風《かぜ》は火《ひ》の原因《げんいん》であり、又其《またそ》の結果《けつくわ》ともなる、地《ち》は水《みづ》の凝集《ぎようしふ》である、故《ゆゑ》に水火《すゐくわ》の二元《げん》に歸結《きけつ》し得《う》るのである。

水《みづ》は陰《いん》なるも固結《こけつ》して氷《こほり》と爲《な》り、又之《またこ》れを熱《ねつ》すれば陽化《やうくわ》して雲氣《うんき》となる、火《ひ》は陽性《やうせい》なるも集《あつ》むれば中《なか》に陰性《いんせい》の水《みづ》を生《しやう》じ、放散《はうさん》すれば瓦斯《がす》となる、火傷《くわしやう》と凍傷《とうしやう》とは同《どう》一病理《びやうり》を有《いう》す、水火《すゐくわ》の效果《かうくわ》は相齊《あひひと》しく其《そ》の災害《さいがい》も亦相似《またあひに》たり、效用《かうよう》の大《だい》なること水火《すゐくわ》に及《およ》ぶものなく、災害《さいがい》の大《だい》なることも亦水火《またすゐくわ》に及《およ》ぶものなし、水火《すゐくわ》の活用正《くわつようたゞ》しきを得《う》れば、生々化育《せい〳〵くわいく》の效全《かうきつ》たく、水火《すゐくわ》の應用誤《おうようあやま》るときは、一切《さい》を破壞《はくわい》し死《し》滅《めつ》せしむ。

水滌法《みそぎのり》は、心身《しんしん》の內《うち》に在《あ》る水氣《すゐき》と、外面《ぐわいめん》より洗滌《せんでう》する水氣《すゐき》と相戰《あひたゝか》はしめ、或《あるひ》は相和《あひわ》せしめ、以《もつ》て水力《すゐりよく》の活動《くわつどう》を盛《さか》んにし、其《そ》の勢力《せいりよく》を增大《ぞうだい》せしめ、以《もつ》て腐陳《ふちん》を一掃《さう》し、生氣《せいき》を潑烈《はつれつ》たらしむるものである。又氣吹法《またいぶきのり》は外部《ぐわいぶ》の新鮮《しんせん》なる氣力《きりよく》を以《もつ》て、鬱結《うつけつ》せる內部《ないぶ》の瓦斯《がす》を驅逐《くちく》し、噴火山《ふんくわざん》が爆發《ばくはつ》して地球內部《ちきうないぶ》の汚物掃除《をぶつさうぢ》と爲《な》すと均《ひと》しく、又腫物《またしゆぶつ》を切開《せつかい》して膿《のう》を出《だ》すと同《おな》じく、生命《せいめい》の更新再生《かうしんさいせい》を希圖《きと》する大作用《だいさよう》である、故《ゆゑ》に水滌法《みそぎのり》と氣吹法《いぶきのり》は、純正科學《じゆんせいくわがく》の玉條《ぎよくでう》であつて、何等荒唐《なんらくわうたう》の說《せつ》を交《まじ》ふるものにはあらず、而《し》かも其《そ》の科學的原理《くわがくてきげんり》の上《うへ》に、更《さら》に超科學的《てうくわがくてき》一種《しゆ》の自然神祕《しぜんしんぴ》を含《ふく》むものであることをも忘《わす》れてはならぬ。

三九、神憑りの實質

肉體《にくたい》に毒物《どくぶつ》を加《くは》ふれば病患《びやうくわん》と爲《な》り、滋養分《じやうぶん》を攝取《せつしゆ》せしむれば强壯《きやうさう》と爲《な》る、精神《せいしん》に惡靈《あくりやう》憑依《ひようい》すれば煩惱苦悶《ぼんなうくもん》を惹起《じやくき》し、神靈憑依《しんれいひようい》すれば靈驗威德《れいげんゐとく》を發揮《はつき》す、惡靈《あくりやう》は身添氣《よそげ》祓法《はらひはふ》に依《よ》りて、之《こ》れを拂《はら》ひ去《さ》ることを得《う》べく、神靈《しんれい》は鎭魂《たましづ》に依《よ》つて、之《こ》れを勸請《くわんじやう》し得《う》べし。

斯《か》く靈《みたま》の憑依《ひようい》に神靈《しんれい》と惡靈《あくりやう》、卽《すなは》ち善惡《ぜんあく》二樣《やう》ありて、而《し》かも其《そ》の惡靈中《あくりやうちう》にも非常《ひじやう》に有力《いうりよく》なるものあり、又單《またたん》に人間《にんげん》を苦《くる》しむるのみに非《あら》ずして、時々幸福《とき〴〵かうふく》を與《あた》へ、妙巧《めうかう》の方策《はうさく》を授《さづ》くることあり、故《ゆゑ》に或《あるひ》は其《そ》の惡靈《あくりやう》なるや神靈《しんれい》なるやを判別《はんべつ》し難《がた》き場合《ばあひ》あり、斯《か》くの如《ごと》き疑惧《ぎぐ》ある時《とき》は、良好《りやうかう》なる審神者《さには》、卽《すなは》ち秀英《しうえい》の明哲《めいてつ》を招《せう》じて、其《そ》の考査鑑識《かうさかんしき》を求《もと》むべきものとす。

神靈《しんれい》には惡靈以上《あくりやういじやう》に階級種別《かいきふしゆべつ》多《おほ》くして、惡性《あくせい》のものなきは固《もと》よりなるも、頗《すこぶ》る低級《ていきふ》のものもあり、是等《これら》は折角憑依《せつかくひようい》するも、左《さ》したる効果靈德《かうくわれいとく》の見《み》るべきものなきを以《もつ》て、一時《じ》も早《はや》く神上《かみあが》りの法《はふ》を講《から》ずべし、而《しか》して其《そ》の神上《かみあが》り法《はふ》としては、審神者《さには》をして充分質疑難問《じうぶんしつぎなんもん》せしむるを可《か》とす、神靈《しんれい》と雖《いへど》も萬事《ばんじ》一切《さい》を諒知《りやうち》せるものにあらざれば、知《し》らざるを知《し》らざるとするは、善良《ぜんりやう》の神靈《しんれい》なるも、知《し》らさるを强《しひ》て說《と》かんとするは低級《ていきふ》なるものと知《し》るべし、又《また》高級《かうきふ》の善神《ぜんしん》にも種々《しゆ〴〵》の類別《るゐべつ》ありて、或《あるひ》は温言玉《をんげんたま》の如《ごと》きあり、或《あるひ》は威勵《ゐれい》三軍《ぐん》叱咤《しつた》の慨《がい》あるものあり、或《あるひ》は醇々《じゆん〳〵》として說《と》くあり、或《あるひ》は簡單《かんたん》に命令《めいれい》する如《ごと》きあり、其《そ》の孰《いづ》れにしても個《こ》人《じん》又《また》は國家《こくか》社會《しやくわい》に對《たい》し、多少《たせう》なれ有益有効《いうえきいうかう》の豫言忠告《よげんちうこく》を與《あた》へ、警戒覺醒《けいかいかくせい》の枝折《しをり》となるべきものは、善神《ぜんしん》たるに疑《うたが》ひなきを以《もつ》て、敬虔誠意《けいけんせいい》能《よ》く奉待崇敬《ほうたいすうけい》の道《みち》を執《と》るべきものとす。

靈《みたま》の社會《しやくわい》も亦《また》人間社會《にんげんしやくわい》と異《こと》なることはない、只《た》だ一階《かい》だけ等級《とうきふ》が向上《かうじやう》して居《ゐ》るといふに止《とゞ》まるのである、卽《すなは》ち人間社會《にんげんしやくわい》を小學生《せうがくせい》の階級《かいきふ》とすれば、幽界《かくりよ》卽《すなは》ち靈《みたま》の社會《しやくわい》は中學生團《ちうがくせいだん》、更《さら》に靈界中《れいかいちう》の高位《かうゐ》に在《あ》る神靈界《しんれいかい》は大學階級《だいがくかいきふ》ともいふべきものである、そこで靈界《れいかい》の諸靈中《しよれいちう》には、乞食物貰《こじきものもら》ひ的《てき》のものもあり、詐欺師《さぎし》もあり、暴行團《ばうかうだん》もあるが、又《また》一方《ぱう》には、志士仁人義俠的《ししじんにんぎけふてき》のものもあり、博識多通《はくしきたつう》の學者智者《がくしやちしや》もあり、大勇猛家《だいゆうまうか》もあり、高德《かうとく》の君子聖人《くんしせいじん》もあるのである。

然《しか》り而《しか》して之等《これら》の靈《みたま》が人間《にんげん》に憑依《ひようい》するのは、恰《あた》かも主人《しゆじん》が召使《めしつかひ》に何等《なんら》の仕事《しごと》を依託《いたく》し、命令《めいれい》して自己《じこ》の希望《きばう》を達《たつ》せんとするのと同《おな》じである、從《したが》つて召使《めしつかひ》そのものは正直《しやうぢき》であるとしても、主人《しゆじん》には惡《わる》い主《しゆ》人《じん》もあり、善《よ》い主人《しゆじん》もある、又依囑《またいしよく》し命令《めいれい》する事柄《ことがら》にも、善惡《ぜんあく》いろ〳〵の差別《さべつ》があつて、善良《ぜんりやう》の主人《しゆじん》でも時《とき》には勘違《かんちが》ひして、不法不條理《ふはふふでうり》の命令《めいれい》を發《はつ》することもあり、惡辣《あくらつ》の主人《しゆじん》でも偶然《ぐうぜん》に、或《あるひ》は時折發《ときをりほつ》心《しん》して善良《ぜんりやう》の仕事《しごと》を依賴《いらい》することもある、勿論眞純《もちろんしんじゆん》の神靈《しんれい》になれば、惡《あく》といふ分子《ぶんし》は更《さら》になく、其《そ》の命《めい》ずる所《ところ》も亦必《またかなら》ずや其《そ》の人《ひと》の爲《た》めになることが、國家社會《こくかしやくわい》の爲《た》めになる事《こと》である。

靈《れい》の憑依《ひようい》に善惡種々《ぜんあくしゆ〴〵》あるは、既述《きじゆつ》の如《ごと》くなるが、其《そ》の各別《かくべつ》に就《つい》て一々《いち〳〵》考査《かうさ》する時《とき》は、それ〴〵特殊《とくしゆ》の事情《じじやう》を發見《はつけん》すべく、又憑依《またひようい》せらるゝ人《ひと》の性格常習等《せいかくじやうしふとう》に就《つい》ても、大《おほい》に討究《たうきう》を要《えう》するものなるが、一般的《ぱんてき》に概言《がいげん》すれば、世人多《せじんおほ》くは神憑《かみがか》り又《また》は惡靈《あくりやう》の憑依《ひようい》を以《もつ》て、自己催《じこさい》眠術《みんじゆつ》と同《どう》一視《し》し、憑依現象《ひよういげんしやう》を以《もつ》て豫期觀念暗示作用《よきくわんねんあんじさよう》と爲《な》し、脅迫觀念《けふはくくわんねん》に基《もと》づくものと爲《な》すを常《つね》とす、斯《か》くの如《ごと》き見解《けんかい》は一應其《おうそ》の理《り》あるが如《ごと》しと雖《いへど》も、實《じつ》は全然《ぜん〳〵》皮相《ひさう》の管見《くわんけん》にして、誤《あやま》れるも亦甚《またはなは》だしといふべし。

催眠術《さいみんじゆつ》が自己催眠《じこさいみん》なると、他律《たりつ》なるとに關《くわん》せず、豫期觀念脅迫觀念《よきくわんねんけふはくくわんねん》に基《もと》づくものなることは明白《めいはく》なるも、靈《れい》の憑依《ひようい》には豫期《よき》も脅迫《けふはく》もなし、唯《た》だ鎭魂修法《たましづしうはふ》の結果神懸《けつくわかみがか》りあるは、豫期觀念《よきくわんねん》に似《に》たる點《てん》あるも、其《そ》の實質《じつしつ》には大《だい》なる相異《さうい》あり、又假《またか》りに一步《ぽ》を讓《ゆづ》りて多少豫《たせうよ》期觀念《きくわんねん》に近《ちか》きものありとするも、催眠術《さいみんじゆつ》の如《ごと》く斯《か》くす、斯《か》くすべし、斯《か》くの如《ごと》しといふ嚴《げん》格《かく》なる豫期《よき》に非《あら》ずして、單《たん》に神靈《しんれい》の降下《かうか》あるべしといふ豫期《よき》に過《す》ぎずして、事態《じたい》そのものの內容《ないよう》には少《すこ》しも觸《ふ》る所《ところ》なきものなり。

靈《れい》の憑依《ひようい》は、例《たと》へば主人《しゆじん》が使用人《しようにん》に對《たい》し、斯《か》く〳〵のことを爲《な》し吳《く》れよ、斯《か》くなすべしと命《めい》ずるが如《ごと》きものにして、使用人《しようにん》は自己《じこ》の立場上《たちばじやう》、其《そ》の使命《しめい》を果《は》たすに過《す》ぎざるものとす、然《しか》るに催眠術《さいみんじゆつ》は汝《なんぢ》は斯《か》く信《しん》ぜよ、斯《か》く爲《な》さざる可《べか》らずと強要《きやうえう》するものにして、全《まつ》たく自己《じこ》の自由意志《じいういし》を拘束《こうそく》し、信《しん》ぜず好《この》まずと雖《いへど》も、それに服從《ふくじう》せざるべからざるものなるが、憑依《ひようい》は自己《じこ》の好《この》む所《ところ》、可《か》なりと信《しん》ずる所《ところ》には從順《じうじゆん》なるも、好《この》まざる所《ところ》を脅迫《けふはく》せられ、自由《じいう》意志《いし》を奪《うば》はるゝことなきものとす。

靈《れい》の憑依《ひようい》も、催眠術《さいみんじゆつ》もひとしく他律的《たりつてき》なるが如《ごと》しと雖《いへど》も、其《そ》の間《あひだ》に非常《ひじやう》の逕庭《けいてい》あり、催《さい》眠術《みんじゆつ》は術者《じゆつしや》たる非常《ひじやう》の強力《がうりき》なる他律者《たりつしや》ありて、絶對他律《ぜつたいたりつ》を強制《きやうせい》するものなるが、靈《れい》の憑依《ひようい》は自律他律《じりつたりつ》を超越《てうゑつ》せる、自然的《しぜんてき》の心靈現象《しんれいげんしやう》にして、自律《じりつ》といふべからざると同時《どうじ》に又純他《またじゆんた》律《りつ》とも云《い》ふべからず、唯《た》だ靈界《れいかい》の自然法《しぜんはふ》に依《よ》る神異現象《しんいげんしやう》といふの他《ほか》なきものとす、而《し》かも決《けつ》して非科學的《ひくわがくてき》にはあらず、宇宙活動《うちうくわつどう》の靈的作用《れいてきさよう》の一種《しゆ》として、必然《ひつぜん》の理法《りはふ》を具《ぐ》し、至當《したう》の脉絡《みやくらく》を有《いう》するものなりとす。

催眠術《さいみんじゆつ》は人間《にんげん》と人間《にんげん》との間《あひだ》に行《おこな》はる意思《いし》の作用《さよう》であるが、靈《れい》の憑依《ひようい》は相手《あひて》が人間《にんげん》ではなくして、幽界《かくりよ》の靈《れい》そのものゝ能動《のうどう》であるから、人間界相互《にんげんかいさうご》の現象《げんしやう》を以《もつ》て之《こ》れを律《りつ》する譯《わけ》にはゆかぬのである、尤《もつと》も進歩《しんぽ》せる實驗心理學《じつけんしんりがく》や、精神學《せいしんがく》、神靈科學等《しんれいくわがくとう》では、神靈憑依《しんれいひようい》を以《もつ》て特殊《とくしゆ》の研究課題《けんきうくわだい》と爲《な》し、其《そ》の可能《かのう》に就《つい》て幾多《いくた》の證例《しようれい》を求《もと》め、必然《ひつぜん》の理法《りはふ》に適合《てきがふ》するものとして、之《こ》れを認識《にんしき》するに至《いた》つて居《ゐ》るのである、神憑《かみがか》りあるべしとの豫期《よき》、即《すなは》ち信念《しんねん》はありとするも、それは唯《た》だそれだけにて、如何《いか》なる神《かみ》が憑依《ひようい》するかは全然豫期《ぜん〳〵よき》の範圍《はんゐ》を超越《てうゑつ》して居《ゐ》るのであるから、此《こ》の點《てん》でも催眠術等《さいみんじゆつとう》と其《そ》の本質《ほんしつ》を異《こと》にして居《ゐ》る、又《また》脅迫觀念《けふはくくわんねん》の在《あ》るべき理《り》なく、鎭魂《たましづ》の結果《けつくわ》は精神《せいしん》が玲瓏明鏡《れいろうめいきやう》の如《ごと》く、白紙《はくし》の如《ごと》くである、その明鏡《めいきやう》に前方《ぜんぱう》より映像《えいざう》するのが神憑《かみがか》りであつて、豫期《よき》も暗示《あんじ》も脅迫《けふはく》もあるものではない、又《また》惡靈等《あくりやうとう》の憑依《ひようい》は、明鏡《めいきやう》の表面《へうめん》に何時《いつ》とも知《し》らず識《し》らずに塵埃《ぢんあい》が附着《ふちやく》するやうなものであつて、之《こ》れ全《まつ》たく自然《しぜん》の成行《なりゆき》であつて、少《すこ》しも意識作用《いしきさよう》を其《そ》の間《あひだ》に挾《はさ》む餘地《よち》はないのである。

尤《もつと》も他人《たにん》を苦《くる》しめたり、又《また》は猫《ねこ》や犬等《いぬとう》を苦《くる》しめたりして、其《そ》の生靈《いきりやう》や死靈《しりやう》が憑依《ひようい》する場合《ばあひ》は、豫期暗示《よきあんじ》といふやうなこともあるが、之《こ》れは最早心理學《もはやしんりがく》の範圍《はんゐ》に屬《ぞく》すべきものであつて、靈《れい》そのものゝ關係《くわんけい》とは切《き》り放《はな》して別《べつ》に論《ろん》ずべきものである。

要《えう》するに惡靈《あくりやう》の憑依《ひようい》と、神靈《しんれい》の憑依《ひようい》とは、其《そ》の間《あひだ》に大《だい》なる相異《さうい》はあるが、いづれも靈《れい》の憑依現象《ひよういげんしやう》として取扱《とりあつか》ふべきものなるは固《もと》よりであつて、之《こ》れは他《た》の催眠術《さいみんじゆつ》や透視術《とうしじゆつ》、千里《り》眼《がん》や念寫法等《ねんしやはふとう》は、自《おのづ》から區別《くべつ》すべきものである。即《すなは》ち憑依《ひようい》は自己《じこ》の靈《れい》と他《た》の靈《れい》との關係《くわんけい》であつて、而《し》かも自己《じこ》の靈《れい》が從《じう》となり、他《た》の靈《れい》が主《しゆ》となつて發動《はつどう》する場合《ばあひ》が多《おほ》いのであるが、透視術等《とうしじゆつとう》は自己《じこ》の靈《れい》のみの作用《さよう》であり、催眠術《さいみんじゆつ》は他《た》の靈《れい》に脅迫《けふはく》せらるゝものであり、倶《とも》に憑依《ひようい》とは似而非《にてい》なるものであることを自覺《じかく》せねばならぬ。

四〇、靈場欽定の神勅

我《わ》が神誠教會《しんせいけうくわい》は、明治《めいぢ》二十四年《ねん》東京市《とうきやうし》本郷區《ほんがうく》湯島《ゆしま》聖堂《せいだう》の隣地《りんち》に於《おい》て開創《かいさう》し、高島易學教《たかしまえきがくけう》授《じゆ》竝《ならび》に易斷《えきだん》を兼《か》ね、日夜《にちや》間斷《かんだん》なく斯道《しだう》の爲《た》めに、獻身的努力《けんしんてきどりよく》せしが、其《そ》の效果《かうくわ》は顯著《けんちよ》にして、未《いま》だ數年《すうねん》ならざるに易學生《えきがくせい》は三千八百餘名《よめい》に及《およ》び、教會《けうくわい》の教師《けうし》も亦《また》三千餘名《よめい》を算《さん》するに至《いた》り、信徒《しんと》は全國《ぜんこく》に瀰漫《びまん》して、純教會員《じゆんけうくわいゐん》たるもの五萬餘人《まんよにん》に達《たつ》せり。

茲《こゝ》に於《おい》てか本郷湯島《ほんがうゆしま》の教會《けうくわい》は、忽《たちま》ち狹隘《けふあい》を感《かん》ずるに至《いた》り、殊《こと》に市塵《しぢん》を離《はな》れて靜勝《せいしよう》の靈地《れいち》に、大神殿《だいしんでん》を建設《けんせつ》するの必要《ひつえう》に迫《せま》られ、爾來數《じらいすう》ケ月《げつ》に亙《わた》り、市外各地《しぐわいかくち》を物色《ぶつしよく》せしも、容易《ようい》に好適《かうてき》の場所《ばしよ》を見出《みいだ》し難《がた》く、頗《すこぶ》る困却《こんきやく》せり、蓋《けだ》し教會《けうくわい》の敷地《しきち》たるや、一定《てい》の高丘《かうきう》たること、巨樹《きよじゆ》の多《おほ》きこと、清水湧出《しみづゆうしゆつ》を要《えう》すること、市街《しがい》に近爾《きんじ》せず、又甚《またはなは》だ市街地《しがいち》に遠《とほ》ざからざること、東京市《とうきやうし》より交通《かうつう》の便宜《べんよろ》しきこと、以上《いじやう》の五條件《でうけん》を具備《ぐび》する靈場《れいぢやう》ならざるべからざるを以《もつ》て、容易《ようい》に發見《はつけん》し得《え》ざるは當然《たうぜん》にして、丘岡《きうかう》なるも樹《き》なきあり、樹《き》あるも水《みづ》なきあり、他《た》の四條件《でうけん》は備《そな》ふるも東京《とうきやう》より遠隔《ゑんかく》せるあり、殊《こと》に清水《しみづ》は第《だい》一の肝要條件《かんえうでうけん》なるに、清水湧出《しみづゆうしゆつ》は殆《ほと》んど稀《まれ》なり。

茲《こゝ》に於《おい》てか數日間《すうじつかん》鎭魂法《しづたまのり》を修《しう》し、顯神明憑《かみがかり》の神託《しんたく》を仰《あふ》ぎしに、時《とき》は恰《あた》かも大正《たいしやう》五年《ねん》四月《ぐわつ》十八日《にちご》午後《ご》六時《じ》半忽然《はんこつぜん》として全身《ぜんしん》に靈動《れいどう》を起《おこ》し、暫《しばら》くにして五社豐受稻荷《しやとようけいなり》大神《たいじん》の代表《だいへう》として、太田命《おほたのみこと》の神勅《しんちよく》あり。曰《いは》く、

京濱《けいひん》の中央《ちうあう》、鶴見豐岡《つるみとよをか》の西丘《さいきう》は、大神《たいじん》の望《のぞ》む靈地《れいち》なりと

京濱《けいひん》の中間《ちうかん》と云《い》ひ、驛《えき》より數町《すうちやう》の便地《べんち》、鶴《つる》と云《い》ひ、豐《とよ》と云《い》ひ、西丘東向《さいきうとうかう》、餘《あま》りに理想過《りさうす》ぎたる靈地《れいち》の神勅指定《しんちよくしてい》に、一時《じ》は茫然自失《ばうぜんじしつ》する程《ほど》なりしが、漸《やうや》く我《わ》れに復《かへ》り、謹《つゝし》んで神託《しんたく》を拜受《はいじゆ》し、退《ひい》て更《さら》に易斷《えきだん》を試《こゝろ》みしに、之《こ》れ亦神託《またしんたく》と全然《ぜん〱》一致《ち》せしかば、即時《そくじ》準備《じゆんび》を命《めい》じ、門下《もんか》一同出動《どうしゆつどう》して、探檢《たんけん》に着手《ちやくしゆ》せり。

神託違《しんたくたが》はず、鶴見豐岡《つるみとよをか》の西《にし》に當《あた》る高丘《かうきう》は、西京《さいきやう》の伏見《ふしみ》稻荷《いなり》山《やま》にも擬《ぎ》すべき、東都《とうと》の近郊《きんがう》にして、北《きた》に帝都《ていと》を眺《のぞ》み、東《ひがし》に東京灣《とうきやうわん》を控《ひか》へ、水天彷彿《すゐてんはうふつ》、灣頭旭日《わんとうきよくじつ》の差昇《さしのぼ》る雄偉《ゆうゐ》の大光景《だいくわうけい》、月《つき》が天心《てんしん》に到《いた》つて海面金波《かいめんきんぱ》を漂《たゞよ》はすの清況《せいきやう》、西南《せいなん》には濱港《ひんかう》を廻《めぐ》らし、三面《めん》の眺望絶勝《てうばうぜつしよう》を極《きは》め、北《きた》は丘陵《きうりよう》を背《せ》にして、老樹蒼松鬱然《らうじゆさうしようう つぜん》として、自《おのづ》から神仙《しんせん》の遊履《いうり》を思《おも》はしめ、殊《こと》に神泉《しんせん》は瀑《たき》の如《ごと》く湧出《ゆうしゆつ》し、後《のち》に工《こう》を加《くは》へて整理《せいり》せし結果《けつくわ》、日夜《にちや》の湧出量《ゆうしゆつりやう》二千石餘《ごくよ》、二の園池《ゑんち》、水滌場《みそぎぢやう》、三つの瀧《たき》、大《だい》プールの現狀《げんじやう》を見《み》るに至《いた》れり。

鶴見稲荷山《つるみいなりやま》の神域靈地《しんゐきれいち》を發見《はつけん》したる神誠教會《しんせいけうくわい》は、即時之《そくじこ》れを買收《ばいしう》し、本院《ほんゐん》の建設《けんせつ》に着手《ちやくしゆ》し、一氣呵成《きかせい》に其《そ》の工《こう》を竣《を》へ、更《さら》に御神殿幷《ごしんでんならび》に奥《おく》の院《ゐん》を建設《けんせつ》せり、當時山内《たうじさんない》に五柱《ちう》の大神《たいじん》の奥殿《おくでん》を配置《はいち》すべき位置《うち》撰定《せんてい》の折柄《をりから》、大正《たいしやう》八年《ねん》四月《ぐわつ》十五日早朝《にちさうてう》、予《よ》は例《れい》によつて山内《さんない》を逍遥《せうえう》しつゝ、目下《もくか》命婦明神《みやうふみやうじん》の神殿御造《しんでんご》營《ざう》の豫定地《よていち》に至《いた》れり、此《こ》の時旭光未《ときぎよくくわういま》だ輝《かゞや》かず、曉霧靉靆《けうむあいたい》として咫尺《しせき》を辨《べん》ぜざる有様《ありさま》であつたが、あら不思議《ふしぎ》や前面《ぜんめん》なる老樹《らうじゆ》の下《した》に當《あた》り、忽然《こつぜん》として一條《でう》の光明赫々《くわうみやうかく〳〵》と閃《ひら》めき渡《わた》り、其《そ》の光明《くわうみやう》の中《なか》には、畏《かしこ》くも穀祖神《こくそしん》たる保食神《うけもちのかみ》の御姿《おすがた》あり〳〵と現《あら》はれ給《たま》ひたるゆゑ、思《おも》はずもひれ伏《ふ》し拍手《はくしゆ》して拜《はい》せしに、其《そ》の中《なか》にやがて光《ひかり》も消《き》へ、御姿《おすがた》も朦朧《もうろう》として霧《きり》の中《なか》に隠《かく》れ失《う》せさせ給《たま》へり。

熟々史《つら〳〵し》を按《あん》ずるに、聖武天皇《しやうむてんのう》が行基《ぎやうき》と共《とも》に、南都《なんと》の大佛《だいぶつ》を建立《こんりふ》せむとせしときには、宇佐《うさ》八幡大神《まんだいじん》の御神夢《ごしんむ》があつた、又弘法大師《またこうぼふだいし》が日《に》本唯一《ほんゆゐいつ》の根本道場《こんぽんだうぢやう》を求《もと》めんとして、紀州《きしう》に至《いた》つたときには、丹《はに》生明神《ふみやうじん》が老翁《らうをう》と化《くわ》して、大師《だいし》を高野山《かうやさん》に導《みちび》き給《たま》ひ、親鸞聖人《しんらんしやうにん》が淨土眞宗《じやうどしんしう》を開《ひら》かんとした際《さい》には、六角堂觀音《かくだうくわんおん》の靈告《れいこく》があつた。降《くだつ》て黑住宗忠《くろずみむねたゞ》は、天照大御神《あまてらすおほみかみ》の示現《じげん》に依《よ》りて、陽氣《やうき》の祈禱法《きたうはふ》を感得《かんとく》し、自己《じこ》の病《やまひ》を癒《いや》し、又多《またおほ》くの人《ひと》を救《すく》ひ、遂《つひ》に宗忠神社《むねたゞじんじや》と奉祀《ほうし》せられ、黑住教《くろずみけう》の教祖《けうそ》となられた、眞心《しんしん》は神明《しんめい》に通《つう》じ、至誠《しせい》は天地《てんち》を感格《かんかく》す、一心遂《しんつひ》に萬代《ばんだい》の基《もとゐ》を開《ひら》き、幾億《いくおく》の生靈《いきりやう》が爲《た》めに安《やす》きを得《う》るに至《いた》るのである、先縱空《せんしような》しからず、後世豈直靈《こうせいあにすくひ》の眞人《しんじん》なからんやである。

四一、呑象翁成神の靈勅

時《とき》は昭和《せうわ》六年《ねん》十一月《ぐわつ》十九日《にち》午前《ごぜん》六時《じ》、初冬《しよとう》の空《そら》いまだ全《まつ》たく明《あけ》やらぬ、黎明《れいめい》の曉霧《げうむ》漸《やつや》く神域《しんゐき》の梢頭《せうとう》を掠《かす》め去《さ》らんとするの候《こう》、我《わ》が稲荷山《いなりやま》神靈窟《しんれいくつ》に於《お》ける、例朝奏上《れいてうそうじやう》の祝詞《しのりと》は森嚴《しんごん》莊重《さうちよう》を極《きは》め、神氣《しんき》澎湃《はうはい》たる折柄《をりから》、忽《たちま》ち幣束《へいそく》は激震《げきしん》を起《おこ》し、神靈《しんれい》顯然《けんぜん》として多數《たすう》奉仕《ほうし》の中《なか》にて行者《ぎやうじや》に憑《かゝ》り、最《もつと》も嚴《おごそ》かに宣命《せんめい》あり。曰《いは》く、

我《われ》は千代姫靈神《ちよひめれいしん》なり、今日《こんにち》は追《おつ》て新《あら》たなる尊《たふと》き神明《しんめい》の降臨《かうりん》あるべきに付《つき》、注意《ちうい》して奉《ほう》待《たい》すべし。

と、千代姫靈神《ちよひめれいしん》とは、維《ゐ》新後《しんご》上京《じやうきやう》に在《あ》りし廢祠《はいし》を復興《ふくこう》して、伏見《ふしみ》に祀《まつ》りたる明神部《みやうじんぶ》の神《かみ》にて、當稲荷山《たういなりやま》開創《かいさう》と同時《どうじ》に、靈神《れいしん》の御望《おのぞみ》に依《よ》り、豐受大神《とようけたいじん》と倶《とも》に勸請奉齋《くわんじやうほうさい》し、一山《ざん》の鎭守神《ちんじゆがみ》として、一切《さい》を支配《しはい》せられ給《たま》ふ威靈《ゐれい》新《あら》たなる守護神《しゆごじん》なり、斯《か》くて千代姫靈神《ちよひめれいしん》の靈《れい》告後《こくご》間《ま》もなく、尊神《そんしん》は降臨《かうりん》せられたり。

珍《めづ》らしや柄澤氏《からさはし》、予《よ》は高島呑象《たかしまどんしやう》なり、人世《じんせい》を去《さ》りて既《すで》に十八年《ねん》、其《そ》の間《かん》神《かみ》としての修《しゆ》行《ぎやう》に、幾多《いくた》の辛苦《しんく》を積《つ》み、幸《さいは》ひに豐受大神《とようけたいじん》の御指導《ごしだう》と、貴殿《きでん》等《ら》の信神成功《しんしんせいこう》の餘德《よとく》、並《ならび》

に追崇反始《つゐすうはんし》の外緣《ぐわいえん》に依《よ》りて、今《いま》や漸《やうや》く神位《しんゐ》に上《のぼ》ることを得《え》たり。

當山《たうざん》は京濱《けいひん》の中央《ちうあう》に位《くらゐ》し、予《よ》が生前《せいぜん》より望《のぞ》みし靈地《れいち》なり、然《しか》るに幸《さいは》ひにも貴殿《きでん》が斯《か》くも盛大《せいだい》に開創《かいさう》せられたることは、何《なに》より喜《よろこ》びに堪《た》へず、予《よ》は日々《にち〳〵》常迹《じやうせき》を當所《たうしよ》に駐《と》めんことを望《のぞ》む

と　予《よ》は此《こ》の宣命《せんめい》に接《せつ》して、全身震《ぜんしんふる》ひ戰《をのゝ》き、驚喜《きやうき》、滿悅《まんえつ》、感激《かんげき》、恐懼《きようく》に堪《た》へず、暫《しば》し辭《ことば》も出《い》でざりしが、やがて漸《やうや》く落着《おちつ》き、

尊師成神《そんしせいしん》の喜《よろこ》び、且《か》つ御駐迹《ごちうせき》の御尊命《ごそんめい》、眞《まこと》に願《ねが》うてもなき望外《ばうぐわい》の光榮《くわうえい》なり、何卒《なりとぞ》御照《ごせう》鑑御加護《かんごかご》を垂《た》れ給《たま》へ

と、拜答《はいたふ》せしに、尊師尊神《そんしそんしん》は、いと御滿足《ごまんぞく》の趣《おもむき》にて、神上《かみあが》りせられ給《たま》へり。

斯《か》くて翌々《よく〳〵》二十一日早朝《にちさうてう》、五社《しや》稻荷《いなり》の太田神《おほたのかみ》は、豐受大神《とようけたいじん》の御使《おつかひ》として現《あら》はれ給《たま》ひ、高《たか》島大神奉齋《しまたいじんほうさい》の誠意《せいい》を御嘉納《ごかなふ》ありて、神號《しんがう》を授《さづ》く、即《すなは》ち呑寶高德大神《どんぱうかうとくたいじん》、又《また》は呑公高德大神《どんこうかうとくたいじん》の兩者《りやうしや》の中《うち》いづれにても選定《せんてい》すべしと、依《よつ》て予《よ》は高島翁《たかしまをう》生前《せいぜん》の呑象號《どんしやうがう》を其《そ》の儘《まゝ》神名《しんめい》と致《いた》し度《たき》旨《むね》拜答《はいたふ》せしに、太田神《おほたのかみ》は一應《おう》豐受大神《とようけたいじん》に伺《うかゞ》ひ見《み》るべしとて、程經《ほどへ》て後《のち》に、神託《しんたく》極《きは》めて嚴格《げんかく》に、神勅《しんちよく》に私議《しぎ》を挾《はさ》むべからず、呑寶高德大神《どんぱうかうとくたいじん》と決《けつ》せよとの嚴命《げんめい》に、冷汗衣《れいかんころも》を徹《とほ》すばかり

なりき。

斯《か》くの如《ごと》き神秘《しんぴ》奇蹟《きせき》に對《たい》しては、世人《せじん》或《あるひ》は疑惑《ぎわく》を懷《いだ》き、荒唐無稽視《くわうたうむけいし》するものもあらんが、そは各人各《かくじんかく》自《じ》の所見《しよけん》として、敢《あへ》て抗爭《かうさう》するの必要《ひつえう》はない、神秘《しんぴ》は人《ひと》に依《よ》り、奇蹟《きせき》は境遇《きやうぐう》に依《よ》るものであるから、其《そ》の人《ひと》にあらず、其《そ》の境遇《きやうぐう》に至《いた》らねば、眞義《しんぎ》を味《あぢは》ふことは出來《でき》ぬのである。

高島呑象翁《たかしまどんしやうをう》は、至誠《しせい》の人《ひと》であつた、其《そ》の著易解《ちよえきかい》の自序《じじよ》にも在《あ》る如《ごと》く、至誠神明《しせいしんめい》に通《つう》ずといふ體驗《たいけん》に努《つと》められたことは、翁《をう》に接《せつ》したものゝ皆能《みなよ》く熟知《じゆくち》し證明《しようめい》する所《ところ》である、而《しか》して一點《てん》の私慾我執《しよくがしふ》の念《ねん》なく、國家公共《こくかこうきよう》の爲《た》め一意專念《いせんねん》に活動《くわつどう》せられ、大公至正《たいこうしせい》の眞理天則《しんりてんそく》に遵《したが》うて、微《すこ》しも岐路《ぎろ》を踏《ふ》まなかつたのである。

左《さ》れば呑象翁《どんしやうをう》が神《かみ》に成《な》るのは當然《たうぜん》のことである。更《さら》に又翁《またをう》が神《かみ》にならうが、なるまいが、或《あるひ》は御神告《ごしんこく》があらうとなからうと、翁《をう》の如《ごと》き大人格者《だいじんかくしや》は、其《そ》の遺徳《ゐとく》を神《かみ》として追崇《つゐすう》するのが、自然至當《しぜんしたう》の義理《ぎり》である、況《ま》して吾人等《ごじんら》の如《ごと》き、生前其《せいぜんそ》の教導《けうだう》を蒙《かうむ》り、恩義《おんぎ》に浴《よく》したるものは、奉齋《ほうさい》の典《てん》を行《おこな》ひ、追崇《つゐすう》の誠《まこと》を盡《つく》さねばならぬのは云《い》ふまでもない所《ところ》である。

殊《こと》に易道《えきだう》に於《おい》ては、日本《にほん》に於《お》ける復興《ふくこう》の大祖神《たいそじん》といふべきであるから、苟《いやし》くも今日現實《こんにちげんじつ》に易道《えきだう》に從事《じうじ》するものは、神秘《しんぴ》の如何《いかん》にかゝはらず、易道祖神《えきだうそじん》として日夕報本反始《にちせきはうほんはんし》の崇敬《すうけい》を怠《おこた》つてはならぬのである。

同《どう》十一月《ぐわつ》二十三日《にち》は、國典《こくてん》としては前夜《ぜんや》よりの鎭魂祭大嘗會《ちんこんさいだいじやうゑ》に引續《ひきつゞ》く、新嘗《にひなめ》の大祭日《だいさいじつ》にして、神宮《しんぐう》に於《おい》ても、宮中《きうちう》に於《おい》ても、千古《こ》不《ふ》變《へん》の佳晨《かしん》なると、同時《どうじ》に又神明《またしんめい》の勸請《くわんじやう》には年中唯一無二《ねんぢうゆゐいつむに》の大吉日《だいきちにち》なりとす。

此《こ》の吉日《きちにち》午前《ごぜん》十時《じ》、我《わ》が稲荷山《いなりやま》大教殿《だいけうでん》に於《おい》て、呑寶高德大神《どんぱうかうとくたいじん》の勸請《くわんじやう》御鎭座式《ごちんざしき》を執行《しつかう》せり、其《そ》の古典清儀《こてんせいぎ》に則《のつと》り、神々《かうぐ》しき森嚴《しんごん》の祭禮《さいれい》には、參拜者《さんぱいしや》一同《どう》無限《むげん》の神祕《しんぴ》に打《う》たれ、靈《れい》界《かい》の幽境《いうきやう》に入《い》りて、神人同化《しんじんどうくわ》の感想《かんさう》を懷《いだ》かしめたり。

神聖荘嚴《しんせいさうごん》なる御鎭座式《ごちんざしき》は、滯《とゞこほ》りなく終了《しうれう》せり、斯《か》くて呑寶高德大神《どんぱうかうとくたいじん》は、忽《たちま》ち神威《しんゐ》を活現《くわつげん》せられ、第《だい》一に永《なが》く當山《たうざん》の隆盛《りうせい》と、易道《えきだう》の發展《はつてん》を加護《かご》せらるべき宣命《せんめい》あり、次《つぎ》に不肖倅正《ふせうせがれせい》義《ぎ》を呼《よ》び出《いだ》し、家業精勵《かげふせいれい》其《そ》の他《た》に就《つい》て、懇篤《こんとく》なる御挨拶《ごあいさつ》御神誡《ごしんかい》あり、言音聲容《げんおんせいよう》少《すこ》しも生前《せいぜん》に異《こと》なる所《ところ》なかりき、次《つぎ》に又高島末亡人《またたかしまみばうじん》、竝《ならび》に支配者《しはいしや》橋本《はしもと》三郎氏《らうし》に對《たい》して、高島家《たかしまけ》の整理《せいり》や、信仰《しんかう》の大事《だいじ》を御直諭《ごちよくゆ》あり、孰《いづ》れも感涙《かんるゐ》を止《とゞ》めあへず、垂《た》れ伏《ふ》したる首《かうべ》は、やゝ久《ひさ》しう上《あが》らざりき。

斯《か》く一方《ぱう》には神祕的方面《しんぴてきはうめん》より、神德赫々《しんとくかく〱》たる呑寶高德大神《どんぱうかうとくたいじん》として、其《そ》の靈驗《れいげん》を仰《あふ》ぐと倶《とも》に、又《また》一方《ぱう》には道德上《だうとくじやう》より、恩師祖神《おんしそしん》として、其《そ》の遺德《ゐとく》を顯揚《けんやう》するは、吾人《ごじん》の本懷《ほんくわい》であり、本分《ほんぶん》であり、遺弟斯道《ゐていしだう》家《か》の誰《た》れ一人《ひとり》として異存《いぞん》のあるべき筈《はず》がないのである、御神託《ごしんたく》と道義《だうぎ》の公律《こうりつ》に遵《したが》ひ、追崇奉齋《つゐすうほうさい》の誠意《せいい》を披瀝《ひれき》したことは、同好《どうかう》の士《し》と齊《ひと》しく慶福《けいふく》とする所《ところ》であるのである。

呑象翁《どんしやうをう》の先考《せんかう》は義俠《ぎけふ》の血《ち》に燃《も》へ、天保《てんぽう》四年《ねん》南部《なんぶ》藩《はん》の大饑饉《だいききん》に際《さい》し、五萬餘石《まんよこく》の白米《はくまい》を送《おく》り、藩侯《はんこう》は其《そ》の義俠《ぎけふ》に感《かん》じ、勘定奉行《かんぢやうぶぎやう》に推用《すゐよう》した、歿《ぼつ》する時《とき》、乃公《われ》天《てん》に預金《よきん》あり、能《よ》く働《はたら》いて之《こ》れを取《と》れといふ、奇拔《きばつ》の遺言《ゆゐごん》をせられた、呑象翁《どんしやうをう》は天保《てんぽう》三年《ねん》江戸《えど》に生《う》まれ、乃父《なんぢち》の遺言《ゆゐごん》を體《たい》し、拮据《けつきよ》怠《おこた》らず、易占《えきせん》に依《よ》りて安政《あんせい》二年《ねん》の大地震《だいぢしん》大火災《たいくわさい》を豫知《よち》し、材木《ざいもく》を買《か》ひ入《い》れて三日間《かかん》に三萬餘兩《まんよりやう》を利《り》し、又横濱《またよこはま》に貿易事業《ぼうえきじげふ》を營《いとな》み、金輸出《きんゆしゆつ》の嚴禁《げんきん》に觸《ふ》れ、同業《どうげふ》の罪《つみ》を一身《しん》に負《お》ひ、在獄《ざいごく》七年《ねん》に亙《わた》り、此《こ》の間易道《かんえきだう》を體味《たいみ》し、翁《をう》の人格《じんかく》と高尚幽玄《かうしやういうげん》の易理《えきり》と全《まつ》たく同化《どうくわ》し、百占《せん》百中神明《ちうしんめい》と感通《かんつう》するに至《いた》つた。

慶應元年《けいおうぐわんねん》三十二歳出獄《さいしゆつごく》して、横濱《よこはま》にて材木商《ざいもくしやう》を營《いとな》み、又外人商館《またぐわいじんしやうくわん》の建築《けんちく》やホテルを設《まう》けて、數《すう》十萬《まん》金《きん》を利《り》し、外語學校《ぐわいごがくかう》を興《おこ》し、外人教師《ぐわいじんけうし》を聘《へい》して青年《せいねん》を薫陶《くんたう》し、横濱新橋間《よこはましんばしかん》の鐵道敷設《てつだうふせつ》を目論見《もくろみ》、汽船《きせん》を買《か》ひ入《い》れて運輸《うんゆ》を圖《はか》り、瓦斯燈《がすとう》を港內《かうない》に敷設《ふせつ》する等《とう》、非凡《ひぼん》の卓見《たくけん》と、神易《しんえき》に依《よ》る先見《せんけん》とを以《もつ》て、我《わ》が國文化《くにぶんくわ》の先導《せんだう》となつて努力《どりよく》せられた。

明治《めいぢ》五年《ねん》我《わ》が國最初《くにさいしよ》の三組銀杯賞賜《くみぎんぱいしやうし》を受《う》け、同《どう》七年《ねん》瓦斯《がす》燈成功《とうせいこう》の當日《たうじつ》は、畏《おそ》れ多《おほ》くも明治天皇陛下《めいぢてんのうへいか》の御臨幸《ごりんかう》を忝《かたじけな》ふし、破格拜謁《はかくはいえつ》を仰付《おほせつけ》られ、進歩首唱《しんぽしゆしやう》の勅語《ちよくご》を賜《たま》はり、人生無上《じんせいむじやう》の光榮《くわうえい》に浴《よく》したのである。

船舶《せんぱく》、鐵道《てつだう》、外語學校《ぐわいごがくかう》、瓦斯《がす》の四大事業《だいじげふ》を、明治初年《めいぢしよねん》に着手《ちやくしゆ》せられたるを始《はじ》めとして、爾來《じらい》四十餘年《よねん》、公共《こうきよう》と易道《えきだう》とに獻身的努力《けんしんてきどりよく》せられ、一の官歷《くわんれき》も學歷《がくれき》もなき、一商人《しやうにん》一布衣《ふい》の翁《をう》が、正五位勳三等《しやうごゐくんとう》に叙《じよ》せられたるを見《み》れば、如何《いか》に國家《こくか》に盡《つく》されたかの一班《ぱん》を窺《うかゞ》ひ得《う》べきである。

斯《か》くて高潔至誠《かうけつしせい》の翁《をう》は、大正三年《たいしやうねん》十月《ぐわつ》十六日《にち》、八十三歳《さい》の高齡《かうれい》を以《もつ》て、幾《いく》十の兒孫《じそん》と、幾《いく》百の門下《もんか》に圍繞《ゐぜう》せられ、安祥從容《あんしやうしようよう》として歸天《きてん》せられた。

忠孝義俠兩全《ちうかうぎけふりやうぜん》の性《せい》を竭《つく》し、忍苦《にんく》力行《りきかう》、驀進又猛進《ばくしんまたまうしん》、實業界《じつげふかい》の先進《せんしん》、維新文化《ゐしんぶんくわ》の指導者《しだうしや》として、社會《しやくわい》に九鼎《てい》の重《おも》きを爲《な》し、特《とく》に神人感通《しんじんかんつう》の玄理《げんり》を體得《たいとく》し、生《い》ける神《かみ》、人間界《にんげんかい》の神《かみ》であつた翁《をう》は、今《いま》や神人《しんじん》一元《げん》、德業神化《とくげふしんくわ》せられたのである、此《こ》の點《てん》は如何《いか》なる唯物論者《ゆゐぶつろんしや》、如何《いか》なる懷疑家《くわいぎか》も、寸毫《すんがう》の異議《いぎ》を挾《はさ》む餘地《よち》はあるまい。

別錄

神憑宣託祕錄摘要

此《こ》の祕錄《ひろく》は、本教神憑《ほんけうかみがか》りに關《くわん》する行事日誌《ぎやうじにつし》であつて、固《もと》より公開《こうかい》すべきものではないが、其《そ》の中《なか》の差支《さしつかへ》なきものを摘記《てきき》して、上述本文《じやうじゆつほんもん》の解說《かいせつ》を實證《じつしよう》する爲《た》め、別錄《べつろく》として此所《ここ》に此處《ここ》することにしたのである。祕錄《ひろく》は決《けつ》して茲《こゝ》に止《とゞ》まるものではないが、其《そ》の道《みち》に入《はひ》らざるものや、其《そ》の人《ひと》にあらざるものに、妄《みだ》りに公開《こうかい》するも、却《かへ》つて害《がい》あつて益《えき》なく、時《とき》に或《あるひ》は世《よ》の疑惑《ぎわく》を招《まね》く恐《おそ》れあるを以《もつ》て、神祕《しんぴ》の深《しん》甚《じん》なるものは、全部《ぜんぶ》を省《はぶ》きたるなり、若《も》し強《しひ》て求《もと》めんとするの志念《しねん》ある篤信者《とくしんしや》は、本教《ほんけう》に參修《さんしう》して實《じつ》地《ち》に就《つい》て探究體得《たんきうたいとく》するを肝要《かんえう》とす。

一、玉山姫大神の靈驗誌

昭和《せうわ》六年《ねん》十一月《ぐわつ》八日《か》、午前《ごぜん》五時《じ》三十分《ぶん》、恒例《こうれい》の祭典執行後《さいてんしつかうご》、當稻荷山神誠教會本院神靈《たういなりやましんせいけうくわいほんゐんしんれい》窟《くつ》に於《おい》て、太田《おほた》行者《ぎやうじや》を乘代《のりしろ》として、第《だい》一に當山總鎭守《たうざんそうちんじゆ》千代《ちよ》姫《ひ》靈神《れいじん》の御臨降《ごりんかう》あり、去《さ》る一月《ぐわつ》二日《か》、教主《けうしゆ》伊勢《いせ》參宮等《さんぐうとう》の件《けん》に付《つい》て、種々《しゆぐ》の御挨拶《ごあいさつ》ありたる上《うへ》、今日更《こんにちさら》に新《あらた》なる高徳《かうとく》の大神《たいじん》御出現《ごしゆつげん》あるべき旨《むね》を豫告《よこく》せらる。

尋《つい》で玉山姫大神《たまやまひめたいじん》の御降臨《ごかうりん》あり、曰《いは》く。

我《われ》は京都伏見《きやうとふしみ》稻荷本社《いなりほんしや》の左方《さはう》、石段《いしだん》を昇《のぼ》つて正面《しやうめん》に配祀《はいし》せられ居《を》る、玉山姫神《たまやまひめがみ》なり、當山《たうざん》の繁昌《はんじやう》を望《のぞ》み、且《か》つ帝都《ていと》に近《ちか》き所《ところ》に在《あ》りて、現神皇上《あらひとがみくわうじやう》の御玉體《おんぎよくたい》を守護《しゆご》したく思《おも》ふと

謹《つゝし》んで按《あん》ずるに、玉山姫大神《たまやまひめたいじん》は、豐受五社稻荷大神《とようけしやいなりたいじん》即《すなは》ち保食《うけもち》の神《かみ》や、太田命《おほたのみこと》に因縁《いんねん》ある神《かみ》にして、稻荷大神《いなりたいじん》を信仰《しんかう》する人々《ひとぐ》を守護《しゆご》せられ、その靈徳《れいとく》の顯著《けんちよ》なるは、當山奉祀以來《たうざんほうしいらい》の事實《じじつ》に徴《ちよう》しても極《きは》めて明白《めいはく》なる所《ところ》なりとす。

又當山《またたうざん》は京濱《けいひん》の中央《ちうあう》に位《くらゐ》し、皇都《くわうと》の鎭守《ちんじゆ》として、將來有望《しやうらいいうばう》なりとの旨《むね》を、再《さい》三御託宣《ごたくせん》ありたり。

又《また》十一月《ぐわつ》二十四日《か》の御神託《ごしんたく》には、玉山姫大神《たまやまひめたいじん》と三十番《ばん》の觀音《くわんおん》とは、異體同心《いたいどうしん》の神靈《しんれい》なりと示《しめ》さへ給《たま》へり。

西國《さいこく》三十三番《ばん》の中《うち》、三十番《ばん》の觀音《くわんおん》は、近江國琵琶湖《あふみのくにびわこ》即《すなは》ち滋賀縣蒲生郡島村字長命寺《しがけんがまふぐんしまむらあざちやうめいじ》の姨綺耶山《いきやざん》、天台《てんだい》

宗《しう》長命寺《ちやうめいじ》の本尊《ほんぞん》にして、所謂《いはゆる》竹生《ちくぶ》島《しま》の觀音《くわんおん》である、開基《かいき》は聖德太子《しやうとくたいし》、建立《こんりふ》は推古《すゐこ》天皇《てんわう》二十七年《ねん》、勅《ちよく》願《ぐわん》は天智《てんぢ》天皇《てんわう》、本尊《ほんぞん》は千手觀音《せんしゆくわんおん》、十一面觀音《めんくわんおん》、正觀音《せいくわんおん》の三尊《そん》一體《たい》の靈佛《れいぶつ》にして、聖德太子《しやうとくたいし》の御作《おんさく》なり、又京都淸水《またきやうときよみづ》の本尊《ほんぞん》も千手觀音《せんしゆくわんおん》にして、之《こ》れは田村將軍《たむらしやうぐん》の開基《かいき》、行叡大士《かうえいたいし》の作《さく》なり、兩本尊共《りやうほんぞんとも》その本誓《ほんせい》は同《どう》一なりとす、此《こ》の千手觀音《せんしゆくわんおん》は必《かなら》ずしも手《て》が千本《ぼん》あるといふ譯《わけ》ではなく、同時《どうじ》に多《おほ》くの人《ひと》を救《すく》ひ得《う》るといふ、不可思議《ふかしぎ》の靈德《れいとく》を有《いう》するといふのである、而《しか》して此《こ》の千手觀音《せんしゆくわんおん》の目的《もくてき》とする所《ところ》は、地獄《ぢごく》に墮《お》ちたものや、又《また》は地獄《ぢごく》に墮《お》つるべき惡事《あくじ》を爲《な》すものを救濟《きうさい》して善人《ぜんにん》と爲《な》し、生天《せいてん》せしめようといふのである。

謹《つゝし》んで想《おも》ふに、玉山姬大神《たまやまひめたいじん》が三十番《ばん》の觀世音《くわんぜおん》卽《すなは》ち千手觀音《せんじゆくわんおん》と異體同心《いたいどうしん》なりといふことを以《もつ》て、世人或《せじんあるひ》は直《たゞ》ちに此《これ》を神佛混淆《しんぶつこんこう》なりとするものもあらんが、そは大《だい》なる誤《あやまり》なり、既《すで》に異體《いたい》といふ以上《いじやう》は神《かみ》は神《かみ》にして、佛《ほとけ》は佛《ほとけ》なり、決《けつ》つして混合《こんがふ》にあらず、而《し》かも同心《どうしん》なりといふ、此《こ》れは當然《たうぜん》にして神《かみ》も佛《ほとけ》も人間《にんげん》の救濟《きうさい》を目的《もくてき》とせらるるものなれば、その點《てん》に於《おい》て神佛《しんぶつ》とも一致《ち》同心同目的《どうしんどうもくてき》なりと云《い》ふべし、例《たと》へば父《ちゝ》と母《はゝ》とは異體《いたい》なれども、我《わ》が子《こ》を愛《あい》するといふ上《うへ》に於《おい》ては父母《ふぼ》共《とも》に同心《どうしん》一致《ち》なるが如《ごと》し、神佛《しんぶつ》の惡混《あくこん》は固《もと》より不可《ふか》なりと雖《いへど》も、其《そ》の趣意《しゆい》方針《はうしん》に於《おい》て一致點《ちてん》を發見《はつけん》し、之《こ》れを調和《てうわ》善用《ぜんよう》して人心思《じんしんし》想《さう》の敎化濟度《けうくわさいど》に努《つと》むべきは宗敎家《しうけうか》たるものの自然《しぜん》の使命《しめい》なれば、些少《させう》の事柄《ことがら》を種《たね》に妄《みだ》りに紛爭《ふんさう》を試《こゝろ》むべきに非《あら》ず。

玉山姫靈神《たまやまひめれいしん》の神託《しんたく》は爾來屢々《じらいしばしば》ありしが、要《えう》するに稻荷大神《いなりたいじん》の信仰《しんかう》を勸《すゝ》め、その信仰《しんかう》を契《けい》機《き》として生活《せいくわつ》の安定《あんてい》と倶《とも》に思想《しさう》を國體主義《こくたいしゆぎ》に統《とう》一し、相共《あひとも》に一般不《ばんぷ》況《きやう》の退治《たいぢ》、更生自主《かうせいじしゆ》の堅實《けんじつ》なる社會《しやくわい》を固成《こせい》すべしといふに在《あ》りて、要《えう》は實生活《じつせいくわつ》と信仰《しんかう》との一致《ち》調和《てうわ》を懇誡《こんかい》せらるるの他《ほか》なきものなり、此《こ》れ卽《すなは》ち稻荷《いなり》大神《たいじん》の大精神《だいせいしん》を發露《はつろ》せるものと云《い》ふべし。

二、滿洲事變と十年後

昭和《せうわ》六年《ねん》十一月《ぐわつ》十一日午前《にちごぜん》六時《じ》、太田行者《おほたぎやうじや》を乘代《のりしろ》として、戸隱九頭龍大權現《とかくしづりうだいごんげん》の御降臨《ごかうりん》あり、同《どう》十二月《ぐわつ》二日《か》、同《どう》十二月《ぐわつ》三日《か》の三回《くわい》に亙《わた》り、御靈告《ごれいこく》ありたり。

神代記《しんだいき》に曰《いは》く、日《ひ》の神天《かみあめ》の石窟《いはや》に入《い》ります時《とき》、手力雄神磐戸《たぢからをのかみいはと》の外《そと》に立《た》ち、日《ひ》の神御手《かみおんて》を以《もつ》て、磐戸《いはと》を開《ひら》き窺《みそな》はすの時《とき》に、手力雄神《たぢからをのかみ》則《すなは》ち御手《おんて》を承《うけたま》はり奉《たてまつ》りて引《ひい》て出《いだ》し奉《たてまつ》ると、又曰《またいは》く、伊勢內宮相殿左脇《いせないぐうあひどののひだりわき》に此《こ》の神《かみ》を祭《まつ》る思兼神《おもひかねのかみ》の子《こ》なりと。

古史傳《こしでん》に曰《いは》く、世《よ》に此《こ》の時石戸《ときいはと》を引開《ひきひら》き、其《そ》の戸《と》を投給《なげたま》へるが、信濃國《しなのゝくに》に落《お》ちて山《やま》と化《くわ》せり、それを戸隱山《とかくしやま》なりと言傳《いひつた》ふ。

長野縣上水內郡戸隱村鎭座戸隱神社《ながのけんかみみづうちぐんとかくしむらちんざとかくしじんじや》は國幣小社《こくへいせうしや》にして、祭神《さいしん》は天手力雄命《あめのたぢからをのみこと》とあり、祭日《さいじつ》は八月《ぐわつ》十五日《にち》なり、兩部神道時代《りやうぶしんだうじだい》には、戸隠《とかくし》九頭龍大權現《づりうだいごんげん》と稱《しよう》し、靈驗新《れいげんあら》たなる大神《おほかみ》として登山者年中絶《とざんしやねんちうた》えず、今《いま》も崇敬者多《すうけいしやおほ》く、全國著名《ぜんこくちよめい》の神社《じんじや》なり。

此《こ》の戸隠大神《とかくしたいじん》は神齢《しんれい》七千歳《さい》にして、龍蛇《りうだ》の族《ぞく》を眷屬《けんぞく》と爲《な》し、當山守護神千代姫靈神《たうざんしゆごじんちよひめれいじん》の御叔父神《おんをぢがみ》なりとの御告《おつ》げもありたり。

昭和《せうわ》六年《ねん》十一月《ぐわつ》二十七日午前《にちごぜん》六時《じ》三十分《ぷん》、太田行者《おほたぎやうじや》を乘代《のりしろ》として、鎌倉鶴《かまくらつる》ヶ岡《をか》八幡大神《まんたいじん》の御降臨《ごかうりん》あり、同《どう》十二月《ぐわつ》一日《じつ》にも御靈告《ごれいこく》ありたり。

八幡大神《まんたいじん》は神功皇后《じんぐくわうごう》が三韓征伐《かんせいばつ》の際《さい》に、胎中《たいちう》に御在《おは》まし、後《のち》に第《だい》十二代《だい》の天皇《てんのう》となり給《たま》ひし應仁天皇《おうじんてんのう》にして、初《はじ》め豐前國宇佐《ぶぜんのくにうさ》に現《あら》はれ、又筑前箱崎《またちくぜんはこざき》に奉祀《ほうし》せられ、後《の》ち京都《きやうと》の男山《をとこやま》に勸請《くわんじやう》せられ、男山《をとこやま》八幡又《まんまた》は石清水《いはしみづ》八幡《まん》と稱《しよう》し、後冷泉天皇《のちれいせんてんのう》の康平《かうへい》六年《ねん》、源頼義《みなもとのよりよし》が鎌倉《かまくら》に勸請《くゎんじやう》し、鶴《つる》ヶ岡《をか》八幡《まん》として武神《ぶしん》の總主《そうしゆ》と崇《あが》め、現今國幣中社《げんこんこくへいちうしや》なり、全國《ぜんこく》八千餘社《よしや》に祀《まつ》らる。

昭和《せうわ》六年《ねん》十一月《ぐわつ》二十四日《か》、及《およ》び十二月《ぐわつ》一日午前《じつごぜん》五時《じ》三十分《ぷん》、中野行者《なかのぎやうじや》を乘代《のりしろ》として、大《おほ》巳貴命《あなむちのみこと》の御降臨《ごかうりん》ありたり。

大己貴命《をうあなむちのみこと》は又大國主命《またおほくにぬしのみこと》とも稱し、其《そ》の他多《たおほ》くの御名《おんな》あり、天照皇大神《あまてらすおほみかみ》の御弟《おんおとうと》素盞嗚尊《すさのをのみこと》の御子《おんこ》にして、出雲方面《いづもはうめん》より中國近畿《ちうごくきんき》を經營《けいえい》し、後《の》ち其《そ》の國土全部《こくどぜんぶ》を宗家《そうけ》たる今《いま》の皇統《くわうとう》に奉獻《ほうけん》し、退《ひ》いて幽界《かくりよ》を治《ぢ》せられ、又醫藥禁厭《またいやくまじなひ》の祖神《そしん》として尊崇《そんすう》せらる、日本最古《にほんさいこ》の神宮即《じんぐうすなは》ち神代《かみよ》に創建《さうけん》せられし、今《いま》の官幣大社《くわんぺいたいしや》出雲大社《いづもおほやしろ》其《そ》の他《た》七所《しよ》の官幣大社《くわんぺいたいしや》、及《およ》び一萬餘社《まんよしや》に奉祀《ほうし》せらる。

以上《いじやう》三柱《はしら》の大神《たいじん》より再《さい》三の御託宣《ごたくせん》ありし所《ところ》を綜合《そうがふ》して摘記《てきき》すれば、今回《こんくわい》の支那《しな》滿洲事變《まんしうじへん》及《およ》び今後《こんご》の變遷《へんせん》、且《か》つ又《また》十年後《ねんご》に於《お》ける世界相《せかいさう》の大要《たいえう》左《さ》の如《ごと》し。

敎主《けうしゆ》の御尋《おたづね》、曰《いは》く、滿洲事變《まんしうじへん》は如何《いか》に結末《けつまつ》するものなるべきや、

戸隱大神《とがくしたいじん》の御託宣《ごたくせん》、曰《いは》く、戰《いくさ》は固《もと》より　皇軍《くわうぐん》の勝利《しようり》、外交《ぐわいかう》もさして憂《うれ》ふるには及《およ》ばぬ、併《しか》し手數《てすう》の種《たね》はいつまでも盡《つ》きぬ。

敎主《けうしゆ》の御尋《おたづね》、曰《いは》く、列國《れつこく》の干涉《かんせふ》あるべきや。

大巳貴命《おほあなむちのみこと》の御答勅《ごたふちよく》、曰《いは》く、干涉《かんせふ》もあり、仲裁《ちうさい》もある、いづれにしても押《お》し進《すゝ》めば、結局《けつきよく》皇國《くわうこく》の爲《た》め有利《いうり》の解決《かいけつ》を見《み》るべし。

敎主《けうしゆ》の御尋《おたづね》、曰《いは》く、一旦解決《たんかいけつ》するも、後日《ごじつ》再《ふたゝ》び何等《なんら》かの問題《もんだい》起《おこ》るべきや。

八幡大神《まんたいじん》の御神託《ごしんたく》、曰《いは》く、今回《こんくわい》は追《おつ》て圓滿《ゑんまん》に治《をさ》まるべきも、事變《じへん》は次《つぎ》から次《つぎ》へと發生《はつせい》し、十年《ねん》以內《いない》に又々《また〳〵》世界全體《せかいぜんたい》に亙《わた》る大禍亂《だいくわらん》を惹起《じやくき》すべし、其《そ》の際《さい》英國《えいこく》は、皇國《みくに》に好意《かうい》を寄《よ》するも、時局《じきよく》頗《すこぶ》る重大《ぢうだい》にして、餘程《よほど》困難《こんなん》の立場《たちば》となる故《ゆゑ》、大《おほい》に警戒注意《けいかいちうい》すべし。

敎主奏上《けうしゆそうじやう》、曰《いは》く、戰勝祈念《せんしようきねん》、竝《ならび》に皇國國運《くわうこくこくうん》の萬歳《ばんざい》を祈《いの》りたし、朝夕諷奏《てうせきふうそう》の辭《じ》を御《ご》敎示《けうじ》を

仰《あふ》ぐ。

戸隠大神《とかくしたいじん》の御神教《ごしんけう》に曰《いは》く、

天壤無窮、　國土安穩

天下泰平、　五穀豐穰

三、三種の病根と其治法

昭和《せうわ》六年《ねん》十二月《ぐわつ》一日午前《じつごぜん》五時《じ》三十分《ぷん》、中野行者《なかのぎやうじや》を乘代《のりしろ》として、大巳貴命《おほあなむちのみこと》の御降臨《ごかうりん》あり、二三御託宣《ごたくせん》ありたる後《のち》に、教主謹《けうしゆつゝし》みて御伺《おうかゞ》ひ申《まを》して曰《いく》く、大神《おほがみ》は醫藥《いやく》の祖神《そしん》に座《ま》しませば、難病治癒《なんびやうちゆ》の御神法《ごしんぱふ》を御教示《ごけうじ》あらんことを乞《こ》ふと。

大神《おほがみ》は最《もつと》も御滿足《ごまんぞく》の御樣子《ごやうす》にて、御答宣《ごたふせん》あり。曰《いは》く、飲食其《いんしよくそ》の他《た》の不養生《ふやうじやう》より來《きた》る病《やまひ》を身病《みびやう》と云《い》ふ、喜怒哀樂愛惡慾《きどあいらくあいあくよく》の七情《じやう》に戟《げき》せられて起《おこ》るものを心病《しんびやう》といふ、惡靈魔族《あくりやうまぞく》の憑依《ひようい》より起《おこ》るものを祟《たゝ》りといふ、身病《みびやう》は輕《かろ》し、醫藥《いやく》にて治《なほ》すべし、心病《しんびやう》は己《おの》れの心《こゝろ》を改《あらた》めて治《ち》する他《ほか》に其《そ》の道《みち》なし、醫藥《いやく》は効《かう》なくして却《かへ》つて害《がい》あり、祟病《すうびやう》は鎭魂《しづたま》に依《よ》るときは治《ち》すべし、三病相重《びやうあひかさな》るを不治《ふぢ》の病《やまひ》とす、風癲白痴癩病等《ふうてんはくちらいびやうとう》は、此《こ》の三病《びやう》を重《かさ》ねたり、魂鎭法《たましづめのり》を行《おこな》ふときは、其《そ》の度合《どあひ》を輕《かろ》からしむるも、全治《ぜんち》は困難《こんなん》なり、之等難病者《これらなんびやうしや》は、一度死《どし》して幽界《かくりよ》に入《い》り、充分苦行《じうぶんくぎやう》を積《つ》み、然《しか》る後《のち》に再《ふたゝ》び現界《うつしよ》に生《う》まれ出《で》て、本然《ほんぜん》の人《ひと》として勉《つと》むべきものなり。

教主更《けうしゆさら》に伺《うかゞ》ひ申《まを》して曰《いは》く、世間《せけん》にて所謂病氣《いはゆるびやうき》と異《こと》なるもの、即《すなは》ち不良《ふりやう》なる性質《せいしつ》を轉換《てんくわん》し改善《かいぜん》する妙法《めうはふ》あるべきや、例《たと》へば強《つよ》き疳癖《かんぺき》とか、盜癖《たうへき》とか、狂的暴行性《きやうてきばうかうせい》とかいふ如《ごと》きものを治《なほ》し、それ等《ら》の惡癖《あくへき》が再發《さいほつ》せざるやうになす方法《はうはふ》を御教示《ごけうじ》願《ねが》ひ度《たし》。

大神《おほがみ》の御答《おこたへ》に曰《いは》く、善《よ》いかな問《と》ひ、能《よ》くも心付《こゝろづ》きたり、それ等《ら》の惡性者《あくせいしや》は、直接《ちよくせつ》に本人《ほんしん》に對《たい》する治安法《ぢあんはふ》なし、唯《た》だ其《そ》の當人《たうにん》の父母《ふぼ》たるもの、又《また》は子孫《しそん》たるもの、竝《ならび》に妻《つま》や兄弟《けいてい》、其《そ》の他《た》一家親族友人等《かしんぞくいうじんとう》、即《すなは》ち周圍《しうゐ》の者共《ものども》が、先《ま》づ第《だい》一に改良《かいりやう》し、いづれも溫和平靜《をんわへいせい》に立《た》ち振舞《ふるま》ひ、且《か》つ勤勉正直《きんべんしやうぢき》にして、自然《しぜん》の感化《かんくわ》を本人《ほんにん》に及《およ》ぼし、又信仰《またしんかう》を篤《あつ》くして、一家中《かちう》に敬虔《けいけん》の眞靈《しんれい》が充《み》ち漲《みな》ぎる時《とき》は、本人《ほんにん》も折《をり》に觸《ふ》れ、物《もの》に接《せつ》して、漸次感化覺醒《ぜんじかんくわかくせい》せらるゝに至《いた》るものなり、斯《か》くて既《すで》に覺醒《かくせい》の徵候確《ちようこうたし》かとなりたる上《うへ》は、其《そ》の場合《ばあひ》に應《おう》じ、其《そ》の人柄《ひとがら》を考《かんが》へ、隨時臨機《ずゐじりんき》に適應《てきおう》の方法手段《はうはふしゆだん》を講《かう》ずべきものなり。

四、財寶却て子孫を累す

昭和《せうわ》六年《ねん》十一月《ぐわつ》二十三日《にち》午後《ごご》二時《じ》、太田《おほた》行者《ぎやうじや》を乗代《のりしろ》として故《こ》高島呑象翁《たかしまどんしやうをう》卽《すなは》ち當山《たんざん》鎭座《ちんざ》の呑寶高德大神《どんぱうかうとくたいじん》の降臨《かうりん》あり、其《そ》の翌《よく》二十四日《か》午前《ごぜん》五時《じ》三十分《ぷん》には、中野《なかの》行者《ぎやうじや》を乗代《のりしろ》とし、又《また》同《どう》十二月《ぐわつ》十四日《か》午前《ごぜん》十一時《じ》には、太田《おほた》行者《ぎやうじや》を乗代《のりしろ》として、三回《くわい》の降臨御靈告《かうりんごれいこく》ありたり。曰《いは》く、

予《よ》は生前《せいぜん》に一家《か》の永續繁榮《えいぞくはんえい》を心掛《こゝろが》け、子孫《しそん》の爲《た》めを思《おも》ひ、刻苦精勵《こくくせいれい》して多少《たせう》なり世《よ》の爲《た》め、道《みち》の爲《た》め、皇國《みくに》の爲《た》めにも盡《つく》したるが、一方《ぱう》には家財《かざい》の事《こと》にも注意努力《ちういどりよく》し、自然《しぜん》の幸《かう》運《うん》もありたるが、相當《さうたう》の財產《ざいさん》を造《つく》りて、子孫《しそん》に遺《のこ》せり。

然《しか》るに家門《かもん》の爲《た》め、子孫《しそん》の爲《た》め、予《よ》が亡《な》き後《あと》の唯一《ゆゐいつ》の賴《たの》みと思《おも》ひ居《を》りし財產《ざいさん》は、妙藥變《めうやくへん》じて鴆毒《ちんどく》と化《くわ》し、却《かへ》つて家門《かもん》を汚《けが》し子孫《しそん》を過《あやま》つに至《いた》れり、倅《せがれ》が不治《ふぢ》の病氣《びやうき》も決《けつ》して遺傳《ゐでん》にあらず、高島家《たかしまけ》にはかゝる病氣《びやうき》の血統《けつとう》なし、之《こ》れ全《まつ》たく財《ざい》を浪費《らうひ》し、酒色《しゆしよく》に溺《おぼ》れ、不攝生《ふせつせい》を極《きは》めたる自然《しぜん》の冥罰《ばつみやう》より來《き》たりしものなり、其《そ》の早世《さうせい》も亦財《またざい》を因《いん》とし、自己《じこ》の不覺《ふかく》を緣《えん》とせる結果《けつくわ》なりと。

教主曰《けうしゆいは》く、御令孫《ごれいそん》も健康不充分《けんかうふじうぶん》に見《み》ゆるが、其《そ》の行末《ゆくすゑ》は如何《いか》があるべきか。

大神曰《たいじんいは》く、孫《まご》も天性極《てんせいきは》めて脆弱《ぜいじやく》なり、現在《げんざい》に病患《びやうくわん》なしとするも、病《やまひ》に冒《をか》され易《やす》く、健《けん》康長壽見込《かうちやうじゆみこ》みなし、只管攝養《ひたすらせつやう》に注意《ちうい》し、長《ちやう》ずるに從《したが》ひ、敬神信念《けいしんしんねん》を固《かた》め、以《もつ》て神明《しんめい》の加護《かご》を受《う》くるやう訓誡《くんかい》ありたし。

教主問《けうしゆと》ひて曰《いは》く、未亡人《みばうじん》きん子女史《こぢよし》の病症《びやうしやう》は如何《いか》なるものなりや、速治《そくぢ》待《ま》つべきや。

大神曰《たいじんいは》く、きんの病《やまひ》は座骨神經痛《ざこつしんけいつう》なり、急治《きふぢ》は固《もと》より望《のぞ》まれず、日夜安靜《にちやあんせい》にして、信神《しんじん》を怠《おこた》るべからず、大神更《たいじんさら》に曰《いは》く、此《こ》の儘《まゝ》にては高島家《たかしまけ》も滅茶《めちや》々々になるべし、橋本《はしもと》（支配人《しはいにん》）に能《よ》く注意《ちうい》し、大《おほい》に整理《せいり》に努《つと》むべし云々《うんぬん》。猶整理《なほせいり》の件《けん》に就《つい》ては、直接橋本氏《ちよくせつはしもとし》に御神託訓諭《ごしんたくくんゆ》ありたり。

五、慨はしき政界の風雲

昭和《せうわ》六年《ねん》十一月《ぐわつ》二十四日《か》、同《どう》十二月《ぐわつ》一日午前《じつごぜん》五時《じ》三十分《ぷん》、中野行者《なかのぎやうじや》を乗代《のりしろ》として、大巳貴命《おほあなあなのみこと》の御降臨《ごかうりん》あり、又同《またどう》十二月《ぐわつ》五日午前《かごぜん》六時《じ》、太田行者《おほたぎやうじや》を乗代《のりしろ》として、豊受大神《とようけたいじん》の御降臨《ごかうりん》あり、同《どう》十二月《ぐわつ》八日午前《かごぜん》五時《じ》三十分《ぷん》、太田行者《おほたぎやうじや》を乗代《のりしろ》として、八幡大神《まんたいじん》の御託宣《ごたくせん》あり、同《どう》十二月《ぐわつ》五日《か》及《およ》び八日《ぐわつ》の二回《くわい》、中野《なかの》行者《ぎやうじや》を乗代《のりしろ》として、愛宕大神《あたごたいじん》の御降臨《ごかうりん》ありたり、愛宕大神《あたごたいじん》は火之迦具遲神《ひのかぐぬらのかみ》にして、防火《ばうくわ》の神《かみ》として至《いた》る所《ところ》に奉祀《ほうし》せられ、愛宕明神《あたごみやうじん》とも稱《しやう》し、水《みづ》の神《かみ》も、武《ぶ》の神《かみ》も、皆此《みなこ》の火《ひ》の神《かみ》より發生《はつせい》し給《たま》へり、之等《これら》の大神《たいじん》と敎主《けうしゆ》との問答中《もんだふちう》、現下《げんか》の我《わ》が國《くに》に於《お》ける政界《せいかい》に關《くわん》する一節《せつ》を示《しめ》せば左《さ》の如《ごと》し。

敎主謹《けうしゆつゝし》みて問《とひ》て曰《いは》く、滿洲事變《まんしうじへん》や、經濟問題《けいざいもんだい》に就《つい》て、政界《せいかい》は何《なん》となく色《いろ》めき立《た》ち居《を》れり、其《そ》の成《な》り行《ゆき》は如何《いか》があるべきや。

大巳貴命《おほあなむちのみこと》の御答勅《ごたふちよく》に曰《いは》く、政界《せいかい》は渾沌《こんとん》として不安定《ふあんてい》なり、眞《まこと》になげかはしきことに思《おも》ふ、近《ちか》きに政變《せいへん》もあるべきが、政變《せいへん》ありたりとて、眞實《しんじつ》の安定《あんてい》は困難《こんなん》ならん。

敎主重《けうしゆかさ》ねて伺《うかゞ》ひ申《まを》して曰《いは》く、政變《せいへん》あらば解散《かいさん》あるべきか、又解散《またかいさん》すれば總選擧《そうせんきよ》の結果《けつくわ》は如何《いか》なるべきか。

豐受大神《とようけたいじん》の御神託《ごしんたく》に曰《いは》く、解散《かいさん》は當然《たうぜん》なり、皇國《くわうこく》にては、選擧《せんきよ》は總《すべ》て政府側《せいふがは》の勝利《しようり》を恒例《こうれい》とす、併《しか》し勝《かつ》たりとて永續《えいぞく》するものにあらず。

敎主更《けうしゆさら》に問《とひ》て曰《いは》く、政治上《せいぢじやう》に何等《なんら》かの異變《いへん》の起《おこ》ることはあるまじきか。

八幡大神《まんたいじん》の御神勅《ごしんちよく》に曰《いは》く、異變《いへん》も種々《しゆぐ》起《おこ》るべきが、それは大《たい》したることなし、左《さ》れどいづれの政府《せいふ》にても、二ケ年續《ねんつゞ》くことは困難《こんなん》なり。

教主改《けうしゆあらた》めて御伺《おうかゞ》ひ申《まを》して曰《いは》く、日米支《にちべいし》の關係《くわんけい》は將來如何《しやうらいいか》に成《な》り行《ゆ》くべきか。

愛宕大神《あたごたいじん》の御神託《ごしんたく》に曰《いは》く、それは自然《しぜん》と落着《おちつ》くべき所《ところ》に落着《おちつ》くべし、それ等《ら》の事《こと》は妄《みだ》りに問《と》ふべきものに非《あら》ず、唯《た》だ皇國《みくに》の爲《た》めに其《そ》の前途《ぜんと》を祈《いの》れ、國歩艱難《こくほかんなん》。國際《こくさい》の時局《じきよく》は今後《こんご》益々《ますく》重大《ぢうだい》なるべし。

六、神佛一致の明記

昭和《せうわ》六年《ねん》十一月《ぐわつ》十七日午前《にちごぜん》六時《じ》、太田行者《おほたぎやうじや》を乘代《のりしろ》として、不動明王《ふどうみやうわう》の降臨《かうりん》あり。曰《いは》く我《われ》は水切《みづき》り不動《ふどう》なり、水行場《すゐぎやうぢやう》を守《まも》るべし、同場《どうぢやう》は亂雜不淨《らんざつふじやう》なり、よろしく整頓清潔《せいとんせいけつ》にすべしと。

更《さら》に又神佛《またしんぶつ》の一靈《れい》一味《み》なる旨《むね》を示《しめ》し、宇宙《うちう》の大元《たいげん》は一なり、萬有皆此《ばんいうみなこ》の大靈《だいれい》より出《い》づ、神《かみ》も佛《ほとけ》も其《そ》の元《もと》に歸《かへ》れば不二《ふじ》一味《み》なり。

神佛《しんぶつ》一致《ち》の趣意《しゆい》は前《まへ》にも述《のべ》たる所《ところ》なるが、神明《しんめい》の垂示《すゐじ》にも、佛菩薩明王《ぶつぼさつみやうわう》の示現《しげん》にも皆《みな》その同理異用《どうりいよう》、又《また》は異體互用《いたいごよう》の旨《むね》を明《あき》らかにせり、之《こ》れ國家人民統制《こくかじんみんとうせい》の上《うへ》に於《おい》て、警官《けいくわん》あり司法官《しはふくわん》あり軍隊《ぐんたい》あり、又行政官《またぎやうせいくわん》あり教育者《けういくしや》あり慈善事業家《じぜんじげふか》ありて、職責《しよくせき》は寛嚴相異《くわんげんあひこと》なりと雖《いへど》も、國家《こくか》の安泰《あんたい》、人民《じんみん》の福利《ふくり》を擁護進展《えうごしんてん》せしめんとするは同《どう》一なるが如《ごと》し。

昭和《せうわ》六年《ねん》十二月《ぐわつ》九日《か》午前《ごぜん》六時《じ》二十分《ぷん》、太田行者《おほたぎやうじや》を乘代《のりしろ》として、五社稲荷《しやいなり》の太田命《おほたのみこと》御降臨《ごかうりん》あり、又同《またどう》十二月《ぐわつ》十日《か》午前《ごぜん》六時《じ》。太田行者《おほたぎやうじや》を乘代《のりしろ》として、信州上諏訪《しんしうかみすは》大明神《だいみやうじん》御降臨《ごかうりん》あり、兩大神共種々《りやうたいじんともしゆ〴〵》の御託宣《ごたくせん》ありたる後《のち》、更《さら》に神佛《しんぶつ》の異體同心《いたいどうしん》にして、ひとしく罪惡《ざいあく》の凡人《ぼんじん》を救濟《きうさい》することを目的《もくてき》とせられ居《を》ることを宣告《せんこく》せられたり。

因《ちなみ》に教主《けうしゆ》の神佛《しんぶつ》一靈義《れいぎ》に曰《いは》く、神《かみ》も佛《ほとけ》も共《とも》に其《そ》の實體《じつたい》は一つの大靈《だいれい》である。此《こ》の大靈《だいれい》の個性的能動《こせいてきのうどう》を指《さ》して神《かみ》と云《い》ひ、佛《ほとけ》と云《い》ふ。神《かみ》は活動《くわつどう》そのもの丶威力《ゐりよく》を主《しゆ》として命名《めいめい》し、佛《ほとけ》はその自覺《じかく》に名《なづ》けたるものにして、其《そ》の體《たい》二なるにあらず、本來《ほんらい》一味《み》なり、唯《た》だ其《そ》の個性分派《こせいぶんぱ》の上《うへ》に就《つい》て、各々《おの〳〵》好《この》んで名《な》づけしに過《す》ぎず。從《したが》つて吾人《ごじん》の靈肉《れいにく》も亦宇宙大靈《またうちうだいれい》の派生《はせい》なれば、其《そ》の實質《じつしつ》は神佛《しんぶつ》と異《こと》なることなし、故《ゆゑ》に吾人《ごじん》も亦能《またよ》く活動《くわつどう》して、善良《ぜんりやう》なる方面《はうめん》に大靈《だいれい》の威徳《ゐとく》を發揮《はつき》すれば、人《ひと》にして即《すなは》ち神《かみ》なり、又宇宙《またうちう》の眞《しん》相《さう》、人生《じんせい》の歸趨《きすう》を覺悟《かくご》すれば即《すなは》ち佛《ほとけ》なり、神《かみ》は聖者《せいじや》といふ、佛《ほとけ》は覺者《かくしや》と譯《やく》す、聖《せい》と覺《かく》とは同《どう》一なりとす。

吾人《ごじん》が聖徳《せいとく》を現《あら》はし、自覺《じかく》して大靈《だいれい》に還同《くわんどう》すれば、神佛《しんぶつ》と一致《ち》せるものにして、我《わ》れ即《すなは》ち神《かみ》、我《わ》れ即《すなは》ち佛《ほとけ》、我《わ》れ即《すなは》ち大靈《だいれい》、我《わ》れ即《すなは》ち宇宙《うちう》と化《くわ》す、又眞心《またしんしん》は大靈《だいれい》の分靈《ぶんれい》なれば、眞心《しんしん》の活動《くわつどう》は神《かみ》なり、佛《とけ》なりといふも差支《さしつかへ》なく、神佛《しんぶつ》一靈《れい》なるは固《もと》より、神人《しんじん》、佛人亦《ぶつじんまた》一如《によ》一靈《れい》なり、而《し》かも神佛《しんぶつ》と現在《げんざい》の吾人《ごじん》は、其《そ》の性格《せいかく》に於《おい》ても作業《さげふ》に於《おい》ても、天地《てんち》雲泥《うんでい》の差《さ》あるは、何故《なにゆゑ》なるかといふに、是《こ》れ皆眞心《みなしんしん》を覆《おほ》ふの迷妄《めいまう》、即《すなは》ち罪《つみ》、穢《けが》れ、祟《たゝ》りの結果《けつくわ》なれば、水滌《みそぎ》、氣吹《いぶき》、鎭魂《たましづめ》の法《のり》を以《もつ》て、之等《これら》の迷妄《めいまう》を拂《はら》へば、神《しん》佛人《ぶつじん》三體《たい》一味《み》となるものにして、神憑《かみがか》りは自然至當《しぜんしたう》の結果《けつくわ》なりとす。

七、成神の苦修

昭和《せうわ》六年《ねん》十二月《ぐわつ》十四日《か》を主《しゆ》として、其《そ》の前後《ぜんご》再三《さい》、太田行者《おほたぎやうじや》を乘代《のりしろ》として、呑寶高德大《どんばうかうとくだい》神《じん》の御降臨《ごかうりん》あり、右《みぎ》の十四日午前《かごぜん》十一時《じ》には、中野行者始《なかのぎやうじやはじ》め、四人《にん》の行人及《ぎやうじんおよ》び記者《きしや》の列席《れつせき》あり、特《とく》に小野《をの》講師《かうし》も參列《さんれつ》せられたり、教主《けうしゆ》は大神《だいじん》に向《むか》ひ、成神《せいしん》の順序《じゆんじよ》、修行《しゆぎやう》の次第《しだい》に就《つ》き、詳《くは》しく御教示《ごけうじ》あらんことを乞《こ》ひければ、大神《だいじん》は最《もつと》も靜《しづ》かに諄々《じゆん〱》として曰《いは》く、

予《よ》は生前多《せいぜんた》少共世《せうともよ》の爲《た》め、人《ひと》の爲《た》めに盡《つく》し、又易道《またえきだう》に勵《はげ》みて、神明《しんめい》の實在《じつざい》をも認《みと》め、此《こ》れを尊重《そんちよう》せしと雖《いへど》も、未《いま》だ眞《しん》の信仰《しんかう》に達《たつ》せざりし故《ゆゑ》、死後直《しごたゞ》ちに神界《しんかい》に入《はひ》る能《あた》はず、如何《いか》にも遺憾《ゐかん》と思《おも》ひ、後悔《こうくわい》せり。

偖《さ》て臨終《りんじう》の際《さい》は、唯《た》だ眠《ねむ》るが如《ごと》く、別《べつ》に左《さ》したる苦《くる》しみもなく、心地《こゝち》能《よ》く現界《うつしよ》を立《た》ち去《さ》

りしが、幽界《かくりよ》に入《はひ》ると間《ま》もなく、觀世音菩薩《くわんぜおんぼさつ》の導《みちび》きに由《よ》りて、中界《ちうかい》に參《まゐ》り、それより御佛《みほとけ》の座《ざ》に就《つ》き、阿彌陀佛《あみだぶつ》や釋迦如來《しやかにょらい》の傍《かたはら》にて、三年間《ねんかん》ばかり難有說法《ありがたきせつぽふ》を聽《と》き、又間《またあひだ》には羅漢《らかん》の如《ごと》き修行《しゆぎやう》をも爲《な》したり。

斯《か》くてそれより一界上《かいのぼ》りて漸《やう》く神明《しんめい》の世界《せかい》に入《はひ》り、神々《かみぐ》の指導《しだう》の下《もと》に、種々《しゆぐ》の修行《しゆぎやう》を爲《な》したるが、其《そ》の次第《しだい》は現界《うつしよ》に於《お》ける大家《たいけ》の召使人《めしつかひにん》の立《た》ち働《はたら》きと異《こと》なることなく、水《みづ》も汲《く》み、走《はし》り使《つか》ひもするといふ有樣《ありさま》にて、非常《ひじやう》に苦《くる》しき事《こと》もありしが、豐受大神《とようけだいじん》の御加護《ごかご》もあり、五ケ年餘《ねんあま》りにして天照皇大神《あまてらすおほみかみ》の御側《おそば》に至《いた》りて、御用《ごよう》を致《いた》し、更《さら》に彼《か》れ此《こ》れとの修行《しゆぎやう》を積《つ》みたるが、其《そ》の間常《かんつね》に人間在世中《にんげんざいせいちう》の考《かんが》へ違《ちがひ》や、信仰《しんかう》の薄《うす》かりしことを悔《く》い、頻《しき》りに愼《つゝ》しみ勵《はげ》みて、今漸《いまやうや》く神界《しんかい》の一隅《ぐう》に昇《のぼ》りたり。

貴殿《きでん》の親友飯田助大夫《しんいういひだすけだいふ》氏は、生前《せいぜん》多少信仰《たせうしんかう》の道《みち》に入《はひ》り居《を》りし故《ゆゑ》、歿後《ぼつご》三年《ねん》にしかならざるが、近《ちか》き中《うち》に成神《せいしん》することになれり、予《よ》は死後《しご》既《すで》に十八年《ねん》、今漸《いまやうや》く成神《せいしん》せるは恥《はづ》かしき次第《しだい》なり、思《おも》へば生前《せいぜん》の信仰程大切《しんかうほどたいせつ》なるものはなし、貴殿等《きでんら》は始《はじ》めより信仰《しんかう》の道《みち》に入《はひ》り居《を》れば、大《おほい》に羨《うらや》ましく思《おも》ふ。

猶《なほ》神界《しんかい》にも種々階級《しゆぐかいきふ》ありて、予等《よら》はまだ低級《ていきふ》にして高貴《かうき》の神々《かみぐ》の敎《をしへ》を受《う》け、更《さら》に一層《そう》の修練《しゆれん》を要《えう》するものなるが、左《さ》れども既《すで》に神界《しんかい》に入《はひ》りたる御蔭《おかげ》にて、何等《なんら》の苦痛《くつう》も恩怨《おんゑん》もなく、極《きは》めて自在安穩《じざいあんをん》にして、誠《まこと》に嬉《うれ》しと思《おも》ふ他《た》に何事《なにごと》もなし、唯《た》だ子孫《しそん》の爲《た》め、知人《ちじん》の爲《た》め、皇國《みくに》の爲《た》めによかれと思《おも》ふことは、生前《せいぜん》も死後《しご》も、成神《せいじん》せし今《いま》も、更《さら》に異《こと》なることなし。

當山神誠教《たうざんしんせいけう》は、教會《けうくわい》の位置《ゐち》首都《しゆと》に近《ちか》く、皇居守護《くわうきよしゆご》の義《ぎ》にも叶《かな》ひ、教旨《けうし》も完全《くわんぜん》なれば、貴《き》殿等《でんら》の熱誠努力《ねつせいどりよく》に依《よ》りて、今後《こんご》大《おほい》に發展《はつてん》すべし、又神々《またかみ〴〵》の冥護《めいご》もあれば、寸時《すんじ》も油斷《ゆだん》なく、一意專心奮勵《いせんしんふんれい》せらるべし。

八、家內和合の警告

昭和《せうわ》六年《ねん》十一月《ぐわつ》十八日《にち》午前《ごぜん》六時《じ》三十分《ぷん》、太田行者《おほたぎやうじや》を乘代《のりしろ》として、當稻荷山御鎭座《たういなりやまごちんざ》の壽福《じゆふく》大神《たいじん》の降臨《かうりん》あり、其《そ》の他《た》玉山姫大神《たまやまひめたいじん》、千代姫靈神《ちよひめれいじん》、太田神《おほたのかみ》、八寶大善神等《ばうだいぜんのかみとう》、屢々《しば〳〵》降臨《かうりん》せられ、毎度《まいど》家內和合《かないわがふ》の肝要《かんえう》なることを警告《けいこく》せられ、更《さら》に進《す》んで教會內《けうくわいない》の各人《かくじん》に對《たい》しても、それ〴〵御直誡《ごちよくかい》を垂《た》れ給《たま》ひ、教主《けうしゆ》の嫡嗣正義氏《ちやくしまさよしし》には、家業精勵《かげふせいれい》其《そ》の他《た》に就《つい》て、御滿足《ごまんぞく》の御沙《ごさ》汰《た》あり、猶此《なほこ》の上《うへ》とも奮勵努力《ふんれいどりよく》すべき旨《むね》の御諭《おさとし》あり、次男義雄氏夫婦《じなんよしをしふうふ》に對《たい》しては、一層精《そうしやう》進精勤《じんせいきん》し、大酒《たいしゆ》を愼《つゝし》むべく御警誡《ごけいかい》あり、三十歳《さい》に至《いた》れば成功《せいこう》の緒《いとぐち》に就《つ》くべしとの御嚴告《ごけんこく》ありたり。

又御母公《またごぼこう》に對《たい》しては、永年教主《ながねんけうしゆ》を内助《ないじよ》して、大業《たいげふ》を成《な》し遂《と》げしめ、兒孫《じそん》を撫育《ぶいく》して怠《おこた》らざる懸命《けんめい》の心勞《しんらう》に對《たい》し、充分《じうぶん》の應酬《おうしう》あるべき旨《むね》を御沙汰《ごさた》あり、殊《こと》に義雄氏等《よしをしら》に對《たい》しては牴《てい》犢《どく》の愛《あい》に溺《おぼ》れぬやうにとの御警誡《ごけいかい》を加《くは》へられ、更《さら》に老來怠《らうらいおこた》りなく信神《しんかう》を進《すゝ》めらるべしとの御託宣《ごたくせん》ありたり。

千代姫靈神《ちよひめれいじん》の御神託《ごしんたく》に曰《いは》く、一家《かか》の和合《わがふ》は萬善《ばんぜん》の基礎《きそ》なり、一家和合《かわがふ》せざるものが人《ひと》を救《すく》ふ等《とう》とは越權《ゑつけん》のことなり、況《いは》んや天下國家《てんかこくか》を等《など》と大言壯語《だいげんさうご》するも、何等爲《なんらな》す所《ところ》なかるべし、和合《わがふ》は健康長壽《けんかうちやうじゆ》の根底《こんてい》なり、和合《わがふ》は福運《ふくうん》を來《き》たす栞《しをり》なり、和合《わがふ》は家門繁榮《かもんはんえい》の道標《だうへう》なり、和合《わがふ》は人《ひと》に尊重《そんちやう》せらるゝ至寶《しはう》なり、和合《わがふ》なきものは禽獸《きんじう》に劣《おと》り、一家和合《かわがふ》せざれば沙漠《さばく》に住《す》むが如《ごと》く、又敵地《またてきち》に在《あ》るが如《ごと》し、而《し》かして和合《わがふ》の中心《ちうしん》は敬神崇祖《けいしんすうそ》に在《あ》り、祖先《そせん》を追崇《つゐすう》し、神祇《しんぎ》を崇信《すうしん》すれば、父子夫婦兄弟主從《ふしふうふけいていしゆじう》悉《こと〴〵》く相和《あひわ》し、四圍皆感化《ゐみなかんくわ》せられざるはなし。

九、北越の豐凶御託宣

昭和《せうわ》六年《ねん》十一月《ぐわつ》二十七日《にち》午前《ごぜん》六時《じ》三十分《ぷん》、太田行者《おほたぎやうじや》を乗代《のりしろ》として、彌彦大神《やひこだいじん》の御降臨《ごかうりん》あり、又昭和《またせうわ》七年《ねん》一月《ぐわつ》二十日《か》午前《ごぜん》六時《じ》にも、同《おな》じく御降臨《ごかうりん》あり、其《そ》の御託宣《ごたくせん》に曰《いは》く、予《よ》は教《けう》主《しゆ》の先祖代々《せんぞだい〳〵》の氏神《うぢがみ》にして、教主《けうしゆ》は幼《をさな》き時代《じだい》より信心《しんじん》せり、當山《たうざん》はいよ〳〵發展《はつてん》すべし、努《つと》めよ。

教主《けうしゆ》は此《こ》の神託《しんたく》を拜《はい》し、感涙《かんるゐ》に咽《むせ》び、難有拜謝《ありがたくはいしや》したる後《のち》、更《さら》に郷里《きやうり》の將來《しやうらい》に就《つい》て御伺《おうかゞ》ひ申《まを》せしに、大神《だいじん》は最《もつと》も御明白《ごめいはく》に御神答《ごしんたふ》ありたり。曰《いは》く、遠《とほ》き將來《しやうらい》の事《こと》は、今《いま》いふも詮《せん》なし、昭和《せうわ》七年《ねん》は雨少《あめすく》なく旱魃《かんばつ》の爲《た》め、新潟縣全體《にひがたけんぜんたい》に亙《わた》りて凶作《きようさく》なるべし、但《たゞ》し日本全國《にほんぜんこく》一般《ぱん》に旱魃不作《かんばつふさく》の傾《かたむき》あり、又《また》八月《ぐわつ》には暴風雨《ばうふうう》あり、之《こ》れも全國《ぜんこく》に亙《わた》るも、日本海方面《にほんかいほうめん》を殊《こと》に甚《はなは》だしとす、從《したが》つて米價《べいか》は三割以上暴騰《わりいじやうばうとう》し、七圓《ゑん》のものは十圓《ゑん》となるべし。

新潟縣越後國西蒲原郡彌彦村鎭座《にひがたけんゑちごのくににしかんばらぐんやひこむらちんざ》、國幣中社彌彦神社祭神《こくへいちうしややひこじんじやさいじん》は、天香兒山命《あめのかごやまのみこと》なり、天照皇大神《あまてらすおほみかみ》の皇曾《くわうそ》孫《そん》に當《あた》るゆゑ彌彦《やひこ》といふ。

越後國《ゑちごのくに》の一の宮《みや》にして、天孫天火明命《てんそんあめのひあきのみこと》の子《こ》、天香兒山命《あめのかごやまのみこと》を祀《まつ》る。傳《でん》に曰《いは》く、此《こ》の神始《かみはじ》めて野積濱《のづみはま》に至《いた》り給《たま》ひ、浦人《うらびと》に鹽《しほ》を燒《や》き、又網《またあみ》を作《つく》りて魚《うを》を捕《と》る業《わざ》を敎《をし》へ給《たま》へりと、皇孫瓊々杵尊降臨《くわうそんにゝぎのみことかうりん》の時《とき》、供《く》奉《ぶ》三十二神《しん》の一神《しん》なり。

羅山文集《らざんぶんしふ》に曰《いは》く、昔《むかし》元明帝《げんめいてい》和銅《わどう》二年《ねん》越後國《ゑちごのくに》米水浦《こめみづうら》に光《ひか》り有《あ》りて、七晝夜《ちうや》も止《や》まず、海人之《うみびとこれ》を怪《あや》しみ、舟《ふね》を装《さう》して往《い》つて之《これ》を見《み》るに、神船《しんせん》あり海《うみ》に浮《うか》ぶが如《ごと》し、其《そ》の光明《くわうみやう》飛《と》びて太子浦《たいしうら》に至《いた》る、乃《すなは》ち祠《し》を立《た》てゝ之《これ》を祀《まつ》る、後《の》ち託宣《たくせん》により櫻井《さくらゐ》の里《さと》に移《うつ》る。後冷泉帝康平年中《のちれいぜいていかうへいねんちう》、源《みなもとの》頼義《よりよし》及《および》子《こ》義家《よしいへ》勅《ちよく》を得《え》て、安倍貞任《あべのさだたふ》を討《たう》ずるに際《さい》し、義家《よしいへ》の軍《ぐん》出羽國《ではのくに》を過《すぐ》る時《とき》、本社《ほんしや》に詣《まう》で神援《しんゑん》を乞《こ》ふ。曰《いは》く、賊平《ぞくたいらが》ば寶《たから》を献《けん》じ、廟《たまや》を修《をさ》めんと、貞任誅《さだたふちう》に伏《ふく》するの後《のち》、祭物《さいもつ》を捧《さゝ》ぐるも社殿《しやでん》を修《をさ》むることを爲《な》さず、故《ゆゑ》に神託《しんたく》あり、前言《ぜんげん》に背《そむ》くを責《せ》むと。本社《ほんしや》は元正帝養老《げんしやうていやうらう》三年以來《ねんいらい》三十三年毎《ねんごと》に改築《かいちく》するを例《れい》とす。

一〇、神界結婚の消息

昭和《せうわ》六年《ねん》十一月《ぐわつ》八日《か》午前《ごぜん》五時《じ》三十分《ぷん》より、太田行者《おほたぎやうじや》を乘代《のりしろ》として、千代《ちよ》姫靈神《ひめれいじん》、玉山姫《たまやまひめ》大神《だいじん》の御降臨《ごかうりん》ありたる後《のち》、突如《とつじよ》として大山祇神《おほやまずみかみ》の御降臨《ごかうりん》ありたり、大山祇神《おほやまずみのかみ》は富士《ふじ》の淺間《あさま》神社《じんじや》卽《すなは》ち官幣大社《くわんぺいたいしや》の祭神《さいしん》木《こ》の花咲耶姫大神《はなさくやひめたいじん》の御父神《おんちゝがみ》にして、國幣中社大山祇神社《こくへいちうしやおほやまずみじんじや》其《そ》の他《た》千餘社《よしや》に奉祀《ほうし》せられ、皇統《くわうとう》の外戚《ぐわいせき》に當《あた》らせ給《たま》ふ高貴《かうき》の大神《たいじん》なり、大神《たいじん》は驚《おどろ》くべき珍妙《ちんめう》の御託宣《ごたくせん》ありたり。曰《いは》く、大神《たいじん》の仲介《ちうかい》に依《よ》りて、壽福大神《じゆふくたいじん》は末廣大神《すゑひろたいじん》と結婚《けつこん》せらるゝこととなれり、千代姫《ちよひめ》靈神《れいじん》其《そ》の他《た》の神々《かみぐ》も大《おほい》に配慮《はいりよ》せられたりと、教主《けうしゆ》は恭《うやう》しくそは眞《まこと》に御目出度《ごめでたく》なるが、神界《しんかい》の結婚《けつこん》といふことは初《はじ》めて伺《うかゞ》ひ奉《たてま》つることにて、最《もつと》も不思議《ふしぎ》に拜《はい》し奉《たてま》つると申《まを》せしに、

大神《たいじん》は別《べつ》に不思議《ふしぎ》に非《あら》ず、神界《しんかい》にても下級《かきふ》の神々《かみぐ》は、人界《じんかい》と異《こと》なる所《ところ》なく、婚禮《こんれい》其《そ》の他《た》大抵人間同様《たいていにんげんどうやう》なり、唯《た》だ此《こ》の事《こと》を人界《じんかい》に告《つ》げしことなき故《ゆゑ》に、怪《あや》しむも理《ことわ》りなりと。

翌《よく》九日《か》午前《ごぜん》六時《じ》三十分《ぷん》、太田行者《おほたぎやうじや》を乘代《のりしろ》として、玉山姫大神降臨《たまやまひめたいじんかうりん》あり、壽福大神末廣大《じゆふくたいじんすゑひろたい》神《じん》の婚禮《こんれい》は、來《きた》る十一月《ぐわつ》十一日《にち》午前《ごぜん》六時《じ》三十分《ぷん》と決定《けつてい》の旨御告《むねおつ》げあり、同日《どうじつ》は供物《くもつ》を整《とゝの》へ奉獻《ほうけん》せしに、種々《しゆぐ》の神々御臨降《かみぐごりんかう》あり、御列席《ごれつせき》の由《よし》に拜《はい》せられたり、此《こ》れ實《じつ》に稀有《けう》の出來事《できごと》にして、吾人《ごじん》の未《いま》だ曾《かつ》て夢想《むさう》だもせざる所《ところ》なり。此《こ》れ神祕實現《しんぴじつげん》の一特例《とくれい》と云《い》ふべき歟《か》。

又昭和《またせうわ》七年《ねん》一月《ぐわつ》二十日《か》午前《ごぜん》六時《じ》三十分《ぷん》には、太田行者《おほたぎやうじや》を乘代《のりしろ》として、壽福大神《じゆふくたいじん》其《そ》の他《た》の御降臨《ごかうりん》あり、壽福大神《じゆふくたいじん》の御《おん》弟《おとうと》神《がみ》壽茂大神《じゆしげたいじん》の結婚《けつこん》あるべき旨《むね》御沙汰《ごさた》ありたり。

起世經《きせいきやう》及《およ》び倶舎論《ぐしやろん》に曰《いは》く、地居天《ちきよてん》は形《かたち》を交《か》へて婬《いん》を成《な》す、人《ひと》と別《べつ》なるなし、天《てん》の中《うち》の男女《だんぢよ》の膝《ひざ》の上《うへ》に、童男童女《どうなんどうによ》莞爾《かんじ》として化生《くわせい》す、其《そ》の初生《しよせい》は五歳《さい》の人《ひと》の如《ごと》しと、又帝釋宮《またたいしやくぐう》の外《ほか》の三十三天宮《てんぐう》も亦《また》斯《か》くの如《ごと》し、但《たゞ》し其《そ》の初生《しよせい》は六歳《さい》の人《ひと》の如《ごと》しと、夜摩天《やまてん》は纔《わづか》に抱《いだ》いて婬《いん》を成《な》すと、都支多天《としたてん》は手《て》を執《と》るのみに

て婬《いんな》を成すと、化樂天《くわらくてん》は相向《あひむか》つて笑《わら》へば婬《いん》を成《な》すと、他化自在天《たくわじざいてん》は相視《あひみ》て婬《いん》を成《な》す、其《そ》の膝上《ひざうへ》に男女《だんによ》化生《くわせい》す、十歳《さい》の人《ひと》の如《ごと》し。速《すみや》かに長《ちやう》じて長《た》け三里《り》なり。

神界《しんかい》の下層《かそう》は此《こ》の天人《てんにん》に類《るゐ》するものなるべし。

二、成神の時期を報告す

昭和《せうわ》六年《ねん》十二月《ぐわつ》五日《か》午前《ごぜん》八時《じ》、太田行者《おほたぎやうじや》を乘代《のりしろ》として、故《もと》の飯田助太夫《いひだすけだいふ》氏の靈告《れいこく》ありたり、同氏《どうし》は敎會隣接《けうくわいりんせつ》の大綱村《おほつなむら》の名門《めいもん》にして、敎主《けうしゆ》も久《ひさ》しき懇親《こんしん》なり、三年以前《ねんいぜん》に病歿《びやうぼつ》せしが、生前《せいぜん》には大《おほい》に敎會《けうくわい》の爲《た》めに盡力《じんりよく》せられ、大祭《たいさい》の際《さい》には常《つね》に講師《かうし》として說敎《せつけう》し、奇警巧《きけいたくみ》に深義《しんぎ》を說《と》き、能《よ》く一般《ぱん》に諒解《りやうかい》せしめ、學識高《がくしきたか》く、又能《またよ》く人《ひと》の爲《た》め鄕黨《きやうたう》の爲《た》めに奔走《ほんそう》し、德譽高《とくよたか》き志士《しし》なりし、氏《し》は此《こ》の日千代姫靈神《ひちよひめれいじん》に導《みちび》かれて來《きた》れる旨《むね》を告《つ》げ、更《さら》に敎主《けうしゆ》に對《たい》して、
柄澤氏《からさはし》益々盛大《ます／＼せいだい》にて、眞《まこと》に結構《けつこう》、感佩《かんぱい》の他《ほか》なし、自分《じぶん》は生前彼《せいぜんか》れ此《こ》れと、貴下《きか》等《ら》の御指導《ごしだう》に依《よ》り、御蔭《おかげ》にて多少共信仰《たせうともしんかう》の道《みち》に這入《はひ》ることが出來《でき》た爲《た》め、幽界《かくりよ》に來《き》ても大《おほい》に肩身《かたみ》が廣《ひろ》く、別《べつ》に大《たい》した骨折《ほねをり》もせず、特殊《とくしゆ》の修行《しゆぎやう》も積《つ》まずに、僅々《きん／＼》三ケ年《ねん》といふ他《た》に比《ひ》しては、至《いた》つて短《みじ》きか期間《きかん》にて、神々《かみ／＼》の御敎導《ごけうだう》に依《よ》り、近々成神《きん／＼せいしん》して神界《しんかい》に昇《のぼ》ることになつて居《を》る、

先《ま》づ何《なに》より難有《ありがた》いことゝ感謝《かんしや》の他《ほか》はない、之《こ》れも皆貴下《みなきから》等の賜《たま》ひものである。

舊知《きうち》高島呑象翁《たかしまどんしやをう》は、大分《だいぶ》ひまどつたが、それでも先般成神《せんぱんせいしん》せられて、御目出度思《おめでたくおも》ふ、殊《こと》に以前《いぜん》の關係《くわんけい》より當山《たうざん》に勸請鎭座《くわんじやうちんざ》せられたことは、當然至極《たうぜんしごく》であつて、羨《うらやま》しくも思《おも》ふ、自分《じぶん》も成神《せいじん》の曉《あかつき》は、當山《たうざん》に住《す》みたいと考《かんが》へて居《を》る。

次《つぎ》に困《こま》りたことは遺族《ゐぞく》の者共《ものども》である、日蓮宗《にちれんしう》の信者《しんじや》となつて居《を》るが、それは悪《わる》いことはないけれども、名《な》ばかり形《かたち》ばかりの信者《しんじや》で、一向《かう》眞《しん》の信仰《しんかう》に這入《はひ》らぬ、其《そ》の上政治方面等《うへせいぢはうめんとう》つまらぬ事《こと》に、力瘤《ちからこぶ》を入《い》れて、家門《かもん》の將來《しやうらい》も考《かんが》へて居《を》らぬ、何卒貴殿《なにとぞきでん》より充分忠告《じうぶんちうこく》して貰《もら》ひたい。

教主《けうしゆ》は故人《こじん》の友誼《いうぎ》を謝《しや》し、成神《せいしん》の近《ちか》きを祝《いは》ひ、靈託《れいたく》に從《したが》ひて、飯田家《いひだけ》を訪問《はうもん》せり。

一二、邪見誹謗の警告

昭和《せうわ》六年《ねん》十二月《ぐわつ》十九日《にち》午前《ごぜん》六時《じ》、太田行者《おほたぎやうじや》を乘代《のりしろ》として、五社稻荷《しやいなり》太田神御降臨《おほたのかみごかうりん》あり、其《そ》の他《た》昭和《せうわ》七年《ねん》一月《ぐわつ》に至《いた》り二回《くわい》、又《また》他の神々《かみがみ》も數回降臨《すうくわいかうりん》ありて、種々御託宣《しゆじゆごたくせん》あり、特《とく》に左《さ》の如《ごと》き意味《いみ》の警告《けいこく》を賜《たま》はりたり。

一、當教會內部《たうけうくわいないぶ》にも、周圍《しうゐ》にも神託《しんたく》を疑《うたが》ふものあり、斯《か》くの如《ごと》きは、自他共《じたとも》に損害《そんがい》を蒙《かうむ》り、遂《つひ》に神罰《しんばつ》を受《う》くるに至《いた》るものなれば、能《よ》く研究《けんきう》し、修養《しうやう》して、信仰《しんかう》の正道《せいぎ》に入《はひ》るべし。

一、神理《しんり》をば能《よ》く諒解《りやうかい》し居《を》るも、人間《にんげん》の常《つね》として又小人《またせうじん》の悲《かな》しさ、或《あるひ》は羨《うらや》ましく思《おも》ひ、或《あるひ》は當山《たうざん》の隆盛《りうせい》を妬《ねた》み、彼《か》れ此《こ》れと誹謗《ひばう》し、或《あるひ》は殊更《ことさら》に妨害《ばうがい》の手段《しゆだん》を講《かう》じ、故意《こい》に投書《とうしよ》や中傷《ちうしやう》を企《くはだ》つるものあり、能《よ》く〳〵注意警戒《ちういけいかい》して、あらゆる努力《どりよく》を拂《はら》ひて、之《これ》等《ら》邪見《じやけん》の輩《ともがら》を感化遷善《かんくわせんぜん》せしむべきものなり。

一、鎭魂歸神《ちんこんきしん》神憑《かみがか》りの修行《しゆぎやう》を希望《きばう》するもの多《おほ》きも、能《よ》く詮衡《せんかう》して選擇《せんたく》に戒心《かいしん》すべし、見《み》込《こ》みなきものは妄《みだ》りに入修《にふしう》を許《ゆる》すべからず、又如何《またいか》に才能《さいのう》あり、經歴《けいれき》ありと雖《いへど》も、不正直《ふしやうぢき》の嫌《きら》ひあるもの、不信神《ふしんじん》の形跡《けいせき》あるものは、斷然排斥《だんぜんはいせき》すべし。

一、修行《しゆぎやう》の中途《ちうと》にして怠慢心《たいまんしん》の起《おこ》ることある時《とき》は、神託《しんたく》を伺《うかゞ》ひて、最善《さいぜん》の處置《しよち》を執《と》るべし。

一、修行《しゆぎやう》を終《をは》り、獨立《どくりつ》の行者《ぎやうじや》たることを許容《きよよう》する際《さい》は、充分《じうぶん》に將來《しやうらい》の行動《かうどう》に就《つ》きて誓約《せいやく》せしめ、教規《けうき》行則《かうそく》の勵行《れいかう》を專要《せんえう》とすべし。

補說鈔

加持祈禱の由來と原理

人類《じんるゐ》の病氣災難不幸不運等《びやうきさいなんふかうふうんとう》は、それが先天的《せんてんてき》なると將又後天的《はたまたこうてんてき》なるとを問《と》はず、其《そ》の大《だい》部分《ぶぶん》が惡靈《あくりやう》の憑依《ひようい》に因《よる》ものなることは、鎭魂精義論《ちんこんせいぎうん》に於《おい》て既《すで》に詳述《しやうじゆつ》せるが如《ごと》し。而《しか》して之等《これら》の病災不幸不運《びやうさいふかうふうん》を治《ち》するには先《ま》づ惡靈《あくりやう》の排除《はいちよ》を肝要《かんえう》とす。惡靈《あくりやう》の退除《たいちよ》は水滌嚴法氣吹《みそぎいづのりいぶき》眞法《まさのり》に由《よ》り、身滌氣祓《みそげはらひ》を修《しう》すべきは固《もと》よりなるも、此《こ》の修法《しうはふ》は自《みづ》から鎭魂歸神《ちんこんきしん》の道《みち》に入《はひ》り得《う》る者《もの》に限《かぎ》らるゝことにして、自己《じこ》の力《ちから》にて之等《これら》の修行《しゆぎやう》を爲《な》し得《え》ざるもの、又《また》は之《こ》れを修《をさ》むるの餘裕《よゆう》なき一般《ばん》の民衆《みんしう》は、之《こ》れを如何《いか》にすべきや、卽《すなは》ち自《みづ》から鎭魂《ちんこん》の修行《しゆぎやう》を爲《な》し得《え》ざる多數《たすう》の一般民衆《ばんみんしう》が、病氣災難不幸不運《びやうきさいなんふかうふうん》に捉《とら》はれたる場合《ばあひ》は、如何《いか》にせば之《こ》れを救治《きうち》し得《う》べきかといふ問題《もんだい》に接《せつ》して、茲《こゝ》に始《はじ》めて宗教家《しうけうか》の發現《はつげん》と加持祈禱《かぢきたう》の必要《ひつえう》とを生《しやう》じ來《き》たれるものなり。

宗教《しうけう》は精神上《せいしんじやう》の妙藥《めうやく》にして、宗教家《しうけうか》は不幸不運頑癖不良性《ふかうふうんぐわんぺきふりやうせい》の人々《ひと〴〵》を救濟《きうさい》する名醫《めいい》なり若《も》しそれ宗教家《しうけうか》にして社會公衆《しやくわいこうしう》の爲《た》めに盡《つく》す所《ところ》なく、單《たん》に葬儀追福《さうぎついふく》の營業《えいげふ》のみを事《こと》として、廣厦《くわうか》の下《した》に安居《あんきよ》するを以《もつ》て足《た》れりとせんか。之《こ》れ即《すなは》ち社會《しやくわい》の寄生蟲《きせいちう》にして無賴《ぶらい》の遊民《いうみん》と何《なん》等《ら》撰《えら》む所《ところ》なきなり。左《さ》れば宗教家《しうけうか》の本責《ほんせき》とする所《ところ》は、上《かみ》は世道人心《せだうじんしん》の興隆《こうりう》に努《つと》めて、世界《せかい》の平和人類《へいわじんるゐ》の福祉《ふくし》增進《ぞうしん》に資《し》すべく、下《しも》は個人《こじん》の不幸不運《ふかうふうん》を救治《きうち》して改過遷善《かいくわせんぜん》の實《じつ》を擧《あ》げしむべきなり。

個人《こじん》の不幸不運《ふかうふうん》を救治《きうち》するの方法手段《はうはふしゆだん》は種々《しゆゞ》ありと雖《いへど》も、其《そ》の尤《もつと》も主要《しゆえう》なるものを加持《かぢ》祈禱《きたう》とす。即《すなは》ち自己《じこ》が宗教家《しうけうか》として多年修練《たねんしゆれん》せし行法《ぎやうはふ》の威力《ゐりよく》に由《よ》りて、一方《ばう》には神明《しんめい》の靈《れい》能《のう》を活現《くわつげん》せしめ、又《また》一方《ばう》には不幸不運《ふかうふうん》の人《ひと》を覺醒《かくせい》せしめて、之《こ》れを精神的《せいしんてき》に神明《しんめい》に結合《けつがふ》せしめ、自然至當《しぜんしたう》の順序方式《じゆんじよはうしき》の下《もと》に其《そ》の不幸不運《ふかうふうん》を救治《きうち》するもの之《こ》れ即《すなは》ち加持祈禱《かぢきたう》なり。

加持《かぢ》とは元來梵語《ぐわんらいぼんご》を譯《やく》したるものにして、佛教《ぶつけう》特《とく》に眞言天台日蓮宗《しんごんてんだいにちれんしう》にて多《おほ》く使用《しよう》す。然《しか》れども神道《しんだう》にても其《そ》の意義《いぎ》は同《どう》一のものあり。兩部神道《りやうぶしんだう》の盛《さかん》なる頃《ころ》より神道《しんだう》にても加持《かぢ》の語《ことば》を使用《しよう》するに至《いた》れり、佛教中《ぶつけうちう》の眞宗《しんしう》や耶蘇教《ヤソけう》の如《ごと》きは、唯一《ゆゐいつ》の神《かみ》、彌陀《みだ》一佛《ぶつ》を信《しん》ずるのみにして、雜行雜修《ざつぎやうざつしう》を嫌《きら》ひ、又之《またこ》れを迷信視《めいしんし》すと雖《いへど》も、加持祈禱《かぢきたう》の意義《いぎ》をば矢張《やは》り實行《じつかう》し居《を》れり。信仰《しんかう》は質《しつ》なり、加持祈禱《かぢきたう》は花實《くわじつ》と知《し》るべきなり。

加持《かち》の加《か》とは神明《しんめい》の靈力《れいりき》が人間《にんげん》の心身《しんしん》に加《くは》はるをいふ。持《ち》とは神明《しんめい》の威《ゐ》德靈能《とくれいのう》を人間《にんげん》の心中《しんちう》に受《う》け持《も》つといふ意味《いみ》にして、畢竟《ひつきやう》ずるに神人感應《しんじんかんおう》といふこと爲《な》るものなり。又祈禱《またきたう》とはイノルといひ、イノルは齋《い》み宣《の》る、イミノルの略稱《りやくしよう》にして、潔齋《けつさい》して神明《しんめい》に奏上《そうじやう》するといふ義《ぎ》なりとす。更《さら》に又祭《またさい》はマツル、或《あるひ》はマツリといひ、待《ま》ち請《う》くるの略語《りやくご》なれば、神《しん》明《めい》の來降《らいかう》を待《ま》ち請《う》くるといふ義《ぎ》とす。左《さ》れば祈《き》禱《たう》も祭祀《さいし》も共《とも》に心身《しんしん》を清《きよ》め、誠心《せいしん》を以《もつ》て神明《しんめい》を招待《せうたい》して、御《お》願《ねが》ひ申《まを》すといふことに歸着《きちやく》するものなり。

加持祈禱《かぢきたう》を行《おこな》ふには、先《ま》づ祓《はらひ》を必要《ひつえう》とす。此《こ》の祓《はらひ》は前《まへ》の身《み》添《そ》氣《げ》祓《はらひ》にはあらず、元來祓《ぐわんらいはらひ》とは第《だい》一に心《こゝろ》の汚《けが》れ、卽《すなは》ち我《が》慾我《よくが》見《けん》を去《さ》り、次《つぎ》に身《み》の汚《けが》れ、卽《すなは》ち惡《あ》しき物《もの》を食《くろ》ふとか、惡《あ》しきものを見《み》るとか惡《あ》しきことを聞《き》くとか、惡《あ》しきものに接觸《せつしよく》したとかいふ事柄《ことがら》を祓《はら》ひ清《きよ》むるものにして、之《こ》れは加持祈禱《かぢきたう》を行《おこな》ふ人《ひと》も、又加持祈禱《またかぢきたう》を受《う》くる人《ひと》も、其《そ》の他其《たそ》の席《せき》に列《れつ》するもの、周圍《しうゐ》に居《ゐ》るものの一切《さい》を清《きよ》め、關係者《くわんけいしや》一同《どう》の心身《しんしん》を淨化《じやうくわ》し清潔《せいけつ》するものとす。次《つぎ》に又加持祈禱《またかぢきたう》を行《おこな》ふ場所《ばしよ》や、それに使用《しよう》する一切《さい》の式具《しきぐ》をも祓《はら》ひ清《きよ》むるを要《えう》す。

以上《いじやう》の如《ごと》き祓《はら》ひ清《きよ》めの方法《はうはふ》は、或《あるひ》は鎭魂法《ちんこんはふ》に由《より》て心《こゝろ》を清《きよ》め、身體《しんたい》や場所《ばしよ》は水《みづ》を以《もつ》て禊《すゝ》ぎ、不潔物《ふけつもの》は火《ひ》を以《もつ》て燒《や》く等《とう》の種々《しゆぐ》の方式《はうしき》あるも、修行者《しゆぎやうしや》は齋戒沐浴《さいかいもくよく》して一定《てい》の方式《はうしき》に依《よ》る祓《はらひ》を行《おこな》ひ、其《そ》の他《た》のものは禊《みそ》ぎ祓《はら》ひを三度唱《たびとな》へて、大麻《おほぬさ》を以《もつ》て祓《はら》ふ。即《すなは》ち簡單《かんたん》なる修祓式《しうふつしき》にて差支《さしつかへ》なきものとす。

此《こ》の修祓《しうふつ》の起源《きげん》は、伊佐那岐尊《いざなぎのみこと》が黄泉國《よみのくに》にて不潔《ふけつ》に接《せつ》したるを、日向《ひふが》の小門《こかど》の阿波岐原《あはぎがはら》にて身滌《みそぎ》し給《たま》ひたるに始《はじ》まり、其《そ》の後《のち》素戔嗚尊《すさのをのみこと》が強暴《きやうばう》を恣《ほしい》まゝにして、天津罪《あまつつみ》國津罪《くにつつみ》を犯《をか》したるを、群神《ぐんしん》が集《あつ》まりて祓除《はらひ》を爲《な》し、出雲《いづも》に降《くだ》らしめ、そこにて不淨不良《ふじやうふりやう》の心身《しんしん》の汚《けが》れを祓《はら》ひ盡《つく》して、我《わ》が心清々《こゝろすが〳〵》しと宣《の》り給《たま》ひて、立派《りつぱ》なる神《かみ》と爲《な》られたる等《とう》の實蹟《じつせき》あり。降《くだ》りて神武天皇《じんむてんのう》や神功皇后《じんぐくわうごう》の朝《てう》にも大祓《おほはらひ》を行《おこな》ひ、天武天皇《てんぶてんのう》の朝《てう》よりは六月《ぐわつ》と年末《ねんまつ》の二回《くわい》に大《おほ》祓《はらひ》を行《おこな》ふことに定《さだ》められ、爾來今日《じらいこんにち》に至《いた》るまで欽定《きんてい》の國式神典《こくしきしんてん》として遵行《じゆんかう》せられ居《を》れり。此《こ》の大祓《おほはらひ》には大祓《おほはらひ》の祝詞《のりと》あり、それを一回若《くわいも》しくば三回奏誦《くわいそうしよう》するを例《れい》となせり。

次《つぎ》に祭祀《さいし》の起源《きげん》は、天照皇大神《あまてらすおほみかみ》が親《みづ》から神衣《しんい》を織《お》り、神饌《みけ》を供《きよう》して、新嘗祭《にひなめさい》を行《おこな》ひ、祖《そ》神及《しんおよ》び衣食《いしよく》の神《かみ》を祭《まつ》られて神恩《しんおん》を謝《しや》し、報本反始《はうほんはんし》の大義《たいぎ》を述《の》べられしが根本《こんぽん》にして、神武《じんむ》天皇《てんのう》は御即位《ごそくゐ》の初《はじ》めに當《あた》りて、先《ま》づ鎭魂祭《ちんこんさい》を行《おこな》ひ、靈時《れいじ》を鳥見山《とりみやま》に建《た》てゝ天津神《あまつかみ》を祭《まつ》り、爾來歷朝祭祀《じらいれきてうさいし》の大典《だいてん》を怠《おこた》ることなく、現時《げんじ》に於《おい》ても賢所祭《かしこどころさい》は　陛下《へいか》親《した》しく之《こ》れを行《おこな》ひ給《たま》ひ、祭政《さいせい》一致《ち》の神事《しんじ》を明《あき》らかにせさせ給《たま》へり。

更《さら》に又《また》祈《き》禱《たう》と祭祀《さいし》とを一同《どう》に行《おこな》ひし濫觴《もと》は、天照皇大神《あまてらすおほみかみ》が御《おん》弟《おとうと》神《かみ》素盞嗚尊《すさのをのみこと》の強暴《きやうばう》なる行跡《おこなひ》を戒《いまし》め給《たま》はん爲《た》め、天《あま》の岩戸《いはど》に隱《かく》れまし〳〵たる時《とき》、多《おほ》くの神々《かみ〴〵》が集《あつ》まりて、參謀總《さんぼうそう》長《ちやう》ともいふべき智神《ちしん》の八意思兼神《やごころおもひがねのかみ》の工夫《くふう》をもつて大神事《だいしんじ》を行《おこな》ひ、布刀玉命《ふとだまのみこと》は久米繩《くめなは》、即《すなは》ち今《いま》の七五三繩《しめなは》を以《もつ》て岩戸《いはど》に引廻《ひきまは》し、天兒屋根命《あめのこやねのみこと》は祝詞《のりと》、即《すなは》ち祈請文《きしやうぶん》を奏上《そうじやう》し、群神《ぐんしん》は一同《どう》に至誠《しせい》を凝《こら》して祈念《きねん》し、天鈿女命《あめのうずめのみこと》は神樂《かぐら》を奏《そう》し、其《そ》の誠心《せいしん》一念《ねん》の爲《た》め遂《つひ》に天神《あまつかみ》の神《かみ》憑《がか》りがあつて、衣帶《いたい》の弛《ゆる》びも、乳《ちゝ》や股《もゝ》の現《あら》はるゝをも知《し》らずして舞《ま》ひ踊《をど》られしため、天照《あまてら》皇大神《すおほみかみ》も遂《つひ》に出現《しゆつげん》せらるゝに至《いた》れり。

要《えう》するに祓《はら》ひは、自己《じこ》幷《ならび》に一般人間《ぱんにんげん》の罪汚《つみけが》れを拂《はら》ふものにして、祭祀《まつり》は神《かみ》の恩德《おんとく》を謝《しや》し報禮《はうれい》の誠意《せいい》を披瀝《ひれき》するものなり。又祈禱《またきたう》は人間《にんげん》より神明《しんめい》に對《たい》し、何事《なにごと》か依賴《いらい》するものとす。然《しか》り而《しか》して此《こ》の祓《はら》ひと祭《まつ》りと祈《いの》りとは決《けつ》して別々《べつ〳〵》に取《と》り離《はな》すべきものにあらず、三卽《そく》一、三者《しや》一體《たい》となつて、そこに始《はじ》めて偉大《ゐだい》の効驗《かうけん》を見《み》るべきものなり。卽《すなは》ち祓《はら》ひの中《なか》にも祭《まつ》りの意味《いみ》も祈《いの》りの意味《いみ》も籠《こも》り、又祈《またいの》りを爲《な》すには必《かな》ずや祓《はらひ》を爲《な》し、祭《まつ》りを爲《な》さゞるべからず。斯《か》く祭祀祈禱《さいしきたう》は神代《かみよ》より始《はじ》まりて、歷朝《れきてう》の天皇陛下《てんのうへいか》は必《かな》ず大嘗祭新嘗祭等《だいじやうさいにひなめさいとう》を親《みづ》から行《おこな》はせ給《たま》ひ、報本反始《はうほんはんし》の大孝大義《たいかうたいぎ》を述《の》ぶと同時《どうじ》に、國家《こくか》の安康《あんかう》、五穀《こく》の豐穰《ほうじやう》を祈《いの》らせ給《たま》ひ、又《また》國守《こくしゆ》は其《そ》の國《くに》に入《はひ》る時《とき》は。必《かなら》ずや先《ま》づ其《そ》の地《ち》の產土神《うぶすながみ》に參詣《さんけい》して、祭祀《さいし》祈禱《きたう》を行《おこな》ひ、個人《こじん》としては出產《しゆつさん》の時《とき》より御宮詣《おみやまゐ》りの式《しき》あり。入學《にふがく》や冠婚《くわんこん》共《とも》に神祭《しんさい》を行《おこな》ひ、將來《しやうらい》の無病《むびやう》息災《そくさい》幸《かう》運《うん》の長久《ちやうきう》を祈《いの》らぬものはなきなり。

次《つぎ》に禁厭《まじなひ》は平田翁《ひらたをう》は古史傳《こしでん》に、マジナヒノリと訓《くん》すとあり。此《こ》の禁厭法《まじなひはふ》には人《ひと》を呪咀《じゆそ》する蠱物《まじもの》の術《じゆつ》と、又之《またこ》れを呪《のろ》ひ返《かへ》す法《はふ》もあり、或《あるひ》は鳥獸昆蟲等《てうじうこんちうとう》の災異《さいい》を攘《はら》ふ法《はふ》もあり、又病《またびやう》氣《き》や災難《さいなん》を避《さ》くる法《はふ》もあり。之等《これら》の禁厭法《まじなひはふ》は畢竟《ひつきやう》するに祈禱《きたう》の一種《しゆ》にして、神代《かみよ》の昔《むかし》に於《おい》て大巳貴命《おほあなむちのみこと》が少彥名命《すくなひこなのみこと》と力《ちから》を戮《あは》せて天下《てんか》を經營《けいえい》し、更《さら》に醫藥溫泉等《いやくをんせんとう》を發見《はつけん》して病氣《びやうき》の治療法《ちれうはふ》を定《さだ》め、又禽獸昆蟲《またきんじうこんちう》の災異《さいい》を攘《はら》ふ爲《た》めに禁厭《まじなひ》の道《みち》を示《しめ》されたるを起因《きいん》とす。左《さ》れば禁厭《まじなひ》も神道行事《しんだうぎやうじ》の一法《はふ》として、遠《とほ》く神代《かみよ》より行《おこな》はれ來《き》たり、歷朝之《れきてうこ》れを尊信《そんしん》し、後《の》ちには朝廷《てうてい》の典藥寮《てんやくれう》に呪禁師《まじなゐし》といふ職《しよく》を置《お》くに至《いた》れり。尤《もつと》も此《こ》の呪禁師《まじなひし》は純神道的《じゆんしんだうてき》のものには非《あ》らずして、道術《だうじゆつ》や佛教呪法《ぶつけうじゆはふ》の加味《かみ》せられたるものなることは云《い》ふまでもなき所《ところ》なりとす。

上述《じやうじゆつ》の如《ごと》く加持《かぢ》祈禱《きたう》や、禁厭法《まじなひはふ》は、我《わ》が國《くに》の神代《かみよ》より行《おこな》はれ居《を》りたるものなるが、後世《こうせい》に至《いた》り支那《しな》の道教《だうけう》より來《きた》れる仙術《せんじゆつ》や陰陽術等《いんやうじゆつとう》も侵入《しんにふ》し、更《さら》に佛教《ぶつけう》の呪法《じゆはふ》、特《とく》に眞言祕密《しんごんひみつ》の修法等《しうはふとう》も混合《こんがふ》し、或《あるひ》は星《ほし》を祭《まつ》り、或《あるひ》は九字《じ》を切《き》り、或《あるひ》は梵字《ぼんじ》を用《もち》ひ、眞言陀羅尼《しんごんだらに》を誦うるに至《いた》りしなり。斯《か》く支那《しな》や印度《いんど》の思想方式《しさうはうしき》が加味《かみ》せられたるにも關《かゝ》はらず、日本《にほん》の根本《こんぽん》意義《いぎ》は敢《あへ》て滅却《めつきやく》せるにあらず。殊《こと》に又印度支那《またいんどしな》の思想《しさう》が加味《かみ》せられたりとても、そが決《けつ》して悪《あ》しきともいふべきに非《あ》らずして、互《たがひ》に長短相助《ちやうたんあひたす》け相補《あひおぎな》ひて大《おほい》に發達《はつたつ》したるものと見《み》るを至當《したう》とす。

世《よ》又祈禱禁厭等《またきたうまじなひとう》を以《もつ》て、野蠻《やばん》の風習《ふうしふ》と爲《な》すものあり、固《もと》より種々雜多《しゆ〴〵ざつた》なる方式《はうしき》の中《なか》には、之《こ》れを現代《げんだい》の科學《くわがく》より見《み》て、不合理《ふがふり》なるものもあるべけれども、そは形式上《けいしきじやう》に於《お》ける時間《じかん》的長久《てきちやうきう》の間《あひだ》に變態《へんたい》したる墮落的部《だらくてきぶ》分《ぶん》にして、それ等《ら》は大《おほい》に改廢《かいはい》すべきものなるも、全體《ぜんたい》の上《うへ》より見《み》て其《そ》の根本意義《こんぽんいぎ》は、須《す》毫《がう》も錯誤缺陷《さくごけつかん》あるものにあらざるなり。然《しか》るを若《も》し之《こ》れを全然否認《ぜん〴〵ひにん》するものあらんか。それ等《ら》は人間精神力《にんげんせいしんりよく》の玄妙《げんめう》や、宇宙《うちう》の精氣神氣《せいきしんき》の偉大《ゐだい》なる靈《れい》能《のう》や、神人感應《しんじんかんおう》の深理《しんり》を解《かい》せざる皮相《ひさう》の短見者《たんけんしや》といふの他《ほか》なきなり。

加持即感應。祈禱即靈驗

開運の祈禱秘法

不幸、失業、衰運の挽回、伯家直傳の正法

鎮魂本義の流露

人《ひと》の世《よ》に處《しよ》するや、艱難《かんなん》多《おほ》くして歡樂《くわんらく》少《すく》なく、災厄《さいやく》屢々《しば〳〵》至《いた》りて幸運《かううん》稀《まれ》なり。成育《せいいく》の不充《ふじう》分《ぶん》、學業《がくげふ》の不成績《ふせいせき》、折角《せつかく》苦心《しんじ》熟慮《ゆくりよ》になれる事業《じげふ》も失敗《しつぱい》し、商業上《しやうげふじやう》にては意外《いぐわい》の損害《そんがい》を招《まね》き、如何《いか》に勤勉《きんべん》實直《じつちよく》に奉仕《ほうし》しても、罷免《ひめん》の厄《やく》に遇《あ》ひて失業《しつげふ》の群《むれ》に入《い》り、終日《しうじつ》努力《どりよく》するも妻《さい》子《し》を養《やしな》ふに足《た》らず、天道《てんだう》是《ぜ》か非《ひ》かの歎《たん》は、何人《なんぴと》も免《まぬ》がれざる所《ところ》にして不幸《ふかう》不運《ふうん》の深淵《しんゑん》に沈淪《ちんりん》するもの多《おほ》き現在《げんざい》は、文明《ぶんめい》も呪《のろ》ふべく、神《かみ》も佛《ほとけ》も無《な》き世《よ》かと、人《ひと》を怨《うら》み世《よ》を怨《うら》むも亦《また》止《や》むなきに至《いた》る。

斯《か》く人《ひと》の不幸《ふかう》不運《ふうん》は、固《もと》より其《そ》の人《ひと》の不注意《ふちうい》不熱誠《ふねつせい》不勉强《ふべんきやう》に依《よ》る事《こと》多《おほ》きは爭《あらそ》はれざるも又《また》如何《いか》に注意《ちうい》し勉强《べんきやう》するも、爲《な》す事《こと》行《おこな》ふ事《こと》、悉《こと〴〵》く喰《く》ひ違《ちが》ひて悲況《ひきやう》に陷《おちい》るものもあり。或《あるひ》は又《また》如何《いか》に立派《りつぱ》なる人格者《じんかくしや》にても、聖賢君子《せいけんくんし》にても、不時《ふじ》不意《ふい》の災難《さいなん》不幸《ふかう》を免《まぬ》がれざること

あり。之等《これら》の不幸不運《ふかうふうん》は親《おや》や祖先《そせん》の餘殃《よあう》に由《よ》ることもあり、或《あるひ》は又《また》居所《きよしよ》其《そ》の他《た》の不良《ふりやう》より起《おこ》ることもあり。更《さら》に又《また》其の家《いへ》や族類《ぞくるゐ》に對《たい》して、怨厲《をんれい》の氣《き》が覆《おほ》ひ居《を》るもあり、殊《こと》に其《そ》の人《ひと》自身《じしん》に惡靈怨靈《あくりやうをんりやう》の憑依《ひようい》し居《ゐ》るより、萬事《ばんじ》を不祥《ふしやう》に導《みちび》き破壞的《はくわいてき》に至《いた》らしむるものとす。左《さ》れば此《か》くの如《ごと》き不幸不運《ふかうふうん》を防《ふせ》ぎ、衰運《すゐうん》を挽回《ばんくわい》して、幸運《かううん》を開拓《かいたく》するには、其《そ》の人《ひと》にして鎭魂《ちんこん》の修法《しうはふ》を勵行《れいかう》するを以《もつ》て最上乘《さいじやうじよう》と爲《な》すも、此《こ》の修法《うはふ》は萬人《まんじん》悉《ことごと》く實行《じつかう》する能《あた》はざれば、既《すで》に鎭魂《ちんこん》の修法《しうはふ》に熟達《じゆくたつ》せる宗教家《しうけうか》に托《たく》して、古來《こらい》より傳統《でんとう》せる法式《はふしき》に由《より》て、災除《さいぢよ》の祈禱《きたう》、開運《かいうん》の祭願《さいぐわん》を行《おこな》ひ、或《あるひ》は神符《しんぷ》を以《もつ》て家宅《かたく》を鎭《しづ》め、或《あるひ》は肌着《はだつき》の御守《おまもり》を受《う》けて日夕膚《にちゆふはだ》に附《つ》け祈念《きねん》する等《とう》の必要《ひつえう》あり。斯《か》くする時《とき》は神靈《しんれい》の威力《ゐりよく》が常《つね》に家宅《かたく》や、其《そ》の人《ひと》の身邊《しんぺん》に附《つ》き添《そ》ひて、次第《しだい》に祥瑞《しやうずゐ》の生氣《せいき》を發生《はつせい》し、邪氣邪靈《じやきじやれい》は漸次退散《ぜんじたいさん》して復《ま》た近付《ちかづ》く能《あた》はざるに至《いた》るものなり。既《すで》に邪氣《じやき》を拂《はら》ひて神明《しんめい》の生氣《せいき》を得《う》れば、缺《か》げたる月《つき》の滿《み》ち始《はじ》め、黑雲《こくうん》に覆《おほ》はれたる日光《につくわう》の雲《くも》より出《い》でて輝《かゞや》き渡《わた》ると均《ひと》しく、運氣盛《うんきさか》んにして諸事意《しよじい》の如《ごと》くなるに至《いた》るものなり、

因《ちなみ》に此《こ》の不幸衰運《ふかうすゐうん》を挽回《ばんくわい》し、開運《かいうん》を求《もと》むるには、神人感應《しんじんかんおう》の易理《えきり》と相伴《あひともな》ふを以《もつ》て殊妙《しゆめう》とす。即《すなは》ち易理《えきり》に由《よ》りて邪靈災厄《じやれいさいやく》の由來《ゆらい》を知《し》り、祈禱《きたう》に由《よ》りてそれを除《のぞ》き、更《さら》に將來如何《しやうらいいか》な

る方針《はうしん》の下《もと》に活動《くわつどう》すべきかを確《たし》かむる必要《ひつえう》あり。斯《か》く易理《えきり》も祈禱《きたう》も相伴《あひともな》ひ相俟《あひまつ》て始《はじ》めて萬《まん》全《ぜん》を期《き》し得《え》らるべく、又確固不動《またかくこふどう》の開運發展《かいうんはつてん》を求《もと》め得《え》らるゝものなりとす。

開運祕法祈願の方式

火災《くわさい》、盜難《たうなん》、病氣《びやうき》、不作《ふさく》、失敗《しつぱい》、不成績《ふせいせき》、失業等《しつげふとう》の際《さい》に當《あた》り、之《こ》れを除《のぞ》き幸福《かうふく》なる生業《せいげふ》を得《え》んとするには、先《ま》づ其《そ》の人《ひと》の屋敷《やしき》の四方《はう》と中央《ちうあう》の五ケ所《しよ》に、深《ふか》さ四尺位《しやくぐらゐ》の小穴《こあな》を掘《ほ》り、中央《ちうあう》の穴《あな》の北邊《ほくへん》に掘《ほ》りたる土《つち》を積《つ》み上《あ》げて之《こ》れを中央《ちうあう》の山《やま》と稱《しよう》し、其《そ》の山《やま》の上《うへ》に柳《やなぎ》を立《た》て、之《こ》れを神籬《ひもろぎ》として、天《てん》の五行《かう》の神《かみ》を勸請《くわんじやう》し、五穀《こく》を盛《も》り分《わ》けて五行神《かうしん》に供《そな》ふ。

天《てん》の五行神《かうじん》とは、水德神《すゐとくじん》……國狹槌尊《くにさづつのみこと》、火德神《くわとくじん》……豐斟淳尊《とよしんぬのみこと》、木德神《もくとくじん》……泥土煮尊《うひぢにのみこと》、沙土煮尊《すひぢにのみこと》、金《きん》德神《とくじん》……大戸之道尊《おほとのぢのみこと》、大苫邊尊《おほとのべのみこと》、土德神《どとくじん》……面足尊《おもだるのみこと》、惶根尊《かしこねのみこと》なり。

又地《またち》の五行神《かうじん》とは、東方《とうはう》が木祖《もくそ》……句句廼馳神《くゝぬちのかみ》、南方《なんぱう》が火祖《くわそ》……軻遇突智神《かぐぬちのかみ》、中央《ちうあう》が土祖《どそ》……埴安姫《はにやすひめの》命《みこと》、西方《せいはう》が金祖《きんそ》……金山彦命《かねやまひこのみこと》、北方《ほくはう》が水祖《すゐそ》……水速女命《みづはめのみこと》なり。

此《こ》の地《ち》の五行神《かうじん》は、之《こ》れを五方《はう》の穴《あな》に勸請《くわんじやう》するものとす。

次《つぎ》に鐵丸《てつたま》を入《い》れたる箱《はこ》五箇《こ》を作《つく》り、之《こ》れを五方《はう》に納《をさ》む。但《たゞ》し中央《ちうあう》に納《をさ》むべき箱《はこ》には、劍《つるぎ》一振《ふ》りを入《い》れて之《こ》れを神體《しんたい》と爲《な》し、中心《ちうしん》を天之御中主神《あめのみなかぬしのかみ》とし、右《みぎ》を經津主命《ふつぬしのみこと》、武甕槌《たけみかづちの》命《みこと》と爲《な》し、左《さ》に素戔嗚尊《すさのをのみこと》と大巳貴命《おほあなむちのみこと》を祭《まつ》り、更《さら》に天葺根命《あめのふきねのみこと》、八十猛命《やそたけるのみこと》、武御名方命《たけみなかたのみこと》、事代主命《ことしろぬしのみこと》を配祀《はいし》すべし。

又《また》一法《ぱふ》にては劍《つるぎ》五振《ふり》を用《もち》ひ、東方《とうはう》を青龍《せいりう》の劍《つるぎ》、南方《なんぱう》を朱雀《しゆじやく》の劍《つるぎ》、西方《せいはう》を白虎《びやくこ》の劍《つるぎ》、北方《ほくはう》を玄武《げんぶ》の劍《つるぎ》、中央《ちうあう》を八雲村雲十握《やくもむらくもとつか》の劍《つるぎ》に擬《ぎ》することあり。

準備整《じゆんびとゝの》へば先《ま》づ水滌祓《みそぎはら》ひと大祓《おほはらひ》とを唱《とな》へて修祓式《しうふつしき》を行《おこな》ひ、次《つぎ》に護神神法《ごしんしんぱふ》を修《をさ》め、各神勸請式《かくじんくわんじやうしき》を行《おこな》ふ。次《つぎ》に五方《はう》十神《しん》と、劍體《けんたい》九神《しん》に神詞《しんし》を奏上《そうじやう》し、十種《とくさ》の行事《ぎやうじ》を行《おこな》ふ。斯《か》くて最後《さいご》に開運《かいうん》の祝詞《しゆくし》を奏上《そうじやう》す。祈禱《きたう》終《をは》れば玉《たま》を納《をさ》めたる箱《はこ》は五方《はう》の穴《あな》の幣《へい》の本《もと》に埋《うづ》め、劍《つるぎ》は別《べつ》の箱《はこ》に納《をさ》めて棟木《むなぎ》に齋《いつ》き祀《まつ》り、永《なが》く家宅《かたく》の鎭守《ちんじゆ》とす。此《こ》の事《こと》終《をは》りて始《はじ》めて送神法《そうしんはふ》を行《おこな》ふ。

更《さら》に又《また》五行神《かうじん》、劍體神《けんたいかみ》の神符《おまもり》を作《つく》りて、一は神棚《かみだな》に祀《まつ》り、一つは當人《たうにん》の肌着《はだつき》の御守《おまもり》となすべし。

別殊の開運祈禱法

禁廷《きんてい》より傳統《でんとう》せる伯家《はくけ》の祕義《ひぎ》に依《よ》れば、衣食住《いしよくぢう》に關《くわん》する不幸不運《ふかうふうん》を轉換《てんくわん》して、生活《せいくわつ》の安《あん》定《てい》を得《え》んとする開運《かいうん》の祈禱《きたう》には、倉稲《うがの》魂神《みたまのかみ》と保食神《うけもちのかみ》を主神《しゆしん》として、稲荷《いなり》大神《たいじん》勸請《くわんじやう》式法《しきはふ》に依《よ》りて祈禱《きたう》するものと爲《な》せり。

又事業《またじげふ》の成功《せいこう》、商買《しやうばい》の發展等《はつてんとう》を祈請《きせい》するには、五社稲荷《しやいなり》大神《たいじん》の中《なか》、特《とく》に大巳貴命《おほあなむちのみこと》、太田命《おほたのみこと》、大宮姫命《おほみやひめのみこと》を主神《しゆしん》として祈禱《きたう》すべく、學業《がくげふ》の優等《いうとう》、技藝《ぎげい》の熟達《じゆくたつ》、失業回復《しつげふくわいふく》、立身出世等《りつしんしゆつせとう》に關《くわん》する祈請《きせい》は、大宮姫命《おほみやひめのみこと》を主神《しゆしん》と爲《な》し、病難等《びやうなんとう》に關《くわん》しては大巳貴命《おほあなむちのみこと》を主神《しゆしん》と爲《な》すべき定《さだ》めなり。又稲荷大神勸請《またいなりたいじんくわんじやう》と供《とも》に、神使《しんと》たる靈狐《れいこ》の勸請《くわんじやう》をも行《おこな》ひ、其《そ》の特異《とくい》の靈通力《れいつうりき》に依《よ》りて、邪氣邪靈《じやきじやれい》を拂《はら》ひ、祈願者《きぐわんしや》を護持《ごぢ》せしむべきものとす。

因《ちなみ》に稲荷《いなり》大神《たいじん》勸請式等《くわんじやうしきとう》は、別著神通力修行《べつちやじんつうりきしゆぎやう》の祕傳《ひでん》其《そ》の他《た》に説述《せつじゆつ》しあるも、之《こ》れは祕中《ひちう》の最大祕法《さいだいひはふ》にして、口傳《くうでん》を要《えう》する點《てん》も少《すく》なからざれば、志《こゝろざし》あるものは直接參修《ちよくせつさんしう》せらるべし。

増益に關する各祈禱法

營業繁昌、家運長久、作物養蠶漁獵豐饒

一切の事業有利發展

増益《ぞうえき》とは一切《さい》の事柄《ことがら》が有利《いうり》に成功《せいこう》し、幸福《かうふく》を増進《ぞうしん》するを云《い》ひ、子孫《しそん》繁榮《はんえい》家運《かうん》長久《ちやうきう》等《とう》皆《みな》此《こ》

の内《うち》に攝《をさ》む。開運法《かいうんはふ》も此《こ》の一種《しゆ》なれど、特別《とくべつ》の義《ぎ》ある故《ゆゑ》に別出《べつしゆつ》す、增益法《ぞうえきはふ》の主神《しゆしん》は五社稻《しやいな》荷大神《りたいじん》に、大巳貴命《おほあなむちのみこと》の御子《みこ》たる事代主命《ことしろぬしのみこと》を加《くは》ふを主《しゆ》とす。又增益法《またぞうえきはふ》を行《おこな》ふには、神社《じんじや》又《また》は教會等《けうくわいとう》にて既《すで》に神殿《しんでん》の定《さだ》まり居《を》るものは、其《そ》の儘《まゝ》にて支障《ししやう》なきも、大體《だいたい》は新《あら》たに神壇《しんだん》を築《きづ》き、神籬《ひもろぎ》を設《まう》けて祈禱《きたう》するを本格《ほんかく》とす。今其《いまそ》の神壇《しんだん》の作法《さはふ》を略示《りやくじ》すべし。

增益祈禱の神壇

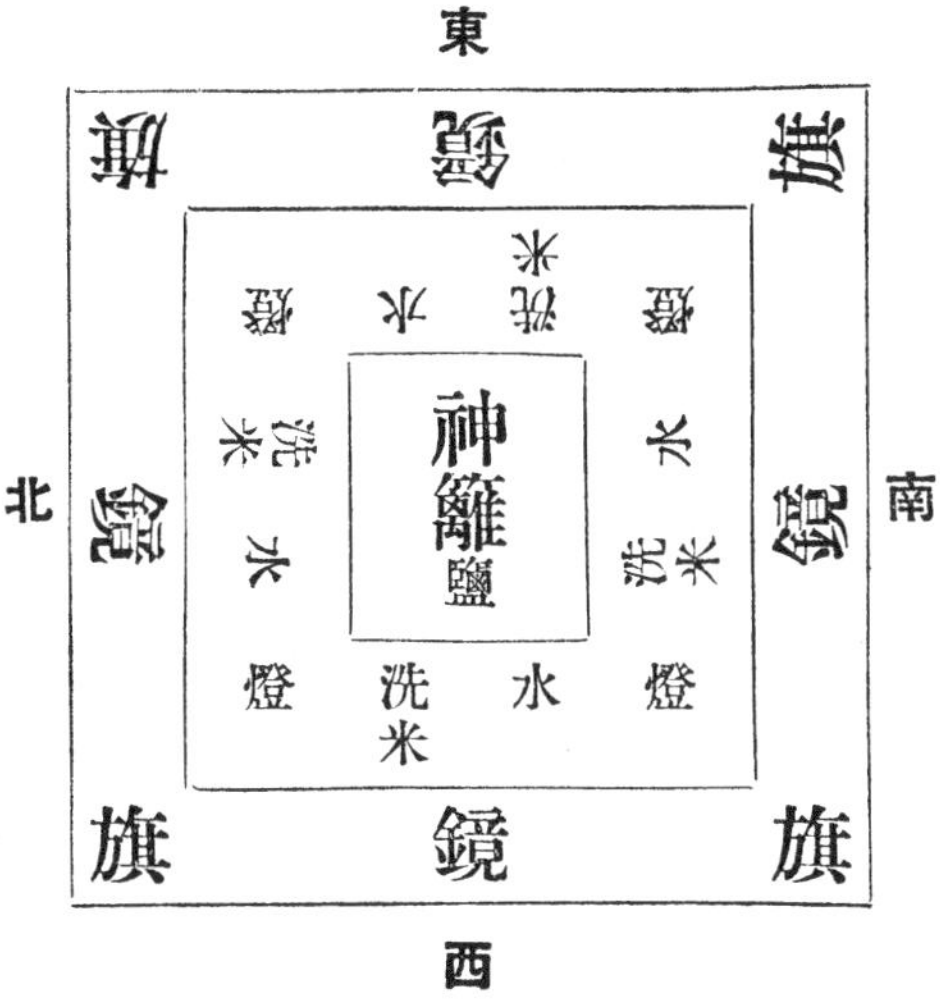

壇《だん》は三層《そう》に造《つく》り、下層《かそう》は地《ち》より三尺《じやく》、中層《ちうそう》は更《さら》に一尺五寸《しやくすん》高《たか》く、上層《じやうそう》は中層《ちうそう》より更《さら》に一尺高《しやくたか》く、神籬《ひもろぎ》に五社稻荷大神《しやいなりたいじん》と事代主命《ことしろぬしのみこと》を勸請《くわんじやう》す。餠《もち》、酒《さけ》、魚《うを》、果《くだもの》、野菜等《やさいとう》は鏡《かがみ》と旗《はた》の間《あひだ》に供《そな》ふ。

齋主《さいしゆ》は西方《せいはう》より東方《とうはう》に向《むか》ふ、副齋主《ふくさいしゆ》は東方《とうはう》より西方《せいはう》に向《むか》ふ。其《そ》の他《た》は南北兩側《なんぼくりやうがは》に居竝《ゐなら》び、壇《だん》の周圍《しうゐ》は巡行《じゆんかう》し得《う》るやうに爲《な》し置《お》くべし。祈禱依賴者《きたういらいしや》は齋主《さいしゆ》の後《うしろ》に居《を》るべし、他《た》の參拜《さんぱい》者《しや》は南北《なんぼく》に分列《ぶんれつ》するものとす。

先《ま》づ修祓式《しうばつしき》を行《おこな》ひ、大祓《おほはらひ》を三囘奉讀《くわいほうどく》す。次《つぎ》に勸請式《くわんじやうしき》を行《おこな》ふ。次《つぎ》に齋主《さいしゆ》は各種《かくしゆ》の依賴《いらい》に應《おう》じたる祝詞《しゆくし》を奏上《そうじやう》す。次《つぎ》に副齋主《ふくさいしゆ》は一定《てい》の增益文《ぞうえきぶん》を諷誦《ふうしよう》す。次《つぎ》に各祭官《かくさいくわん》一同壇《どうだん》の周圍《しうゐ》を巡囘《じゆんくわい》しつゝ大祓又《おほはらひまた》は起請文《きしやうぶん》を一齊《せい》に唱《とな》ふ。依賴者《いらいしや》も亦《また》之《こ》れに從《したが》ふ。巡囘《じゆんくわい》は三囘又《くわいまた》は七囘《くわい》とす。終《をは》りて依賴者玉串《いらいしやたまぐし》を奉獻《ほうけん》す。依賴者參列《いらいしやさんれつ》せざる時《とき》は、齋主代《さいしゆかは》つて玉串《たまぐし》を奉獻《ほうけん》す。

祈禱《きたう》の種類及《しゆるゐおよ》び事柄《ことがら》の難易《なんえき》に依《よ》つて、同《どう》一の祭法《さいはふ》を朝夕《あさゆふ》二囘宛《くわいづつ》、三日間《かかん》、又《また》は七日間《かかん》、或《あるひ》は三七日間繰返《にちかんくりかへ》して執行《しつかう》するものとす。祈禱終了《きたうしうれう》の上《うへ》は神籬《ひもろぎ》に附《つ》けたる御幣《ごへい》の紙片《しへん》に祈《き》願《ぐわん》の主意《しゆい》を認《みと》め、之《こ》れを封《ふう》じて神符《しんぷ》を造《つく》り、更《さら》に大祓《おほはらひ》三囘《くわい》を奏《そう》して、依賴者《いらいしや》に授《さづ》け、其《そ》の神棚《かみだな》に奉祀《ほうし》するか、又《また》は肌著《はだつき》の御守《おまもり》とするか、適宜《てきぎ》に處置《しよち》すべきものとす。

調伏祈禱の祕法

敵國降伏、怨敵退散、惡人調伏

諸魔邪靈一切滅却

調伏《てうふく》祈禱《きたう》は妄《みだ》りに執行《しつかう》すべからず。萬《ばん》止《や》むを得《え》ざるの際《さい》にのみ修法《しうはふ》すべし。敵國降伏《てきこくかうふく》は今日《こんにち》の所謂《いはゆる》戰勝《せんしよう》祈禱《きたう》なれば、之《こ》れは戰爭《せんさう》のある時《とき》に限《かぎ》るものとす。怨敵退散《をんてきたいさん》、惡人調伏《あくにんてうふく》は依賴《いらい》の趣旨《しゆし》を能《よ》く〳〵調査《てうさ》し、果《はた》して調伏《てうふく》の必要《ひつえう》あるや否《いな》やを鑑定《かんてい》すると同時《どうじ》に、又調伏《またてうふく》さるべきものゝ性格行動《せいかくかうどう》をも探偵《たんてい》したる上《うへ》にて取《と》り掛《か》ゝるべきものとす。

調伏祈禱《てうふくきたう》の中《うち》、戰勝祈禱《せんしようきたう》は神社教會内《じんじやけうくわいない》にて執行《しつかう》するも差支《さしつかへ》なきも、怨敵退散惡人調伏《をんてきたいさんあくにんてうふく》の祈禱《きたう》は、必《かなら》ず別《べつ》に壇《だん》を築《きづ》き、妄《みだ》りに人《ひと》の立《た》ち入《い》らざる幽邃《いうすゐ》の地《ち》にて行《おこな》ふべきものとす。而《しか》して又此《またこ》の調伏《てうふく》の祈禱《きたう》に限《かぎ》りて、齋主《さいしゆ》は一人《ひとり》限《かぎ》りとし他《た》の祭官《さいくわん》を加《くは》ふべからず。更《さら》に又依《またい》賴者《らいしや》と雖《いへど》も決《けつ》して祈禱場《きたうぢやう》に入《い》らしむべからず。供物《くもつ》其《そ》の他《た》一切《さい》の準備《じゆんび》も齋主《さいしゆ》が自身《じしん》にて之《こ》れを爲《な》し、更《さら》に助手《じよしゆ》を使用《しよう》すべからず。但《たゞ》し造壇《ざうだん》の際《さい》は大工《だいく》や人夫《にんぷ》を使用《しよう》するは差支《さしつかへ》なきも、それも調伏祈禱壇《てうふくきたうだん》たることを知《し》らしむべからず。祈禱壇《きたうだん》の方式《はうしき》は左《さ》の如《ごと》し。

調伏祈禱の正壇

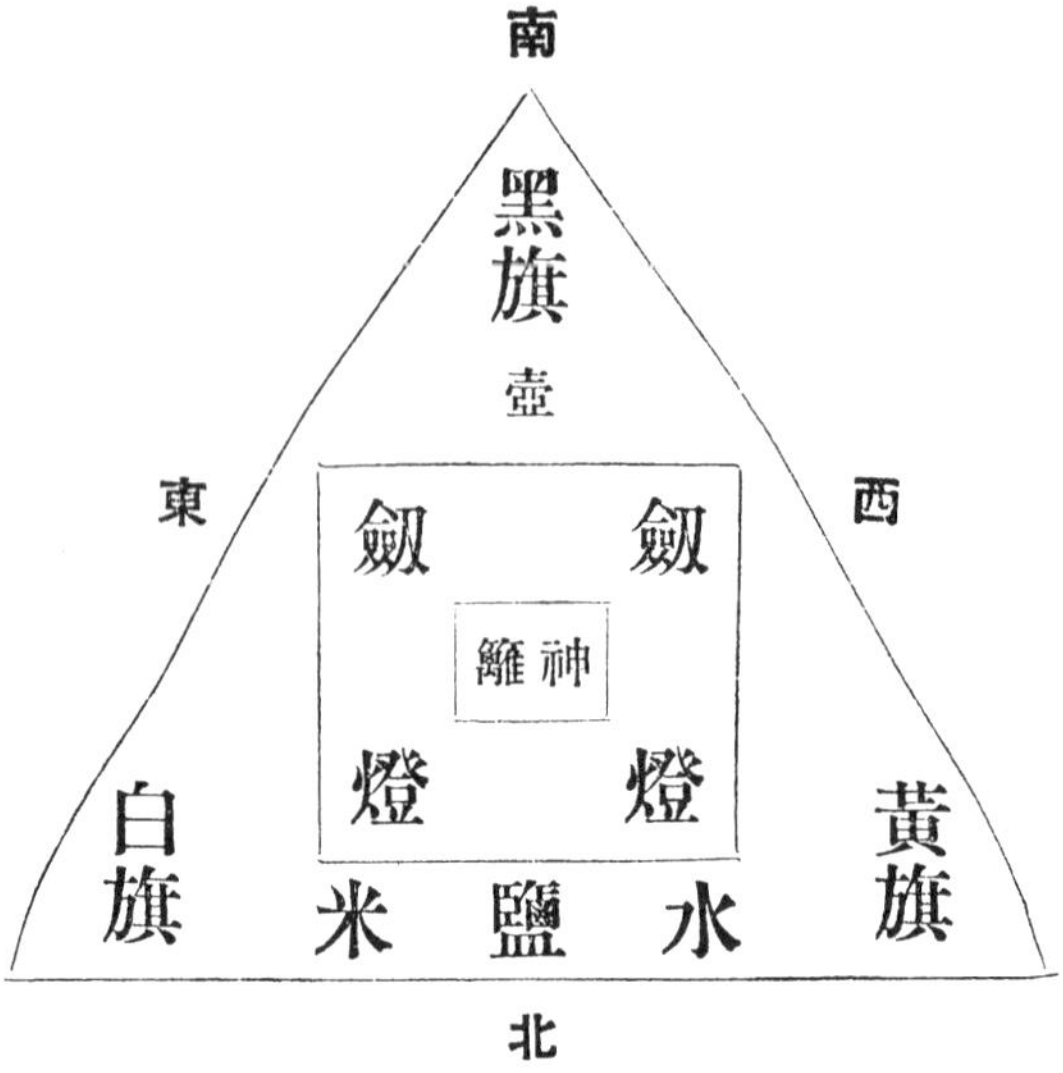

壇《だん》は三角《かく》を下段《げだん》とし、中段上段《ちうだんじやうだん》は四角又《かくまた》は三角《かく》としてもよし。

壺《つぼ》には惡人調伏《あくにんてうふく》の都合《つがふ》に由《よ》りて下《した》に蛇《へび》、中《なか》を金網《かなあみ》にて仕《し》切《き》り、上《うへ》に蛙《かはづ》を入《い》るゝ等《とう》のこともあり、或《あるひ》は惡人《あくにん》の寫眞《しやしん》か、人形《にんぎやう》を入《い》るゝもよろし。

敵國降伏《てきこくかうふく》の主神《しゆしん》は、大已貴命《おほあなむちのみこと》、經津主命《ふつぬしのみこと》、武甕槌命《たけみかづちのみこと》とし、或《あるひ》は八幡大神《まんたいじん》を加《くは》ふることあり、惡人調伏《あくにんてうふく》には素戔嗚尊《すさのをのみこと》、大禍津靈神《おほまがつひのかみ》を主《しゆ》とす。又天津神國津神八百萬神《またあまつかみくにつかみやをよろづかみ》を一切《さい》勸請《くわんじやう》することもあり、惡人《あくにん》の產土神《うぶすなのかみ》一柱《はしら》のみとすることもあるなり。

調伏祈禱《てうふくきたう》には前《まへ》に示《しめ》せる他《た》に供物《くもつ》の必要《ひつえう》はなきも、若《も》し供物《くもつ》を爲《な》さんとせば、酒《さけ》は濁酒《だくしゆ》とし、御鏡餅《おかゞみもち》は丸《まる》くせずして三角《かく》か又《また》は菱形《ひしがた》に作《つく》るべし。果物野菜等《くだものやさいとう》も皆刺《みなとげ》のあるものを擇《えら》び、魚類《うをるゐ》は鯛鯉《たひこひ》をば用《もち》ふべからず。燈明《とうみやう》は蠟燭《らふそく》は絶對《ぜつたい》に禁止《きんし》し必《かなら》ず油火《あぶらひ》を用《もち》ふべし。油《あぶら》器《き》は丸《まる》きものをば用《もち》ひず、四角又《かくまた》は三角《かく》のものを鉛板《とたん》にて新製《しんせい》すべし。總《すべ》て調伏用《てうふくよう》の祭具《さいぐ》は、齋主《さいしゆ》の衣冠著物帶足袋履物《いくわんきものおびたびはきもの》に至《いた》るまで、一切《さい》を新調《しんこう》し、祈禱終了後《きたうしうれうご》は悉《ことごと》く之《こ》れを燒《や》き棄《す》て、燒《や》けざるものは、地中《ちちう》に三尺以下《じやくいか》に埋《うづ》め、如何《いか》なることあるも再《ふたゝ》び之《こ》れを用《もち》ひざるやうに爲《な》すべし。又祈禱壇《またきたうだん》に使用《しよう》せし土《つち》の如《ごと》きも、穴《あな》を掘《ほ》りてそれに埋《うづ》め、壇《だん》を造《つく》りたる場所《ばしよ》は二尺位《しやくぐらゐ》土《つち》を入《い》れ代《か》ふべし。

祈禱《きたう》の次第《しだい》は、初《はじ》め單《たん》に修祓式行《しうふつしきおこな》ひ、大祓《おほはらひ》は決《けつ》して誦《よ》むべからず。直《たゞ》ちに神明勸請《しんめいくわんじやう》を爲《な》し、齋主《さいしゆ》は右《みぎ》に劍《つるぎ》を逆《ぎやく》に持《も》ち、左手《ひだりて》に鈴《すゞ》を持《も》ち、極《きは》めて獰惡《ねいあく》の狀貌《じやうばう》、憤怒《ふんど》の音聲《おんせい》にて、調伏文《てうふくぶん》を唱《とな》へつゝ壇《だん》の周圍《しうゐ》を左《ひだり》より右《みぎ》に廻《ま》はる。此《こ》の調伏文《てうふくぶん》は各自《かくじ》に作製《さくせい》すべきものとす。又文章《またぶんしやう》とせずして、怨敵或《をんてきあるひ》は惡人《あくにん》、何某《なにがし》、何年調伏《なんねんてうふく》の爲《た》めといふだけにてもよろし。尤《もつと》も怨敵惡人《をんてきあくにん》と雖《いへど》も、今日《こんにち》は親《おや》や主君《しゆくん》の敵《かたき》すら討《う》つを禁《きん》じあれば、個人《こじん》の怨敵《をんてき》や惡人《あくにん》は調伏《てうふく》すべきにあらず。必《かなら》ずや國家社會《こくかしやくわい》に對《たい》して毒害《どくがい》を流《なが》すが如《ごと》き横暴凶 逆《わうばうきようぎやく》の者《もの》を調伏《てうふく》するに限《かぎ》るべきもの故《ゆゑ》、其《そ》の國家《こくか》社會《しやくわい》に毒害《どくがい》ある事實《じじつ》理由《りいう》を詳記《しやうき》し、それを表白文《へうはくぶん》として七回《くわい》壇《だん》を廻《まは》りては、一度《ど》其《そ》の表白文《へうはくぶん》を讀《よ》み、之《こ》れを七回繰返《くわいくりかへ》すべし。

祈禱《きたう》の時間《じかん》は眞夜中《まよなか》、所謂《いはゆる》丑《うし》の時《とき》より一刻《とき》、卽《すなは》ち今《いま》の二時間《じかん》修《しう》するを可《か》とす。夜中《よなか》行《おこな》ふ能《あた》はざれば早朝《さうてう》か、又《また》は日暮《ひくれ》後《ご》と爲《な》すべし。日中《につちう》は決《けつ》して行《おこな》ふべからず。器物《きぶつ》衣服《いふく》は總《すべ》て黑色《こくしよく》のものを用《もち》ふるを例《れい》とす。表白文《へうはくぶん》を奉讀《ほうどく》する時《とき》は、劍《つるぎ》は逆《ぎやく》に地《ち》に突《つ》き立《た》て、鈴《すゞ》は壇上《だんじやう》に置《お》くべし。鈴《すゞ》の振《ふ》り方《かた》も逆《ぎやく》にすべし。

祈禱《きたう》終了《しうれう》の上《うへ》は、壺《つぼ》はその儘《まゝ》土中《どちう》に深《ふか》く埋《うづ》むべし。但《たゞ》し惡人《あくにん》の寫眞《しやしん》又《また》は人形《にんぎやう》なる時《とき》は、埋《うづ》めてもよければ、それを更《さら》に油《あぶら》を沸騰《ふつとう》せしめて、其《そ》の中《なか》に煮《に》たる上《うへ》に、更《さら》に燒《や》き棄《す》るも宜《よろ》し、或《あるひ》は街道《かいだう》の四辻《よつじ》に密《ひそか》に埋《うづ》むるもよろし。

此《こ》の調伏《てうふく》祈禱《きたう》は其《そ》の效驗《かうけん》極《きは》めて顯著《けんちよ》なるものにして、祈禱《きたう》を一週間《しうかん》とすれば、五日目《かめ》頃《ごろ》より惡人《あくにん》は病氣《びやうき》に罹《かゝ》るか、又《また》は悔悟《くわいご》の念《ねん》を起《おこ》すかするものにして、祈禱終了《きたうしうれう》するも悔悟《くわいご》せざれば、一ケ月以内《げついない》に凶變《きようへん》を招《まね》く。祈禱終了《きたうしうれう》すれば齋主《さいしゆ》は七日間《かかん》、他《た》と交際《かうさい》せず、清淨潔《せいじやうけつ》齋《さい》して、朝夕《あさゆふ》二回《くわい》神前《しんぜん》に懺悔《ざんげ》し、謹愼《きんしん》すべし。依賴人《いらいにん》も亦《また》同樣《どうやう》謹愼《きんしん》すべきものとす。若《も》し相手《あひて》が眞《しん》の惡人《あくにん》に非《あら》ざれば燈火《ともしび》消《き》へ、神籬《ひもろぎ》動搖《どうえう》して怪異《くわいい》多《おほ》し。

難病治療の祈禱法

直接祈禱と間接祈禱

三力具足の要

總《すべ》ての病氣《びやうき》は其《そ》の初發《しよはつ》の際《さい》に、最善《さいぜん》を盡《つく》す時《とき》は難治《なんち》に至《いた》ることなく、從《したが》つて又短期間《またたんきかん》に平癒《へいゆ》するものなるも、世間《せけん》の常習《つね》として何人《なんぴと》も始《はじ》めは病氣《びやうき》なることを感知《かんち》せず、既《すで》にして漸《やうや》く之《こ》れを感知《かんち》するに至《いた》るも、其《そ》の多《おほ》くは自家療法《じかれうはふ》にて姑息《こそく》の手段《しゆだん》を執《と》り、いよ／＼自己《じこ》の力《ちから》に及《およ》ばざるに及《およ》びて、始《はじ》めて醫師《いし》の診察《しんさつ》を求《もと》め、更《さら》に又醫藥《またいやく》に見離《みはな》されたる難治《なんち》のものに限《かぎ》りて、神頼《かみだの》みを爲《な》すといふ、不合理至極《ふがふりしごく》の順序《じゆんじよ》をたどるは、眞《しん》に遺憾《ゐかん》の至《いた》りなり。最初《さいしよ》より信仰《しんかう》あり神頼《かみだの》みを主《しゆ》とすれば、病災《びやうさい》に罹《かゝ》ることもなく、よし又一旦病魔《またたんびやうま》に犯《をか》されたりとても、信仰《しんかう》を主《しゆ》とすれば快復《くわいふく》も速《すみや》かなるものなるに、死《し》の宣告《せんこく》を受《う》くるに至《いた》りて始《はじ》めて、悲《かな》しい時《とき》の神頼《かみだの》みは、聊《いさゝ》か蟲《むし》の好過《よす》ぎたる話《はなし》なり。左《さ》れどたとへ難治《なんち》にもせよ神頼《かみだの》みする以上《いじやう》は、神明《しんめい》は決《けつ》して之《こ》れを放任《はうにん》し給《たま》はざれば、當人《たうにん》の信力《しんりよく》の如何《いかん》と、祈禱修法者《きたうしうはふしや》の靈力《れいりき》如何《いかん》に由《よ》りては、如何《いか》なる難病《なんびやう》も治癒《ちゆ》せざることはなきものなり。

但《たゞ》し其《そ》の病者《びやうしや》の體力《たいりよく》が全然《ぜん〳〵》衰弱《すゐじやく》して、生理的《せいりてき》到底《たうてい》存命《ぞんめい》に堪《た》へざるものは、全治《ぜんち》覺束《おぼつか》なきこともあるも、體力《たいりよく》さへ存命《ぞんめい》に堪《た》ゆれば、病氣《びやうき》は如何《いか》に重症《ぢうしやう》にても、神明《しんめい》の威力《ゐりよく》と祈禱《きたう》の法力《ほふりき》とに由《よ》りて治癒《ちゆ》すること疑《うたが》ひなきものなり。殊《こと》に又病人自身《またびやうにんじしん》に發願《はつぐわん》の誠意《せいい》強《つよ》く、信神《しんじん》治癒《ちゆ》の意思《いし》固《かた》ければ、一層速《そうすみや》かに囘復《くわいふく》するものなり。神《かみ》の威力《ゐりよく》、祈禱者《きたうしや》の法力《ほふりき》、病人《びやうにん》の信《しん》力《りき》、此《こ》の三力《りき》が一致具足《ちぐそく》すれば、頻死《ひんし》の重病《ぢうびやう》も即時刹那《そくじせつな》々〳〵に薄紙《うすがみ》を剝《は》ぐが如《ごと》く、治方《ちはう》に向《むか》ふものなり。然《しか》れども病人《びやうにん》には精神《せいしん》の朦朧《もうろう》たるものあり、失神狀態《しんしんじやうたい》のものあり、小兒《せうに》の如《ごと》き信神《しんじん》の能力《のうりよく》なきものあり。故《ゆゑ》に病人《びやうにん》の信力《しんりき》は十人《にん》が十人《にん》、之《こ》れを當《あて》にすべからず。要《えう》は神明《しんめい》の力《ちから》と修法者《しうはふしや》の練磨力《れんまりよく》に依《よ》るの他《ほか》なきものとす。

又病氣平癒《またびやうきへいゆ》の祈禱《きたう》には、普通《ふつう》一般的《ぱんてき》なるもの、即《すなは》ち一定《てい》の神社教會《じんじやけうくわい》の神前《しんぜん》に於《おい》て祈禱《きたう》するものと、特殊的《とくしゆてき》に病人《びやうにん》に對《たい》して行《おこな》ふものとあり、之《こ》れを直接祈禱《ちよくせつきたう》といふ。此《こ》の直接祈禱《ちよくせつきたう》にも二様《やう》ありて、病患者《びやうくわんじや》が神前《しんぜん》に參詣《さんけい》し得《う》るものと、祈禱者《きたうしや》が自《みづ》から病家《びやうか》に赴《おもむ》きて修法《しうはふ》するものとあり。又他《またた》の一つは間接祈禱《かんせつきたう》とて、遠隔《ゑんかく》の地《ち》に在《あ》る病人《びやうにん》や、病人《びやうにん》が神前《しんぜん》に參拜《さんぱい》も出來《でき》ず、又祈禱者《またきたうしや》も病家《びやうか》に往《ゆ》く能《あた》はざる場合《ばあひ》、或《あるひ》は又病人《またびやうにん》が小兒《せうに》とか、狂者《きやうしや》なるが故《ゆゑ》、父母兄弟等《ふぼけいていら》が代參《だいさん》したるに對《たい》して、間接《かんせつ》に修法《しうはふ》するものをいふ。

普通《ふつう》一般的《ばんてき》の祈禱《きたう》は、病人《びやうにん》の姓名年齢《せいめいねんれい》、病名判明《びやうめいはんめい》し居《を》れば其《そ》の病名《びやうめい》を記《しる》し、當病平癒祈《たうびやうへいゆき》願《ぐわん》の神札《かみふだ》を製《せい》し、それを神前《しんぜん》に供《そな》へ、大已貴命《おほあなむちのみこと》、少彦名命《すくなひこなのみこと》、鈿女命《うずめのみこと》を主神《しゆしん》として勸請《くわんじやう》し、修祓《しうふつ》、大祓《おほはらひ》、祈願文《きぐわんぶん》と恒例《こうれい》に由《よ》つて執行《しつかう》すべく、又直接祈禱《またちよくせつきたう》は十《と》種神寶行事《くさしんぱうぎやうじ》を以《もつ》て、病體《びやうたい》を加持《かぢ》し、更《さら》に特別法《とくべつはふ》としては、白刃《はくじん》を抜《ぬ》き持《も》ちて、肺病《はいびやう》なれば肺臓《はいざう》に凝《ぎ》し、腎病《じんびやう》なれば腎臓《じんざう》に向《む》けて威嚇的祈念《ゐかくてききねん》することもあり。間接祈禱《かんせつきたう》は病人《びやうにん》の寫眞《しやしん》か、或《あるひ》は衣類《いるゐ》か、其《そ》の他毛髪《たまうはつ》とか、何《なに》か身《み》に附着《ふちやく》したるものを加持《かぢ》すべし。若《も》しそれ等《ら》の品物《しなもの》なき時《とき》は、わら人形《にんぎやう》を造《つく》り其《そ》の腹中《はらなか》に姓名生年月《せいめいせいねんげつ》、病名分《びやうめいわか》り居《を》れば病名《びやうめい》を記《しる》したる紙片《しへん》を納《をさ》め、之《こ》れを病《びやう》人《にん》と見做《みな》して加持《かぢ》すべし。

病氣《びやうき》には種類多《しゆるゐおほ》き故《ゆゑ》、小兒《せうに》の疳蟲其《かんちうそ》の他黴菌作用《たばいきんさよう》に依《よ》るものは、一定《てい》の方式《はうしき》に從《したが》ひて蟲《むし》封《ふう》じを行《おこな》ひ、其《そ》の神符《しんぷ》を病人《びやうにん》に護持《ごぢ》せしむべし。蟲封《むしふう》じ以外《いぐわい》の病氣祈禱《びやうききたう》にても、神符《しんぷ》を造《つく》りて病人《びやうにん》に與《あた》へ、病人《びやうにん》は寢食共《しんしよくとも》に之《こ》れを肌身《はだみ》に著《つ》け、朝晝夕《あさひるゆふ》の三回其《くわいそ》の神符《しんぷ》にて痛《いた》む所《ところ》を摩《ま》擦《さつ》すべきものとす。更《さら》に又流行病等《またりうかうびやうとう》は送《おく》り出《だ》し法《はふ》といふものあり、祈禱《きたう》の時《とき》に赤飯《せきはん》を供《そな》へ其《そ》の上《うへ》に黄色《きいろ》い紙《かみ》の幣束《へいそく》を立《た》て、祈禱終了後《きたうしうれうご》それを野外《やぐわい》に持《も》ち出《だ》して棄《すつ》るか、海《うみ》や河《かは》に流《なが》すべし。尤《もつと》も此《こ》の送《おく》り出《だ》し法《はふ》は、他《た》の一切《さい》の病氣《びやうき》に用《もち》ふるも宜《よろ》し。

病氣送り出し祕文（二十一回誦ふべし）

怨家《エンカ》不在于茲處《コヽニアラズ》、殃者千里之外《アウシヤハセンリノホカ》、蘇民現在《ソミンゲンニイマシ》、鐘公亦至《シヨウギマタイタラン》、天魔鬼神亦立誅戮《テンマキシンマタタチドコロニコロス》、速《スミ》去疾出矣《ヤカニサレハクイデヨ》、頃刻遶留則肝脂震裂矣《シバラクニテモトヾマラバキモミトモサケナン》。

蟲封じの祕文（三十回唱ふべし）

天明地淸《テンメイチセイ》、萬有生生化育《バンイウシヨ〳〵クワイク》、互助相依以各盡其功《コウジヨサウイモツテオノ〳〵ソノコウヲツクス》、淸淨靈體本來莫缺點《シヨジヨレイタイホンライケテンナシ》、然今爾《シカルニイマナンジ》毒蟲妄犯亂《ドクコミダリニヲカシミダル》、維天神地祇痛憤所《コレテンジンチギノイタクイカルトコロ》、我依勅詮捉爾封箇中《ワレチヨヂヨウニヨリナンヂヲトラヘコヽニフウズ》、再出勿犯《フタヽビイデテヲカスナカレ》、恒久《ゴウキウ》不許放解《ハナタズ》。

病氣祈禱の祈願文

謹美敬天行奉留《ツヽシミウヤマツテオコナヒタテマツル》夫天地《ソレテンチ》開闢《カイビヤク》國常立尊《クニトコタツノミコト》分身爾而《ブンシンニテ》伊邪那岐命《イザナギノミコト》伊邪那美命《イザナミノミコト》血脈爾而《チスヂニテ》天照皇大神乃《アマテラススメラオホカミノ》生美《ウミ》靈止成給布《ミタマトナシタマフ》然波《シカレバ》天津御末爾天《アマツミスヱニテ》夫人成加故爾《ソレヒトナルガユヱニ》目爾觸禮《メニフレ》口爾觸禮《クチニフレ》身爾觸禮《ミニフレ》愚成心爾志天《オロカナルコヽロニシテ》其身乃《ソノミノ》神光乎失給布加《シンクワウヲウシナヒタマフガ》故爾《ユヱニ》今一心乃《イマイツシンノ》源乎《ミナモトヲ》淸久《キヨク》淸良加爾《キヨラカニ》改天《アラタメテ》神代乃古《カミヨノコ》

寶乎《ジツヲ》崇天此身爾《アガメテコノミニ》神光乎返志《シンクワウヲカヘシ》鎭《シヅメ》祭奉留《マツル》所乃《トコロノ》八百萬乃大神乃《ヤホヨロヅノオホカミノ》大前爾《オホマヘニ》愼美敬比恐美恐美白佐久《ツヽシミウヤマヒカシコミカシコミマウサク》
此身病平愈《コノミノヤマヒヘイユ》成佐志米給布《ナサシメタマフ》爲爾《タメニ》神光乎返《シンクワウヲカヘシ》鎭祭《シヅメマツル》故爾《ユヱニ》澳津鏡《オキツカヾミ》邊津鏡《ヘツカヾミ》八握劒《ヤツノツルギ》生玉《イクタマ》死玉《マカルカイスノタマ》足
玉《タルタマ》道反玉《チカイミノタマ》蛇比禮《ヲロチノヒレ》蜂乃比禮《ハチノヒレ》品々物比禮《クサ〳〵モノヒレ》捧奉留《サヽゲマツル》一二三四五六七八九十止《ヒフミヨイムナヤコトト》加持《カヂ》奉留《タテマツル》布《フ》
留部由良由良《ルベヨラ》死止毛《マカルカイシトモ》生返天《イキカヘシテ》命乃御名乎《ミコトノミナヲ》申天稱詞意奉天《マウシシタヽイコトヲマツリテ》萬民乃《マンミンノ》病患留《ヤマヒウレウル》者波《モノハ》毛穴九竅座須《マウケツキウケウマシマス》
八萬四千乃《ハチマンシセンノ》神也《カミナリ》然波《シカレバ》則《スナハチ》五行乎以天其體止須《ゴギヤウヲモツテソノタイトス》五行《ゴギヤウ》則《スナハチ》木火土金水乎《モククワドゴンスヰヲ》以天《モツテ》五行止須《ゴギヤウトス》五臟波《ゴザウハ》
則《スナハチ》青黄赤白黑成加故爾《セイワウシヤクビヤクコクナルガユヱニ》五臟止須《ゴザウトス》五臟波《ゴザウハ》心肝腎脾肺也《シンカンジンヒハイナリ》然波《シカレバ》心乃臟波《シンノザウハ》赤色成加故爾《アカキイロナルガユヱニ》天之《アマノ》
五十合魂命乎《イソアヒムスビノミコトヲ》鎭祭玉布《シヅメマツリタマフ》肝乃臟波《カンノザウハ》青岐色成加故爾《アヲキイロナルガユヱニ》天之八十萬日魂命乎《アメノヤソヨロヅヒムスビミコトヲ》鎭祭給布《シヅメマツリタマフ》腎《ジン》
乃臟波《ノザウハ》黑伎色成加故爾《クロキイロナルガユヱニ》天乃三降魂命乎《アメノミクダリムスビノミコトヲ》鎭祭玉布《シヅメマツリタマフ》脾乃臟止波《ヒノザウトハ》黄色成加故爾《キイロナルガユヱニ》天之八百日《アメノヤマヒ》
魂命乎《ムスビノミコトヲ》鎭祭給布《シヅメマツリタマフ》肺乃臟波《ハイノザウハ》白色成加故爾《シロキイロナルガユヱニ》天之合魂命乎《アメノアヒムスビノミコトヲ》鎭祭給布如斯《シヅメノマツリタマフカクノゴトキ》五臟爾《ゴザウニ》神光《シンクワウ》
乎返給布《ヲカヘシタマフ》五體不具爾《ゴタイフグニ》不成時波《ナラザルトキハ》如何成難病多利共《イカナルナンビヤウタリトモ》速爾《スミヤカニ》身體乎《シンタイヲ》放禮給布加《ハナレタマフガ》故爾《ユヱニ》無上靈寶神道加《ムジヤウレイハウシンダウカ》
持《ヂ》三元三行三妙加持《サンゲンサンギヤウサンメウカヂ》以加行《イカギヤウ》神力神道加持乃《シンリキシンダウカヂノ》神秘乃秘文乎《シンピノヒモンヲ》唱戸《トナヘ》然波《シカレバ》此身爾《コノミニ》如何成難病多利《イカナルナンビヤウタリ》
共速爾《トモスミヤカニ》退介增牟加故爾《シリゾケマサンガユヱニ》由良湯津美須眞留乎《ヨラヨヅミスマタルヲ》延續岐《ノベツヾキ》千秋長秋萬代迄爾《チアキナガアキヨロヅヨマデニ》布理續岐長久久《シリツヾキナガクヒサシク》皇御《スメラミ》
孫乃命乃《コノミニトノ》公民乎《オホタカラヲ》守良世《マモラセ》給天《タマヒテ》加持《カヂ》奉留《タテマツル》身乃內與利《ミノウチヨリ》起留《オコル》病《ヤマヒ》奈久《ナク》外與利《ソトヨリ》病來留《ヤマヒキタル》事奈久《コトナク》當病立所《タウビヤウタチドコロ》
爾速爾《ニスミヤカニ》平癒令爲給止《ヘイユナサシメタマヒト》常盤爾《トキハニ》堅盤爾《カキハニ》夜之守《ヨノマモリ》日乃守《ヒノマモリ》護利給天《マモリタマヒテ》神佛乃咎米《カミホトケノトガメ》生靈死靈乃祟利宇《イキリヤウシリヤウノタヽリウ》

津毛禮家乃古井乃障利乎《ツモレイヘノフルヰノサハリヲ》除狐狸乃災禍無久《ヨケコリノワザハヒナク》祓給比天《ハラヒタマヒテ》稱言竟奉留《タ、ヒゴトヲイマツル》事別爾申久爾《コトワケニマウサク》神直日大直日爾《カンナホヒオホナホヒニ》毛禮奈須《モレナス》事有乎波《コトノアラヲバ》深久《フカク》正久祭爲《マサシクマツリナシ》疾病災難波《シツビヤウサイナンハ》少名彦那命大已貴命《スクナヒコナノミコトオホアナムチノミコト》是乎《コレヲ》守里《マモリ》玉布《タマフ》故爾《ユエニ》病災《ビヤウサイ》波木乎《ハキヲ》以天《モツテ》土乎《ツチヲ》尅須留加《コクスルガ》如志《ゴトシ》水乎《ミヅラ》以天《モツテ》火乎《ヒヲ》消須加《ケヤスガ》如久《ゴトク》祈念乃《キネンノ》當病《タウビヤウ》立所爾《タチドコロニ》平癒令爲《ヘイユナサシメ》玉布《タマフ》加故爾《ガユエニ》年月《ネンゲツ》日時《ジツジ》今日《ケフ》生日乃《イクヒノ》足日乃《タルヒノ》宇豆乃御幣乎《ウヅノクラヲ》帛捧奉禮波《サ、ゲマツレバ》萬上萬天《バンジヤウバンテン》明加爾《アキラカニ》而《シテ》鏡爾《カヾミニ》影乃《カゲノ》移世留加《ウツセルガ》如久《ゴトク》家內《カナイ》安全息災延命《アンゼンソクサイエンメイ》當病平癒爾《タウビヤウヘイユニ》守里《マモリ》幸比給止《サイハヒタマヒト》畏美畏美毛申須《カシコミカシコミマウス》

悪鬼《アクキ》悪靈生靈死靈怨敵靈神《アクリヤウイキリヤウシリヤウヲンテキレイシン》高天原《タカマガハラ》へ歸良世給布《カヘラセタマフ》

物《もの》の化《け》を引《ひき》て放《はな》してあづさゆみ受取給《うけとりたま》ひ今日《けふ》の聞《き》き神悪《かみあく》は去《さ》る神《かみ》は此座《このざ》へ神座《ましま》して願望《ぐわんまう》成就《じやうじゆ》うたがひなし。

御神歌《ごしんか》は數回唱《すうくわいとな》ふべし。又病體《またびやうたい》を加持《かぢ》する場合《ばあひ》にも、此《こ》の御神歌《ごしんか》を幾《いく》百回《くわい》もなく繰返《くりかへ》し繰返《くりかへ》し唱《とな》ふるをよろしとす。

息災祈禱法と造壇

前《まへ》の病氣祈禱《びやうききたう》も、此《こ》の息災祈禱法《そくさいきたうはふ》の一種《しゆ》なれば、若《も》し重病等《ぢうびやうとう》の場合《ばあひ》に數回特別祈禱《すうくわいとくべつきたう》を爲《な》す時《とき》は、此《こ》の造壇法《ざうだんはふ》に依《よ》りて執行《しつかう》すべし。

息災祈禱《そくさいきたう》の種類《しゆるゐ》は、盗難《たうなん》、火難《くわなん》、水難《すゐなん》、劍難《けんなん》、病難《びやうなん》を主《しゆ》として、厄歳《やくどし》、惡《あ》しき星廻《ほしまは》り、男女相剋《だんぢよさうこく》、蟲害《ちうがい》、寃罪《ゑんざい》、雷災《らいさい》、金神《こんじん》其《そ》の他《た》の祟《たゝ》り障《さは》りを祓《はら》ひ消《け》すものにして、それ〴〵主《しゆ》神《しん》をも異《こと》にし、多少《たせう》方式《はうしき》をも變更《へんかう》すべき點《てん》もあるも、大體《だいたい》に於《おい》ては共通《きようつう》一定《てい》し居《を》るものとす。尤《もつと》も主神《しゆしん》を異《こと》にすといへども、五社《しや》稲荷《いなり》大神《たいじん》は一切《さい》の御神徳《ごしんとく》を具備《ぐび》し居《ゐ》る故《ゆゑ》、此《こ》の五柱《ちう》の大神《たいじん》を勸請《くわんじやう》すれば、それにて充分《じうぶん》なりとす。

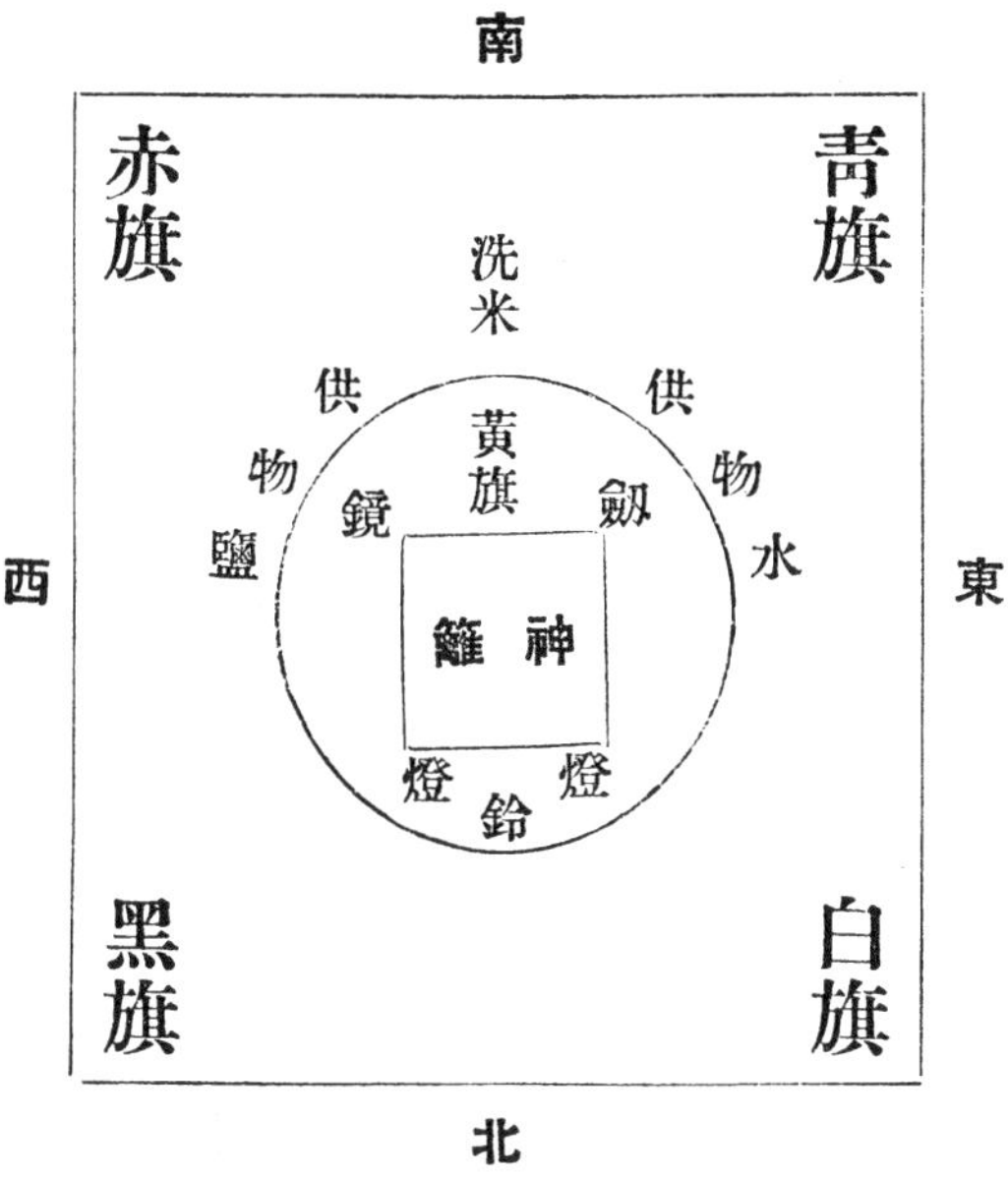

下壇《かだん》は四角《かく》、中段《ちうだん》は圓形《ゑんけい》、上段《じやうだん》は四角《かく》にても圓形《ゑんけい》にても宜《よろ》し、病氣《びやうき》の時《とき》は三角《かく》とすることもあり、供物《くもつ》を後方《こうはう》に置《お》くは、前《まへ》の方《はう》にて修法《しゆはふ》の妨《さまた》げとならざる爲《た》めなり。

息災《そくさい》祈禱《きたう》は病氣《びやうき》の他《ほか》は、夕暮《ゆふぐれ》より始《はじ》むべし。

星祭と年越祈禱

天地萬物《てんちばんぶつ》には總《すべ》てに共通《きやうつう》せる自然《しぜん》の大法則《だいはふそく》ありて、日月星辰《じつげつせいしん》の運行《うんかう》する方式《はうしき》も、人間乃《にんげんない》至禽獸草木《しきんじうさうもく》の生々化育《せい〳〵くわいく》する次第《しだい》も、其《そ》の原理《げんり》は全《まつ》たく同《どう》一にして、時《とき》に盛衰盈虚《せいすゐえいきよ》あり、物《もの》に榮枯得失《えいことくしつ》あり、人《ひと》に吉凶壯老《きちきようさうらう》あり、天《てん》の陽氣《やうき》旺盛《わうせい》なれば、地《ち》の生々活潑《せい〳〵くわつぱつ》にして人《ひと》に幸榮《かうえい》あり、天氣邪濁《てんきじやだく》なれば地氣《ちき》も亦陰毒《またいんどく》にして、人其《ひとそ》の災禍《さいくわ》を受《う》く、殊《こと》に星辰《せいしん》の運行《うんかう》と人間《にんげん》の運氣《うんき》とは、互《たがひ》に相賴《あひたよ》り相伴《あひともな》ふこと、恰《あた》かも寒暑風雨《かんしよふうう》の人體《じんたい》に影響《えいきやう》するが如《ごと》し。故《ゆゑ》に人《ひと》は其《そ》の生年月日《せいねんぐわつぴ》に由《よ》つて天上《てんじやう》の星辰《せいしん》も順應《じゆんおう》して相生《あひせい》するあり。又逆行《またぎやくかう》して相剋《あひこく》するあり、以《もつ》て一生涯《しやうがい》の幸不幸《かうふかう》、運不運《うんふうん》の決《けつ》するあり。又其《またそ》の年其《としそ》の月其《つきそ》の日《ひ》に當《あた》りて、幸福《かうふく》を招《まね》くことも、災禍《さいくわ》を受《う》くることもあるものにして、之《こ》れは天地《てんち》四季《き》運行《うんかう》の自然《しぜん》の定則《ていそく》なれば、迷信《めいしん》無稽《むけい》として妄《みだ》りに排斥《はいせき》すべきにあらず。

此《こ》の星辰《せいしん》と生年月日《せいねんぐわつぴ》の相剋《さうこく》を改善《かいぜん》し、轉禍招福《てんくわせうふく》の方法《はうはふ》を星祭《ほしまつり》といふ。之《こ》れは獨《ひと》り個人《こじん》の運命《うんめい》に關《くわん》するのみにあらずして、古來軍陣等《こらいぐんぢんとう》に於《お》ても、星祭《ほしまつり》は重大《ぢうだい》なる行事《ぎやうじ》たりしなり。

星祭《ほしまつ》りは星辰以上若《せいしんいじやうも》しくば其《そ》の根元《ねもと》たる宇宙《うちう》の大靈《たいれい》とも稱《しよう》すべき神明《しんめい》の威靈《ゐれい》を假《か》りて、相《さう》剋《こく》の災殃《さいあう》を轉換《てんくわん》するものなり。此《こ》の祭儀《さいぎ》は增益祈禱法《ぞうえききたうはふ》に由《よ》りて行《おこな》ふこともあるも、災禍《さいくわ》を拂《はら》ふといふ點《てん》よりすれば、息災法《そくさいはふ》に由《よ》るを妥當《だたう》とす。支那《しな》印度《いんど》に於《おい》ても、日本《にほん》にても往古《わうこ》は宮中《きうちう》の重要式典《ちうえうしきてん》として星祭《ほしまつり》を執行《しつかう》せられ居《を》りたり。

天地《てんち》の運行星辰《うんかうせいしん》の循環《じゆんくわん》が、人間《にんげん》の生年月日《せいねんぐわつぴ》と相伴《あひともな》うて吉凶《きちきよう》を生《しやう》ずる理《り》より推《お》して、人《ひと》と人《ひと》との間《あひだ》にも亦相生相剋《またあひしやうさうこく》あるはいふまでもなき所《ところ》にして、相生《あひしやう》の人《ひと》と事《こと》を共《とも》にすれば成就《じやうじゆ》し、相剋《さうこく》の者《もの》と共《とも》にすれば紛爭失敗《ふんさうしつぱい》に了《をは》るべきは自明《じめい》の理《り》なりとす。殊《こと》に男女《だんぢよ》の相生《あひしやう》相剋卽《さうこくすなは》ち夫婦《ふうふ》の相生《あひしやう》と否《いな》とは、一家《か》の盛衰《せいすゐ》より子孫《しそん》の上《うへ》にまで利害《りがい》を及《およ》ぼすものなれば、尤《もつと》も注意《ちうい》すべき所《ところ》なり。然《しか》れども時《とき》と場合《ばあひ》に由《よ》りては、相剋性《さうこくしやう》のものも夫婦《ふうふ》とならざるべからざるの止《や》むを得《え》ざることあり。又男女共《まただんぢよとも》に年廻《としまは》り惡《あ》しきか、或《あるひ》は男《をとこ》のみ、或《あるひ》は女《をんな》の方《はう》が年廻《としまは》り惡《あ》しきも、其《そ》の年《とし》に結婚《けつこん》を必要《ひつえう》とすることあり。斯《か》くの如《ごと》き場合《ばあひ》には卽《すなは》ち年越祈禱法《としこしきたうはふ》を修行《しゆぎやう》して、凶《きよう》を拂《はら》ひ吉《きち》に遷《かへ》るべきものとす。年越《としこし》とは凶年《きようねん》を伸縮《しんしゆく》して吉年《きちねん》に移轉《いてん》せしむることをいふ。

星祭《ほしまつ》りと年越祈禱《としこしきたう》とは、其《そ》の原理全《げんりまつ》たく同一《どう》にして、消災《せうさい》より增益《ぞうえき》に移《うつ》るものなれば、息災法《そくさいはふ》と増益法《ぞうえきはふ》とを併《あは》せ用《もち》ふるも宜《よろ》しく、主神《しゆしん》の如《ごと》きも天之御中主神《あめのみなかぬしのかみ》以下《いか》天津神《あまつかみ》八百萬《やをよろづ》の神々《かみがみ》を勸請《くわんじやう》するを宜《よし》とす。又《また》祭祈《さいき》の後《のち》には主神《しゆしん》と産土神《うぶすなのかみ》の神名《かむな》を中心《ちうしん》としたる神符《しんぷ》一體《たい》を造《つく》り、一體《たい》は其《そ》の人《ひと》の家宅《かたく》の神棚《かみだな》又《また》は棟木《むなぎ》に祭《まつ》り、一體《たい》は本人《ほんにん》の肌身《はだみ》に滿《まん》一ケ年間《ねんかん》著《つ》け置《お》くべし。

祭式《さいしき》には下《した》に白衣上《びやくいうへ》に赤色《あかいろ》、身滌祓《みそぎはらひ》、大祓《おほはらひ》三回以上《くわいいじやう》を唱《とな》へ、次《つぎ》に祈願表白文《きぐわんへうはくぶん》を奏上《そうじやう》すべし。今兩部法《いまりやうぶはふ》に於《お》ける兩祭《りやうさい》の祈願文《きぐわんぶん》を示《しめ》すべし。祭壇《さいだん》には飾餅《かざりもち》三重《ぢう》を供《そな》ふべし。

星祭祈願表白文

早天金闕《サウテンキンケツ》玉皇大帝《ギヨククワウタイタイ》天之御中主神《アメノミナカヌシノカミ》星主北極紫微大帝《ホシヌシホクキヨクシビタイテイ》高皇産靈神《タカミムスビノカミ》神皇産靈神《カンミムスビノカミ》周天《シウテン》三百六十纒度《テンド》星尊《セイソン》諸 之《モロ〳〵ノ》天津神《アマツカミ》大歳至徳尊神《タイサイシトクソンシン》天津彦火火瓊瓊杵命《アマツヒコホホニニギノミコト》貪狼大星君《ドンラウタイセイクン》巨門元星君《キヨモンゲンセイクン》祿存眞星君《ロクソンシンセイクン》文曲紉星君《ブンキヨクジンセイクン》武曲紀星君《ブキヨクキセイクン》廉貞允星君《レンテイインセイクン》破軍星君《ハグンセイクン》羅喉星君《ラコウセイクン》土曜星君《ドエウセイクン》水曜星君《スヰエウセイクン》金曜星君《キンエウセイクン》日曜星君《ニチエウセイクン》火曜星君《クワエウセイクン》計都星君《ケイトセイクン》月曜星君《グツエウセイクン》木曜星君《モクエウセイクン》東方青春《トウハウセイシユン》泥土煎尊《ウイチニノミコト》沙土煮尊《スヰチニノミコト》青南方赤夏《セイナンハウセキカ》豐斟淳尊《トヨクンヌノミコト》熒惑星《ケイワクセイ》朱雀《シユジヤク》中央土用《チウアウドヨウ》面足尊《オモタルノミコト》惶根尊《カシコネノミコト》黄龍《クワウリウ》西方白秋《セイハウハクシウ》大戸之道尊《オホトノチノミコト》大苫邊尊《オホトマベノミコト》大白星《タイハクセイ》白虎《ビヤクコ》北方黑冬《ホクハウコクトウ》國狹槌尊《クニサヅチノミコト》玄武《ゲンム》一切《サイ》諸神《シヨジン》身體《シンタイ》無《ナク》ㇾ恙《ツヽガ》而堅《カタク》ㇾ乎《ヨリ》二金石《キンセキ》一爾《ニ》守《マモリ》里壽乎《ジユヲ》數《カゾヘ》倍久乎久倶松《マツ》

止《ト》竹止《タケト》夜之《ヨルノ》守里《マモリ》日之《ヒルノ》護爾《マモリニ》惠美《メグミ》幸比《サイハヒ》給登《タマヘト》恐美《オソレミ》恐美《オソレミ》毛白壽《マウス》
次《つぎ》に北辰咒文《ほくしんじゆもん》　天地者《あめつちは》御《み》中之《なかの》際爾《きはに》鎭《しづ》米《め》持《ち》際《きは》星神之《ほしかみの》皇良《すめら》大神《おほかみ》
次《つぎ》に七曜之《えうの》印《いん》　行年護身《かうねんごしん》三元加持《げんかぢ》一切諸宿曜《さいしゆしゆくえう》我護《がご》我《が》年月日時《ねんげつじつじ》災禍消除《さいくわせうぢよ》
次《つぎ》に拍手《はくしゆ》　天長地久《てんちやうちきう》
天地《てんち》玄妙神變加持《げんめうしんぺんかぢ》　善星皆來惡星退散《ぜんせいかいらいあくせいたいさん》　百遍《ぺん》

善星皆來　祈主敬白
太上神仙鎭宅靈符尊守護
惡星退散　何歲男女

年越祈禱法式

大歲三柱大神　五行大神［中符］
天照皇大神天神地祇八百萬大神　奉祭大歲三柱大御神歲越禊［祈禱札］年中安全
產土大神　本命星尊　如意滿足　男女何歲

供物《くもつ》　神酒《みや》　洗米《せんまい》　堅魚節《かつをぶし》　鯛《たひ》　昆布《こんぶ》　餅《もち》（願主《ぐわんしゆ》の年《とし》の數程《かずほど》）次《つぎ》に祭式《さいしき》　沐浴潔齋《もくよくけつさい》
次《つぎ》に護身神法《ごしんじんはふ》　身曾貴祓《みそぎのはらひ》　六根淸《こんしやう》淨祓《じやうのはらひ》　大祓《おほはらひ》　大麻行事《おほぬさぎやうじ》　散米行事《さんまいぎやうじ》　勸請《くわんじやう》　供物《くもつ》。
麻《ぬさ》を以《もつ》て天地拜《てんちはい》　**大歲柱大神產土神**　祈念祝詞《きねんのりと》　次《つぎ》に天神地祇《てんじんちぎ》を勸請《くわんじやう》し天《てん》

神《じん》六代目《だいめ》、神號《しんがう》をば榊葉《さかきは》三光《くわう》の印《いん》にて唱《とな》へ奉《たてまつ》る伊《い》邪《ざ》那《な》岐《ぎ》二柱《ふたはしら》大神《おほかみ》と唱《とな》へ神水行事《しんすゐぎやうじ》す。次《つぎ》に三元《げん》三妙《めう》加持《かぢ》口傳《くでん》に阿《あ》南《な》天元《てんげん》天妙《てんめう》神變《しんぺん》加持《かぢ》阿《あ》南《な》地元《ちげん》地妙《めう》神通《じんつう》加持《かぢ》。阿《あ》南《な》人元《じんげん》神妙《しんめう》神力《しんりき》加持《かぢ》　次《つぎ》に歳神《としがみ》五行《ぎやう》の神等《かみたち》を念《ねん》ず。次《つぎ》に降臨祓《かうりんはらひ》　十種《とくさ》の大祓《おほはらひ》を願主《ぐわんしゆ》の年《とし》の數《かず》ほど唱《とな》へ奉《たてまつ》る。次《つぎ》に祈念《きねん》を祭主心《まつりぬしこゝろ》のまゝになすべし。

敬愛に關する各祈禱

家内和合、男女相愛、鄕黨平和、學業技藝優秀、立身出世

失業就職、信任重用

選擧其他一切勝負事有利

敬愛《けいあい》に關《くわん》する祈禱《きたう》は、學業《がくげふ》の優等《いうとう》、入學成功《にふがくせいこう》、技藝上達《ぎげいじやうたつ》、失業者《しつげふしや》の求職成功等《きうしよくせいこうとう》、他《た》より信任《しんにん》せられ、敬愛《けいあい》せられて立身出世《りつしんしゆつせ》を目的《もくてき》として祈念《きねん》するものなり。又選擧《またせんきよ》の當選《たうせん》、一切《さい》の勝負事《しようぶごと》に勝利《しようり》を得《う》る祈念《きねん》も、此《こ》の方式《はうしき》を以《もつ》て行《おこな》ふべきものとす。

主神《しゆしん》は五社稲荷大神《しやいなりたいじんちう》中の大巳貴命《おほあなむちのみこと》と大宮姫命《おほみやひめのみこと》即《すなは》ち天鈿女命《あめのうづめのみこと》の二柱《ふたはしら》を主《しゆ》とするも學藝《がくげい》の事《こと》には八意思兼神《やごころおもひがねのかみ》や天滿天神《てんまんてんじん》を加《くは》ふべく、又結婚式《またけつこんしき》には伊邪那岐尊《いざなぎのみこと》、伊邪那美《いざなみの》尊《みこと》、天照皇大神《あまてらすおほみかみ》、素戔嗚尊《すさのをのみこと》、櫛稲田姫命《くしいなだひめのみこと》等を加《くは》ふるも宜《よろ》し、勝負事《しようぶごと》には武神《ぶしん》を加《くは》へ、平《へい》和《わ》の事柄《ことがら》には事代主命《ことしろねしのみこと》を加《くは》ふるも可《か》なり。

敬愛祈禱《けいあいきたう》には總《すべ》ての裝飾《さうしよく》を美麗《びれい》にし、供物《くもつ》にても成《な》るべく、且《か》つ上等《じやうとう》なる品物《しなもの》を用《もち》ふべし、結婚式等《けつこんしきとう》にては供物《くもつ》は悉《ことごと》く偶數《ぐうすう》とし、奇數《きすう》は嫌《きら》ふ。殊《こと》に敬愛祈願《けいあいきぐわん》には必《かなら》ず依頼者《いらいしや》が參《さん》列《れつ》するを肝要《かんえう》とす。若《も》し本人參列《ほんにんさんれつ》し得《え》ざる時《とき》は成《な》るべく近親《きんしん》の者《もの》を選《えら》びて參列《さんれつ》せしむべし。又此《またこ》の祈禱《きたう》は夜中《よなか》に行《おこな》ふべからず、早天《さうてん》を尤《もつと》も可《か》とし、次《つぎ》は午後三時《ごごじ》を吉《きち》とす。午前《ごぜん》なればば十時《じ》より十一時《じ》までに行《おこな》ふべきものとす。

齋主《さいしゆ》は下《した》に赤衣《せきい》、上《うへ》に純白《じゆんぱく》の袍《うはぎ》を着《き》るべし。袴《はかま》即《すなは》ち差貫《さしぬき》は白又《しろまた》は紋章入《もんしやうい》りを可《か》とす。笏《しやく》の他《ほか》に扇子《せんす》を腰《こし》に挾《はさ》むべし。西《にし》より東《ひがし》に向《むか》ふ。副祭主二人《ふくさいしゆふたり》を要《えう》す、一人《ひとり》は南《みなみ》より北《きた》に向《むか》ひ、一人《ひとり》は北《きた》より東《ひがし》に向《むか》ふ。依頼者《いらいしや》は東方《とうはう》の壇下《だんか》に侍立《じりつ》すべし。最後《さいご》に玉串《たまくし》を奉獻《ほうけん》する時《とき》は、齋主《さいしゆ》の後《うしろ》に來《き》たりて控《ひか》へ居《を》るべし。

供物《くもつ》は總《すべ》て依頼者《いらいしや》の心盡《こゝろづく》しになるものを最上《さいじやう》とす。單《たん》に金《かね》にて買求《かひもと》むるとか、或《あるひ》は他《た》に

敬愛祈禱壇

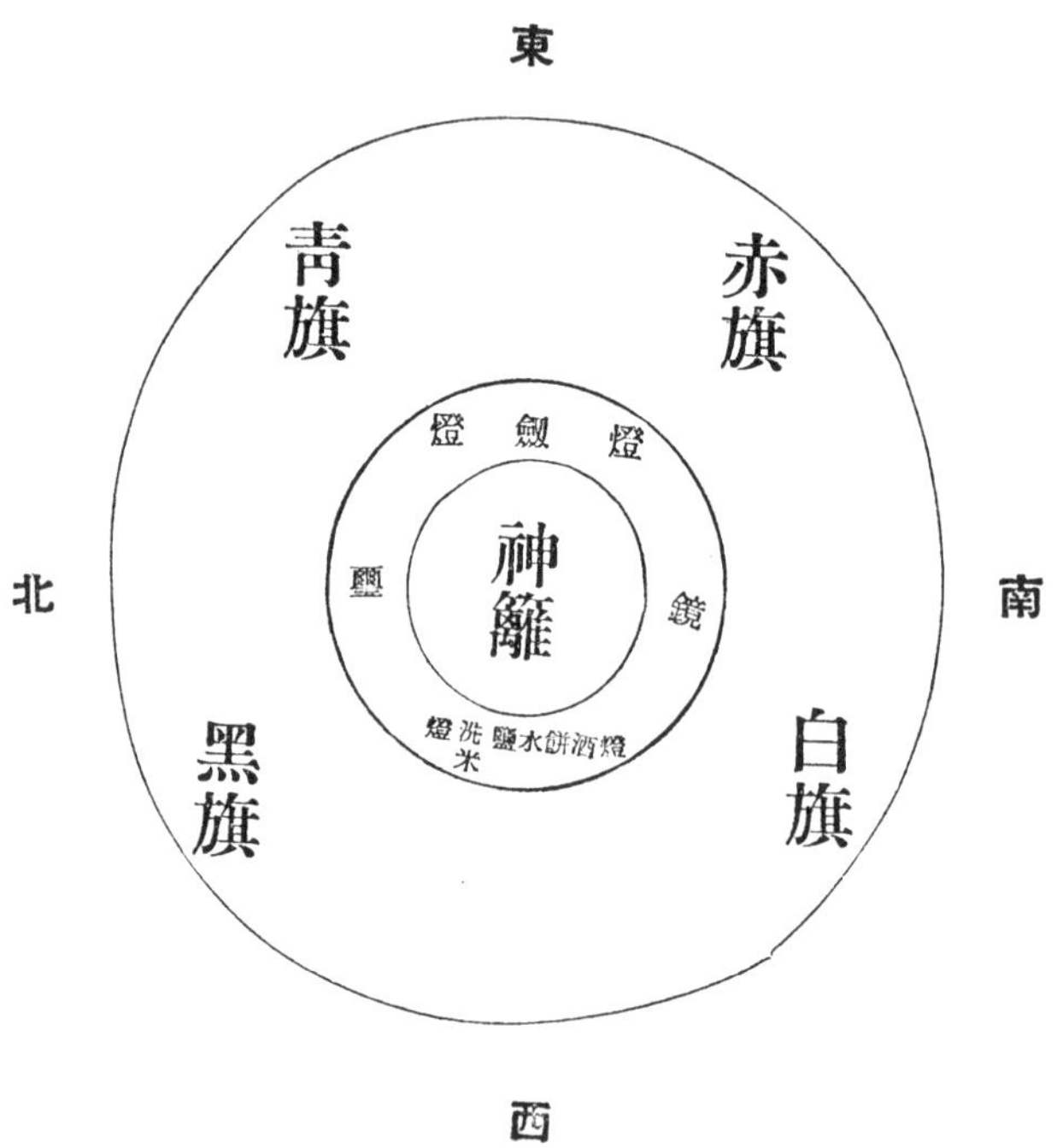

上中下《じやうちうげ》三壇《だん》とも圓形《ゑんけい》に造《つく》るべし。劔《つるぎ》は袋《ふくろ》に納《をさ》めて裝《かざ》るべし。燈火《ともしび》は成《な》るべく明《あか》るく大《だい》なるを要《えう》す。四方《はう》の旗《はた》は綺麗《きれい》なるを笹竹《さゝだけ》につるべし。餅《もち》は缺《か》ぐべからず。

依賴《いらい》して調《とゝの》ふ事《こと》はよろしからず。尤《もつと》も御神酒《おみき》や魚等《うをとう》の如《ごと》きは、金錢《きんせん》を吝《をし》まずして上等《じやうとう》のものを買《か》ひ求《もと》むべし。又自己《またじこ》の嗜好物《しかうぶつ》を何《なに》にても一二品《しな》供《そな》ふるを宜《よし》とす。修法終《しうはふをは》れば神符《しんぷ》を製《せい》し、之《こ》れを肌着《はだつき》の御守《おまもり》とすべし。

祈願文《きぐわんぶん》は其《そ》の場合《ばあひ》に應《おう》じて有體《ありてい》に希望《きばう》の事《こと》を申《まを》し述《の》ぶべし。今《いま》一二の例《れい》を示《しめ》せば、

出産祈念文

是乃《コレノ》御社爾《ミヤシロニ》鎮座須《シヅマリマス》某 大神廼《ナニガシノオホカミノ》大前爾《オホマヘニ》言佐久《マウサク》某 官位《ナニノクワンキ》姓名室某子《セイメイノメナニコ》 或《アルヒハ》 某郷 某 乃妻《ナニノサトノナニガシノメ》懐妊弖《ミゴモリテ》早久《ハヤク》産月爾《ウムガツキニ》近在波《チカケレバ》 平 爾《タヒラカニ》令生産給反刀《ウマシメタマヘト》禮代乃《イヤシロノ》充座乎《ミテグラヲ》令捧持 氐《ササゲモタシメテ》請祈奉久袁《コヒノミマツラクヲ》畏 支《カシコキ》大御神《オホミカミ》此狀乎《コノサマヲ》安 久《ヤスラケク》所聞食弖《キコシメシテ》 平 爾《タヒラカニ》令生産《ウマシメ》母毛子母《ハヽモコモ》 無事安良可爾《コトナクヤスラカニ》 令日乞給反刀《ヒタラシメタマヘト》 畏 美《カシコミ》拜 美弖《オロガミテ》言《マウス》

挂麻久毛《カケマクモ》畏伎《カシコキ》某大神乃《ソレノオホカミノ》大前爾《オホマヘニ》畏々美母白佐久《カシコミカシコミマウサク》某 官位《ナンノクワンキ》姓名室《セイメイツマ》 或《アルヒハ》 某所我《ナニガシガ》妻《メ》某女《ナニメ》先爾《サキニ》吾大神乃《アガオホカミノ》御靈幸反坐弖《ミタマサキハヘマシテ》 平 爾《タヒラカニ》令産生給反刀《コウマシメタマヘト》祈曰之之爾《ノリマウシシニ》効久《ツルク》無事《コトナク》 平 爾《タヒラカニ》令 産 給比《コウマシメタマヒ》母毛子毛《ハヽモコモ》日足行久《ヒタリユク》高久《タカク》貴伎《タフトキ》恩 頼乎《ミタマノフユヲ》 忝 美《カタジケナミ》憙 美《ウレシミ》報賽乃《カヘリマウシノ》 幣物乎《ミテグラヲ》設 備弖《マウケソナヘテ》稱言奉竟久袁《タヽヘゴトオヘサセラクヲ》 平 久《タヒラケク》安 久《ヤスラケク》聞 食閉刀《キコシメサヘト》懼 懼 美母 白《カシコミカシコミモマウス》

初宮參祈念文

挂 毛《カケマクモ》畏 伎《カシコキ》吾大神乃《アガオホカミノ》大前爾《オホマヘニ》恐 美《カシコミ》恐 美毛《カシコミモ》 白久《マウサク》大神乃《オホカミノ》氏子《ウヂコ》何某我《ナニガシガ》眞兒《マナゴ》何某乃《ナニガシノ》大神乃《オホカミノ》御《ミ》靈 賜利氐《タマタマハリテ》生出之《アレイデシ》從利《ヨリ》百日《モヽカ》餘 十日《アマリトホカ》爾《ニ》成奴《ナリヌ》彼是乎《カレコレヲ》以《モテ》今日乃《ケフノ》生日乃《イクヒノ》 足日爾《タルヒニ》 初 氐《ハジメテ》大神乃《オホカミノ》大前爾《オホマヘニ》參出弖《マキイデ》 拜 奉《オロガミマツル》

狀《サマ》乎《ヲ》平久《タヒラケク》安久《ヤスラケク》聞召登《キコシメシト》白《マウス》如此《コトノヨシヲ》仕奉《ツカヘマツル》爾《ニ》依氐《ヨリテ》今毛《イマモ》此《コノ》嬰兒《ミドリゴ》乎《ヲ》愛美《イツクシミ》給比《タマヒ》日足《ヒタシ》賜氐《タマヒテ》諸〱乃《モロ〱ノ》病不令有須久須久登《ヤマヒアラセズスクスクト》生立《オホタチ》榮氐《サカエテ》大神乃《オホカミノ》氏子《ウヂコ》天皇乃《スメラミコトノ》公民登《オホミタカラト》守給《マモリタマヒ》幸給登《サイハヒタマヘト》恐美《カシコミ》恐美母《カシコミモ》白《マウス》

諸業祖神祈請文

八十日《ヤソカビ》波《ハ》波難有《アレド》毛《モ》今日《ケフ》乎《ヲ》生日《イクヒ》乃《ノ》足日《タルヒ》止《ト》齋定《イハヒサダメ》弖《テ》某《ナニガシ》我《ガ》弱肩《ヨワカタ》爾《ニ》太襁《フトダスキ》取掛《トリカケ》弖《テ》持齋《モチイツ》麻波里《マハリ》持清《モチキヨ》麻波里《マハリ》都毛《ツモ》此乃《コレノ》小床《オトコ》乎《ヲ》伊豆能《イヅノ》眞屋《マヤ》刀《ト》掃比《ハラヒ》清米《キヨメ》氐《テ》[文武農工商]乃《ノ》業《ナリハヒ》乃《ノ》祖神《オヤガミ》止《ト》座須《マシマス》某《ナニガシ》乃《ノ》大神《オホカミ》乎《ヲ》招《オキ》請奉里《マツリ》令座《マセ》奉里《マツリ》弖《テ》稱辭竟《タヽヘゴトヲヘ》奉久波《マツラクバ》神代乃《カミヨノ》昔《ムカシ》大神等乃《オホカミタチノ》某《ナニガシ》乃《ノ》業《ナリハヒ》乃《ノ》創米《ハジメ》給比《タマヒ》起志《オコシ》賜比弖《タマヒテ》天下《アメノシタ》公民爾《オホミタカラニ》福《サキハヘ》閉給閉《タマヘ》留爾《ルニ》因弖志《ヨリテシ》何々乃《ナニ〱ノ》禍《ワザハヒ》乎《ヲ》掃比《ハラヒ》何々乃《ナニ〱ノ》利益《クボサ》乎《ヲ》得留《エル》事乎《コトヲ》喜美《ウレシミ》辱志《カタジケナミ》奉留《マツル》今毛《イマモ》行先毛《ユクサキモ》御恩《ミタマノ》賴乎《フユヲ》乞祈奉留《コヒノミマツル》止《ト》爲氐《シテ》奉留《マツル》海川山野乃《ウミカハヤマノ》種々乃《クサ〱ノ》物乎《モノヲ》安幣帛乃《ヤスミテグラノ》足幣帛《タルミテグラ》止《ト》平久《タヒラケク》安久《ヤスラケク》聞食受給比氐《キコシメシタマヒテ》某《ナニガシ》等《ラ》我《ガ》家爾毛《イヘニモ》身爾毛《ミニモ》禍事不令在《マガゴトアラシメズ》日爾《ヒニ》異爾《ケニ》勞伎《イタヅキ》勤留《ツトムル》何々乃《ナニ〱ノ》業爾《ナリハヒニ》悟深久《サトリフカク》爲志止《ナシト》爲志《ナシ》計里止《ハカリト》計留《ハカル》物爾《モノニ》事爾《コトニ》悉久《コト〱ク》幸加良《サチカラ》令米《シメ》賜閉止《タマヘト》鹿自物《カクジモノ》膝折伏世《ヒザヲリフセ》鵜自物《ウジモノ》頸根《ウナネ》突拔《ツキヌ》支氐《キテ》畏美《カシコミ》畏美毛《カシコミモ》白寸《マウス》

結婚式祝詞文

掛巻母《カケマクモ》畏伎《カシコキ》大神乃《オホカミノ》御前爾《オンマヘニ》何々《ナニ〱》神社《ジンジヤ》社司《シヤシ》又《マタ》ハ社掌《シヤシヤウ》恐美《カシコミ》畏美母《カシコミモ》申左久《マウサク》神代乃《カミヨノ》昔《ムカシ》伊弉諾《イザナギ》伊弉冉《イザナミ》妹《イモ》

背二柱乃《セノフタハシラノ》大神乃《オホカミノ》事成給波《コトナシタマハ》牟止志氏《ムトシテ》立弖《タテ》賜邊留《タマヘル》神業爾《カミワザニ》神習比《カミナラヒ》奉天《マツリテ》今日乃《ケフノ》生日乃《イクヒノ》足日乃《タルヒノ》吉辰爾《ヨキヒニ》何某《ナニガシ》伊《イ》何某乃《ナニガシノ》娘《ムシメ》何子乎《ナニコヲ》娶弖《メトリテ》(又《マタ》ハ何某子爾《ナニガシノコニ》何某乎《ナニガシヲ》迎天《ムカヘテ》)夫婦乃《メヲトノ》契乎《チギリヲ》結固留爾《ムスビカタメルニ》依《ヨリ》何々職《ナニナニシヨク》名何某本《メイナニガシモト》末不傾《スエカタムケズ》嚴矛《イカシホコノ》中取持弖《ナカトリモチテ》神事仕奉留《カムコトツカヘマツル》狀乎《サマヲ》阿波禮止《アハレト》聞食氏《キコシメシテ》赤繩乃《エニシノ》解留《トケル》由奈久《ヨシナク》契交志志《チギリカハシシ》愛情乃《アイジヤウノ》變留《カハル》事奈久《コトナク》二柱乃《フタハシラノ》大神乃《オホカミノ》大詔布《オホミコトノリニ》違事奈久《タガフコトナク》内外乃《ウチソトノ》守《マモリ》前後乃《ゼンゴノ》位乎《クラヰヲ》誤良受《アヤマラズ》互爾《タガヒニ》愛美《イツクシミ》相助介《アヒタスケ》相補比《アヒオギナヒ》都々《ツツ》家乃《イヘノ》門乎母《モンヲモ》彌增爾《イヤマシニ》起左志米《オコサシメ》給比《タマヒ》生乃子乃《ウミノコノ》八十《ヤツ》續々《ツヾキニ》繁昌由可久《イヤサカユベク》守利《マモリ》幸邊《サキハヘ》給邊止《タマヘト》禮代乃《イヤシロノ》幣《ミテグラ》捧介《サヽゲ》持知天《モチテ》恐美《カシコミ》恐美母《カシコミモ》申須《マウス》

結婚式誓詞

恐美《カシコミ》恐美母《カシコミモ》白左久《マウサク》何某伊《ナニガシイ》某乎《ナニガシヲ》嫡妻登《チヤクサイト》迎閉氏《ムカヘテ》今如此《イマカクノゴトキ》妹夫乃《イモセノ》契約乎《チギリヲ》結比奴留賀《ムスビヌルガ》故仁《ユエニ》自今日後波《ケフヨリノチハ》飛鳥《アスカ》河《ガハ》淵瀨《フチセト》變行《カハリユク》世乃《ヨノ》習爾氏《ナラヒニテ》憂瀨仁《ウキセニ》立事在止毛《タツコトアリトモ》其辛苦乎《ソノクルシミヲ》共仁《トモニ》堪忍比《タヘシノヒ》幸有時爾《サチアルトキニ》遇氏婆《アフテハ》共爾《トモニ》其乃樂乎《ソノタノシミヲ》同志久《オナシク》爲氏《シテ》常磐樹乃《トキハギノ》不變色乃《イロヲカヘザルノ》相思誓心乎《アヒオモヒチカフコヽロヲ》換事無久《カヘルコトナク》生涯《シヤウガイ》相睦備奈牟登《アヒムツビナムト》誓奉狀乎《チカヒマツルサマヲ》委曲爾《ツバラニ》所聞食氏《キコシメシテ》若此《モシコノ》誓詞爾《セイシニ》背違事《ソムキタガフコト》有良牟乎婆《アラムヲバ》嚴伎《キビシキ》大御稜威《オホミイヅ》以氏《モチテ》咎給比《トガメタマヒ》罰給閉止《ツミシタマヘト》恐美恐美毛《カシコミカシコミモ》誓奉久登《チカヒマツラクト》白寸《マウス》

因《ちなみ》に宗教神道《しうけうしんだう》にては、結婚式《けつこんしき》に高皇産靈神《たかみむすびのかみ》、神皇産靈神《かみむすびのかみ》、伊邪那岐神《いざなぎのかみ》、伊邪那美神《いざなみのかみ》、大國主神《おほくにぬしのかみ》、須勢理姫神《すせりひめのかみ》、產土神《うぶすなかみ》、及《およ》び新夫《しんぷ》累代《るゐだい》の祖靈《それい》を勸請《くわんじやう》するもの多《おほ》し.

結婚式《けつこんしき》は東洋《とうやう》にては古來宗教《こらいしうけう》の關《くわん》ぜさる所《ところ》にして、殊《こと》に佛教《ぶつけう》にては淨土門《じやうどもん》の隆盛《りうせい》に從《したが》ひ、往生《わうじやう》即《すなは》ち死後問題《しごもんだい》を重視《ちうし》せし爲《た》め、佛前寺院《ぶつぜんじゐん》の結婚等《けつこんとう》は思《おもひ》も至《いた》らざる所《ところ》なりしが、基督《キリスト》教《けう》には結婚權《けつこんけん》が教會《けうくわい》に在《あ》りしより、東西文明《とうざいぶんめい》の競合上《きやうがふじやう》神前結婚《しんぜんけつこん》なるものが興隆《こうりう》するに至《いた》れり、尤《もつと》も神道《しんだう》にては神前結婚《しんぜんけつこん》の意義《いぎ》は太古《たいこ》より存在《そんざい》し、式後《しきご》に氏神祖靈報賽《うぢがみそれいはうさい》は行《おこな》はれ居《を》りたれば、時代《じだい》に順應《じゆんおう》せる一定《てい》の方式《はうしき》に依《よ》る神前結婚《しんぜんけつこん》は奬勵《しやうれい》すべき事《こと》ならん。

入營軍人祈念文

掛卷毛《カケマクモ》恐伎《カシコキ》某《ソレガシ》神乃《ジン、》大前爾《オホマヘニ》（姓名）恐美恐美毛白左久《カシコミカシコミモマウサク》今般《コンパン》大神乃《オウカミノ》氏子《ウジコ》何村乃《ナニムラノ》何某等《ナニガシラ》男子乃《ヲノコノ》一度波《ヒトタビハ》勤牟倍支《ツトムヘキ》御軍人爾《ミイクサビトニ》徵左禮弖《メサレテ》某月《ソレノツキ》某《サレ、》日《ヒ》何々乃《ナニナニノ》兵營爾《ヘイエイニ》入良牟《イラム》止寸《トス》故此以弖《コノユヱヲモツテ》今日乎《ケフヲ》生日乃《イクヒノ》足日《タルヒ》登齋比《トイハヒ》定米弖《サダメテ》大前乎《オホマヘヲ》持齋波利《モチユマハリ》持淸麻波利弖《モチキヨマハリテ》獻留《タテマツル》御酒《ミキ》御饌《ミケ》種々乃《クサ〲ノ》品物乎《シナモノヲ》平氣久《タヒラケク》安氣久《ヤスラケク》食聞弖《キコシメシテ》御國爾《ミクニニ》事有《コトア》良牟時波《ラムトキハ》海行加婆《ウミユカバ》水漬久《ミヅツク》屍《カバネ》山行加婆《ヤマユカバ》草生須《クサムス》屍止《カバネト》大君乃《オホギミノ》御楯止《ミタテト》爲利弖《ナリテ》敵等乎《アダタチヲ》伐退曾計《ウチシリゾケ》武猛久《タケク》雄々志《ヲヽシ》支《キ》芳名乎《カンバシキナヲ》立志米給比《タテシメタマヒ》事無支《コトナキ》時波《トキハ》八十禍津日乃《ヤソマカツヒノ》禍事不令有《マカコトアラシ》夜守《メズヨモリ》日守爾《ヒモリニ》護《マモリ》幸倍給比《サイハヘタマヒ》無恙《ツヽガナク》事畢弖《コトヲヘテ》家爾《イヘニ》歸利《カヘリ》各御《カクミ》國乃《クニノ》御爲止《ミタメト》生計乃《ナリワヒノ》業爾《ワザニ》勤米志米給閉止《ツトムシメタマヘト》申事乎《マウスコトヲ》聞食世止《キコシメセト》恐美恐美毛白須《カシコミカシコミモマウス》

誄詞文例

此乃柩爾歛奉米留《コノヒツギニオサメタテマツル》○○○大人乃御靈前爾《ウシノミタマノマヘニ》今日仕奉留齋主神道本局幹事乎《ケフツカヘマツルサイシユシンダウホンキヨクカンジヲ》兼多留《カネタル》○○神社《ジンジヤ》○○○○○恐美恐美母白左久《カシコミカシコミモマウサク》現身乃世爾在留間波《アラミノヨニアルマハ》人毎爾生涯里世中乃事爾《ヒトゴトニイクルカギリヨノナカノコトニ》痛突弖心安麻留折無伎《イタツキテコヽロヤスマルヲリナキ》尊伎母卑伎母同自加禮婆《タフトキモイヤシキモオナジカレハ》昔母今母憂世止也云布良牟《ムカシモイマモウキヨトヤイフラン》哀禮《アハレ》汝大人《ナンヂウシ》波母《ハモ》千早振留《チハヤフル》神乃恩賴爾依里弖《カミノミタマノフユニヨリテ》去志《サリシ》○○年《ネン》○月《グワツ》○日《ヒ》○○縣《ケン》○○○○○○○○家乃《ケノ》○○止生禮坐弖《トウマレマシテ》天性直久賢久《テンセイナホクカシコク》上爾交際里弖波《カミニマジハリテハ》阿諛留事無久《オモネルコトナク》下爾對比弖波《シモニムカヒテハ》驕侈留事無久《オゴルコトナク》邪氣乃行比無伎乎《ジヤキノオコナヒナキヲ》旨止之弖《ムネトシテ》世中乃爲波《ヨノナカノタメハ》云布母更奈里《イフモサラナリ》負持弖留《マケモテル》職掌乃務爾《シヨクシヤウノツトメニ》御心乎盡之《ミコヽロヲツクシ》許々多乃功績乎《コヽタノイサホヲ》立給比《タテタマヒ》世之勳功人止之弖《ヨノイサホヒトトシテ》其名乎《ソノナヲ》知良禮給介里《シラレタマヒケリ》今其《イマソノ》在經給比志《アリヘタマヒシ》事共乃暮志伎乎《コトドモノクラシキヲ》稱閉奉禮婆《タヽヘマツレバ》○○○○月與里《グワツヨリ》○○○○年《ネン》○月迄波《グワツマデハ》○○○○○仁《ニ》任良禮《ニイゼラレ》太神乃御世乃爲人乃爲仁《オホカミノミヨノヒト、ナリノタメニ》勤米多利志賀《ツトメタリシガ》如何奈留《イカナル》枉神乃禍事爾也《マガミノマガコトニヤ》此頃波《コノゴロハ》斯久永伎年月《カクナガキトシツキ》御病爾惱美給比津々《オンヤマヒニナヤミタマヒツヽ》母老曾乃杜仁《モオヒソノモリニ》吹久秋風乃《フクアキカゼノ》廣重奈里弖《ヒロカサナリテ》加醫師乃治療母《カイシノチレウモ》其驗奈久《ソノシルシナク》看護乃勞伎母《カンゴノハタラキモ》其甲斐奈久《ソノカヒナク》漸漸爾《ゼンゼンニ》羸弱坐之弖《ルイジヤクマシマシテ》此乃《コノ》○月《ツキ》○○日曉《ニチアケガタ》○○○○歳可惜《サイヲヲシムベシ》現世乃限里止之弖《ゲンセノカギリトシテ》夕月乃山乃彼方爾《ユフツキノヤマノアナタニ》消布留賀《キフルガ》如久《ゴトク》秋草爾鳴久蟲乃音乃《アキグサニナクムシノネノ》細留賀如久《ホソルガゴトク》不足百八十隈路止《タラスモヽヤソクマヂト》遙介伎《ハルケキ》幽冥爾《ユウメイニ》罷坐奴留波《マカリマシヌルハ》最母悔之久《イトモクヤシク》最母悔之伎《イトモクヤシキ》極爾奈母《キハミニナモ》有里介留《アリケル》親族波《シンゾクハ》心母空爾《コヽロモソラニ》身爾添波《ミニソハ》傳偲奉良留留《デシノビマツラルル》故爾《ユヱニ》現世乃名殘《ゲンセノナゴリ》一日母《ヒトヒモ》多爾仕奉良牟止《オホクニツカヘマツラムト》其日《ソノヒ》與利《ヨリ》今日《ケフ》麻傳《マデ》殯室《カリモヤ》爾《ニ》齋籠里弖《イツキコモリテ》住奉禮抒《スミマツラジ》世間乃《セケンノ》振默母得《フルマノモエ》有良根婆《アラネハ》今波《イマハ》之母《シモ》御亡骸乎《ミナキガラヲ》斂米《オサメ》奉良麻久《マツラマク》發葬《ハツサウ》式止《シキト》終乃《ヲハリノ》御祭《ミマツリ》仕奉留《ツカヘマツル》止之弖《トシテ》御酒《ミキ》御饌《ミケ》種々乃《クサクサノ》物乎《モノヲ》机代爾《ツクシロニ》置足波之弖《オキタラハシテ》親族《シンゾク》諸露《モロモロ》賀《ガ》露乃《ツユノ》玉串《タマクシ》取々爾《トリドリニ》訣別乃《ワカレノ》辭告奉留《コトツゲマツル》狀乎《サマヲ》御心母《ミコヽロモ》安久《ヤスケク》穩爾《オダヤカニ》聞食世《キコシメセ》斯弖《カクテ》今與利《イマヨリ》導伎奉良牟《ミチビキマツラム》葬場波《サウヂヤウハ》之母《コレモ》○○弖布《テフ》火葬場《クワサウバ》爾奈牟《ニナム》有禮抒《アラジ》尚次々乃《ナホツギツギノ》禮式以弖《レイシキモテ》○○○○○○乃代々乃《ノヨヽノ》奥津城爾《オクツキニ》堅久《カタク》嚴之久《キビシク》埋米《ウメ》奉良牟《マツラム》事乃《コトノ》由乎母《ヨシヲモ》相諸比《アヒウケカヒ》聞食弖《キコシメシテ》罷坐左牟《マカリマサム》道乃《ミチノ》隈々《クマグマ》恙久《ツヽガナク》事無久《コトナク》枉物爾《マガモノニ》相交里《アヒマジハリ》相口會布《アヒクチアフ》事無久《コトナク》一向爾《カウニ》伊往支《イユキ》到里《イタリ》坐世《マセ》然《シカ》到坐弖波《イタリマシテハ》前爾《マヘニ》移奉禮留《ウツシマツレル》分靈止《ブンレイト》共爾《トモニ》天地《アメツチ》住來比弖《ユキカヨヒテ》此家《コノイヘ》代々乃《ヨヽノ》子孫等《シソンラ》親族《シンゾク》末々《スヱズヱ》麻傳《マデ》守《マモリ》幸給比《サキハヒ》給閉止《タマヘト》夕時雨《ユフシグレ》雲《クモ》母《モ》於々《オヽ》之伎《シキ》心奈賀良爾《コヽロナカラニ》白妙乃《シロタヘノ》神乃《カミノ》涙乎《ナミダヲ》搔拂比《カキハラヒ》都々《ツヽ》謹美《ツヽシミ》敬比弖《ウヤマヒテ》宣《ノタマヒ》奉良久《マツラク》止《ト》白須《マウス》

日本神符の由來

神符《しんぷ》は御守《おまもり》又《また》は神札《かみふだ》、或《あるひ》は御守護《おまもり》ともいふ、神社《じんじや》又《また》は教會《けうくわい》より一般《ぱん》の氏子《うぢこ》幷《ならび》に信徒《しんと》に授《じゆ》與《よ》するものと、加持祈禱《かぢきたう》を依賴《いらい》せる者《もの》に授《さづ》くる特別《とくべつ》のものとあり、之《こ》れは呪符《じゆふ》或《あるひ》は靈符《れいふ》と稱《しよう》することとあり。更《さら》に又神符《またしんぷ》には二樣《やう》ありて、其《そ》の一は神棚《かみだな》や棟木《むなき》に祀《まつ》るとか、或《あるひ》は大黑《だいこく》柱《ばしら》や門戸《もんこ》に張《は》るもの、田畑《たはた》の畔《あぜ》に竹《たけ》に結《むす》び付《つ》けて建《た》つるものあり、他《た》の一は肌着《はだつき》の神符《しんぷ》と稱《しよう》して、受者《じゆしや》が日夕肌身《につせきはだみ》を離《はな》さず護持《ごぢ》するものにして、之《こ》れは守袋《まもりぶくろ》に納《をさ》め首《くび》に掛《か》け、袋《ふくろ》は胸又《むねまた》は左肺《さはい》に當《あた》るやうにするを常《つね》とす。

神符《しんぷ》の靈驗功德《れいけんくどく》は、神々《かみがみ》の職掌《しよくしやう》に由《よ》つて異《こと》なる點《てん》もあれば、又加持祈禱《またかぢきたう》の種別《しゆべつ》に由《よ》りて、治病《ちびやう》とか開運《かいうん》とか、それ〴〵特異《とくい》の效果《かうくわ》あるものなるが、要《えう》は災異《さいい》を攘《はら》ひ、福德《ふくとく》を招《まね》き、安全《あんぜん》を期《き》するに在《あ》りとす。左《さ》れば祈禱者《きたうしや》の練達熱誠《れんたつねつせい》と、受者《じゆしや》の篤信《とくしん》とに由《よ》りて息災增益《そくさいぞうえき》の願意《ぐわんい》を滿《み》たし得《う》べきものとす。

日本《にほん》に於《お》ける神符《しんぷ》の起源《きげん》は、神代《かみよ》に於《おい》て天照皇大神《あまてらすおほみがみ》が御父神《ごふしん》たる伊邪那岐尊《いざなぎのみこと》より賜《たまは》はし頸飾玉《くびかざりだま》を、倉棚《たなくら》の神《かみ》として奉祀《ほうし》し、記念《きねん》と倶《とも》に報本反始《はうほんはんし》の大義《たいぎ》を述《の》べられたるに始《はじ》まり、そが遂《つひ》に神棚《かみだな》や神符《しんぷ》の俑祖《ようそ》となりしものなり。降《くだつ》て皇孫瓊々杵尊《くわうそんににぎのみこと》の御兄《おんあに》天饒速日命《あめのにぎはやひのみこと》即《すなは》ち天火明命《あめのほあかりのみこと》が、皇孫《くわうそん》に先《さき》だちて豊葦原《とよあしはら》の中《なか》つ國《くに》に降《くだ》り給《たま》ふ時《とき》、天津神《あまつかみ》より十種《とくさ》の神寶《しんぽう》を授《さづ》かり、御子《みこ》天香語山命《あめのかごやまのみこと》等《とう》三十二部神《ぶしん》を従《したが》へて大和《やまと》の白庭山《はくていざん》に降《くだ》られし後《のち》、此《こ》の十種《とくさ》の神事《しんじ》即《すなは》ち加持祈禱《かぢきたう》や神符《しんぷ》の祕法《ひはふ》が、天香語山命《あまのかごやまのみこと》より御子《みこ》天日別命《あまのひわけのみこと》と傳統《でんとう》し、一方《ぱう》に禁廷《きんてい》の祕義《ひぎ》とせられ、他方《たはう》には神祇伯王家《しんぎはくわうけ》たる白河家《しらかはけ》に傳《つた》はりて、伯家《はくけ》神道《しんだう》の神祕《しんぴ》行事《ぎやうじ》となるに至《いた》れり。

更《さら》に又《また》一方《ぱう》にては推古天皇《すゐこてんわう》の朝《てう》、百濟《くだら》の聖明王《せいめいわう》の三子《し》琳聖王子《りんせいわうじ》が來朝《らいてう》して、肥後國《ひごのくに》八代《しろ》郡《ぐん》白山寺《はくさんじ》に居《を》り、神宮寺《しんぐうじ》を始《はじ》め、支那《しな》道教《だうけう》の仙法《せんぱふ》に基《もと》づく鎭宅靈符《ちんたくれいふ》を發行《はつかう》し、靈符神《れいふしん》たる北辰星《ほくしんせい》を祭祀《さいき》せり。聖武天皇《しやうむてんわう》天平《てんぴやう》十二年庚辰《ねんかのえたつ》の年《とし》には、公式《こうしき》に此《こ》の靈符《れいふ》を版行《はんかう》するに至《いた》り、又直接支那《またちよくせつしな》より傳承《でんしよう》する等《とう》のことありて、盛《さかん》に流行《りうかう》せり。

又佛教《またぶつけう》の傳來《でんらい》と共《とも》に宿曜經《しゆくえうけい》に由《よ》る二十八宿星《しゆくせい》等《とう》の祕法《ひはふ》興《おこ》り、仙家《せんけ》の靈符神《れいふしん》たる星辰《せいしん》と、佛教《ぶつけう》の妙見菩薩《めうけんぼさつ》とを打混《うちこん》じ、更《さら》に神道《しんだう》の國常立尊《くにとこたちのみこと》と融合《ゆうがふ》して、茲《こゝ》に神道《しんだう》、道教《だうけう》、佛教《ぶつけう》の三教《けう》一致《ち》の星祭《ほしまつ》り、及《およ》び呪符《じゆふ》靈符《れいふ》の發生《はつせい》を見《み》るに至《いた》れり。

仙道の靈符由來

天地《てんち》開闢《かいびやく》の最初《さいしよ》に當《あた》て、其《そ》の中《うち》に一點《てん》の圓《まど》かなるもの現《あら》はる、之《こ》れ卽《すなは》ち天《てん》の神《かみ》にして、日本《にほん》にては之《こ》れを國常立《くにとこたち》の尊《みこと》と稱《しよう》し、道家《だうけ》にては之《こ》れを北辰尊星《ほくしんそんせい》といふ。此《こ》の星陰陽《せいいんやう》と分《わ》かれ日月《じつげつ》と爲《な》り、又《また》五星《せい》と化《くわ》し五行《ぎやう》を生《しやう》ず、五行生《ぎやうしやう》じて人間生出《にんげんせいしゆつ》す。尊星《そんせい》は更《さら》に七星《せい》を生《しやう》じ、北辰《ほくしん》七星《せい》、日月《じつげつ》五星《せい》の稱起《しようおこ》る。人《ひと》は五星《せい》の化生《くわせい》なり、其《そ》の根元《こんげん》は太《た》一の靈光天降《れいくわうあまくだ》りて人《ひと》に命《めい》ずるもの爲《な》す、孔子《こうし》は之《こ》れを命《めい》を天《てん》に受《う》くるを性《せい》といふと說《と》く。此《こ》の星《ほし》の人《ひと》に命《めい》じて一身《しん》を守《まも》り給《たま》ふを運《うん》と云《い》ふ、又《また》一身《しん》の主《おも》なるを心《こゝろ》と云《い》ひ、其《そ》の根元太一《こんげんたいち》の靈光《れいくわう》に五星《せい》を列《れつ》して一身《しん》に備《そな》はるを五常《じやう》とし、儒家《じゆけ》は之《こ》れを明德《めいとく》と云《い》ひ、佛家《ぶつけ》は佛性《ぶつせい》と稱《しよう》す。

以上《いじやう》の原理《げんり》に由《よ》り北辰尊星《ほくしんそんせい》を、人間生命《にんげんせいめい》の根源《こんげん》、運命《うんめい》の支配者《しはいしや》として、之《こ》れを靈符神《れいふしん》と稱《しよう》し、此《こ》の尊星《そんせい》を靈符《れいふ》に封《ふう》し込《こ》み、其《そ》の符《ふ》を家宅《かたく》に祀《まつ》る、之《こ》れ卽《すなは》ち鎭宅靈符《ちんたくれいふ》なり、而《しか》して此《こ》の靈符《れいふ》には七十二體《たい》ありて、それ〴〵消災求福《せうさいきうふく》の効能《かうのう》を分擔《ぶんたん》するものと爲《な》せり。此《こ》の鎭宅靈符《ちんたくれいふ》は、漢《かん》の孝文皇帝《かうぶんくわうてい》が弘農縣《こうのうけん》の劉進平《りうしんぺい》といふ道士《だうし》より傳授《でんじゆ》し、其《そ》の靈驗《れいけん》に感《かん》じ勅《ちよく》して弘《ひろ》く世《よ》に行《おこな》はしめたり、七十二の符形《ふけい》は先天《せんてん》の八卦《け》に、後天《こうてん》の六十四卦《け》を加《くは》へたるものなりといひ、又天《またてん》の九天《てん》、地《ち》の九州《しう》、人《ひと》の九竅《げき》を積《つも》りて二十七となる。之《こ》れ天《てん》の二十七宿《しゆく》に當《あた》り、そを三乘《じよう》して八十一となり、天《てん》の九宮《きう》を除《のぞ》けば七十二となり、天《てん》の七十二候運行《こううんかう》して一歳《さい》となるに適《かな》ふ。故《ゆゑ》に七十二の靈神《れいじん》は天地《てんち》人《じん》に備《そな》はる自然《しぜん》の運數《うんすう》なり、而《し》かも其《そ》の根本《こんぽん》は一靈《れい》にして、太極《たいきよく》の元《もと》、北斗《ほくと》尊星《そんせい》是《こ》れなりと。

靈符《れいふ》には正對《せいたい》といふことあり。之《こ》れは五行《ぎやう》を化《くわ》して十干《かん》と爲《な》し、六氣《き》を分《わか》ちて十二支《し》を見《み》、干支《かんし》相依《あひよ》りて天地《てんち》主客《しゆきやく》の氣運《きうん》を見《み》るべく、從《したが》つて十二支《し》の生年月日《せいねんぐわつぴ》に依《よ》る靈神《れいじん》の支配《しはい》を受《う》くる次第《しだい》を、陰陽《いんやう》五行《ぎやう》六氣《き》十干《かん》十二支《し》の對比《たいひ》として、茲《こゝ》に又《また》十二支《し》の靈符《れいふ》なるものを生《しやう》じ、其《そ》の人《ひと》の支日《しじつ》を祭日《さいじつ》として、一定《てい》の潔齋《けつさい》を行《おこな》ひ、靈符《れいふ》を製《せい》して護身《ごしん》の符《ふ》とするなり。

靈符神と祭祓

仙家《せんけ》の鎭宅靈符《ちんたくれいふ》は主神《しゆしん》を靈符神《れいふしん》と稱《しよう》し、北斗《ほくと》尊星《そんせい》を祀《まつ》ることは前述《ぜんじゆつ》の如《ごと》し。佛教《ぶつけう》には此《こ》の北斗星《ほくとせい》を妙見菩薩《めうけんぼさつ》と爲《な》し、其《そ》の本地《ほんち》を釋迦《しやか》、阿彌陀《あみだ》、觀音《くわんおん》、地藏《ちざう》、金剛藏王《こんがうざうわう》、虚空藏《こくうざう》大威徳《たいゐとく》として、七體妙見《たいめうけん》と云《い》ひ。神呪經《しんじゆきやう》には北辰菩薩《ほくしんぼさつ》と稱《しよう》し、或《あるひ》は三寶荒神《ばうくわうじん》と變化《へんくわ》し、上《じやう》元太乙神《げんたおつじん》と成《な》るともいふ。仙家《せんけ》の十二支《し》を十二辰神《しんじん》、庚申神法《かうしんしんぱふ》、三尸《し》九蟲《ちうく》驅除《ちよ》祕法《ひはふ》等《とう》と、佛教《ぶつけう》の廣濟衆生《くわうさいしうじやう》神呪經等《しんじゆきやうとう》の所說《しよせつ》は大《おほい》に相似《あひに》たる點《てん》あり、いづれにしても星辰《せいしん》を人間運命《にんげんうんめい》の主宰者《しゆさいしや》とせるものなり。

日本《にほん》にては神武天皇東征《じんむてんのうとうせい》の際《さい》に當《あた》り、今《いま》の大阪《おほさか》に生國魂神社《いくくにたまじんじや》を創建《さうけん》し、國土《こくど》の精靈《せいれい》を祀《まつ》れり、之《こ》れ卽《すなは》ち國常立尊《くにとこたちのみこと》を國土《こくど》の精神化《せいしんくわ》したるものなり。地上《ちじやう》に生存《せいそん》する萬物《ばんぶつ》の根元《こんげん》にして、產土神《うぶすながみ》の創始《さうし》といふべき、天上《てんじやう》の星辰《せいしん》が人間《にんげん》の運命《うんめい》を支配《しはい》するよりも、一層直接《そうちよくせつ》に地心《ちしん》の精靈《せいれい》が人間《にんげん》の生存《せいぞん》に至大《しだい》の關係《くわんけい》あるべきを具體的《ぐたいてき》に表明《へうめい》せるものにして、官幣大社《くわんぺいたいしや》生國魂神社《いくくにたまじんじや》卽《すなは》ち是《こ》れなり、此《こ》の神社《じんじや》の神符《しんぷ》は人間《にんげん》の壽命《じゆみやう》と運命《うんめい》を守護《しゆご》するものとせられ、其《そ》の祭儀作法《さいぎさはふ》の祕事《ひじ》は禁廷《きんてい》に傳《つた》はりしが、後《のち》に伯家神道《はくけしんだう》の奧儀《おくぎ》となれり。

靈符《れいふ》又《また》は呪符《じゆふ》、日本《にほん》に神符《しんぷ》といふも、要《えう》するに御守《おまもり》なり、護身《ごしん》の符《ふ》なり、橘家《きつけ》にては守《しゆ》符《ふ》と云《い》ひ、古今神學類編《ここんしんがくるゐへん》には札守《ふだまもり》と云《い》ひ、俗《ぞく》には守札《まもりふだ》ともいふ。守《まもり》とは守護《まもり》の意《い》にして、マモリは心《こゝろ》の眼《め》が常《つね》に此《こゝ》に在《あ》りといふことにて、信心厚《しんじんあつ》く之《こ》れを持《も》つが故《ゆゑ》に名《な》づけしなり、膚《はだ》に着《つ》くるも枕《まくら》の上《うへ》に掛《かく》るも同《おな》し理《り》なり。佛者《ぶつしや》が守本尊《まもりほんぞん》といふも同義《どうぎ》にして、自己《じこ》の信《しん》ずる神佛《しんぶつ》を靈符《れいふ》に封《ふう》じて日夕護持《につせきごぢ》する誠《まこと》を表《へう》せるものとす。

神符《しんぷ》は各神社各教會《かくじんじやかくけうくわい》より授與《じゆよ》するものなれば、其《そ》の主神《しゆしん》はそれ〴〵異《こと》なりて、八幡宮《まんぐう》の御守《おまもり》、稲荷様《いなりさま》の御守《おまもり》、明治神宮《めいぢじんぐう》の御守等《おまもりとう》といふ如《ごと》き種別《しゆべつ》あり、又病氣治癒《またびやうきちゆ》の御守《おまもり》、開運《かいうん》の御守等《おまもりとう》、祈禱請願《きたうせいぐわん》の種類《しゆるゐ》に應《おう》じたる各種《かくしゆ》の御守《おまもり》あり。

斯《か》く御神符《ごしんぷ》の種類《しゆるゐ》は數多《すうた》なるも、其《そ》の主神《しゆしん》の靈德《れいとく》と、其《そ》の修法者《しうはふしや》の練達《れんたつ》せる熱誠力《ねつせいりよく》と、所持者《しよぢしや》の信念力《しんねんりよく》と互《たがひ》に相《あひ》一致《ち》して、其《そ》の靈驗《れいけん》を發揮《はつき》するものなれば、祈禱者《きたうしや》が神符《しんぷ》を調製《てうせい》するに當《あた》りては、嚴肅《げんしゆく》なる祭儀《さいぎ》を執行《しつかう》し、更《さら》に伊勢神宮大麻《いせじんぐうたいま》の如《ごと》く、千度《ど》祓《はら》ひ、萬度《まんど》祓《はら》ひの大祓《おほばら》ひの奏上《そうじやう》を嚴修《ごんしう》すべきものなりとす。

神符の作法

神符《しんぷ》を調製《てうせい》するには、第《だい》一に一定時《ていじ》の齋戒《さいかい》を行《おこな》ふこと、第《だい》二に淨衣《じやうい》を用《もち》ふること、第《だい》三に筆墨硯紙等所用《ひつぼくけんしとうしよよう》の具《ぐ》は總《すべ》て新《あら》たなるものを使用《しよう》すること、神前弁《しんぜんならび》に調製《てうせい》の場所《ばしよ》を嚴重《げんぢう》に修祓《しうばつ》して、一點《てん》の不淨《ふじやう》もなきやう注意《ちうい》すること、調製終《てうせいをは》れは神前《しんぜん》に捧上《ほうじやう》し、一定《てい》の方式《はうしき》に由《よ》つて祭儀《さいぎ》を行《おこな》ひ、特《とく》に大祓《おほばらひ》を三回《くわい》、七回《くわい》、十回《くわい》、百回《くわい》、又《また》は千度《ど》奏上《そうじやう》すること。

神符《しんぷ》を封《ふう》ずることは、加持祈禱《かぢきたう》の精神《せいしん》と神明《しんめい》の靈威《れいゐ》を物《もの》に封《ふう》じ留《と》めて、神明《しんめい》が其《そ》の神符《しんぷ》を所持《しよぢ》する人《ひと》や、其《そ》の神符《しんぷ》を安置《あんち》する場所《ばしよ》を守護《しゆご》し給《たま》ふといふ理義《りぎ》に依《よ》るものなり。故《ゆゑ》に其《そ》の年月日時《ねんげつにちじ》や、祈禱者《きたうしや》の姓名《せいめい》を記《しる》す時《とき》は、其《そ》の心化《しんくわ》の靈力《れいりよく》と神明《しんめい》の威力《ゐりよく》と、祈願者《きぐわんしや》の眞《しん》心希望《しんきばう》と同化《どうくわ》して、離《はな》れ動《うご》かざるやうに永久《えいきう》に保留《ほりう》せしめ、永《なが》く効驗《かうけん》あらしめんが爲《た》めなり、從《したが》つて祈願《きぐわん》が異《こと》なれば、神符《しんぷ》の書《か》き方《かた》も違《ちが》ひ、神符《しんぷ》そのものも或《あるひ》は木《き》とか、或《あるひ》は紙《かみ》とか。或《あるひ》は布帛《ふはく》、或《あるひ》は玉《たま》、鏡《かゞみ》、劍等《つるぎとう》と品質《ひんひつ》を異《こと》にすべく、又祭儀《またさいぎ》の方式《はうしき》もそれ〴〵異《こと》なるものなり。更《さら》に又主神《またしゆしん》の異《こと》なるに從《したが》ひ、製法祭儀《せいはふさいぎ》に特別《とくべつ》の祕法《ひはふ》あるものとす、例《たと》へば呑《の》むべき神符《しんぷ》は、墨《すみ》の薄《うす》きを法《はふ》とし、札《ふだ》の銘《めい》を記《き》する點劃《てんくわく》、墨繼等《すみつぎとう》にはそれ〴〵祕傳口授《ひでんこうじゆ》を要《えう》することあり、或《あるひ》は白紙傳《はくしでん》もあるなり。

靈符の威德奇瑞

昔《むかし》は朝廷《てうてい》にても毎歳正月元日《まいとししやうぐわつぐわんじつ》、寅《とら》の一點《てん》に於《おい》て、忝《かたじ》けなくも、天皇陛下《てんのうへいか》先《ま》づ北辰尊星《ほくしんそんせい》を拜《はい》し給《たま》ひ、次《つぎ》に天地《てんち》四方《はう》を拜《はい》し給《たま》ふと江家次第《こうけしだい》に記《しる》せり、北辰靈符《ほくしんれいふ》其《そ》の他各種《たかくしゆ》の神符呪《しんぷじゆ》符《ふ》が流行《りうかう》せしことは、史實《しじつ》の明證《めいしよう》する所《ところ》にして、或《あるひ》は開運《かいうん》、或《あるひ》は消災《せうさい》、或《あるひ》は戰陣《せんぢん》に彈丸《だんぐわん》や劍難《けんなん》を免《まぬ》かれ、或《あるひ》は水難火難盜難《すゐなんくわなんたうなん》を救《すく》はれし等《とう》の事實《じじつ》は枚擧《まいきよ》に遑《いとま》あらざるなり。雜行雜修《ざつぎやうざつしう》を斥《しりぞ》け、吉凶呪符等《きつきようじゆふとう》を迷信視《めいしんし》する眞宗《しんしう》にても、南無阿彌陀佛《なむあみだぶつ》の六字《じ》の名號《みやうがう》を所持《しよぢ》せし爲《た》め、彈丸《だんぐわん》が命中《めいちう》しても傷《きず》つかざりしとか劒難《けんなん》を免《まぬ》かれたりとか唱道《しやうだう》し居《を》れり。此《こ》の六字《じ》の名號《みやうがう》は卽《すなは》ち靈符《れいふ》なり、呪符《じゆふ》なり、神符《しんぷ》にあらずして何《なん》ぞや。

印度《いんど》支那《しな》に於《お》ける呪符《じゆふ》靈符《れいふ》の靈驗談《れいけんだん》は暫《しばら》く措《を》くも、我《わ》が國《くに》にては豐太閤秀吉《ほうたいかふひでよし》の祖父《そふ》が、竹生島《ちくふじま》に祈《いの》りて天下平定《てんかへいてい》の名將《めいしやう》を生《う》まんことを乞《こ》ひ、其《そ》の神符《しんぷ》を傳《つた》へ、秀吉《ひでよし》生まるゝや、母《はゝ》の賜《たま》ひし守本尊《まもりほんぞん》は之《こ》れを打《う》ち碎《くだ》きたるも、傳統《でんとう》の神符《しんぷ》は終生之《しうせいこ》れを離《はな》さず、爲《た》めに千軍萬《ぐんばん》馬《ば》の中《なか》を奔馳《ほんち》し、幾度《いくたび》か九死《し》の巷《ちまた》に出入《しゆつにふ》せしも、一度《ど》も微傷《びしやう》だも蒙《かうむ》らず、又加藤清正《またかとうきよまさ》は不《ふ》思議《しぎ》の四字《じ》を護身神符《ごしんしんぷ》として肌身《はだみ》を離《はな》さず、槍襖《やりぶすま》の中《なか》、刀林《たうりん》の間《あひだ》に在《あ》りても、一創《さう》を受《う》けしことなく、又此《またこ》の四字《じ》の砲彈劒難除《はうだんけんなんよ》け神符《しんぷ》は、徳川時代《とくがはじだい》にも紀州家一橋家《きしうけひとつばしけ》に用《もち》ひられ効《かう》驗《けん》あり、日清日露《につしんにちろ》の役《えき》には我《わ》が神誠教《しんせいけう》より出征兵士《しゆつせいへいし》に贈《おく》りて、帽子《ばうし》に貼《は》り付《つ》け置《お》きしに、彈丸《だんぐわん》は帽子《ばうし》を越《こ》して背後《はいご》に落《お》ち、或《あるひ》は帽《ばう》はめちや〳〵になりしも頭《あたま》に傷《きず》は受《う》けざりし等《とう》と、數百通《すうつう》の禮狀《れいじやう》さへ來《き》たり居《を》れり。

此《こ》の他開運《たかいうん》や治病《ぢびやう》に關《くわん》するもの多《おほ》きも、今《いま》は繁《はん》を厭《きら》ひて之《こ》れを略《りやく》す。

福富祭の神符

神祇《しんぎ》伯王白河家《はくわうしらかはけ》即《すなは》ち伯家《はくけ》神道行事傳《しんだうぎやうじでん》に、福富祭《ふくとみさい》と稱《しよう》する祕義《ひぎ》の開運祭《かいうんさい》あり、其《そ》の神符《しんぷ》は左《さ》の如《ごと》し、調製法《てうせいはふ》及《およ》び祭式《さいしき》には口傳《くでん》あり。

奉祝詞 伊弉諾尊 蛭兒尊 豊宇賀野女 事代主神 保食神 安鎮座

新座福富祭之札
何之司職
何之何某敬白

店《みせ》びらきならば開店又常々《かいてんまたつねぐ〵》の祭《まつり》ならば交易福富祭《かうえきふくとみさい》と書《か》くべし。

福富之守調進

稚座靈　金銀
倉福魂命　衣食住 満足
保食神　米錢

如此同寸の白紙を以て巻くるむ是をかけ紙と云ふ守は一枚にて認むものなり

糊固《のりつけ》にして錦《にしき》に包《つゝ》み、上《うへ》に福富神《ふくとみじん》と書《か》く。

地鎮安宅棟札神符

棟札《とうさつ》には種々《しゆぐ》の方式《はうしき》あるも、左《さ》は兩部祕法《りやうぶひはふ》として尤《もつと》も威靈《ゐれい》あるものとせられ居《を》る故《ゆゑ》、此《こゝ》に掲《かゝ》ぐることとせり。

青色 東方幣　赤色 南方幣　黄色 中央幣　黒色 北方幣　白色 西方幣

稲荷神符の大要

一、神符書寫《しんぷしよしや》＝神符《しんぷ》の書寫《しよしや》は大神信者《おほがみしんじや》が其心化《そのしんくわ》の靈《れい》を留《とゞ》めむとの守《まもり》の御璽《みたま》をつくるものなり。

二、書寫《しよしや》の準備《じゆんび》＝硯《すゞり》、墨《すみ》、筆《ふで》、水及書寫《みづおよびしよしや》すべき紙又《かみまた》は木《き》は極《きは》めて心《こゝろ》を用《もち》ふべきものなり、概説《がいせつ》すれば硯《すゞり》は純色《じゆんしよく》を用《もち》ひ墨《すみ》は膠《にかわ》を用《もち》ひざる香墨《かうぼく》を擇《えら》び、筆《ふで》は純毛《じゆんもう》を選《えら》ぶべし、水《みづ》は深山幽谷《しんざんいうこく》の清浄《しやうじやう》の地《ち》を流《なが》るゝ瀧水《りうすゐ》を用《もち》ひ、紙《かみ》は鳥《とり》の子《こ》、木《き》は檜木《ひのき》をよしとす。

三、書寫《しよしや》の吉日《きつじつ》＝亥卯酉《がいばういう》の日《ひ》大吉《だいきつ》なり猶《な》ほ之《これ》に次《つ》ぐべき吉日《きちにち》は甲子《かふし》、乙亥《おつがい》、己未《きび》、壬寅《じんいん》、甲寅《かふいん》、丙午《へいご》、戊辰《ぼしん》、己酉《きいう》、壬午《じんご》、甲辰《かふしん》、丙辰《へいしん》、戊午《ぼご》、己亥《きがい》、甲午《かふご》、丁酉《ていいう》、戊申《ぼしん》、庚寅《かういん》、甲戌《かふじゆつ》、戊子《ぼし》、己巳《きし》、壬子《じんし》、なりといふ。

四、衣裳《いしやう》と方位《はうゐ》＝神符《しんぷ》を書寫《しよしや》せんとする吉日《きちにち》の朝早《あさはや》く起《お》き、沐浴《もくよく》し口《くち》を漱《すゝ》ぎ新衣《しんい》を着《ちやく》し、春《はる》は東《ひがし》に、夏《なつ》は南《みなみ》、秋《あき》は西《にし》、冬《ふゆ》は北《きた》に向《むか》ひ、土用《どよう》は四季《き》ともに中央《ちうあう》に向《むか》ふ心《こゝろ》を爲《な》すべし。

五、書寫《しよしや》の觀念《くわんねん》＝神符《しんぷ》を書寫《しよしや》せんとする時其身《ときそのみ》五玉《ぎよく》となると心得《こゝろえ》ふべし、五玉《ぎよく》とは四季《き》の色《いろ》に從《したが》ふものなり。春《はる》は青《あを》く、夏《なつ》は赤《あか》、秋《あき》は白《しろ》、冬《ふゆ》は黑《くろ》、土用《どよう》は黄《き》なり、因《ちなみ》に大神《おほがみ》の神符《しんぷ》の中《うち》、最《もつと》も大切《たいせつ》なるものもの降《くだ》り來《き》て我《わ》が口《くち》より腹《はら》の中《なか》に入《い》ると觀念《くわんねん》して後《のち》、一字《じ》一點《てん》誤《あやま》らず、大神《おほがみ》我《わ》が身《み》に宿《やど》り給《たま》ひぬとし、豐作《ほうさく》、鎭土《ちんご》、除災《ぢよさい》、福富《ふくとみ》の守《まもり》、狐憑《こひよう》を避《さ》くる符等《ふとう》なり。

六、書寫後《しよしやご》の祈禱《きたう》＝稲荷大神祭式祕傳《いなりおほかみさいしきひでん》により其所願及《そのしよぐわんおよび》福徳《ふくとく》を授《さづ》かるやう祈願《きぐわん》すべし。

五穀成就の神符

五穀成就《こくせいじゆく》の神札《しんさつ》左《さ》の如《ごと》し、此《こ》の他《た》に各神社《かくじんじや》に於《お》ける各別《かくべつ》の神札《しんさつ》あるは勿論《もちろん》なり。

一、鎭土《ちんど》の神符《しんぷ》

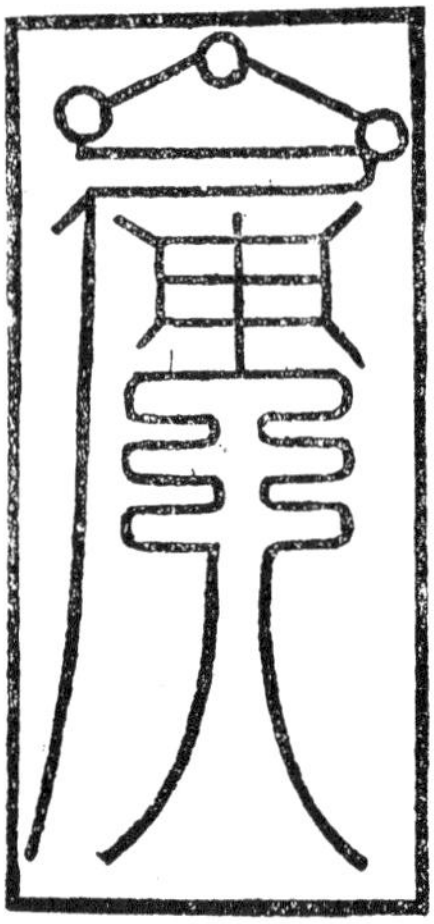

一、除災《ちよさい》の神符《しんぷ》

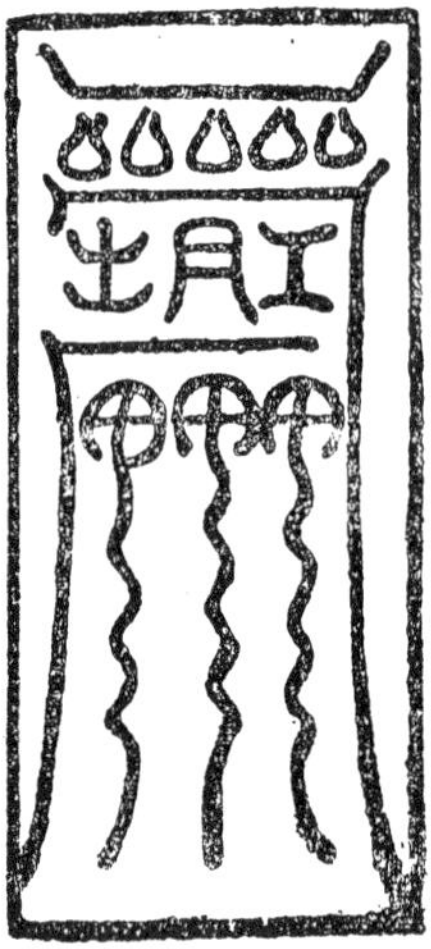

一、豐作《ほうさく》の神符《しんぷ》

この神符《しんぷ》は田畠《たはた》一切《いつさい》の草木《さうもく》五穀《ごこく》に蟲付《むしつき》たるに書《か》き立《たつ》れば其蟲《そのむし》を除《のぞ》く靈驗《れいけん》新《あら》たかなり。

此神符《このしんぷ》は田畠山林藪等《たはたさんりんやぶとう》に書《かい》て立《たつ》れば一切《いつさい》の災《わざはひ》を附《のぞ》く靈驗響《れいけんひゞき》の物《もの》に應《おう》ずるが如《ごとし》といふ。

此神符《このしんぷ》は田《た》畠山林藪等《はたさんりんやぶとう》を求《もと》めたる時書《ときかい》て立《た》つるときは其主《そのあるじ》の長久《ちやうきう》を守《まも》り豐作《ほうさく》と爲《な》し給《たま》ふ靈《れい》驗嚴重《けんげんちう》なりといふ。

病氣平癒の神符

先《ま》づ神符《しんぷ》の中符《ちうふ》十種神寶《しゆしんばう》の圖《づ》を書《か》くなり但《たゞ》の紺紙《こんし》か青紙《せいし》を以《もつ》てすべし。

外符《ぐわいふ》は邪氣《じやき》打出法《うちだしはふ》の呪字《じゆじ》また九字《じ》の印《いん》を第《だい》*

*一番《ばん》より二十番《ばん》まで式《しき》の如《ごと》く祈念《きねん》して書《か》き之《これ》を包紙《つゝみがみ》として内符《ないふ》を包《つゝ》み調《とゝの》ふ但《たゞ》し呪字《じゆじ》また九字《じ》の印《いん》いづれもと書《か》き廻《まは》して黒符《こくふ》となす上包《うはつゝみ》は別紙《べつし》を以《もつ》て左《さ》の如《ごと》く封《ふう》ず。

但《たゞ》し神靈《しんれい》朱印《しゆいん》又《また》は水引《みづひき》をかくることは隨意《ずゐい》たるべし拜受者口《はいじゆしやくち》を嗽《すゝ》き手《て》を洗《あら》ひ朝《あさ》は東方《とうはう》に向《むか》ひて拜《はい》し夕《ゆふ》は西《せい》方《はう》に向《むか》ひて拜《はい》し符《ふ》を頂《いたゞ》き心《こゝろ》の内《うち》にて天照大神《あまてらすおほかみ》天神地祇《あまつかみくにつかみ》八百萬神《やほよろづかみ》と念《ねん》して神符《しんぷ》を以《もつ》て身體《しんたい》を撫《な》で兩眼《りやうがん》を閉《と》ぢ此《こ》の災禍《さいくわ》を除《のぞ》き給《たま》へ此病《このやまひ》を祓《はら》ひ給《たま》へと幾度《いくたび》もくりかへし唱《とな》ふべし毎日朝夕《まいにちてうせき》二度《ど》づゝ七日間《かかん》行《おこな》ふべし。

傳染病豫防神符

右《みぎ》の十文字《もんじ》を柳《やなぎ》の木《き》の札《ふだ》に書《か》き門《もん》に貼《は》るべし。

又《また》疫病《えきびやう》ある家《いへ》に行《ゆ》くときは左《さ》の文字《もんじ》を書《か》き持行《もちゆく》べし。

哫

此文字《このもんじ》を白紙《はくし》に認《したゝ》め更《さら》に
其上《そのうへ》を刀《たう》の印《いん》にて空書《くうしょ》す

傳染《でんせん》せざること妙《めう》なり。

又《また》法《はふ》

坎

此文字《このもんじ》を右《みぎ》の中指《なかゆび》にて左《ひだり》の掌《てのひら》
に書《しょ》し堅《かた》く握《にぎ》りて行《ゆ》くべし

感染《かんせん》せざること奇妙《きめう》なり。

又《また》左《さ》の符《ふ》を門戸《もんこ》に貼《は》れば疫病《えきびやう》の侵入《しんにふ》を防《ふせ》ぐ。

又《また》

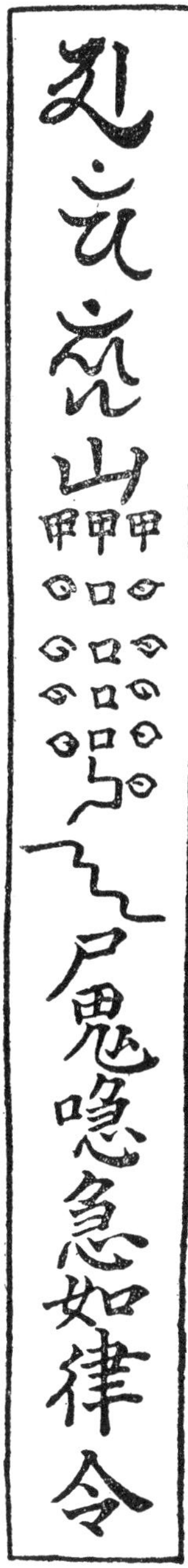

左《ひだり》は長病《ちやうびやう》難全治《なんぜんち》掛守《かけまもり》とて兩部《りやうぶ》の祕法《ひはふ》なり。

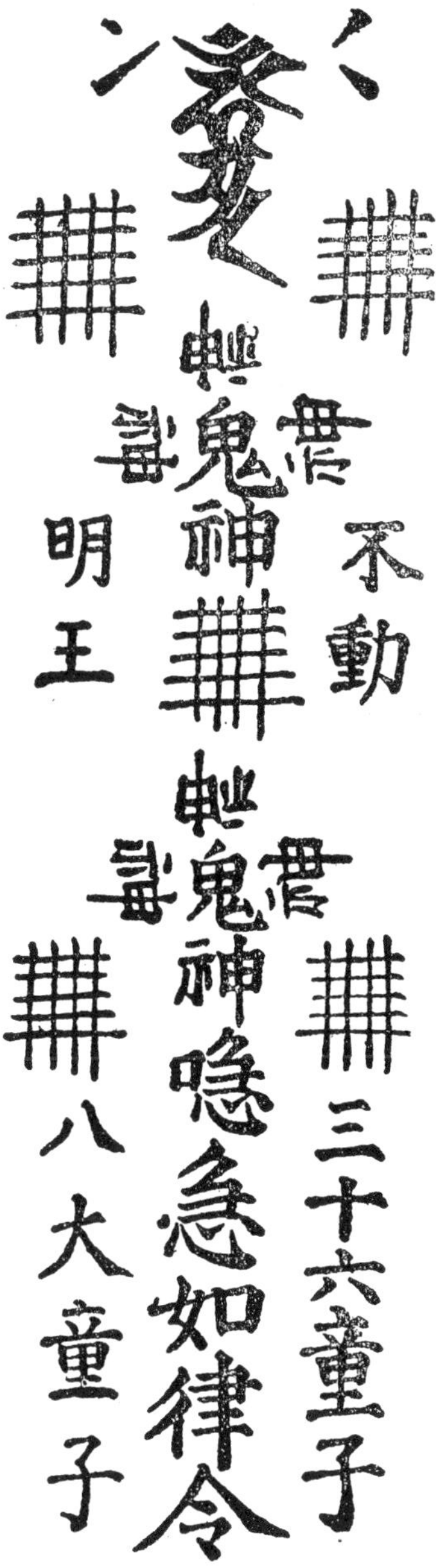

蟲封じの神符

左《き》の如《ごと》き神符《しんぷ》を作《つく》り清淨《せいじやう》の箱《はこ》か竹《たけ》の筒《つゝ》に入《い》れて祈念《きねん》すべし。中札《なかふだ》左《さ》の如《ごと》く神歌《しんか》を唱《とな》ふべし。

三日月《みかづき》の月《つき》かと見《み》ればしやくのむしこの蟲《むし》ころせ十五夜《や》の月《つき》と一心《しん》に唱《とな》ふべし。

右《みぎ》の札《ふだ》を作《つく》りて十《と》種《ぐさ》の神寶《かみたから》を唱《とな》へ水《みづ》を神《しん》前《ぜん》に供《そな》へて祈念《きねん》すべし、札《ふだ》は南向《みなみむ》きの柱《はしら》にはるべし。

小兒疳蟲封じの神符

右《みぎ》の如《ごと》く書《しよ》して之《これ》を五つに折《を》り蟲《むし》と云《い》ふ字《じ》を表《おもて》に出《だ》して蟲《むし》の頭《かしら》に當《あた》る所《ところ》を針《はり》にて巽《たつみ》に向《むかつ》て柱《はしら》に三打《うち》して之《これ》を打付《うちつ》くべし。

右《みぎ》の符《ふ》を認《したゝ》め天地《てんち》玄妙《げんめう》行《ぎやう》神變《しんぺん》通力《つうりき》と唱《とな》へて小兒《せうに》の胸《むね》及《およ》び左右《さいう》の手《て》を摩《ま》し然《しか》る後《のち》に之《これ》を清《せい》潔《けつ》なる紙《かみ》に封《ふう》じ表《おもて》に蟲封《むしふう》じと書《しよ》し裏《うら》には左《さ》の如《ごと》く書《しよ》して之《これ》を柱《はしら》に打付《うちつ》くべし。

如斯《かくのごとく》表《へう》に書《か》く可《べ》し。

安産守護符

又両部《またりやうぶ》の祕法《ひはふ》として多《おほ》く世《よ》に行《おこな》はるるものは左《さ》の如《ごと》し。

先護身法《まづごしんはふ》　經文《きやうもん》を唱《とな》へて信心《しんじん》すべし、守札《まもりふだ》を封《ふう》じて産婦《さんぷ》に持《も》たしむべし。

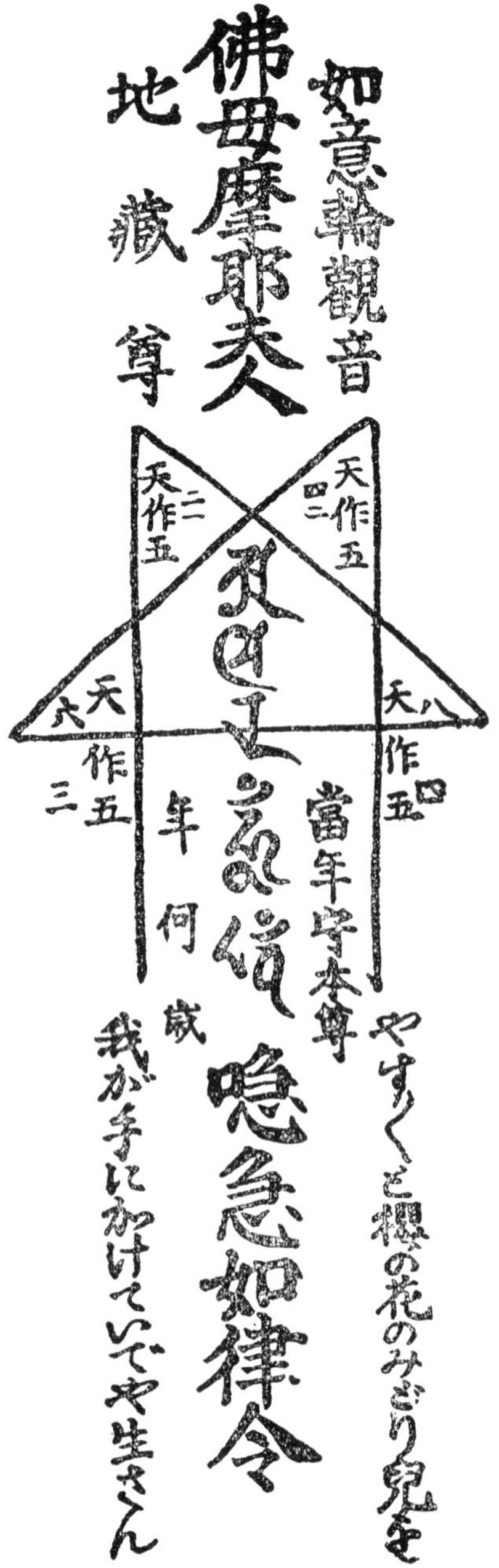

大般若《だいはんにや》はらみ女《たんな》のきとうなり二《に》の巻讀《まきよん》で三《さん》のひもとき唱《とな》ふべし。

歯痛即治呪法

歯痛《はいたみ》を止《とゞ》むるには白紙《はくし》に指《ゆび》の大《おほ》きさ程《ほど》に呪《まじなひ》を書《しよ》したゝんで七重《なゝへ》にし釘《くぎ》にて蟲《むし》と云《い》ふ字《じ》の頭《かしら》を柱《はしら》の高《たか》き處《ところ》に打付《うちつけ》て置《お》き又其呪《またそのじゆ》を七遍唱《へんとな》ふべし直《たゞち》に治《ち》すべし。

其呪曰《そのじゆいはく》

蟲是《むしはこれ》江《こう》南蟲《なんのむし》　郤來喰二我齒一《しりぞききたりてわがはをくらふ》

釘《くぎ》在二椽頭上一《えんとうのうへにあり》　永世不レ還レ家《えいせいいへにかへらず》

右《みぎ》の如《ごと》く白紙《はくし》へ二行《ぎやう》に書《しよ》すべし。

又《また》法《はふ》

喼急如律令

之《これ》を白紙《はくし》に認《したゝ》め痛《いた》む齒《は》に挾《はさ》むべし。

瘧病平治の神符

都由於知天麻津能葉加留伎阿之多我那《つゆおちてまつのはかるきあしたかな》

久毛乃於古利乎波良布阿喜加世《くものおこりをはらふあきかぜ》

阿利阿計乃比末天爾奈禮婆加計毛奈志《ありあけのひまでになればかげもなし》

此神歌《このしんか》を上《うへ》の丸札《まるふだ》の中《なか》に書《か》き中小丸《なかこまる》の中《なか》へ布留部言本反《ふるべごんほんぺん》五字《じ》を書《か》き祈念《きねん》して病者《びやうしや》の脊中《せなか》の大骨《おほぼね》に押《お》すべし。

花柳病婦人病神符

上《うへ》の符《ふ》を十種神寶《とぐさかみたから》を念誦《ねんしやう》しつゝ書《かい》て木火土《もくくわど》金水《ごんすゐ》と切《き》るなり其寸法《そのすんぱふ》は中指《なかゆび》の筋《すぢ》に合《あは》せて着《き》るべし上《うへ》の符《ふ》六つ書《か》き切《き》る故《ゆゑ》に糸瓜《へちま》なれば極《きは》めて小《ちひ》さきを用《もちふ》べきなり之《これ》を紙《かみ》に包《つゝ》み其表《そのおもて》に木瓜大明神《もくかうだいみやうじん》と書《か》くなり青理大明神《せいりだいみやうじん》とも云《い》ふ。木瓜《もくかう》は糸瓜《へちま》の干枯《ほしか》れたるものなり清《きよ》めて干枯《ほしから》したる木瓜《もくかう》に書《か》くべし。

書終り

書初め

齋青理大明神當病平愈御祓	奉請少名彦那命守幸給白
身體堅固　藥力成就　何歳男女	中札　大已貴命　里比止　青麻大明神

札《ふだ》をつくりて六根清淨《こんしやうじやうはらひ》祓　中臣祓《なかとみはらひ》を讀《よみ》て十種《とぐさ》の祓《はらひ》を以《もつ》て祈念《きねん》して此札《このふだ》を以《もつ》て病者《びやうしや》を禁厭《まじなひ》て後《のち》に箱《はこ》に竹《たけ》のつに納《をさ》めて大極柱《だいこくばしら》に止《とめ》て一心《しん》に三種《しゆ》祓《はらひ》を讀《よん》で信心《しんじん》すべし。

腫物平治神符

はれわたる光《ひかり》をみれば萬代《よろづよ》の富士《ふじ》のしろたへ四方《よも》にひらくる
右《みぎ》の神歌《しんか》を唱《とな》へ珠數《じゆず》又《また》みぬさにても鬼《おに》の輪《わ》を三度《みたび》かきまはすべし。

又《また》兩部《りやうぶ》神道《しんだう》の祕符《ひふ》は左《さ》の如《ごと》し。

男《をとこ》は順《じゆん》女《をんな》は逆《ぎやく》にかくなり。

癲癇釘責祕符

桑《くは》の木《き》にて厚《あつ》さ三寸《ずん》五分《ぶ》の板《いた》を作《つく》り、夫《それ》に左圖《さづ》の文字《もんじ》を書《か》き、五寸釘《すんくぎ》十二本《ほん》を以《もつ》て子《ね》より順《じゆん》に十二支《し》を打《う》ち、亥《ゐ》に至《いた》り釘《くぎ》盡きたる時《とき》は子《ね》の分《ぶん》を拔《ぬ》き天地《てんち》人及《じんおよび》日月《じつげつ》と順《じゆん》に打《う》ちて責《せ》むるなり、又責《またせ》むる時《とき》は左《さ》の呪文《じゆもん》を唱《とな》ふべし。

ヲンバタロシヤ、キバの吹《ふ》く息《いき》、突《つ》く息《いき》、地吹《ちふ》く風《かぜ》、天吹《てんふ》く風《かぜ》に千里《り》はえたるつたが一本生《ぽんい》きて根《ね》を斷《た》ち、葉《は》を枯《から》す下《した》には不動《ふどう》の火《くわ》炎《えん》あり、上《うへ》には、五色《ごしき》の雲《くも》ありて、早吹込《はやふきこん》だぞ伊勢《いせ》の神風《かみかぜ》。

終《をは》りたる後《のち》は板《いた》を川《かは》に流《なが》すべし。

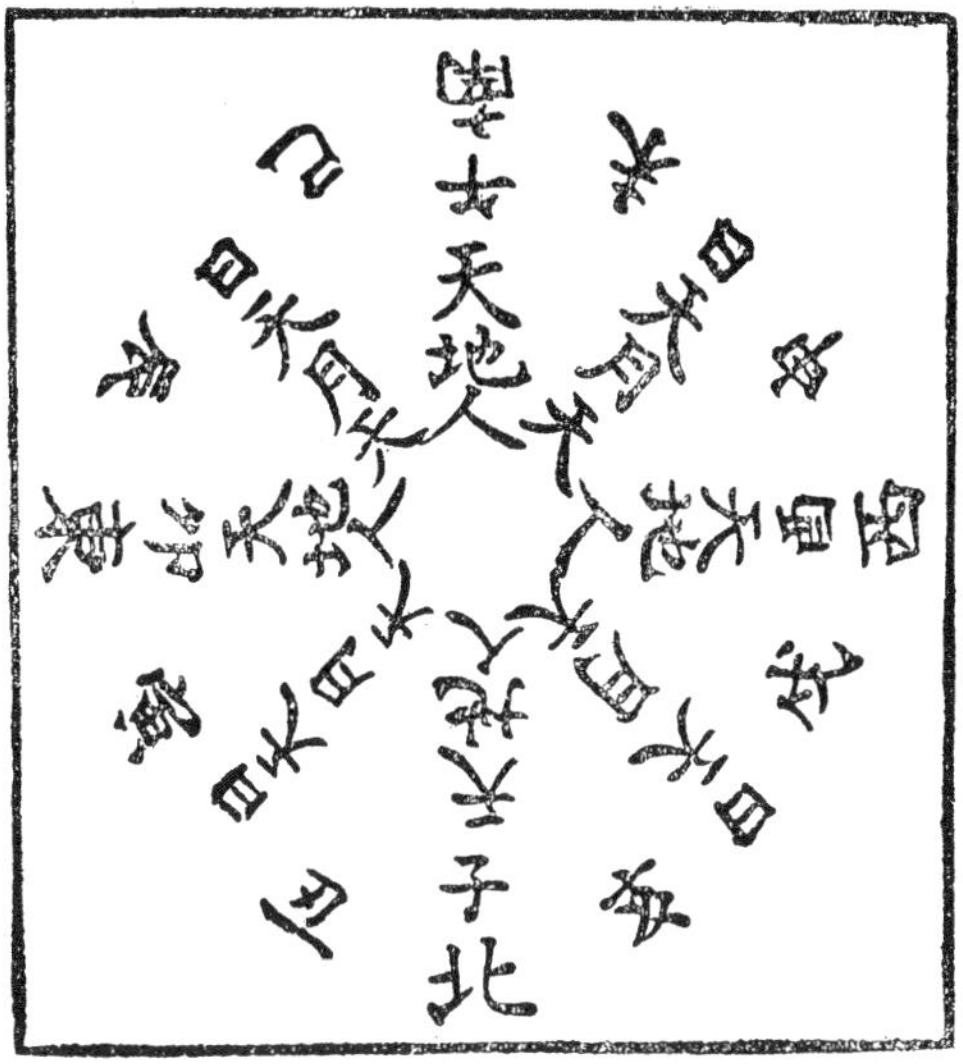

開運盛業の神符

符は二箇造り、一は神棚に納め毎朝祈念し、一は門戸出入口の上に人知れず納め置くべし

開運立身の守製法

此守《このまもり》は神勅《しんちよく》の靈符《れいふ》故《ゆゑ》大切《たいせつ》に守《まも》るべし。

右《みぎ》を封《ふう》じたる表裏《へうり》の書方《かきかた》

表

壽福神
太田大神守

裏

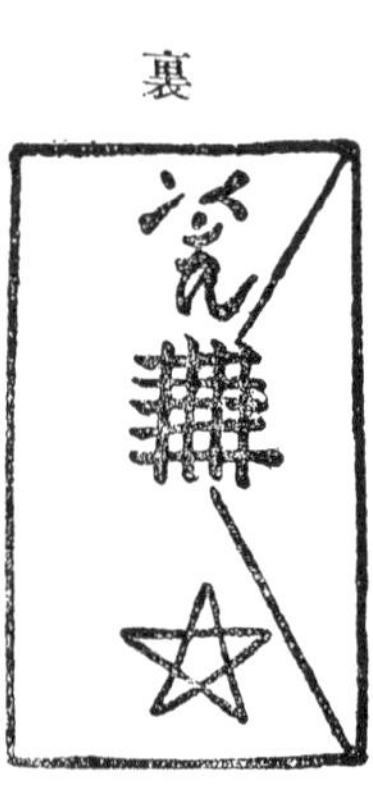

試験優等の神符

第一

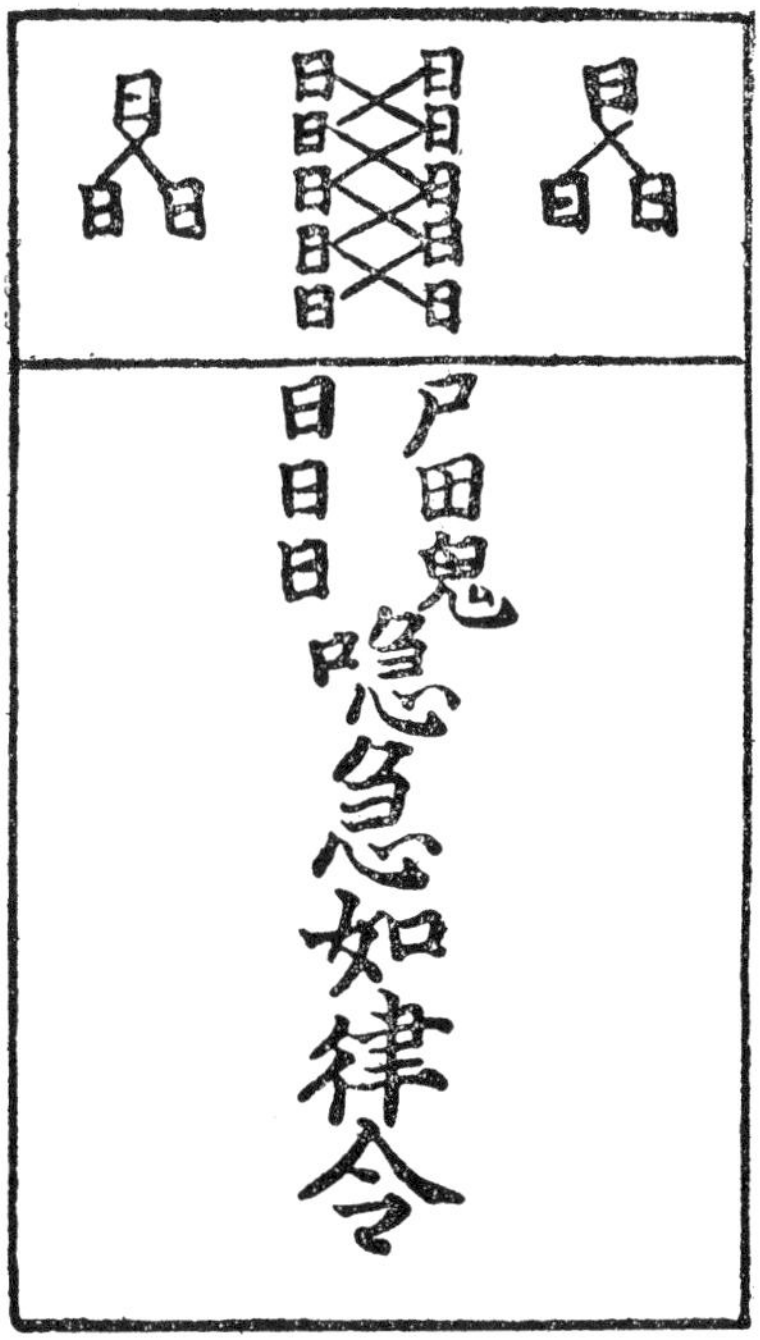

第二

上圖《じやうづ》の二枚《まい》を認《したゝ》め同封《どうふう》すべし、而《しか》して封《ふう》じたる表裏《へうり》は左《さ》の如《ごと》く書《しよ》し、常《つね》に之《これ》を懐中《くわいちう》すべし、必《かなら》ず優等《いうとう》を得《う》べし。

表

裏

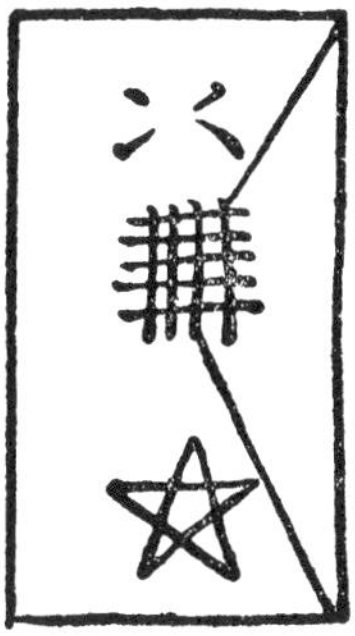

訴訟事必勝神符

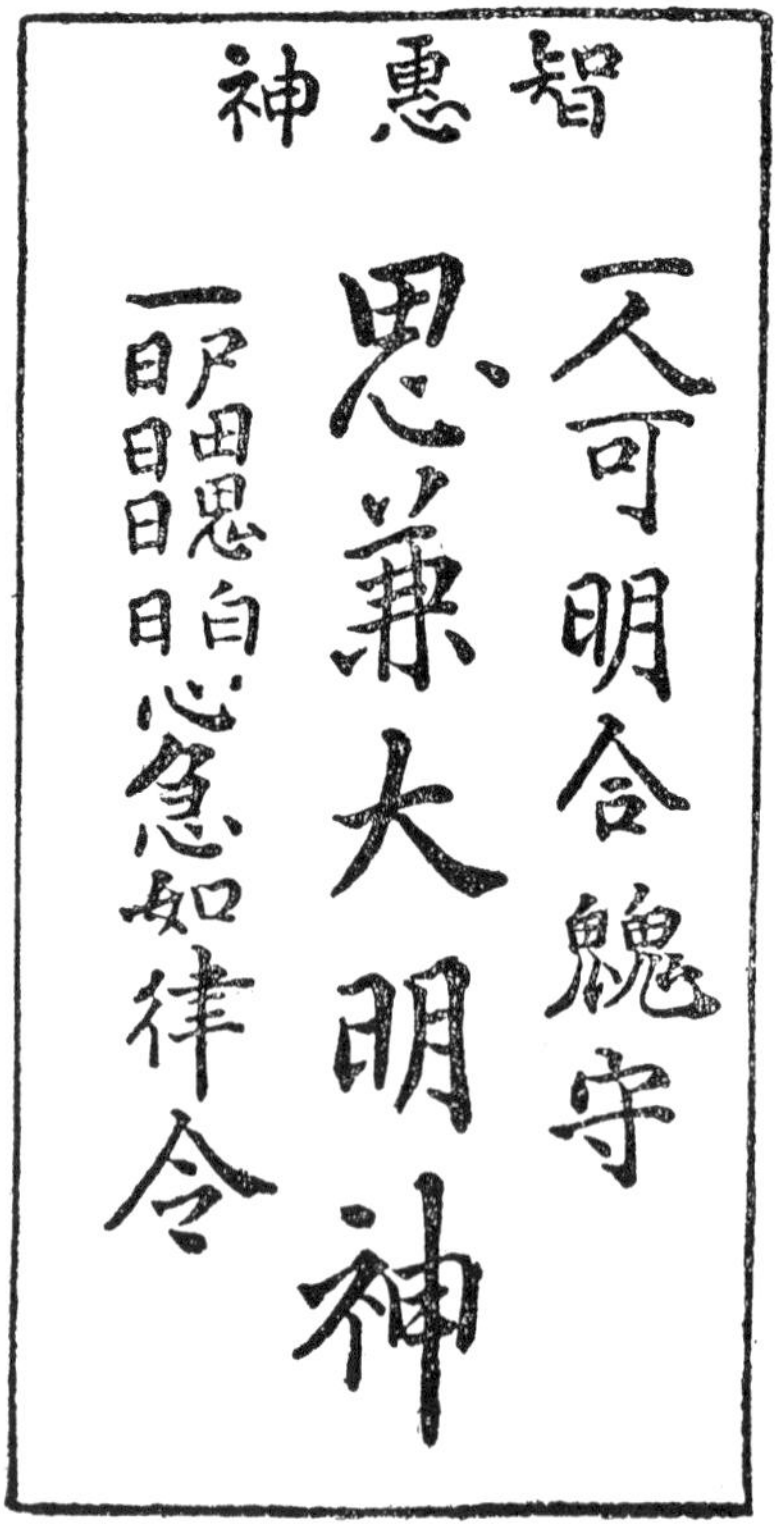

此符《このふ》は家内安置《かないあんち》の神棚《かみだな》に納《をさ》む。

此符《このふ》は懐中《くわいちう》に持《も》つ可《べ》し。

相場勝利神符（競馬其他勝負事に活用す）

第一

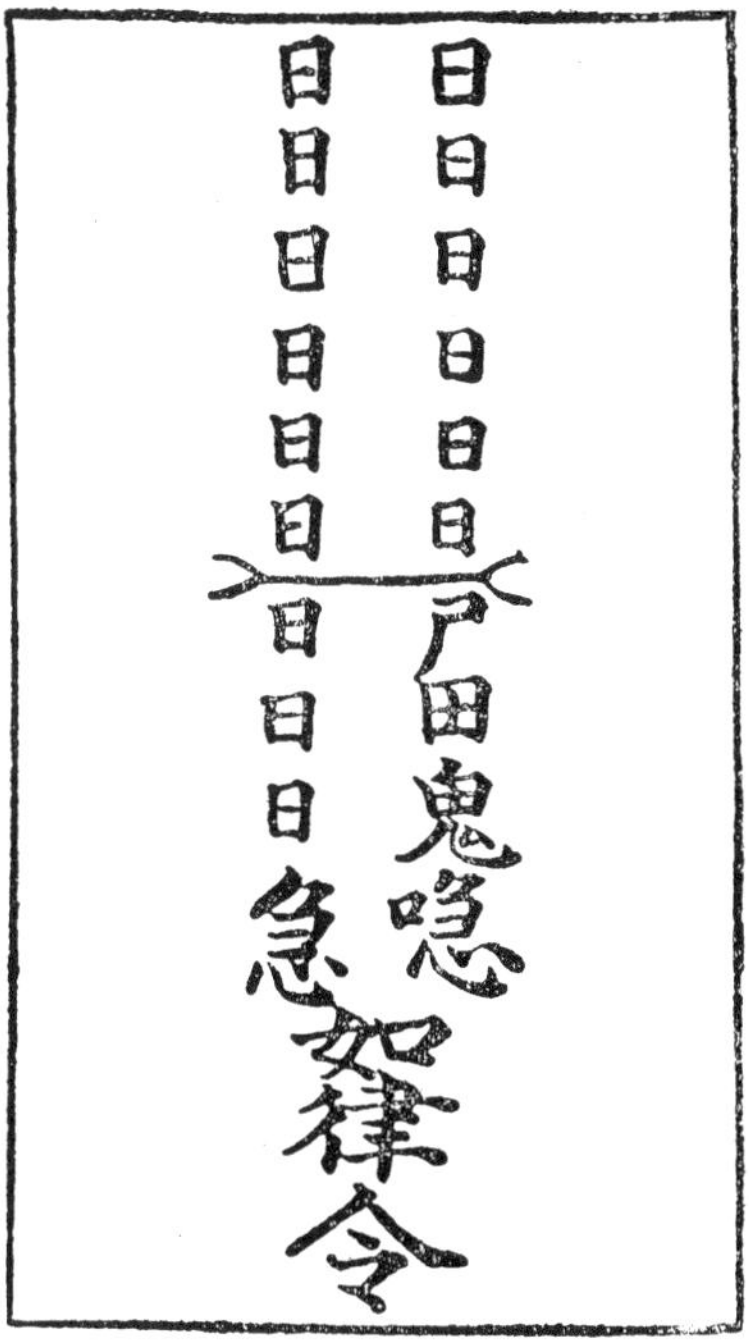

第二

壽福神

太田大神守

此《こ》の神符《しんぷ》を二個《こ》宛作《づつつく》り、一は神棚《かみだな》に納《をさ》めて祈念《きねん》し、一は常《つね》に懐中《くわいちう》すべし。

剣難砲彈除の祕符（飛行家工場勤務者に活用）

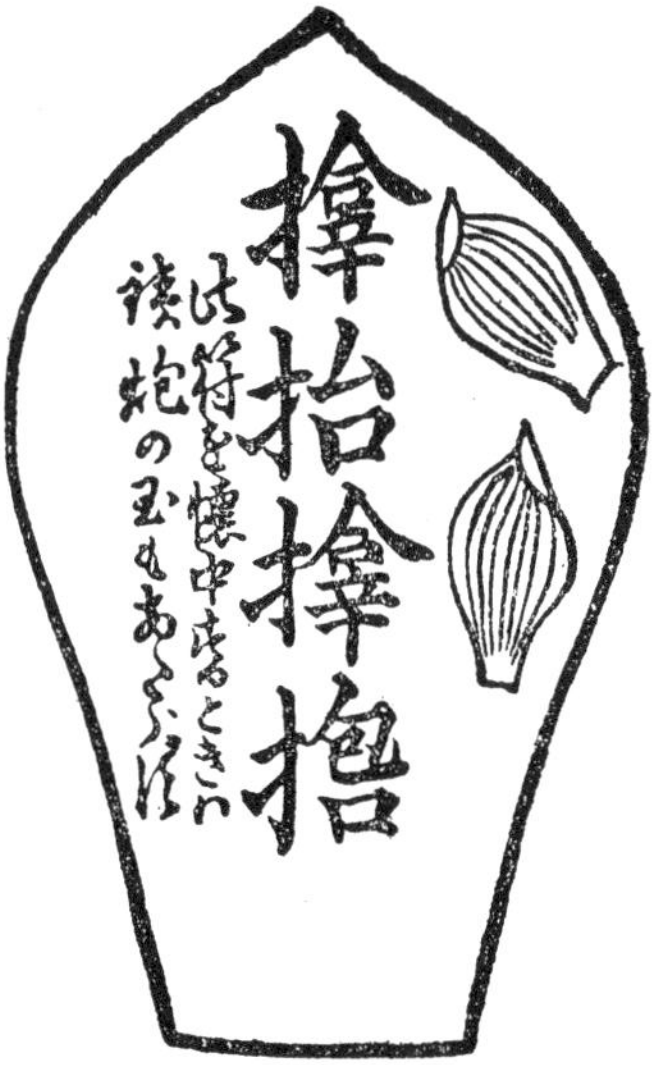

軍人《ぐんじん》は固《もと》より何人《なんぴと》も此符《このふ》を所持《しよぢ》すれば不時《ふじ》の災難《さいなん》を免《まぬか》る。

養蠶豐作呪符

養蠶《やうさん》の成績宜《せいせきよろ》しく、充分《じうぶん》に利益《りえき》を得《う》るには、左《さ》の呪符《じゆふ》を作《つく》りて蠶室《さんしつ》に貼《は》り、毎朝祈念《まいてうきねん》すべし。

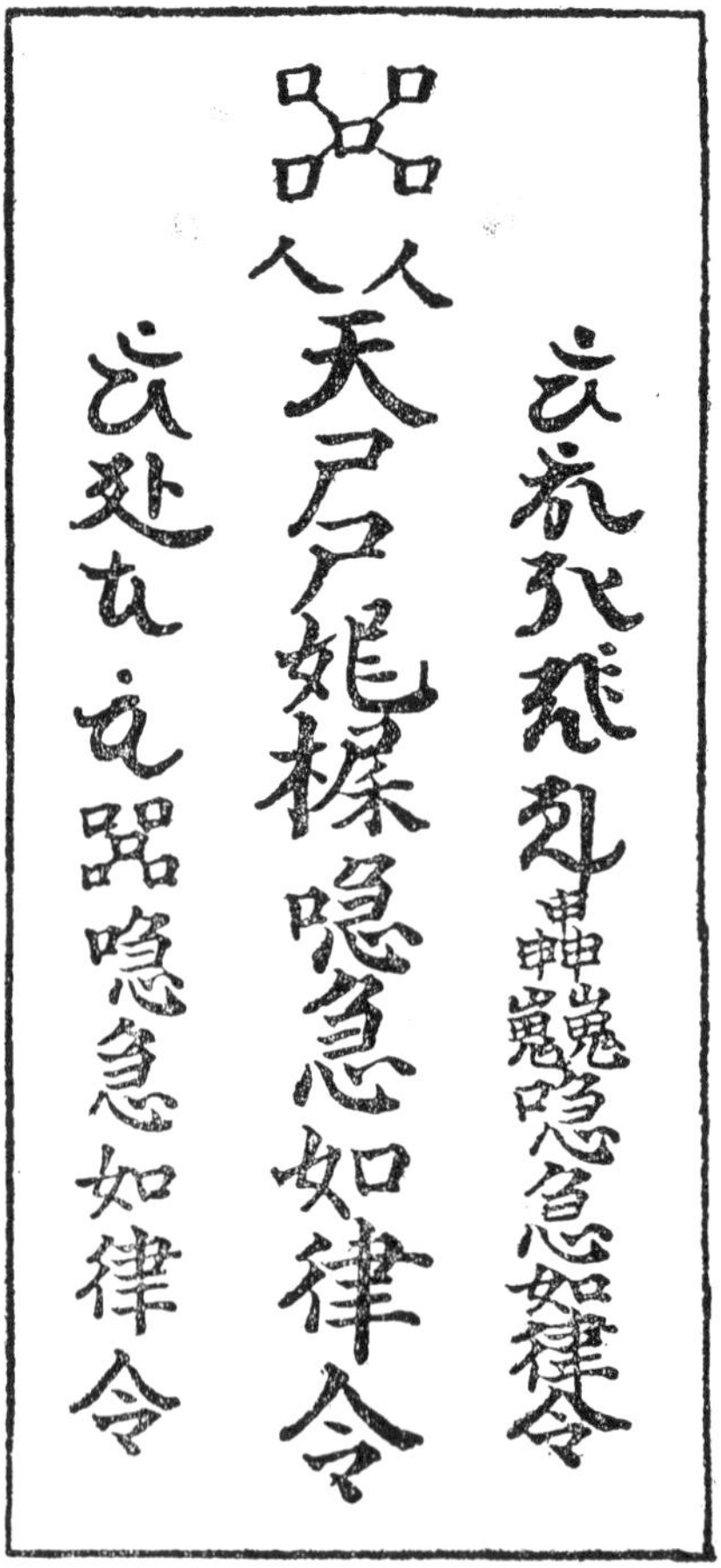

又養蠶中《またやうさんちう》に鼠《ねずみ》の危害《きがい》や、或《あるひ》は蠶兒《さんじ》に毒蟲《どくむし》を發生《はつせい》するとか、氣候《きこう》の不順急變等《ふじゆんきふへんとう》の爲《た》め、發《はつ》育《いく》の不充分《ふじうぶん》なるが如《ごと》き場合《ばあひ》は、左《さ》の呪符《じゆふ》を蠶室《さんしつ》の四方《はう》に貼《は》るべし。

健御名方命
保食命
大國主命
稚産靈命
市杵嶋命

業盡有情　雖放不生

鬼
子子子
口口口口
鬼鬼鬼
㕯口口
口口
若
口
急急如律令
（符）

故食人身同證佛果

防火兩部の祕符

龍神龍王

天水地水河水波水泉水
月月月
月月月月月
月月月月
水水水水
水水水水
水水水水
（水 水月水 水）
賦

幣を以て
天地四方へ
書なり

本心莎婆訶

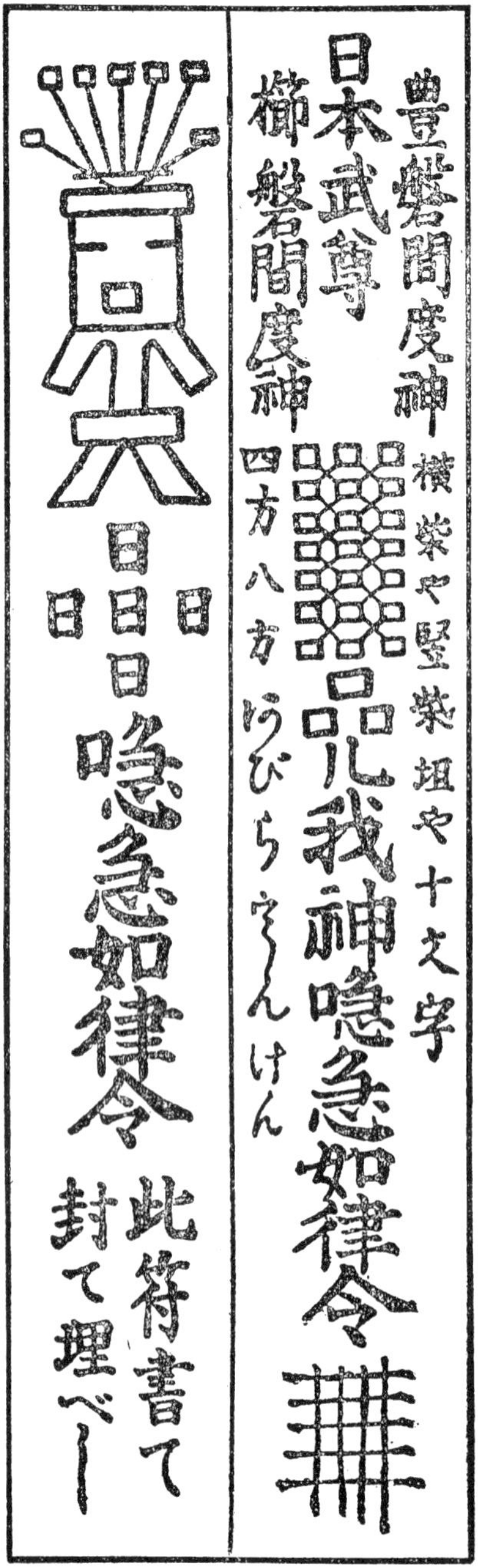

此《こ》の次《つぎ》の方《はう》は、盗人《ぬすびと》入《い》りたる後《のち》に作《つく》りて發見《はつけん》を速《すみや》かならしむるものなり。先《ま》づ人形《にんぎやう》の符《ふ》を左《さ》の圖《づ》の通《とほ》りに書《か》き是《これ》は正月歳德神《しやうぐわつとしとくじん》七五三《しめ》なはに付《つけ》たるこぶ其志《そのこゝろざ》す場所《ばしよ》に付《つ》け封《ふう》じて其場所《そのばしよ》を赤魚《あかゑ》の生針《いきばり》にてさしとほし又《また》は削《けづ》りて飯《めし》のりに交合《まぜあは》せ附《つけ》るなり。

右《みぎ》の如《ごと》くして其上《そのうへ》の柱《はしら》に左《さ》の符形《ふぎやう》を押《お》すなり又他人《またたにん》なれば其人《そのひと》の足跡《あしあと》の中《なか》をほり左《さ》の符《ふ》形《ぎやう》を前《まへ》の如《ごと》く埋《うづ》め其上《そのうへ》へ今《いま》一符形《ふぎやう》を青竹《あをだけ》五尺《しやく》に切《き》りたるに付《つけ》て立《たて》るなりほどなくして驗《しるし》あり。

走人足留秘符

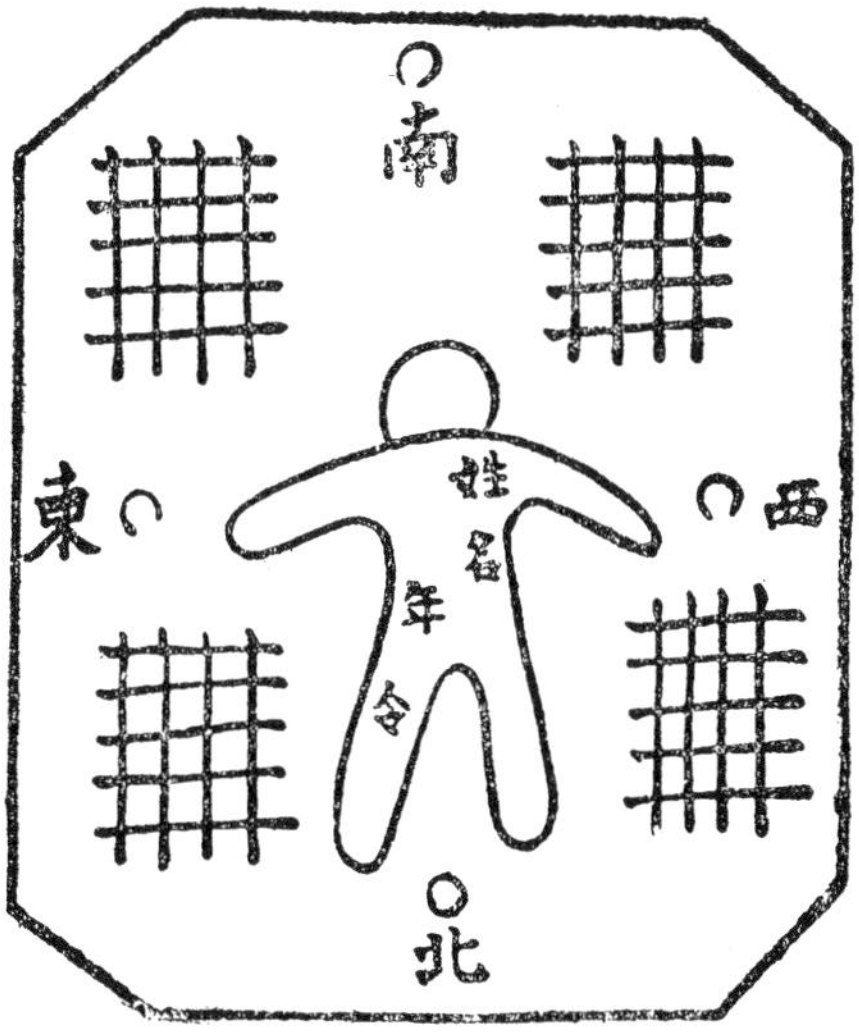

上圖《じやうづ》の如《ごと》く書《しよ》して
○印《じるし》の所《ところ》へ釘《くぎ》を打《う》つべし。

又《また》法《はふ》

左《さ》の歌《うた》を紙《かみ》二枚《まい》に書《か》き其家《そのいへ》の荒神《くわうじん》へ供《そな》へ一枚《まい》を荒神棚《くわうじんだな》に逆《さか》さに貼付《てうふ》し一枚《まい》は走《はし》りたる人《ひと》の食碗《しよくわん》に入《い》れ伏《ふ》せて其上《そのうへ》に鯨《くぢら》の一尺《しやく》さしを載《の》せ置《お》くべし。

歌《うた》に曰《いはく》　行《ゆ》く道《みち》は父《ちゝ》と母《はゝ》との道《みち》なれば、ゆくみちとめよ此道《このみち》の神《かみ》

調伏の祕法呪符

菅《すげ》にて人形《にんぎやう》を作《つく》り年《とし》と氏名《しめい》を書《か》くべし神佛《しんぶつ》の前《まへ》にて加持《かぢ》するときは魂魄《こんぱく》を入《い》るに口傳《くでん》あり。

をんをりきりていめいりていめいわやしまれいそわか

　二十遍《へん》づつ唱《とな》ふべし。

自分信心《じぶんしんじん》の神《かみ》の眞言《しんごん》二十一遍《ぺん》づつ心經《しんきやう》七卷《くわん》觀音經《くわんおんきやう》三卷《くわん》を𑖀あにちやそわか百遍唱《ぺんとな》へ祈禱《きたう》して人形《にんぎやう》をきりやくべし燒《や》く所《ところ》に□字かくなり燒《や》かずに捨《すて》る法《はふ》もあり人《ひと》を狂氣《きやうき》にするときは四辻《よつつじ》に埋《うづ》め人《ひと》を殺《ころ》さんとするには宮《みや》の下《した》に埋《うづ》め切《きり》は水中《すゐちう》に埋《うづ》め人中《ひとなか》をわるくするには火中《くわちう》に埋《うづ》め失物《うせもの》を出《だ》すには小臼《こうす》の下《した》に埋《うづ》め一太刀《ひとたち》に殺《ころ》すには墓地《ぼち》に埋《うづ》むるなり。

教主小傳と神威片錄

天祖《てんそ》天照皇大神《あまてらすおほみかみ》の御嫡嗣《おんちやくし》を天忍穗耳尊《あまのをしほのみこと》といふ、尊《みこと》に二柱《はしら》の御子《みこ》あり、長《をさ》を天饒速日命《あめのにぎはやひのみこと》、又《また》の御名《おんな》は天火明命《あまのほあかりのみこと》と云《い》ふ、次《つぎ》は卽《すなは》ち天《あめ》の瓊《に》々《ゝ》杵尊《ぎのみこと》にして、我《わ》が皇統《くわうとう》の御《ご》高祖《かうそ》なり、天《あめの》火明命《ほあかりのみこと》は天孫《てんそん》の降臨《かうりん》に先《さき》ちて、葦原《あしはら》の中國《なかつくに》に降《くだ》り給《たま》ふ、其《そ》の時天神《ときてんじん》は勅《ちよく》して天璽《てんじ》十種《とくさ》の神寶《しんぱう》を授《さづ》け、逆戰《ぎやくせん》のものあらば、方便《はうべん》を策《さく》して平定《へいてい》を計《はか》れと命《めい》じ給《たま》ひ、長嗣天香語山命《ちやうしあめのかごやまのみこと》以下《いか》三十二部《ぶ》神《しん》を隨《したが》へて、大和國鳥見鄕白庭山《やまとのくにとりみのさとしらばざん》に降《くだ》り給《たま》ふ、而《しか》して土豪長髓彦《どがうながすねひこ》の妹《いもうと》御《み》炊《かし》屋《や》姫《ひめ》を娶《めと》り、宇麻志摩治命《うましまぢのみこと》を生《う》み給《たま》ふ。

神武天皇東征《じんむてんのうとうせい》して大和《やまと》に入《い》り給《たま》ひし始《はじ》め、皇軍利《くわうぐんり》あらず、天神相議《てんしんあひぎ》して武甕槌命《たけみかづちのみこと》に降《くだ》り授《たす》けしむ、命《みこと》は自《みづ》から往《ゆ》くに及《およ》ばずとて、曾《かつ》て天下《てんか》を經營《けいえい》せし時《とき》の神劍《しんけん》を、天香語《あめのかご》山《やまの》命《みこと》の倉上《さうじやう》に降《くだ》し給《たま》ふ、故《ゆゑ》に又高倉下命《またたかくらげのみこと》とも稱《しよう》す、命《みこと》は劍《つるぎ》を得《え》て天皇《てんのう》に獻《けん》ず、皇軍之《くわうぐんこれ》より勢《いきほひ》を得《え》て連勝《れんしよう》す、平定《へいてい》の後天皇《のちてんのう》は命《みこと》の功績《こうせき》を賞《しやう》し內侍《ないじ》の執政《しつせい》と爲《な》し、弟《おとうと》宇《う》麻《ま》志《し》摩治命《まぢのみとこ》は禁衛《きんゑい》の長《をさ》となる、是《こ》れ卽《すなは》ち物部《もののべ》の祖《そ》なり。

後天香語山命《のちあめのかごやまのみこと》は一切《さい》の政柄職權《せいへいしよくけん》を異母弟《いぼてい》たる宇麻志摩治命《うましまぢのみこと》に讓《ゆづ》り、帝都《ていと》を去《さ》りて近江《あふみ》より越前《ゑちぜん》に出《い》で、北陸開發《ほくりくかいはつ》の任《にん》に當《あた》り給《たま》ひ、加賀越中《かがゑつちう》の海濱《かいひん》を巡狩《じゆんしゆ》し、鹽《しほ》を燒《や》き、網《あみ》を造《つく》りて魚《うを》を漁《ぎよ》するの道《みち》を敎《をし》へ、又農耕《またのうかう》をも始《はじ》め給《たま》ふ、命《みこと》の乘《の》れる船《ふね》には神光《しんくわう》あり、土人神《どじんかみ》として畏《おそ》れ敬《うやま》ふ、遂《つひ》に今《いま》の越後彌彥山《ゑちごやひこやま》の麓《ふもと》に留《とゞ》まり、人民《じんみん》を撫育《ぶいく》し、其《そ》の地《ち》に終《をは》る、時人《ときひと》之《こ》れを其舊居《そのきうきよ》の地《ち》に祀《まつ》り彌彥神社《やひこじんじや》といふ、今《いま》の國幣社《こくへいしや》是《こ》れなり、彌彥《やひこ》はイヤヒコにて、天照《あまてらす》皇《ほ》大神《みかみ》の玄孫卽《げんそんすなは》ちイヤヒコといふ義《ぎ》なり。

命《みこと》の御子《みこ》に天村雲命《あめのむらくものみこと》、孫《まご》に天日別命《あめのひわけのみこと》あり、以下《いか》天忍人命《あまのおしびとのみこと》、天戶目命《みこと》、妙斗《めうと》目命《めのみこと》等《とう》あり、各地《かくち》に進展《しんてん》して農耕《のうかう》の道《みち》を開《ひら》く、而《しか》して其《そ》の宗家《そうけ》は今《いま》の北魚沼郡《きたうをぬまぐん》小《を》千《ち》谷《たに》に止《とゞ》まる、同《どう》地《ち》の縣社魚沼神社《けんしやうをぬまじんじや》は彌彥神社《やひこじんじや》と同《おな》じく、天香語山命《あめのかごやまのみこと》を奉祀《ほうし》し、以下《いか》の祖神《そしん》を配祀《はいし》す、又《また》妙斗目命《めうとめのみこと》の系統《けいとう》は、一層奧地《そうおくち》に進入《しんにふ》して今《いま》の中魚沼東頸城方面《なかうをぬまひがしくびきはうめん》に至《いた》り、其《そ》の子孫《しそん》兩郡《りやうぐん》に繁榮《はんえい》す、柄澤家《からさはけ》は卽《すなは》ち其《そ》の系統《けいとう》に屬《ぞく》する首長《しゆちやう》なり、魚沼《うをぬま》も柄澤《からさは》も又黑沼《またくろぬま》、瀧澤《たきさは》、室澤等共《むろさはとうとも》に不思議《ふしぎ》の湖沼《こぬま》に因《ちな》みたる姓《せい》なり。

因《ちなみ》に越後《ゑちご》は大國《おほくに》なるも、他《た》に比《ひ》して神社少《じんじやすく》なく、又大社古社《またたいしやこしや》は皆天香語山命《みなあめのかごやまのみこと》の關係《くわんけい》ある神々《かみがみ》にして、他《た》は悉《ことごと》く後世《こうせい》に至《いた》り他方《たはう》より勸請《くわんじやう》せし、八幡宮《まんぐう》とか大國主命《おほくにぬしのみこと》とかいふものなり、此《こ》れを以《もつ》て見《み》れば天香語山命《あめのかごやまのみこと》が越後開發《ゑちごかいはつ》の太祖《たいそ》にして、其《そ》の子孫《しそん》が北越《ほくゑつ》に尤《もつと》も多《おほ》きを知《し》るに足《た》るべし、彌彥神社《やひこじんじや》は越後《ゑちご》一ノ宮《みや》なり、又越中高岡《またゑつちうたかをか》の國幣中社《こくへいちうしや》射水《いみづ》神社《じんじや》は香語《かご》山命《やまのみこと》の長嗣《ちやうし》天村雲命《あめのむらくものみこと》一名《めい》二上《じやう》の神《かみ》を祀《まつ》れり。

中朝《ちうてう》に至《いた》り城氏《じやうし》が國司《こくし》と爲《な》すに及《およ》び、一方《ぱう》には藤原氏《ふぢはらし》、又後《またのち》には平氏《へいし》の威勢《ゐせい》を笠《かさ》に被《き》て、横暴《わうばう》の振舞《ふるまひ》多《おほ》く、地方《ちはう》の豪族《がうぞく》を壓迫《あつぱく》して、其《そ》の采邑《さいいふ》を奪《うば》ふこと甚《はなは》だし、柄澤《からさは》一族《ぞく》も亦其《またそ》の厄《やく》に遇《あ》ひ、遂《つひ》に邊地《へんち》に隱《かく》れて農耕《のうかう》を自《みづ》から勉《つと》むるに至《いた》れり。

降《くだつ》て一世《せい》の名將義傑《めいしやうぎけつ》たる上杉謙信《うへすぎけんしん》の時《とき》に、柄澤增太夫《からさはますだいふ》、增右衞門《ますゑもん》父子《ふし》あり、頗《すこぶ》る經理《けいり》の才《さい》に長《ちやう》じ、謙信公《けんしんこう》の厚遇《こうぐう》に應《おう》じて其《そ》の參謀《さんぼう》と爲《な》り、常《つね》に兵站部《へいたんぶ》を管理《くわんり》し、公《こう》をして後顧《こうこ》の患《うれひ》なからしめ、軍神不識公《ぐんしんふしきこう》の雷名《らいめい》を轟《とゞろ》をすに至《いた》れり、一時《じ》公《こう》は上州《じやうしう》に出兵《しゆつぺい》せしが、急遽退《きふきよたい》陣《ぢん》せざるべからざるの羽目《はめ》に陷《おちい》りし際《さい》、增右衞門《ますゑもん》は清水越《しみづこし》を勸《すゝ》め、其《そ》の險《けん》を先導《せんだう》し以《もつ》て全《ぜん》軍《ぐん》を恙《つゝ》がなからしめ、關八州《くわんしう》の將士《しやうし》をして上杉勢《うへすぎぜい》の神出鬼沒《しんしゆつきぼつ》に震駭《しんがい》せしめたり。

後上杉景勝《のちうへすぎかげかつ》の封《ふう》を會津《あひづ》に移《うつ》すに及《およ》び、柄澤《からさは》一族《ぞく》は從《したが》ひ移《うつ》らず、左《さ》りとて新主《しんしゆ》に仕《つか》ふるを潔《いさぎよし》とせず、一時《じ》山地《さんち》に遁避《とんひ》す、之《こ》れ今《いま》の上州磐州越州《じやうしうばんしうゑつしう》の境《さかひ》に在《あ》る柄澤山《からさはやま》なり、斯《か》くて十餘《よ》年元和《ねんげんな》の頃山《ころやま》を出《い》でて、再《ふたゝ》び舊農地《きうのうち》たる故里《ふるさと》に返《かへ》り、爾來《じらい》三百年農桑《ねんのうさう》の間《あひだ》に自然《しぜん》の天景《てんけい》を友《とも》として、鄕黨《きやうたう》の化育《くわいく》に努《つと》めつゝ世《よ》を過《すご》せり。

敎主《けうしゆ》は慶應元年《けいおうぐわんねん》八月《ぐわつ》、新潟縣中魚沼郡千手町《にひがたけんなかうをぬまぐんせんじゆまち》の農家《のうか》に生《う》まる、父《ちゝ》を增藏《ますざう》と云《い》ふ、天神以《てんしんい》來《らい》一系《し》紊《みだ》れざる柄澤《からさは》の血脈《けつみやく》を稟《う》け、さしも佛敎隆盛《ぶつけうりうせい》の北越《ほくゑつ》に在《あ》りながら、幼時《えうじ》より先天《せんてん》の賦質《ぶしつ》として敬神《けいしん》の念早《ねんはや》くも萠芽《はうが》し、又文學《またぶんがく》を好《この》み、長岡藩《ながをかはん》の名儒山口織平師《めいじゆやまぐちおりへいし》の門《もん》に入《はひ》り、研鑽年《けんさんとし》あり、殊《こと》に自己《じこ》の體軀《たいく》强健《きやうけん》なるに任《まか》せ青年《せいねん》の血氣《けつき》と敬神思想《けいしんしさう》の發露《はつろ》より、近村《きんそん》の先《せつ》達行者《だつぎやうじや》に從《したが》ひ八海苗場其《かいなへちやうそ》の他《た》各高山《かくたかやま》に登《のぼ》り、禊《みそぎ》や宮籠《みやごも》りや千仭《じん》の瀧《たき》に水行《すゐぎやう》を爲《な》し、或《あるひ》は仙《せん》窟《くつ》に入《はひ》り、木食斷食等《きしよくだんじきとう》の修行《しゆぎやう》に努《つと》めたり、一時《じ》平田翁《ひらたをう》の著書《ちよしよ》を得《え》、我《わ》が國神德《くにしんとく》の廣大《くわうだい》なるに感《かん》じ、遂《つひ》に大成敎《たいせいけう》の管長平山成齋氏《くわんちやうひらやませいさいし》及《およ》び御嶽敎管長神宮嵩壽《おんたけけうくわんちやうじんぐうたかとし》の門《もん》に入《はひ》つて、其《そ》の道《みち》を修《をさ》め、白衣《びやくい》を纏《まと》ひ六根淸淨《こんしやうじやう》を唱《とな》へ年々木曾御嶽山《ねん〳〵きそおんたんさん》に登《のぼ》りて苦行《くぎやう》を積《つ》み、世《よ》の病難不幸《びやうなんふかう》の者《もの》を救《すく》ふを目的《もくてき》として精勵《せいれい》せり。

明治《めいぢ》二十八年橫濱《ねんよこはま》に至《いた》り、高島呑象翁《たかしまどんしやうをう》の門《もん》に入《はひ》り易道《えきだう》を學《まな》ぶ。師曰《しいは》く易《えき》は人智《じんち》の及《およ》ばざる所《ところ》を神明《しんめい》に質《たゞ》し、神慮《しんりよ》を以《もつ》て未前《みぜん》を豫知《よち》する學術《がくじゆつ》なれば、眞劍《しんけん》を以《もつ》て學《まな》ぶべしと、敎主《けうしゆ》は師訓《しくん》を守《まも》り寢食《しんしよく》を忘《わす》れ拮据精勵《きつきよせいれい》せしかば、師大《しおほい》に敎主《けうしゆ》を愛《あい》し奧義《おくぎ》を傳《つた》へ前途《ぜんと》を獎勵《しやうれい》せらる、明治《めいぢ》三十一年東京本鄉湯島聖堂《ねんとうきやうほんがうゆしませいだう》の隣地《りんち》に高島易斷總本部《たかしまえきだんそうほんぶ》神誠館《しんせいくわん》を興《おこ》し、易學敎授《えきがくけうじゆ》と出《しゆつ》版《ばん》を開始《かいし》し、斯道《しだう》の門弟《もんてい》は三千八百餘名《よめい》に及《むよ》ぶ、著作《ちよさく》は易學講義錄《えきがくかうぎろく》、易學大全《えきがくたいぜん》、易學評傳《えきだうひやうでん》、方鑑圖《はうかんづ》解等數《かいとうすう》十部《ぶ》あり、又神書《またしんしよ》は祭式寶鑑《さいしきはうかん》、神佛祕法大全《しんぶつひはふたいぜん》、眞言祕密大全《しんごんひみつたいぜん》、祕密法門總覽《ひみつはふもんそうらん》等《とう》六十餘《よ》部《ぶ》に及《およ》び、更《さら》に年々《ねん〳〵》發行《はつかう》の御《ご》壽寶農家《じゆはうのうか》暦高島暦等《れきたかしまれきとう》は、其《そ》の發行部《はつかうぶ》數《すう》三百萬《まん》を超《こ》ゆ。

因《ちな》みに易道《えきだう》の盛《さかん》なるに從《したが》ひ、俗卜者頻出《ぞくぼくしやひんしゆつ》し、爲《た》めに當局《たうきよく》は高島易斷《たかしまえきだん》の看板濫用《かんばんらんよう》を禁《きん》じたるが、高島得《たかしまとく》衞門氏《ゑもんし》は家系《かけい》の正統《せいとう》として、又神誠館《またしんせいくわん》は易道《えきだう》の直系術統《ちよくけいじゆつとう》として其《そ》の筋《すぢ》に諒《りやう》せられたり。

教主《けうしゆ》は少年時代《せうねんじだい》より自家《じか》の高祖《かうそ》であり、又産土神氏神《またうぶすなのかみうぢがみ》として魚沼神社彌彦神社《うをぬまじんじややひこじんじや》即《すなは》ち天《あめの》香《か》語山命《ごやまのみこと》を崇敬《すうけい》し、一家《か》一身《しん》の守護神《しゆごじん》と仰《あふ》ぎ、屢々靈告冥助《しば〳〵れいこくめいじよ》を受《うけ》たることありしが、明《めい》治《ぢ》二十六年信濃《ねんしなの》川大洪水《がばだいこうずゐ》の際《さい》不《ふ》思《し》議《ぎ》にも豐受稻荷《とようけいなり》大神《たいじん》の御神體《ごしんたい》の漂着《へうちやく》せるを感得《かんとく》し、更《さら》に二千餘《よ》年傳家《ねんでんか》の神寶天璽《しんぱうてんじ》を懷《ふところ》にして出鄉《しゆつきやう》し、易道修行《えきだうしゆぎやう》と倶《とも》に日夜《にちや》信神《しんじん》の練磨《れんま》を努《つと》めしが、明治《めいぢ》四十一年豐受大神《ねんとようけたいじん》の御靈告《ごれいこく》と、彌《や》彦香《ひこか》語山大神《やまたいじん》の御神託《ごしんたく》に基《もと》づき、更《さら》に神易《しんえき》に占問《うらど》ひしに、三者《しや》一致《ち》の聖斷《せいだん》を得《え》、今《いま》は早《や》や疑懼《ぎぐ》の餘地《よち》なく、神誠教會《しんせいけうくわい》の一派《ぱ》を開創《かいさう》せしが、忽《たちま》ちにして信徒《しんと》集《あつま》り至《いた》り、大正《たいしやう》の初年《しよねん》に至《いた》りては、最早本鄉湯島《もはやほんがうゆしま》の教會《けうくわい》にては狹隘《けふあい》にして如《い》何《かん》ともしがたき有樣《ありさま》となり、一方《ぱう》には市塵《しちん》を離《はな》れたる靈地《れいち》に神殿《しんでん》を設《まう》くるの必要《ひつえう》に迫《せ》まられ、爾來久《じらいひさ》しく神地《しんち》の物色《ぶつしよく》に勞《らう》せしが、市塵《しぢん》を離《はな》ると雖《いへど》も東京《とうきやう》との交通便宜《かうつうべんぎ》にして餘《あま》り遠《とほ》からざる處《ところ》、又位置《またゐち》は高臺《たかだい》にして展望宜《てんばうよろ》しく、森《もり》あり清水《しみづ》なかるべからずといふ六ケ敷條《しきでう》件付《けんつき》なる故《ゆゑ》、容易《ようい》に斯《かゝ》る理想地《りさうち》を得《う》る能《あた》はず、大《おほい》に困頓《こんとん》せしが、一日《にち》鎭魂《ちんこん》の修法《しうはふ》に依《よ》り神《かみ》憑《がか》りの靈告《れいこく》を受《う》け、易占《えきせん》も亦同《またどう》一地點《ちてん》を示《しめ》せしかば、卽時《そくじ》實地《じつち》踏査《たふさ》の上《うへ》、當稻荷山《たういなりやま》を買收《ばいしう》し、皇都《くわうと》の守護《しゆご》、豐受大神《とようけたいじん》永遠《えいゑん》の御鎭座《ごちんざ》靈場《れいぢやう》として、奉齋殿《ほうさいでん》、神殿《しんでん》、神樂殿《かぐらでん》、奥《おく》の院《ゐん》、五社《しや》の各宮殿《かくきうでん》、神靈窟《しんれいくつ》、水行場《すゐぎやうぢやう》、陰陽寮《いんやうれう》、教務所《けうむしよ》、客室《きやくしつ》、倉庫《さうこ》、プール等《とう》を建設《けんせつ》し、其《そ》の總工費《そうこうひ》は三十萬圓《まんゑん》に及《およ》べり。

當山《たうざん》は東京横濱《とうきやうよこはま》の中央《ちうあう》に位《くらゐ》し、西《にし》に丘陵《きうりよう》を負《お》ひ、老樹巨松鬱蒼《らうじゆきよしようううつさう》として千古《こ》の神淨《しんじやう》を保《たも》ち、晝夜《ちうや》二千餘石《よこく》の清水《しみづ》涌出《わくしゆつ》し、上段中段下段《じやうだんちうだんげだん》と三層《そう》の敷地《しきち》を分《わか》ち、東《ひがし》に東京灣《とうきやうわん》を見下《みおろ》し、旭《きよく》日海洋《じつかいやう》の彼方《あなた》に差昇《さしのぼ》る雄偉《ゆうゐ》の光景《くわうけい》、更《さら》に明月中天《めいげつちうてん》に至《いた》つて金波《きんぱ》を漂《たゞよ》はすの清勝《せいしよう》、北《きた》に東都《とうと》を控《ひか》へ、南《みなみ》に横濱港《よこはまかう》を廻《めぐ》らし、京都伏見《きやうとふしみ》にも勝《まさ》れる至上《しじやう》の神域《しんゐき》なり、神明《しんめい》の導《みちび》き給《たま》ふ靈地《れいち》に、清淨無垢《せうじやうむく》高雅《かうが》の宮殿《きうでん》を整《とゝの》へ、神威《しんゐ》は日々《ひゞ》に宣揚《せんやう》し、教勢《けうせい》は月《つき》に發展《はつてん》し、今《いや》や教師《けうし》二千三百餘名《よめい》、信徒《しんと》は十萬《まん》を超《こ》え、初午《はつうま》四月《ぐわつ》十月《ぐわつ》の大祭《たいさい》は固《もと》より日々《ひゞ》の參詣者《さんけいしや》は宮前市《きうぜんいち》を爲《な》すに至《いた》り、神靈窟《しんれいくつ》の修法行者《しゆはふぎやうじや》は常《つね》に十數人《すうにん》に及《およ》ぶ。

教主《けうしゆ》が青年時代《せいねんじだい》より高祖《かうそ》守護神《しゆごじん》の靈告《れいこく》と冥護《めいご》とに由《よ》り、水行《すゐぎやう》や山籠《やまごも》り吐納法卽《すなは》ち氣吹法《いぶきのり》を修《をさ》め、不知《しらず》不識《しらず》の間《ま》に鎭魂《ちんこん》の神法《しんぱふ》を體得《たいとく》し、又第《まただい》一祖《そ》天饒速日大神《あめのにぎはやひのおほかみ》の禁厭《きんえん》の祕法《ひはふ》、卽《すなは》ち天神《あまつかみ》の教《をし》へたる、若《も》し痛《いた》む所《ところ》あらば此《こ》の十種《くさ》の寶《たから》を以《もつ》て一二三四五六七八九十、布留部由《ふるべゆ》良《ら》〳〵と打《う》ち振《ふ》るべし、然《しか》せば死人《しにん》も甦《よみがへ》りなむと、又勅《またちよく》して葦原中國《あしはらなかつくに》若《も》し逆《さから》ふものあらば方便《はうべん》して謀《はか》り平定《へいてい》すべしとの御神慮《ごしんりよ》に服膺《ふくよう》し、我《わ》が國體《こくたい》の神聖《しんせい》に基《もとづ》き、固有神道《こいうしんだう》の精華《せいくわ》を發揚《はつやう》し、敬神《けいしん》の眞義《しんぎ》と神德《しんとく》の廣大《くわうだい》なるを實地《じつち》に感知《かんち》せしめ、尊皇愛國《そんのうあいこく》の大義《たいぎ》を完《まつた》ふし、皇《くわう》室中心主義《しつちうしんしゆぎ》、敬神崇祖《けいしんすうそ》忠孝《ちうかう》一本《ぽん》の公道《こうだう》を直進《ちよくしん》せんと決心《けつしん》せし折柄《をりから》、大洪水《だいこうずゐ》にて傳來《でんらい》の田畑《たはた》も荒蕪《くわうぶ》に歸《き》し、暫《しば》し途《と》方《はう》に暮《く》れたるが、忽《たちま》ち祖神《そしん》の靈示《れいじ》と豐受大神《とようけたいじん》の御指導《ごしだう》に由《よ》り、郷關《きやうくわん》を出《い》で呑象翁《どんしやうをう》の門《もん》に投《とう》ぜり、之《こ》れ卽《すなは》ち神託奇蹟《しんたくきせき》の顯著《けんちよ》なる一例《れい》なり。

爾來今日《じらいこんにち》に至《いた》るまで鎭魂《ちんこん》の練習《れんしふ》は一日《にち》も怠《おこた》ることなく、大事《だいじ》あれば必《かなら》ず神託《しんたく》を仰《あふ》ぐと倶《とも》に同《おな》じく神明《しんめい》の示教《しけう》たる易斷《えきだん》に依《よつ》て、一切《さい》を處斷《しよだん》し、易學教授《えきがくけうじゆ》も神勅《しんちよく》に由《よ》る奇蹟《きせき》、教會開《けうくわいかい》設《せつ》も神祕《しんぴ》の御託宣《ごたくせん》、當山發見《たうざんはつけん》も奇蹟《きせき》なり、其《そ》の他《た》火災豫知《くわさいよち》、災害損失《さいがいそんしつ》の豫防《よばう》、友人《いうじん》の死期《しご》、海上災厄《かいじやうさいやく》の救助《きうじよ》、惡癖轉換《あくへきてんくわん》や、死病救療《しびやうきうれう》、日露《にちろ》及《およ》び世界大戰等《せかいたいせんとう》に關《くわん》する豫言豫斷《よげんよだん》、年々《ねん〳〵》の豐凶氣變《ほうきようきへん》より一切《さい》の天變地異《てんぺんちい》、人事《じんじ》の吉凶《きちきよう》、政界《せいかい》の波瀾等《はらんとう》、大《だい》にして三十餘件《よけん》、小《せう》は數《すう》百件悉《けんこと〴〵》く的確《てきかく》に判定《はんてい》し、多少《たせう》なれ國家公共《こくかこうきよう》の爲《た》めに奉仕《ほうし》の道《みち》を盡《つく》し、人《ひと》の爲《た》めにも自己《じこ》の爲《た》めにも得《う》る所《ところ》ありしは、之《こ》れ皆祖神《みなそしん》の御手引《おてびき》と、豐受大神《とようけたいじん》の御神業《おんかむわざ》御加護《ごかご》に依《よ》るものとして、信心肝銘《しんじんかんめい》の他《ほか》なきなり。

誠《まこと》や信《しん》あれば德《とく》あり、我《わ》れ魂《たましひ》を鎭《しづ》めて諸穢《しよくわい》を祓《はら》ひ眞心《しんしん》輝《かゞや》けば神《かみ》に歸《き》す、之《こ》れ大靈還同神《だいれいくわんどうしん》人《じん》一味《み》なり、我《わ》れ神《かみ》に歸《き》すれば神《かみ》我《わ》れに入《い》る、之《こ》れ神感《しんかん》なり、神憑《かみがか》りなり、神感入神《しんかんにふしん》は玆《こゝ》に神祕《しんぴ》の奇蹟《きせき》を顯現《けんげん》す、而《し》かもそは實《げ》に神祕《しんぴ》にも奇蹟《きせき》にもあらず、至當自然《したらしぜん》の條理《でうり》にして宇宙《うちう》の天則《てんそく》なり、只《た》だ不信不德《ふしんふとく》の者《もの》は容易《ようい》に至《いた》り得《え》ざるのみ、されど人皆神性《ひとみなしんせい》を有《いう》す、勉《つと》めなば一心巖《しんいは》をも徹《とほ》し、神祕《しんぴ》自《おのづ》から開《ひら》くべし。

教主《けうしゆ》は年々《ねん〱》一回《くわい》は必《かなら》ず京都伏見《きやうとふしみ》稲荷《いなり》と伊勢《いせ》神宮《じんぐう》に參詣《さんけい》し、神託《しんたく》其《そ》の他《た》事《こと》ある時《とき》は、更《さら》に伏見《ふしみ》に報賽《はうさい》す、爲《た》めに伏見《ふしみ》參詣《さんけい》は年《ねん》七八回《くわい》に及《およ》ぶこと多《おほ》し、又高野山書寫山安藝《またかうやさんしよしやざんあき》の宮嶋《みやじま》、金峰山等《きんぽうざんとう》にも屢々《しば〱》參詣《さんけい》せり、每朝《まいあさ》五時《じ》大太鼓《おほだいこ》の音《おと》と倶《とも》に寢床《ねどこ》を離《はな》れ、第《だい》一に水滌《みそぎ》を行《おこな》ひ、次《つぎ》に東《ひがし》に向《むか》ひ陽光《やうくわう》を拜《はい》して氣吹《いぶき》の眞法《しんぱふ》を修《をさ》め、それより神靈窟《しんれいくつ》に入《い》りて一定《てい》の行式修法《ぎやうしきしゆはふ》を練《ね》り、時《とき》に御託宣《ごたくせん》を受《う》け、斯《か》くて神靈窟《しんれいくつ》を出《い》でたる後《のち》は、再《ふたゝ》び禮裝《れいさう》を整《とゝの》へ、大敎殿《だいけうでん》に於《おい》て、大祓《おほばらひ》幷《ならび》に祝詞《のりと》を奏上《そうじやう》し、尋《つい》で神殿《しんでん》に參拜《さんぱい》す。

以上《いじやう》一定《てい》の行式《ぎやうしき》を終《をは》れば、更《さら》に嗽《うが》ひして心身《しんしん》を淸《きよ》め先《ま》づ伊勢《いせ》神宮《じんぐう》を遙拜默禱《えうはいもくたう》し、次《つぎ》に伏見《ふしみ》稲荷《いなり》大神《たいじん》を遙拜《えうはい》し、それより桃山御陵明治《もゝやまごりようめいぢ》神宮《じんぐう》を遙拜《えうはい》し、最後《さいご》に皇都《くわうと》に向《むか》ひ、現　神《あらひとがみ》たる　天皇陛下《てんのうへいか》の玉體安全《ぎよくたいあんぜん》、國家安康《こくかあんかう》を祈念《きねん》すること稍《やゝ》久《ひさ》しく、終《をは》りて書齋《しよさい》に入《い》り、少時《しばらく》鎭魂《ちんこん》の法《のり》を修《しう》せらる。

昭和七年十一月五日印刷
昭和七年十一月十日發行

【定價金五圓】
郵稅十二錢

著作者　横濱市鶴見區稲荷山　柄澤照覺
發行者　東京市本郷區湯島四丁目五番地　柄澤正義
印刷者　東京市本郷區眞砂町三十六番地　佐藤駒次郎
印刷所　東京市本郷區眞砂町三十六番地　日東印刷株式會社

發行所　東京市本郷區湯島四丁目　神誠館
頒布所　横濱市鶴見稲荷山　神誠教會本院

鎮魂帰神 建国精義入神奥伝

定価 三五〇〇円+税

昭和 七 年十一月 十 日 初版発行
平成二十年 五 月二十六日 復刻版発行

著者 柄澤照覚

発行 八幡書店
東京都品川区上大崎二—十三—三十五
ニューフジビル二階
電話 〇三(三四四二)八一二九
振替 〇〇一八〇—一—九五一七四